Märchen und Recht

Rechtshistorische Reihe

Band 247

Peter Lang
Frankfurt am Main · Berlin · Bern · Bruxelles · New York · Oxford · Wien

Judith Laeverenz

Märchen und Recht

Eine Darstellung verschiedener Ansätze zur Erfassung des rechtlichen Gehalts der Märchen

Peter Lang
Europäischer Verlag der Wissenschaften

Die Deutsche Bibliothek - CIP-Einheitsaufnahme

Laeverenz, Judith:

Märchen und Recht : eine Darstellung verschiedener Ansätze zur Erfassung des rechtlichen Gehalts der Märchen / Judith Laeverenz. - Frankfurt am Main ; Berlin ; Bern ; Bruxelles ; New York ; Oxford ; Wien : Lang, 2001
(Rechtshistorische Reihe ; Bd. 247)
Zugl.: München, Univ., Diss., 2000
ISBN 3-631-38329-0

Die vorliegende Arbeit wurde von
Prof. Dr. Hermann Nehlsen
zur Aufnahme in die Reihe empfohlen.

D 19
ISSN 0344-290X
ISBN 3-631-38329-0

www.peterlang.de

Vorwort

Die vorliegende Untersuchung wurde im Wintersemester 1998/99 bei der Juristischen Fakultät der Ludwig-Maximilians-Universität in München als Dissertation eingereicht.

Das Thema „Märchen und Recht“ gab mir die Möglichkeit, der Frage nach Beziehungen zwischen dem Recht - meinem Studienfach - und einer Erzählgattung nachzugehen, die mich bereits seit meiner Schulzeit intensiv beschäftigte.

Mein besonderer Dank gilt Herrn Prof. Dr. Lothar Philipps für die Übernahme des Themas und die Betreuung bei der Ausarbeitung, insbesondere seine fruchtbaren Anregungen und die ständige Gesprächsbereitschaft. In gleicher Weise danke ich Herrn Prof. Dr. Hermann Nehlsen für die engagierte Übernahme der Zweitkorrektur, seine fördernden Einwände und den Vorschlag, die Arbeit in die vorliegende Reihe aufzunehmen.

Herrn Prof. Dr. Dietz-Rüdiger Moser, der mir die erste Anregung zur Beschäftigung mit dem vorliegenden Thema gab, möchte ich ebenfalls ganz besonders danken. Was ich in seinem Seminar über die aktuellen Erkenntnisse der Märchenforschung lernte, hat meine Arbeit entscheidend geprägt. Mit grossem Interesse hat er den Fortgang der Arbeit verfolgt.

Ebenso danke ich Herrn Prof. Dr. Heinrich Scholler für sein großes Interesse am vorliegenden Thema und fruchtbare Gespräche. Zu Dank verpflichtet bin ich außerdem Herrn Prof Dr. Helge Gerndt und Herrn Dr. Walter Scherf für die Aufnahme in ihre volkskundlichen Seminarveranstaltungen über Märchen und ihre vielfältigen Anregungen, sowie Frau Dr.Dr. Renate Zelger, meinen Eltern und Herrn Prof. Dr. Ulrich Möncke für vielfache Unterstützung.

München, im Mai 2001 Judith Laeverenz

Inhaltsverzeichnis

I. Einführung: Vielfalt der Beziehungen zwischen Märchen und Recht; Klärung der Begriffe 9

II. Rechtshistorische Ansätze 17

1. Einführung: Geschichte, Erkenntnisziele und methodisches Vorgehen der rechtshistorischen Ansätze 17

2. Entstehungsgeschichte und methodische Probleme des Ansatzes der Brüder Grimm 24

3. Methodische Probleme der neueren Arbeiten über Märchen und Rechtsgeschichte 44

4. Einzelne Beispiele für Vorgehensweisen und Probleme der rechtshistorischen Ansätze 73

III. Rechtsethnologische Ansätze 117

1. Der Ansatz Albert Hellwigs: Märchen als Erkenntnisquelle für die Rechtspraxis einer Kultur 117

2. Der Ansatz Heinrich Schollers: Untersuchung des rechtlichen Gehalts von Funktionen in der Strukturanalyse des Märchens von V. Propp; Beziehungen zwischen den sozialen Funktionen des Rechts und des Märchens in einfachen Kulturen; Märchen und Rechtssprichwort 121

3. Der Ansatz Gerhard O. W. Muellers: Märchen als „legal lore" 126

4. Der Gedanke, die Märchen könnten zur Rechtsentwicklung beitragen oder auf rechtliche Überzeugungen einwirken, in Arbeiten, die insgesamt anderen Ansätzen zuzurechnen sind 129

IV. Ansatz: Wandel der Normen - Wandel der Märchen 135

1. Einführung: Änderung von Rechts- oder Moralvorstellungen als Ursache für eine Änderung von Märchen 135

2. Veränderungen in Erzählungen über die straflose Wegnahme eines Gegenstandes im Märchen 136

3. Distanzierung des Erzählers von der Überlieferung: Anhängen einer distanzierenden Moral zum Märchen vom Blaubart bei Perrault 144

4. Die Veränderung des Märchens vom „Herrn Korbes" 144

5. Der Ansatz Jessens: Das Schwinden des Hausrechts des Königs in Recht und Märchen 146

6. Gedanken Ludwigs und Winters: Erklärungsversuche des Märchens für die Aussetzung und den Verkauf von Kindern 148

7. Abänderung eines Märchens, um eine bestimmte moralische Nutzanwendung daraus herleiten zu können 150

8. Ergebnis 151

V. Kriminalpsychologische Ansätze 153

1. Der Ansatz Erich Wulffens: Verbrechensschilderungen im Märchen als Manifestation der „derberen Volksinstinkte“ 153

2. Der Ansatz Klaus Lüderssens: „Hans im Glück“ als Betrugsopfer 155

VI. Rechtsphilosophische Ansätze 157

1. Die Ansätze Wrenns: Aussagen im Märchen über das Recht, sowie Grenzen und Funktionen des Rechts 157

2. Entsprechungen zu rechtsphilosophischen Grundideen und Problemen im Märchen: „Schleier des Nichtwissens“; Verteilungsprobleme 162

VII. Konfrontationen zwischen Märchen und Recht in verspottenden Nachahmungen und Anspielungen (Parodie, Travestie, Karikatur, Cartoon) 175

1. Einführung: Darstellungen des Kontrastes zwischen Märchen und modernem Gesetzesrecht; verspottende Nachahmungen und Anspielungen als Untersuchungsgegenstand 175

2. Der Text „Rotkäppchen auf Amtsdeutsch“ von Thaddäus Troll 177

3. Der Text „Rotkäppchen, für Juristenkinder bearbeitet“ 181

4. Das Buch „Der Fall Rotkäppchen“ von Jörg-Michael Günther 183

5. Märchen und Recht in der Karikatur 194

6. Weitere Beziehungen zwischen Märchen und Recht in Parodien; Spiel der Juristen mit Märchen 198

VIII. Ergebnisse und Ausblicke 199

Literaturverzeichnis 207

I. Einführung: Vielfalt der Beziehungen zwischen Märchen und Recht; Klärung der Begriffe

1. Ziel der Arbeit

Märchen und Recht - auf den ersten Blick scheinen dies zwei Materien zu sein, die wenig oder nichts miteinander zu tun haben[1]. Daß sich eine genauere Betrachtung dennoch lohnen könnte, läßt sich aber schon an ganz grundlegenden Aussagen über das Märchen zeigen[2], die bereits zu verschiedenen Verbindungen zum Recht und zu verschiedenen Fragestellungen und Forschungsansätzen führen.

Nach André Jolles und Max Lüthi ist das Märchen welthaltig, d.h. es enthält Themen und Motive aus allen Lebensbereichen in Form von Märchenmotiven.[3] In sublimierter Form spiegelt es alle wesentlichen Elemente des menschlichen Seins.[4] Oder, wie Lüthi es bildhaft ausdrückt, „in den Glasperlen des Märchens spiegelt sich die Welt".[5] Müßten dann nicht auch Motive aus dem Rechtsleben im Märchen enthalten sein?[6] Zumal, nach Friedrich Carl von Savigny, auch „das Recht...kein Dasein für sich" hat, „sein Wesen vielmehr...das Leben der Menschen selbst, von einer besonderen Seite angesehen" ist.[7] Solche Überlegungen führen zu einer rechtsgeschichtlichen Betrachtungsweise, dazu, in den Märchen nach Motiven mit rechtlichem Gehalt zu suchen und zu überprüfen, inwieweit diese mit Rechtsregeln übereinstimmen, die zur Zeit der Aufzeichnung der Märchen oder früher einmal tatsächlich gegolten haben[8]. Umgekehrt bringt dies auch auf den Gedanken, Märchenmotive als Belege für tatsächlich vorhandene Rechtsanschauungen oder Rechtsbräuche heranzuziehen.[9] Dabei ist stets auch die Frage nach Alter und Herkunft der Märchen und Rechtsbräuche und nach ihrem geschichtlichen Zusammenhang zu berücksichtigen.

Zu einer ganz andersartigen Beziehung zwischen Märchen und Recht leitet die folgende Aussage von Dietz-Rüdiger Moser hin. Er definiert das Märchen u.a. als „... Dichtung, ... die auf der Grundlage fester Moralvorstellungen der

---

[1] Vgl. auch Großfeld/Möhlenkamp, Die Mühle in Märchen und Recht, NJW 1996, S. 1104

[2] vgl. Jessen, S. 233: „Das Recht ist aus dem Märchen nicht wegzudenken, ohne daß das Märchen an seinen Wesensmerkmalen Einbußen erlitte."

[3] Jolles, Einfache Formen, S. 218 ff, bes. S. 233; Lüthi, das europäische Volksmärchen, S. 72, 69 ff; vgl. hierzu auch Petzoldt, „Epische Gesetze", in: Hoops, RGA Bd. 7, S. 405 ff, 412 ff

[4] Lüthi, Das europäische Volksmärchen, S. 72

[5] Lüthi, Das europäische Volksmärchen, S. 75

[6] vgl. auch v. Künßberg, Rechtsgeschichte und Volkskunde, Zeitschrift für Deutschkunde 1922, S. 324

[7] Savigny, Vom Beruf unserer Zeit für Gesetzgebung und Rechtswissenschaft, S. 88

[8] vgl. auch Dymke, S. 117; vgl. auch die Darlegungen bei Jessen, S. 12 f, 15

[9] zu letzterem vgl. unten Kap. II.1.1, Kap. II.2.1.3 den Ansatz von Jacob Grimm; in diese Richtung auch Jessen, S. 16

Darlegung von Konfliktlösungen dient."[1] Dies ähnelt stark der juristischen Arbeitsmethode. Denn diese versucht, auf der Basis von feststehenden Rechtsnormen eine vernünftige Lösung für Konfliktfälle zu erarbeiten. Für den Rechtsphilosophen könnte es sich lohnen, zu untersuchen, welche prozeduralen Techniken für die Konfliktlösung das Märchen beschreibt und welche materiellen Lösungen es für Konfliktfälle anbietet, die, abgesehen von ihrem märchenhaften Gewand, grundlegenden rechtsphilosophischen Problemen entsprechen. Näheres hierzu wird das Kapitel über rechtsphilosophische Ansätze enthalten.

Neben diesen beiden grundverschiedenen Gedanken findet sich noch eine Vielzahl weiterer Aspekte, unter denen sich Märchen und Recht in Verbindung bringen lassen, insbesondere rechtsethnologischer und rechtsvolkskundlicher Art[2].

Die vorliegende Arbeit geht der grundsätzlichen Frage nach, in welchem Verhältnis Märchen und Recht zu einander stehen. Märchen und Recht werden dabei als zwei eigenständige Kulturphänomene betrachtet, die auf vielfältige Weise zu einander in Beziehung stehen oder gesetzt werden können. So ist die bereits angedeutete Möglichkeit, das Märchen als Rechtsquelle zu betrachten,[3] nur einer von mehreren möglichen Aspekten, unter denen Märchen und Recht zu einander in Beziehung gesetzt werden können.

Ziel ist es, unter allen wichtigen Aspekten zu untersuchen, ob und in wie fern ein Zusammenhang zwischen Märchen und Recht besteht und für jeden Aspekt die entsprechenden Anforderungen an das methodische Vorgehen offenzulegen. Die zu Grunde liegende Fragestellung ist also, in wie weit und vor allem in welchem strukturell-funktionalen Zusammenhang Recht in seiner spezifischen Präsenz im Märchen als Typus nicht-normativer Texte anzutreffen ist. Die rechtshistorische oder rechtsphilosophische Betrachtungsweise als solche ist daher nicht Ziel der Untersuchung, sondern ihr Gegenstand. Es ist nicht Anliegen der Arbeit, einzelne inhaltliche Erkenntnisse zu Einzelfragen des Zusammenhanges zwischen Märchen und Recht zu liefern.

Bereits die Frage, ob überhaupt Beziehungen zwischen Märchen und Recht bestehen, ist durchaus nicht trivial. So ist z.B. unter rechtshistorischen Aspekten ein Zusammenhang zwischen Recht und Märchen bisher nur für einzelne Bereiche[4], jedoch nicht generell nachgewiesen. Die meisten der bisher vorliegenden Arbeiten[5] können aufgrund methodischer Mängel einen solchen Nachweis nicht liefern. Da sie meist nur Rechtssätze und Märchen nebeneinan-

---

[1] Moser, Märchenforschung, S. 61

[2] zu verschiedenen juristischen Aspekten, unter denen Literatur allgemein betrachtet werden kann vgl. Müller-Dietz, Grenzüberschreitungen, S. 143 ff, 168 f

[3] zu Dichtung im allgemeinen als Rechtserkenntnisquelle vgl. Schmidt-Wiegand, „Recht und Dichtung", HRG IV, Sp. 232 ff, 240 ff

[4] vgl. die Arbeit von R. Zelger über „Teufelsverträge", s.u. Kap. II.1.3

[5] vgl. Kap. II.1.2

der stellen, ohne auf die jeweiligen Hintergründe, insbesondere Alter, Herkunft und Genese der jeweils herangezogenen Märchen im einzelnen einzugehen, kann allenfalls ein paralleler Gedanke in Märchen und Rechtsnorm, nicht aber ein innerer Zusammenhang aufgezeigt werden. Auch bei den anderen Ansätzen sind - je nach Erkenntnisziel - detaillierte Analysen der Märchentexte sowie beispielsweise Untersuchungen eines Wandels einzelner Märchen notwendig, um einen zunächst vermuteten Zusammenhang nachzuweisen.

Die Frage, ob Beziehungen zwischen Märchen und Recht bestehen, soll nacheinander für die einzelnen Aspekte, unter denen eine Beziehung bestehen könnte, untersucht werden. Dabei werden die einzelnen Aspekte verschiedenen Ansätzen zugeordnet. Diese Zuordnung erfolgt ausgehend von den Perspektiven, die unterschiedliche methodische Ansätze bieten, unter anderem in Orientierung an den verschiedenen Gebieten der Rechtswissenschaft. In diesem System sollen die in der Literatur vorhandenen Ansätze und Arbeiten über Märchen und Recht kritisch aufgearbeitet, weiterentwickelt und neu entwickelt werden. Da die verschiedenen Ansätze jeweils nur einzelne Aspekte aufgreifen und in der Literatur bisher einzeln nebeneinander stehen, sich aber gegenseitig ergänzen müssen, ist zur Erfassung der Beziehungen zwischen Märchen und Recht in ihrer Gesamtheit eine Zusammenschau der verschiedenen Ansätze notwendig. Hierzu sollen die Ansätze untereinander in Beziehung gesetzt und Parallelen und Unterschiede herausgearbeitet werden.

Für jeden Ansatz soll auch ermittelt werden, welche methodischen Anforderungen zu berücksichtigen sind. Diese Anforderungen werden in der bisherigen Literatur meist nicht eingehalten, was oft zu fragwürdigen Ergebnissen führt. Die einzelnen methodischen Anforderungen sollen anhand von Beispielen erläutert werden. Dabei sollen methodische Anforderungen, die sich bereits verstreut in der Literatur finden, systematisch dargestellt und neue Anforderungen entwickelt werden.

Den Abschluß bildet ein Kapitel über Parodien und Karikaturen, in denen das Verhältnis zwischen Märchen und Recht auf künstlerischer Ebene thematisiert wird. Die Parodien und Karikaturen stehen dabei nicht auf der gleichen Materialebene wie die Märchen selbst, sondern sind vielmehr in sich schon eine bewußte, beabsichtigte Zusammenführung von Märchen und Recht. Hier soll erstmals durch eine Analyse ausgewählter Parodien und Karikaturen gezeigt werden, wie in Parodie und Karikatur die Bereiche Märchen und Recht konfrontiert werden und mit welcher Intention dies jeweils geschieht.

Insgesamt spannt die Arbeit einen Bogen von ersten rechtsgeschichtlichen Ansätzen Jacob Grimms, in dessen Augen Märchen und altes Recht durch die gemeinsame Grundlage des Volksgeistes aufs Engste verknüpft waren, ja eine Einheit bildeten, bis zur modernen Satire und Parodie, deren Effekt gerade darauf beruht, daß Märchen und modernes Gesetzesrecht als Materien betrachtet werden, die gar nichts miteinander zu tun haben.

2. Das Märchen als Gegenstand der vorliegenden Arbeit

Einzelne Ansätze, den Begriff des Märchens zu definieren oder zu beschreiben, sind in dieser Einführung bereits angeklungen.

Auf der Suche nach einer Definition des Begriffes „Märchen" stößt man in der Literatur auf eine Fülle verschiedenster Ansätze, die jedoch häufig stark von Erkenntnisziel und Methode des jeweiligen Forschers geprägt sind[1], nur einzelne Aspekte des Märchens erfassen oder sich auf eine bestimmte Art von Märchen, insbesondere die sogenannten „Zaubermärchen" oder „eigentlichen" Märchen, beschränken[2].

Eine allgemein verwendete, griffige Definition findet sich jedoch nicht[3]. Eine solche Definition ist auch schwerlich möglich, da Märchen als durch mündliche Überlieferung geformte Gattung nicht klar gegen andere Erzählgattungen abgrenzbar sind. Zudem weisen die Märchen untereinander eine große Verschiedenheit auf.[4] Beim Begriff des Märchens handelt es sich vielmehr um einen - in allgemeiner Form nicht befriedigend zu beschreibenden - Typus oder besser eine Reihe von unterschiedlichen Typen.

Ohne auf das allgemeine Problem der Definition des Märchens näher einzugehen wird daher im folgenden unter Rückgriff auf eine inzwischen klassisch gewordene Formulierung von A. Jolles und auf den Katalog der Märchentypen von Antti Aarne und Stith Thompson dargelegt, mit welcher Art von Texten sich die vorliegende Arbeit beschäftigt.

---

[1] z.B. die aus Max Lüthis Stilanalyse oder Vladimir Propps Strukturanalyse folgenden Definitionen, beide zit. bei Lüthi, Märchen, S. 4; vgl. Lüthi, das europäische Volksmärchen, S. 77; Propp, Morphologie des Märchens, S. 91

[2] vgl. dazu bes. Poser, Das Volksmärchen, S. 10; vgl. auch Lüthi, Märchen, S. 2 ff, der zahlreiche Definitionen zitiert; vgl. auch Rölleke, Einführung, S. 37

[3] zum Problem einer Definition des Märchens, die nicht nur die Zaubermärchen umfaßt, vgl. Poser, S. 9 ff; vgl. Rölleke, Einführung, S. 36 ff; vgl. auch Dietz-Rüdiger Moser, Märchenforschung, S. 57 f, insbes S. 57: „Bis heute ist die Märchenforschung zu keiner praktikablen Definition ihres Gegenstandes gelangt..."; vgl. auch Karlinger, Grundzüge einer Geschichte des Märchens im deutschen Sprachraum, S. 1: „Weder formale noch inhaltliche Kriterien erlauben eine konkrete und präzise Beschreibung des „Märchens", das amöbenhaft seine Gestalt wechseln kann und als Terminus mehr durch ein Korsett am Zerfließen verhindert als zur festen Form gestaltet wird." Bausinger, „Märchen", EM Bd. 9, Sp. 252 f schreibt zwar, im wissenschaftlichen deutschen Sprachgebrauch hätten sich verhältnismäßig feste Definitionen durchgesetzt, bringt aber ebenfalls keine griffige Formel; vgl. zum Problem auch Hattenhauer, „Märchen", HRG III, Sp. 267; allgemein zur Problematik der Bestimmung und Abgrenzung von Gattungen in der Erzählforschung Lauri Honko, „Gattungsprobleme", EM Bd. 5, Sp. 744 ff

[4] vgl. auch Hattenhauer, „Märchen", HRG III, Sp. 267

In erster Linie liegen meiner Arbeit die „Kinder- und Hausmärchen“ der Brüder Grimm zugrunde.[1] Ergänzend werden Sammlungen von Texten herangezogen, die den Kinder- und Hausmärchen sehr ähnlich bzw. verwandt sind, so daß man mit A. Jolles davon sprechen kann, daß sich die Arbeit mit Geschichten beschäftigt, „wie sie die Gebrüder Grimm in ihren Kinder- und Hausmärchen zusammengestellt haben“[2], bzw. mit Texten der „Gattung Grimm“[3].

Die schwerpunktmäßige Beschäftigung mit den Kinder- und Hausmärchen der Brüder Grimm (im folgenden: KHM) beruht zum einen darauf, daß einige der in der vorliegenden Arbeit besprochenen Arbeiten über Märchen und Recht sich mit den KHM auseinandersetzen, zum anderen empfiehlt sich die Heranziehung dieser Sammlung auch, weil über Herkunft und Entstehungsgeschichte gerade der Grimmschen Märchentexte zahlreiche aktuelle Forschungsergebnisse vorliegen[4].

Vor allem aber haben die Brüder Grimm durch die Sammlung der KHM und durch die erstmalige wissenschaftliche Auseinandersetzung mit den Märchen den Begriff des Märchens entscheidend geprägt, indem sie z.B. Märchen und Sagen als verschiedene Erzählgattungen voneinander trennten[5]. Der Märchenbegriff der Brüder Grimm beeinflußte spätere Märchensammler und -forscher und prägte nicht zuletzt auch durch die weite Verbreitung der KHM die landläufige Vorstellung vom Märchen[6]. Die oben angeführte Definition A. Jolles und der Begriff der „Gattung Grimm“ erscheinen daher als durchaus legitim[7].

Daneben kann zur Bestimmung der der Arbeit zu Grunde liegenden Texte auch auf die Zusammenstellung der Märchentypen von Antti Aarne und Stith Thompson zurückgegriffen werden. Wie bereits erwähnt, fallen unter den Begriff „Märchen“ relativ heterogene Texte, die sich einer Reihe von Typen zuordnen lassen. Diese Typen haben Antti Aarne und Stith Thompson in dem Werk „The

---

[1] zitiert als KHM nach der Ausgabe letzter Hand von 1857, hrsg. von Heinz Rölleke, wo nicht anders angegeben; Die Ziffern beziehen sich, wo nicht anders angegeben, auf die Nummern der Märchen in der Ausgabe letzter Hand.

[2] A. Jolles, Einfache Formen, S. 219, auch zit. bei Poser, Das Volksmärchen, S. 10; zur gesamten Arbeit Jolles vgl. Petzoldt, Einfache Formen, in: Hoops, RGA Bd. 7, S. 1 ff

[3] vgl. Jolles, a.a.O., S. 219; vgl. auch Poser, a.a.O., S. 10; vgl. auch Rölleke, Einführung, S. 36 ff

[4] Insbesondere können hier auch Probleme der Textgenese berücksichtigt werden, da handschriftliche Märchenfassungen und der Text der Erstauflage der KHM in den Ausgaben von Rölleke leicht zugänglich sind. Mit diesen Texten können dann die Märchenfassungen in der Ausgabe letzter Hand verglichen werden. Näheres dazu vgl. unten bes.Kap. II.2.2.2, Kap. II.3.2.4.2

[5] vgl. Poser, Das Volksmärchen, S. 9 f; Rölleke, Einführung, S. 34 ff

[6] vgl. bes. Poser, Das Volksmärchen, S. 9 f; vgl. auch schon Jolles, Einfache Formen, S. 218 f; vgl. auch Denecke, S. 67

[7] vgl. auch Ginschel, Der junge Jacob Grimm, S. 272; die Brauchbarkeit der Jollesschen Definition für nichtgrimmsche Texte betont insbesondere auch Rölleke, Einführung, S. 37

Types of the Folktale“[1] zusammengestellt und klassifiziert.[2] Zwar enthält die Klassifikation aufgrund ihres internationalen Einzugsbereichs[3] bisweilen auch Texte, die nicht mehr unter den deutschen Begriff „Märchen“ fallen. Dennoch führt Thompson im Vorwort bezüglich des Titels des Werkes aus: „The German word *Märchen* is in some ways better than the English word *folktale*, although there are certainly many things in the index which are by no means *Märchen*“[4]. Besonders ist in diesem Zusammenhang darauf hinzuweisen, daß der Typenkatalog - in Übereinstimmung mit dem Grimmschen Märchenbegriff - keine Sagen enthält[5]. Man kann daher ergänzend zum Begriff der „Gattung Grimm“ die der Arbeit zu Grunde liegenden Texte dahingehend eingrenzen, daß es sich um Erzähltypen handelt, wie sie Antti Aarne und Stith Thompson in ihrem Werk „The Types of the Folktale“ katalogisiert haben.

Die der vorliegenden Arbeit zugrundeliegenden Märchentexte sind mit diesen Umschreibungen ausreichend bestimmt. Nähere gattungsmäßige Eingrenzungen ergeben sich in unterschiedlicher Weise bei den einzelnen Forschungsansätzen über Märchen und Recht und werden jeweils dort behandelt. Ebenso werden im Rahmen des rechtsethnologischen Ansatzes einzelne Forschungsansätze mitberücksichtigt, die sich mit außereuropäischen Märchen befassen, obwohl diese Texte sich nicht unbedingt immer in den hier umrissenen Märchenbegriff einordnen lassen[6]. Die Einbeziehung dieser Ansätze erscheint aber zur Abrundung des Gesamtbildes notwendig, da einige der für außereuropäische Märchen getroffenen Aussagen trotz der Unterschiede der Texte auch für Märchen der „Gattung Grimm“ interessant werden können.

3. Das Recht in der vorliegenden Arbeit

Wie schon in der Einleitung deutlich wurde, befaßt sich die vorliegende Arbeit mit ganz unterschiedlichen Ansätzen, Märchen und Recht miteinander in Verbindung zu bringen. In den verschiedenen Ansätzen erscheinen auch unterschiedliche Aspekte des Rechts - von historischen Rechtsnormen bis hin zu rechtsphilosophischen Gedanken. Besondere Abgrenzungen oder Schwierigkeiten des Begriffs des Rechts werden daher bei den einzelnen Ansätzen erörtert.

---

[1] 2nd Revision, Helsinki 1981

[2] z.B. Nr. 300, The Dragon-Slayer (Drachentöter-Typus), Nr. 555, The Fisher and his Wife (hierunter fällt z.B. „Von dem Fischer und syner Fru“ (KHM 19))

[3] vgl. Aarne/Thompson, ebda, Vorwort von Thompson, S. 7: „Europe, West Asia and the Lands Settled by These Peoples“

[4] a.a.O., S. 7 (Hervorhebungen im Original); Der ursprüngliche deutsche Titel des Werkes von Antti Aarne war „Verzeichnis der Märchentypen“; zum Begriff des Erzähltypus und des Erzählmotivs vgl. Petzoldt, „Erzählmotiv“, in: Hoops, RGA Bd. 7, S. 538 ff, bes. S. 540 ff

[5] vgl. Aarne/Thompson, Vorwort, a.a.O., S. 7

[6] vgl. z.B. auch den von Scholler zugrundegelegten Märchenbegriff (Scholler, Märchen, Recht und Rechtsentwicklung, S. 324 f)

Grundsätzlich geht die vorliegende Arbeit von einem weiten Begriff des Rechts aus, der sich insbesondere gegenüber dem Begriff der Moral nicht immer scharf abgrenzen läßt.

II. Rechtshistorische Ansätze

1. Einführung: Geschichte, Erkenntnisziele und methodisches Vorgehen der rechtshistorischen Ansätze

Ein Großteil der Arbeiten, die sich mit dem Thema „Märchen und Recht" beschäftigen, folgt gedanklichen Konzepten, die sich unter dem Stichwort „rechtshistorische Ansätze" zusammenfassen lassen. Gemeinsam ist diesen Ansätzen, daß sie die Märchenforschung in Verbindung bringen mit der Rechtsgeschichte.[1]

1.1 Die Zusammenführung von Recht und Märchen bei den Brüdern Grimm - Beginn der wissenschaftlichen Betrachtung von Märchen und Recht

Wissenschaftsgeschichtlich reichen die „rechtshistorischen Ansätze" bis auf die Brüder Grimm zurück, also bis zu den Anfängen der wissenschaftlichen Beschäftigung mit den Märchen überhaupt.[2] Zuvor, im 18. Jahrhundert, dem Zeitalter der Aufklärung und ihrer Nachwehen, galten die Märchen als „Ammenmärchen", als reine Produkte der Phantasie, denen man keine literarische und erst recht keine wissenschaftliche Bedeutung beimaß.[3] Nicht ohne Stolz weist Wilhelm Grimm 1856 im dritten Band der KHM auf den durch die Brüder ausgelösten Anfang der Märchenforschung hin.[4]

---

[1] Insofern verwundert es etwas, wenn Hattenhauer in dem Artikel „Märchen" in HRG III, Sp. 267 ff, Sp 268 schreibt, die Rechtsgeschichte habe dem Märchen bisher kein Interesse geschenkt

[2] Vgl. Lüthi, Märchen, S. 62; Therese Poser, Das Volksmärchen, S. 36; vgl. auch Winter, Die geschichtliche Wirklichkeit im deutschen Volksmärchen, Euphorion 25, S. 196, bes. Fn. 5

[3] vgl. bes. die Zitate bei Rölleke, Einführung, S. 10 f; vgl. etwa Rölleke, Nachwort, KHM Bd. 3, S. 608; Denecke, S. 83; ausführlich Winter, S. 194 f, der zusammenfassend die „völlige Verständnislosigkeit gegenüber den Märchen und der Volksdichtung überhaupt" als „Kennzeichen der Aufklärung" bezeichnet; vgl. auch Zelger, S. 16; zur allgemeinen Bewertung der Märchen im Zeitalter der Aufklärung und ersten, einzelnen Ansätzen zur ernsthaften Sammlung und Wertschätzung der Märchen und Sagen vor den Brüdern Grimm vgl. Benz, Märchendichtung der Romantiker, S. 52 ff, 59, 60 f; vgl. auch Woeller, Der soziale Gehalt und die soziale Funktion der deutschen Volksmärchen, S. 397 f

[4] KHM Bd. 3, S. 360: „ Wie einsam stand unsere Sammlung, als sie zuerst hervor trat, und welche reiche Saat ist seitdem aufgegangen. Man lächelte damals nachsichtig über die Behauptung daß hier Gedanken und Anschauungen erhalten seien, deren Anfänge in die Dunkelheit des Alterthums zurück giengen: jetzt findet sie kaum noch Widerspruch. Man sucht nach diesen Märchen mit Anerkennung ihres wissenschaftlichen Werths und mit Scheu an ihrem Inhalt zu ändern, während man sie früher für nichts als gehaltlose Spiele der Phantasie hielt, die sich jede Behandlung müßten gefallen lassen." vgl. auch Vorrede, KHM Bd. 1, S. 23 (von 1819), S. 26 (von 1837)

Jacob Grimm stellt in seinen rechtshistorischen Arbeiten, insbesondere dem Aufsatz „Von der Poesie im Recht“ von 1815 und dem 1828 erschienenen Werk über „Deutsche Rechtsalterthümer“ nicht nur eine theoretische Verbindung zwischen Poesie, einem weiten Begriff, worunter auch die Märchen fallen, und dem Recht früherer Jahrhunderte her. Insbesondere in den Rechtsalterthümern benutzt er auch ganz konkret einzelne Märchen gleichsam als „materialien für das sinnliche element der deutschen rechtsgeschichte“[1], als poesiegeschichtliche Belege für alte, poetisch-bildhafte Vorstellungen im Recht.[2]

Auf die Grimmsche Märchensammlung, das meistverbreitete und bekannteste aller deutschen Bücher[3], und die „Rechtsalterthümer“, die vor allem in Umfang und Materialreichtum das einzige Werk dieser Art blieben[4], greifen die späteren rechtsgeschichtlichen Arbeiten über Märchen immer wieder einmal zurück[5]. Gewissermaßen haben die Brüder Grimm als Begründer der deutschen Philologie[6] und Märchenforschung[7] und Jacob Grimm als Begründer der deutschen „Rechtsarchäologie“[8] die Forschung über Märchen und Recht als eine Nebenverästelung ihres breiten Forschungsgebiets mitbegründet[9].

---

[1] Grimm, RA I, Vorrede, S. VII

[2] vgl. Ebel, Jacob Grimm und die deutsche Rechtswissenschaft, S. 26 f; für Wilhelm Grimm vgl. Kl.Schr. III, S. 63 (Zur altnord. Literatur); einzelne Stellen, an denen Wilhelm Grimm bestimmte Motive aus Poesie und Recht zueinander in Beziehung setzt: Kl. Schr. IV, S. 25 (Über Freidank); Kl. Schr. II, S. 218 (Einleit. in das Nibelungenlied; Bahrrecht); Kl.Schr. II, S. 262 (Edda Saemundar II)

[3] vgl. Rölleke, Nachwort, KHM III, S. 590 ff, 607

[4] vgl. Ebel, Jacob Grimm und die deutsche Rechtswissenschaft, S. 28; vgl. auch Werkmüller, „Rechtsaltertümer“, HRG IV, Sp. 265 f

[5] z.B. Jessen, Das Recht in den Kinder- und Hausmärchen der Brüder Grimm, der gelegentlich auch auf die „Rechtsalterthümer“ zurückgreift; Antonie Töpfer, Der König im deutschen Volksmärchen, Jena 1930; weitere Nachweise vgl. unten; zur Bedeutung der „Deutschen Rechtsalterthümer“ Grimms auch heute noch vgl. E. Ebel, „Grimm, Jacob und Wilhelm“, in: Hoops, RGA Bd. 13, S. 40 ff, 43

[6] Ebel, Jacob Grimm und die deutsche Rechtswissenschaft, S. 7; E. Ebel., „Grimm, Jacob und Wilhelm“, in: Hoops, RGA Bd. 13, S. 40 ff, 42; Jacob als Begründer der Wissenschaft der deutschen Philologie durch die deutsche Grammatik 1819: Hübner, Jacob Grimm und das deutsche Recht, S. 16

[7] vgl. Lüthi, Märchen, S. 62

[8] Mitteis/Lieberich, Deutsche Rechtsgeschichte, S. 5; anders Carlen, „Rechtsarchäologie“, HRG IV, Sp. 268 ff, 269, der Jacob Grimm zwar hervorhebt, als eigentlichen Begründer der modernen Rechtsarchäologie aber K. von Amira ansieht; vgl. auch ders., „§51 Germ. Rechtsarch.“ in „Germanen, Germania, Germanische Altertumskunde“ in Hoops, RGA Bd. 11, S. 408 ff, wobei im Abschnitt über die Forschungsgeschichte (S. 409) auch die „Deutschen Rechtsalterthümer“ Jacob Grimms erwähnt werden

[9] auch nach v. Künßberg (Rechtsgeschichte und Volkskunde, Zeitschrift für Deutschkunde 1922, S. 321) ist Jacob Grimm in der Rechtsgeschichte und in der Volkskunde grundlegend

1.2 Spätere Arbeiten über Märchen und Rechtsgeschichte

Die späteren Arbeiten über Märchen und Rechtsgeschichte stammen in der Mehrzahl aus der ersten Hälfte unseres Jahrhunderts[1]. Die Dissertation über das Recht in den Kinder- und Hausmärchen der Brüder Grimm von Jens Christian Jessen erschien jedoch erst 1979[2], und auch sonst finden sich einzelne Arbeiten neueren Datums, die einem rechtsgeschichtlichen Ansatz folgen[3].

Diese Arbeiten befassen sich mit deutschen Märchen, bzw. in Deutschland gesammelten Märchen, teilweise auch aus der Sammlung der Brüder Grimm[4]. Sie untersuchen, welche alten Rechtsvorstellungen bzw. Rechtsnormen und Rechtsbräuche im Märchen enthalten sind. Der Blickwinkel hat sich also gegen-

---

[1] dazu gehören Otto Ludwig, Richter und Gericht im deutschen Märchen, 1935; Siegfried Anger, Das Recht in den Sagen, Legenden und Märchen Schleswig-Holsteins, 1947; Ausführungen zur Rechtsgeschichte in beachtlichem Umfang enthält auch Antonie Töpfers Dissertation zum Thema „Der König im deutschen Volksmärchen", Jena 1930; Ausführungen zum Recht in den KHM auch bei Fehr, Das Recht in der Dichtung, S. 454 ff; Ausführungen zu Märchen und Rechtsgeschichte auch bei v. Künßberg, Rechtliche Volkskunde 1936, S. 25 ff; v. Künßberg, Rechtsgeschichte und Volkskunde, Zeitschrift für Deutschkunde 1922, S. 321 ff, bes. S. 324 ff; auch bei Winter, Die geschichtliche Wirklichkeit im deutschen Volksmärchen, Euphorion Bd. 25, 1924, S. 194 ff; am ehesten unter diesen Ansatz zu rechnen auch Friedrichs, Das Recht in den Kinder- und Hausmärchen, in: Mitteilungen der Schlesischen Gesellschaft für Volkskunde, Bd.22, 1920, S. 16 ff;
Eine Reihe von Arbeiten, die volkskundliches Material zu rechtsgeschichtlichen Schlüssen verwendet oder rechtsgeschichtliche Quellen für die Volkskunde bewertet haben, also auf dem selben wissenschaftlichen Grenzgebiet angesiedelt sind wie die Arbeiten über Märchen und Recht, nennt v. Künßberg, Rechtsgeschichte und Volkskunde, Zeitschrift für Deutschkunde, 1922, S. 321 f

[2] Jens Christian Jessen, Das Recht in den Kinder- und Hausmärchen der Brüder Grimm, Kiel 1979

[3] Alice Eisler, Recht im Märchen, Neophilologus 66, 1982, S. 422 ff; Bernhard Großfeld/Andreas Möhlenkamp, Die Mühle in Märchen und Recht, NJW 1996, S. 1103 ff; dem historischen Ansatz zuzurechnende Gedanken auch bei Gerhard O. W. Mueller, The Criminological Significance of the Grimms' Fairy Tales, bes. S. 222 ff; der Aufsatz ist aber seinem Grundgedanken nach fast eher zu den rechtsethnologischen Ansätzen zu rechnen; am ehesten an dieser Stelle zu erwähnen ist auch der Aufsatz von Uther, Die letzte Bitte Verurteilter, Zur Umsetzung von Rechtsvorstellungen in Volkserzählungen, Anales de la Universidad de Chile 1988, S. 441 ff

[4] Mit den KHM befassen sich: Jessen, Das Recht in den Kinder- und Hausmärchen der Brüder Grimm; Friedrichs, Das Recht in den Kinder- und Hausmärchen; Eisler, Recht im Märchen, S. 422; Töpfer, Der König im deutschen Volksmärchen, zieht neben verschiedenen anderen deutschen Märchensammlungen auch die KHM heran, ebenso Ludwig, Richter und Gericht im deutschen Märchen; Zu den KHM auch Fehr, Das Recht in der Dichtung, S. 454 ff; ganz überwiegend die KHM zieht heran Winter, Die geschichtliche Wirklichkeit im deutschen Volksmärchen; auch Großfeld/Möhlenkamp, Die Mühle in Märchen und Recht

über dem Ansatz Jacob Grimms ein wenig verschoben[1]. Die Märchen sind stärker ins Zentrum gerückt[2]. Daneben gibt es aber auch nach Jacob Grimm Arbeiten, die sich mit rechtsgeschichtlichen Themen befassen und dabei neben historischen Quellen auch Märchen und andere literarische Erzeugnisse berücksichtigen [3].

Schwerpunktmäßig sollen hier aber die Arbeiten der zuerst genannten Art berücksichtigt werden. Bei diesen Arbeiten wird zunächst ermittelt, welche Rechtsregeln im Märchen gelten, d.h. nach welchen Regeln sich die im Märchen auftretenden Personen verhalten, welche rechtserheblichen Handlungen sie vornehmen, und welche möglicherweise rechtlichen, d.h. nicht ohne weiteres aus der zwingenden Logik erklärbaren Folgen diese Handlungen haben[4]. Hierbei kann nicht immer scharf zwischen rechtlichen, moralischen und religiösen Normen unterschieden werden[5]. So ist z.B. das Verbot des Diebstahls sowohl eine rechtliche, als auch eine moralische und religiöse Norm. Wie Jessen schreibt, versteht sich das Recht im Märchen als Ausdruck sozialer und ethischer Werte, als Kulturerscheinung[6]. Auch werden bisweilen die im Märchen dargestellten

---

[1] Friedrichs gar glaubt, es wäre wohl nicht möglich, die KHM als Rechtsquellen zu benützen, da sich aus anderen Quellen sicherer erfahren lasse, wie das Recht alter Zeiten tatsächlich gewesen sei. Sie seien aber als Quelle für deutsche rechtliche Volksüberzeugung zu betrachten. (Friedrichs, S. 16). Da es sich bei diesen Volksüberzeugungen der Natur des Märchens nach um tradierte Vorstellungen handeln muß, ist der Ansatz dennoch zusammen mit den rechtsgeschichtlichen Ansätzen zu behandeln. Jessen hingegen meint, das Märchen könne die geschichtlichen Quellen ergänzen. (Jessen, S. 19; s.a. S. 16). Ähnlich äußern Groß-feld/Möhlenkamp, man erhalte aus den Märchen „Informationen über das Recht vergangener Zeiten" (NJW 1996, S. 1105; vgl. auch S. 1111); Eisler S. 430 wiederum meint, die KHM seien wohl weniger sekundäre Rechtsquellen als gute Beispiele für ein sehr emotionelles, traditionsbewußtes und wunschbetontes Rechtsdenken

[2] auch bei v. Künßberg, Rechtliche Volkskunde, S. 26 f;

[3] z.B. v. Amira, Die germanischen Todesstrafen, der Märchen anführt z.B. S. 138 f, 142 Fn. 1, S. 145 Fn. 2, S. 147 Fn. 1, S. 160 Fn. 7, Sagen S. 132 Fn. 8, S. 151 Fn. 9, S. 154 Fn. 6; v. Hentig, Die Strafe I, zit. Märchen z.B. S. 339, 341, 346, 348; zu v. Hentig auch Gerhard O. W. Mueller, The Criminological Significance of the Grimms' Fairy Tales, S. 219; diese Vorgehensweise findet sich auch in dem nicht speziell rechtsgeschichtlichen Werk von Waas, Der Mensch im deutschen Mittelalter, z.B. S. 21, 36, 70 ff, 79, 88, 114, im Bezug auf das Recht bes. S. 74

[4] untersucht werden also zunächst die „Rechtsvorgänge im Märchen", das dem Märchen eigene Rechtsaufkommen (Jessen, S. 13)

[5] vgl. dazu Jessen, S. 16; vgl. auch Eisler, S. 423; vgl. auch den Gedanken von v. Künßberg (Rechtliche Volkskunde 1936, S. 1), der darauf hinweist, daß Sitte und Recht, Volksbrauch und Rechtsbrauch sich in der Vorzeit nicht trennen lassen, und auch in der Gegenwart viel miteinander zu tun haben. Vgl. auch Künßberg, Rechtsgeschichte und Volkskunde, Zeitschrift für Deutschkunde 1922, S. 321

[6] Jessen, S. 233

wirtschaftlichen und sozialen Verhältnisse insoweit mitberücksichtigt, als das für das Verständnis des Rechtslebens nötig ist.[1]

Die Arbeit von Friedrichs über „Das Recht in den Kinder- und Hausmärchen“ begnügt sich im wesentlichen mit dieser Untersuchung[2]. In den meisten Arbeiten jedoch werden dann die einzelnen in den Märchen aufgefundenen Regeln zu einzelnen Rechtsgrundsätzen aus dem germanischen oder dem späteren deutschen Recht in Beziehung gesetzt.[3] Auf diese Weise glaubt man, in den „deutschen“ Märchen alte germanische und jüngere deutsche Rechtsmotive zu entdecken[4]. „Die Brüder Grimm hätten die Märchen nicht aufgenommen, entbehrten sie des Volks- und Rechtslebens auf deutschem Boden“, meint Jessen[5]. Auch Ludwig ist der Ansicht, daß die Rechtsvorstellungen im deutschen Märchen zum überwiegenden Teil aus dem deutschen oder vorgeschichtlichen Rechtsleben stammten[6].

---

[1] Vgl. Friedrichs, S. 17; Jessen, S. 13; Großfeld/Möhlenkamp, Die Mühle in Märchen und Recht, S. 1106 ff beziehen die Technik- und Sozialgeschichte der Mühlen ein; Sie wollen „Zusammenhänge und Wechselwirkungen verdeutlichen, die zwischen Wirtschaft, Märchen und Recht bestehen.“ Sie betonen, daß Märchen rechtliche Hintergründe haben, aber auch die kulturellen Hintergründe des Rechts zu beachten seien. (S. 1111)

[2] Friedrichs, S. 17; er stellt nur einmal einen rechtsgeschichtlichen Bezug zum alten Kampfordal her (S. 38)

[3] so bei Jessen, vgl. insb. S. 13; Anger, S. 140 ff; Töpfer, S. 5, 37 ff; O. Ludwig, S. 9; Winter, S. 203 ff; Alice Eisler, Recht im Märchen, S. 422; auch v. Künßberg, Rechtliche Volkskunde, S. 25 ff, bei dem aber methodische Überlegungen gegenüber einzelnen Vergleichen im Vordergrund stehen; nur wenige und sehr allgemeine Bezüge zu speziellen rechtsgeschichtlichen Tatsachen stellt Fehr, das Recht in der Dichtung, S. 454 ff her; nur wenige Bezüge zwischen Rechtsregeln und Märchen finden im Ergebnis auch Großfeld/Möhlenkamp, Die Mühle in Märchen und Recht, NJW 1996, S. 1103 ff, bes. S. 1106, 1109 f; vgl. auch Gerhard O. W. Mueller, The Criminological Significance of the Grimms' Fairy Tales, S. 222 ff

[4] Jessen, insbes. S. 12 f; S. 15; vgl. auch Jessen, S. 233 f; Töpfer, S. 38 ff; Nach Töpfer (S. 37) birgt das Märchen in seinem Kern eine Fülle von Zügen, die der Erzähler aus dem Leben seiner Zeit schöpfte; S. 38 spricht sie bezüglich der im Märchen geschilderten Bräuche bei Verlobung und Hochzeit des Königs von „Überlieferungen einer längst vergangenen Zeit“; S. 38 ff zieht sie immer wieder Parallelen zum germanischen Recht und Brauch; vgl. Eisler, S. 422; vgl. auch Fehr, Das Recht in der Dichtung, S. 454; ders., Das Recht im Bündner Märchen, S. 219; zurückhaltender ist die Wertung bei Anger, S. 17

[5] Jessen, S. 12; er zeigt allerdings auch christliche Einflüsse auf, vgl. allgemein S. 13, zum Recht der Eheschließung (Konsensehe) S. 107 f; den kirchlichen Einfluß auf das Recht der Eheschließung (Konsensehe) erwähnt auch Anger, S. 161; vgl. auch Jessen S. 234, wo Jessen nochmals allgemein den engen Zusammenhang der Märchen mit wirklichen Rechtserscheinungen betont

[6] Ludwig, S. 12; er weist daneben auf fremde Einflüsse, z.B. aus der Antike, dem Orient, dem kanonischen Recht hin. Vgl. auch Winter, S. 196 ff; Winter will im Märchen die „Niederschläge des Rechtslebens der deutschen Vergangenheit ermitteln“ (S. 198); Die Darstellung des Königs erklärt er (S. 201 ff) aus den Gegebenheiten des totemistischen Zeitalters

Friedrichs sieht in den Märchen gar eine „unverfälschte Quelle deutscher rechtlicher Volksüberzeugung".[1] Ludwig schließt sich ihm an und betont, daß sich ursprünglich Volksüberzeugung und Rechtsprechung entsprachen. Zu seiner Zeit (1935) lebe zwar noch die alte Volksüberzeugung auf rechtlichem Gebiet und habe sich gegen früher nicht viel verändert, stehe aber oft im Gegensatz zur modernen Rechtsprechung[2].

Anger vertritt die Ansicht, man dürfe zwar das Erzählgut nicht als rechtsgeschichtliche Zeugnisse im strengen Sinne werten, meint aber dennoch, die Sagen und Märchen würden zeigen, „welche Vorstellungen unser Volk, und insonderheit unsere schleswig-holsteinischen Landsleute, von Recht und Gerechtigkeit haben."[3]

(nach der völkerpsychologischen Einteilung von Wundt), als dessen Erzeugnis das Märchen zu gelten habe. Immer wieder stellt er Beziehungen zur germanischen Sitte, zum germanischen und deutschen Recht her (S. 203 ff). In KHM 65 (Allerleirauh) sieht Winter in der Darstellung des Inzestverbotes den Einfluß von kanonischem Recht (S. 220)

[1] Friedrichs, S. 16; Friedrichs vertritt diese Meinung, obwohl er in seinem Aufsatz mit einer Ausnahme keine Bezüge der Märchen zu einzelnen deutschen Rechtsregeln herstellt; in diese Richtung auch Jessen, S. 15; vgl. auch Jessen, S. 233: „Nirgendwo ist eine Abkehr vom empfundenen Recht zu verzeichnen"; auch Fehr hebt die enge Verbindung der Märchen und Sagen „mit dem Denken und Fühlen des Volkes" hervor (Das Recht in der Dichtung, S. 451); nach Eisler, S. 422, geben die Märchen Hinweise auf Überzeugungen und Erfahrungen rechtlicher Natur (insbesondere aus germanischer Zeit) sowie ganz allgemein darauf, was die ursprünglichen und späteren Erzähler für Recht und Gerechtigkeit gehalten haben; auch v. Künßberg (Rechtliche Volkskunde, S. 11) meint für die poetische Volksüberlieferung, sie sei keine unbedingte Quelle für die Erkenntnis des tatsächlichen Rechtszustandes, sondern nur Quelle für die Vorstellung des Volks von Recht und Gerechtigkeit; vgl. auch v. Künßberg, Rechtliche Volkskunde, S. 25; in diese Richtung auch Anger, S. 17

[2] Ludwig, S. 14; zum Umgang mit Märchen während der Zeit des Nationalsozialismus bes. in Bezug auf die Pädagogik anschaulich Polifke, Die Darstellung von Recht und Unrecht in Volksmärchen, S. 45 ff

[3] Anger, S. 17; vgl. zum Ganzen auch Hattenhauer, „Märchen", HRG III, Sp. 267 ff, 269 f, der in den Märchen ein Zeugnis archaischen Rechtsdenkens sieht. Das europäische Volksmärchen sei Produkt der selben archaischen Kultur, aus der auch das germanische Recht hervorgegangen sei. Trotz der Problematik der Überlieferungsgeschichte könne das Märchen doch ein Hilfsmittel zum Verständnis jener Kultur und ihres archaischen Rechts werden, der es entstamme.

Die Problematik all dieser Überlegungen, besonders der Herstellung historischer oder kultureller Zusammenhänge bzw. gemeinsamer kultureller Herkunft zwischen Märchen und Recht ist letztlich Thema aller folgenden Abschnitte dieses Kapitels

1.3 Der Ansatz R. Zelgers: Strukturelle Analyse und Motivationsforschung im Rahmen einer rechtshistorischen Betrachtung von „Teufelsverträgen" in Märchen, Sage, Schwank, Legende[1]

Die Dissertation von Renate Zelger über „Teufelsverträge" unterscheidet sich von den soeben dargestellten Ansätzen sowohl durch ihre Themenstellung als auch durch ihre methodische Vorgehensweise.[2] Zelger untersucht das Phänomen der „Teufelsverträge"[3] - d.h. Verträge von Menschen mit dem Teufel - nicht beschränkt auf die Erzählgattung Märchen, sondern zieht gleichberechtigt Märchen, Sage, Schwank und Legende heran[4]. Ausgangspunkt der Betrachtung ist also nicht eine bestimmte Erzählgattung, sondern das Phänomen des volkstümlichen Teufelsvertrages[5]. Da Zelger damit weit über das Märchen, auf dessen Untersuchung sich die vorliegende Arbeit beschränkt, hinausgreift, soll hier nur kurz auf die methodischen Besonderheiten ihres Ansatzes hingewiesen werden[6].

Zelger untersucht die rechtlichen Strukturen der Teufelsverträge, wobei sie zur Verdeutlichung die heute gängige Rechtsterminologie verwendet[7]. So sieht sie im Teufelsvertrag einen schuldrechtlichen Verpflichtungsvertrag, der durch Antrag und Annahme zustandekommt[8]. In engem Zusammenhang mit der Darstellung der rechtlichen Struktur des Teufelsvertrages untersucht sie auch die Motive, die den Menschen und den Teufel zum Abschluß eines solchen Vertrages bewegen. Sie analysiert auch die verschiedenen Funktionen des Teufels im Vertragsgeschehen[9], wobei sie sich nicht streng auf den Augenblick des Vertragsschlusses beschränkt.

Insbesondere ist es aber ein Anliegen der Arbeit Zelgers, in den Teufelsverträgen „den Komponenten germanischer, römisch ziviler- und kanonischer Rechtstradition" nachzugehen, „ebenso wie den Orientierungsschemata, die auf einer Verflechtung von Recht und Moral basieren"[10]. Besonders betont wird auch hier die „enge Verflechtung des ethischen und rechtlichen Faktors...in der Volkserzählung"[11]. Im Gegensatz zu den bisher dargestellten Arbeiten spielt bei Zelger

---

[1] zu strukturalistischen Ansätzen H. Schollers vgl. unten bei dem rechtsethnologischen Ansatz

[2] Renate Zelger, Teufelsverträge, Märchen, Sage, Schwank, Legende im Spiegel der Rechtsgeschichte, Frankfurt am Main u.a., 1996

[3] Zelger, S. 16

[4] Als Sammelbegriff für die von ihr herangezogenen Geschichten verwendet sie den Ausdruck „Volkserzählung".

[5] vgl. Zelger, S. 13, 17

[6] einzelne Hinweise auf ihre Arbeit werden auch in den Fußnoten gegeben

[7] vgl. Zelger, S. 14 f, 54; Sie will damit keinen inneren Zusammenhang zum heutigen Recht herstellen!

[8] Zelger, S. 58

[9] Zelger, S. 15, 119 ff

[10] Zelger, S. 22; vgl. auch S. 14

[11] Zelger, S. 17

das kanonische Recht eine wichtige Rolle. Sie kommt zu dem Ergebnis, daß der Teufel als „theologisches Wesen“[1] vorwiegend dem kanonischen Recht folge[2], während sich der menschliche Vertragspartner vorwiegend „auf der Grundlage des weltlichen Rechts“[3] und „eher in der Sphäre des Deutschrechtlichen“[4] bewege.

Daneben enthält die Arbeit eine Einbettung der Erzählungen vom Teufelsvertrag in ihren theologischen und historischen Kontext, wobei insbesondere auch die den Erzählungen zugrundeliegenden Vorstellungen gegen andere Magie- und Dämonenvorstellungen, wie sie insbesondere in den Volksrechten, dem kanonischen Recht und dem Hexenhammer vorkommen, abgegrenzt werden [5]. Schließlich setzt sich die Arbeit auch mit der Einstufung des Teufels als „betrogener Betrüger“ auseinander und zeigt auf der Basis einer historischen Betrachtungsweise Rechtfertigungsgründe für die Nichteinhaltung des Teufelspakts durch den menschlichen Vertragspartner auf[6].

2. Entstehungsgeschichte und methodische Probleme des Ansatzes der Brüder Grimm

Der Ansatz der Brüder Grimm und die späteren rechtsgeschichtlichen Arbeiten über Märchen und Recht sind nun, bevor auf einzelne Beispiele eingegangen werden kann, genauer und kritisch zu beleuchten.

Dabei ist zunächst auf die Entstehungsgeschichte und die gedanklichen Hintergründe des Grimmschen Ansatzes einzugehen, da hier erstmals Märchen und Recht zu einander in Beziehung gesetzt werden, und die von den Brüdern Grimm zugrundegelegten Gedanken teilweise in der späteren Forschung über Märchen und Rechtsgeschichte fortgewirkt haben[7]. Im Zusammenhang damit erfolgt auch ein kleiner Exkurs über die methodischen Probleme im Umgang mit den KHM[8]. Anschließend werden die späteren Arbeiten, insbesondere auch bezüglich ihres methodischen Vorgehens, untersucht.

2.1 Entstehungsgeschichte und gedankliche Grundlage

Die Entstehungsgeschichte und die gedankliche Grundlage des Ansatzes der Brüder Grimm werden im folgenden ganz gezielt unter dem Aspekt der Her-

---

[1] Zelger, S. 103

[2] Zelger, S. 195

[3] Zelger, S. 103

[4] Zelger, S. 195; vgl. auch S. 193

[5] vgl. Zelger, S. 37, 38 ff

[6] Zelger, S. 15, 177 ff

[7] zum Fortleben der Grimmschen Grundanschauungen durch das 19. Jahrhundert vgl. Helmut de Boor, Märchenforschung, in: Felix Karlinger (Hrsg.), Wege der Märchenforschung, S. 129 ff, 138 f

[8] Insbesondere die Arbeit von Jessen beschäftigt sich mit den Märchen dieser Sammlung

stellung von Bezügen zwischen Recht und Poesie, Recht und Märchen untersucht. Dabei muß vor allem auch nach dem Einfluß des Juristen Friedrich Carl von Savignys gefragt werden[1], des Hauptes des romanistischen Flügels der Historischen Rechtsschule[2], als dessen Schüler sich die Brüder Grimm stets bekannten. [3]

2.1.1 Der Einfluß der historischen Methode auf die Märchensammlung

Grundsätzlich ist zu bemerken, daß die Brüder Grimm die bei Savigny gelernte historische Ansicht und Methode, Recht und Gesetzgebung in ihrem geschichtlichen Zusammenhang und ihrer geschichtlichen Entwicklung zu begreifen[4], das Recht als etwas geschichtlich Gewordenes, nicht willkürlich Geschaffenes zu betrachten[5], auf alle ihre späteren Forschungsgebiete übertragen haben, also ihr auch bei allen philologischen Arbeiten, wie auch der Märchensammlung, folgten[6]. Aus diesem Grunde lehnten sie[1], wie wohl auch Savigny[2], in

---

[1] ein kurzer Hinweis auf diesen Einfluß auch bei Großfeld/Möhlenkamp, Die Mühle in Märchen und Recht, NJW 1996, S. 1104; vgl. auch Denecke, S. 107; allgemein zu den Beziehungen zwischen den Brüdern Grimm und Savigny, jedoch ohne genauer auf die Märchenforschung einzugehen Hedwig Vonessen, Friedrich Karl von Savigny und Jacob Grimm, München 1958; vgl. auch Ogris, Jacob Grimm und die Rechtsgeschichte, in: Jacob und Wilhelm Grimm, S. 70 ff; vgl. auch E. Rothacker, Savigny, Grimm, Ranke. Ein Beitrag zur Frage nach dem Zusammenhang der Historischen Schule, in: Historische Zeitschrift Bd. 128 (1923), S. 415 ff; Hinweise auch bei E. Ebel, „Grimm, Jacob und Wilhelm", in: Hoops, RGA Bd. 13, S. 40 ff, 43; allgemein zu Savigny vgl. Kiefner, „Savigny, Friedrich Carl von", HRG IV, Sp. 1313 ff

[2] Hübner, Jacob Grimm und das deutsche Recht, S. 16; zur Historischen Rechtsschule vgl. auch Thieme, „Historische Rechtsschule", HRG II, Sp. 170 ff

[3] vgl. Jacob Grimm, Deutsche Grammatik, Widmung an Savigny, Kl. Schr. VIII, S. 25 ff; Jacob Grimm, Das Wort des Besitzes, in: Kl. Schr. I, S. 113 ff, 114; Jacob Grimm, Ein Lebensabriß, Kl. Schr. VIII S. 459; s.a. Jacob Grimm, Wesen und Werth der deutschen Universitäten von Savigny, Kl.Schr. V, S. 154 f; Wilhelm Grimm, Kl.Schr. I, Selbstbiographie, S. 10; vgl. auch Erler, „Grimm, Jacob", HRG I, Sp. 1806 ff; allerdings ist Jacob Grimm selbst, trotz seiner „Deutschen Rechtsalterthümer" nach E. Ebel „Grimm, Jacob und Wilhelm", in: Hoops, RGA Bd. 13, S. 40 ff, 43 nicht der Historischen Rechtsschule zuzurechnen; hierauf kommt es jedoch im vorliegenden Zusammenhang nicht an

[4] vgl. dazu Ginschel, Der junge Jacob Grimm, S. 14 f

[5] vgl. Conrad, Aus der Entstehungszeit der historischen Rechtsschule, ZRG Bd. 65, german. Abt., S. 272; vgl. in Bezug auf die rechtskundliche Forschung Jacob Grimms auch E. Ebel, „Grimm, Jacob und Wilhelm", in: Hoops, RGA Bd. 13, S. 40 ff, 43

[6] vgl. Schuler, Jacob Grimm und Savigny, S. 206; Conrad, Aus der Entstehungszeit der historischen Rechtsschule, ZRG Bd. 65, german.Abt., S. 272 f; Schmidt-Wiegand, Jacob Grimm und das genetische Prinzip in Rechtswissenschaft und Philologie, S. 2 ff; Rölleke, Einführung, S. 29; vgl. Jacob Grimm, Das Wort des Besitzes, Kl.Schr.I, S. 113 ff, 114; So schreibt Wilhelm an Jacob am 18.9.1809 in Bezug auf die Auseinandersetzung der Brüder über die

der Theorie jede inhaltliche Veränderung der gesammelten Märchen und mündlich überlieferter Poesie zum Zwecke der Herausgabe ab[3]. Zwar entspricht ihre herausgeberische Praxis dennoch nicht modernen volkskundlichen Anforderungen[4]. Auch setzten sich die Brüder Grimm teilweise in der Praxis wohl über ihre

---

Zulässigkeit einer Bearbeitung der alten Volksbücher: „Ich arbeite ja ganz in Deiner, auch in meiner, d.h. in der historischen Ansicht..." (Grimm/Hinrichs, Briefwechsel zwischen Jacob und Wilhelm Grimm aus der Jugendzeit, S. 168 ff, 170); vgl. auch Jessen, S. 9; Ginschel, Der junge Jacob Grimm, S. 15 f, vgl. auch ebda S. 23, zu dem obigen Zitat, das häufig fälschlich in einen direkten Bezug mit der Redaktion der KHM gebracht wurde, ausführlich S. 260 ff

[1] Einen Unterschied in der Auffassung der Brüder, wonach Jacob strenger gewesen sei, stilistische und inhaltliche Änderungen Wilhelm zuzurechnen seien, betont besonders u.a. Schoof, vgl. Schoof, Zur Geschichte des Grimmschen Märchenstils, Der Deutschunterricht 15, 1963, S. 90 ff, 92; Schoof, Zur Entstehungsgeschichte der Grimmschen Märchen, bes. S. 153 f, 179; nach Rölleke, Einführung, S. 76 f, lassen sich solche Differenzen für die Erstauflagen wohl kaum nachweisen; die späteren Auflagen wurden von Wilhelm allein bearbeitet, der die Sammlung von Auflage zu Auflage mehr bearbeitete, während sich Jacob in mancher Hinsicht von diesen Tendenzen distanzierte (vgl. Rölleke, KHM III, Nachwort, S. 606). Immerhin auf gewisse Meinungsunterschiede schon bezüglich der Erstauflage des zweiten Bandes deutet auch Arnims Äußerung vom 10.2.1815 gegenüber Wilhelm: „Du hast glücklich gesammelt, hast manchmal recht glücklich nachgeholfen, was Du dem Jacob freilich nicht sagst" (zit. nach Rölleke, Nachwort, KHM III, S. 606); gegen einen Unterschied in den Auffassungen Jacob und Wilhelm Grimms bezüglich der Märchenredaktion mit beachtlichen Argumenten Ginschel, Der junge Jacob Grimm, S. 217 ff, sowie dies., Der Märchenstil Jacob Grimms, ebda S. 421 ff, an beiden Stellen auch weitere Nachweise zu der von ihr bekämpften Auffassung, die auf F. Panzer zurückgeht.

[2] Savigny äußert sich gegen das Ändern der überlieferten Texte gegenüber Wilhelm Grimm bezüglich der „Kaempe Wiser" im Brief vom 12.4.1808 (Stoll Bd.I, Nr. 159, S. 322); die Äußerung gegen „Modernisirung" und „eingelegte eigene Arien" spielt auf die Behandlung der Texte durch Achim von Arnim und Clemens Brentano im Wunderhorn an (Stoll ebd. Anm. 3, S. 312 Anm. 3), und läßt daher auch auf Savignys Ansicht bezüglich der Behandlung der Märchen schließen. In ähnlichem Sinne äußert sich Savigny auch gegenüber Achim von Arnim (Stoll I, Nr. 154, S. 312)

[3] vgl. Vorrede zum ersten Band 1812, Nachdruck hrsg. von Heinz Rölleke, S. XVIII f; Vorrede zur 2. Aufl. 1819, KHM I, S. 21 ff: hier auch die Einschränkung: „Daß der Ausdruck und die Ausführung des Einzelnen großenteils von uns herrührt, versteht sich von selbst..."; Bereits in einem Brief an Wilhelm vom 17.5.1809 (Grimm/Hinrichs, Briefwechsel zwischen Jacob und Wilhelm Grimm aus der Jugendzeit, S. 96 ff, bes. S. 98) distanziert sich Jacob deutlich von Arnim und Brentano, die die von ihnen herausgegebenen alten Schriften bearbeiteten, und spricht sich für eine rein historische Behandlung alter Poesie aus. Weiter vgl. z.B. Jacob Grimms Brief vom 26.12.1811: Schoof, Briefe der Brüder Grimm an Savigny, Nr. 57, S. 129 (Volkslieder und Sagen); Wilhelm Grimm, Kl.Schr. IV, (Albanesische Märchen), S. 347 ff, 348; vgl. zum Verständnis der Brüder Grimm von getreuer Wiedergabe auch Denecke, S. 71 f; vgl. auch Ginschel, Der junge Jacob Grimm, S. 242 ff, 256 ff, die betont, daß es Jacob Grimm bei der mündlichen Überlieferung, anders als bei schriftlich überlieferten Texten, nur auf inhaltliche Treue, nicht auf wörtliche Wiedergabe des Erzählten ankam.

[4] Vgl. zusammenfassend Ginschel, S. 270

eigenen Grundsätze hinweg[1]. Dennoch liegt hierin ein wichtiger Einfluß Savignys auf den Märchen*stil*[2]. Ein konkreterer Einfluß, etwa in Form von Bemerkungen zum Stil der verschiedenen Ausgaben der KHM oder der 1808 für seine Kinder abgeschriebenen Märchen[3], läßt sich dagegen jedenfalls aus dem Briefwechsel der Brüder Grimm mit Savigny nicht entnehmen.[4]

2.1.2 Der Volksgeist als Schöpfer von Märchen und Recht

Bei der Frage nach der Grundlage der Beziehung zwischen Märchen und Recht im besonderen muß man von dem zentralen Begriff des Volksgeistes ausgehen, der nach Ansicht der Brüder Grimm als gemeinsame Grundlage Sprache, Volkspoesie, Märchen und Recht miteinander verbindet.[5] Die Entstehungsgeschichte dieser Ansicht, die im folgenden kurz skizziert wird, gewährt wieder Blicke auf die Beziehungen zwischen Märchen und Recht aus ganz unerwarteten Perspektiven.

2.1.2.1 Der Volksgeist als Schöpfer der Märchen

Der Volksgeist galt in der Nachfolge Herders[6] insbesondere in den Augen der Romantiker[7], zu denen in dieser Hinsicht auch die Brüder Grimm zu rechnen

---

[1] vgl. unten Kap. II.2.2.2, Kap. II.3.2.4.2; a.A. Ginschel, Der junge Jacob Grimm, S. 253 ff, 266 ff die bezüglich der Märchenherausgabe der Ansicht ist, die Brüder Grimm hätten sich an ihre Grundsätze gehalten, und tatsächliche inhaltliche Abweichungen mit der Diskrepanz moderner volkskundlicher Vorstellungen von den Vorstellungen der Brüder Grimm erklärt.

[2] vgl. Schoof, Zur Geschichte des Grimmschen Märchenstils, Der Deutschunterricht 15, 1963, S. 90 ff, 92; vgl. auch Großfeld/Möhlenkamp, Die Mühle in Märchen und Recht, NJW 1996, S. 1103 ff, 1104

[3] Der erste Band der KHM von 1812 wird im Briefwechsel erwähnt, den zweiten Band von 1815 und die zweite Auflage von 1819 sandte Wilhelm Grimm an Savigny vgl. Schoof, Briefe der Brüder Grimm an Savigny, S. 137 ff (Nr. 59 vom 19.11.1812), S. 183 ff (Nr. 72 v. 12.12.1814) S. 284 (Nr. 116 vom 24.9.1819); Stoll II, S. 85 ff, 86 (Nr. 246 v. 27.10.1812), S. 133 (Nr. 287 v. 1.4.1815), S. 266 (Nr. 357 v. 2.2.1820)
zu den für Savignys Kinder abgeschriebenen Märchen vgl. Schoof, Briefe der Brüder Grimm an Savigny, S. 41, 423 ff

[4] Savignys Briefe an die Brüder Grimm bei Stoll, Friedrich Karl von Savigny, Ein Bild seines Lebens mit einer Sammlung seiner Briefe, Bd. I bis III; die Gegenbriefe der Brüder Grimm sind herausgegeben von Schoof, Briefe der Brüder Grimm an Savigny

[5] vgl. Conrad, Aus der Entstehungszeit, ZRG Germ.Abt. Bd. 65, S. 278; auf den Volksgeistgedanken weist auch Mueller, The Criminological Significance, S. 218 kurz hin; vgl. auch Scholler, Märchen, Recht und Rechtsentwicklung, S. 325 ff

[6] vgl. E. v. Moeller, Die Entstehung des Dogmas von dem Ursprung des Rechts aus dem Volksgeist, S. 33 ff, 50; zum Beginn der Wertschätzung der Märchen, wie der gesamten Volksliteratur bei Herder, entgegen der Auffassung der Aufklärung, vgl. Winter, S. 195 f

[7] Besonders ist hier an Achim von Arnim und Clemens Brentano zu denken. Arnim spricht bereits 1805 in der Nachschrift zum 1.Band des „Wunderhorns" vom „lebendige(n) Volks-

sind, als Schöpfer der Sprache wie auch der Volkspoesie, der Volkslieder, Sagen, Märchen, auch von „Nationalepen“ wie Nibelungenlied und Edda.[1] Alle diese wurden also nicht als eigene Erfindungen einzelner Dichter angesehen[2], sondern als aus dem ganzen Volk hervorgewachsen.[3] Sie waren „unerfindlich“[4] und dichteten „sich selbst“[5]. In jedem Einzelnen, der ein Märchen weitererzählt und dabei unbewußt auf natürliche Art auch fortbildet, waltet der Geist des Volkes[6]. Das Märchen „trägt seine Nothwendigkeit in sich“[7] und kann wie „jede ächte Poesie... niemals ohne Beziehung auf das Leben sein“, da es „aus ihm aufgestiegen“ ist.[8]

In diesem Sinne sammelten die Brüder Grimm auf Veranlassung des Romantikers Clemens Brentano seit 1806 bzw. 1807 Lieder, Märchen und andere volksläufige Prosatexte, zunächst aus schriftlichen Quellen, dann auch aus mündlicher Erzählung[9]. Im Rahmen ihres bereits entwickelten altgermanistischen Interesses[10] beschäftigten sie sich gleichzeitig mit dem Walten des Volks-

---

geist“, wenn auch in etwas anderem Zusammenhang; vgl. Kantorowicz, Volksgeist und historische Rechtsschule, S. 300 f; Achim von Arnim/ Clemens Brentano, Des Knaben Wunderhorn, S. 277 Anm.1

[1] Für die Brüder Grimm vgl. E. v. Moeller, Die Entstehung des Dogmas, S. 43; vgl. Jacob Grimm, Brief an Savigny vom 20.5.1811 Nr. 52, Schoof, Briefe der Brüder Grimm an Savigny, S. 102; Wilhelm Grimm, Brief an Savigny vom Januar 1810, Schoof, Briefe der Brüder Grimm an Savigny, Nr. 43, S. 83; diese und weitere Nachweise auch bei Schuler, Jacob Grimm und Savigny, ZRG 80, Germ. Abt., S. 226; vgl. auch Denecke, S. 52

[2] vgl. Jacob Grimm, Über das Nibelungen Liet (1807), Kl.Schr. IV, S. 1 ff, 4; Wilhelm Grimm, Kl. Schr. II, S. 157

[3] vgl. Wilhelm Grimm, Brief an Savigny vom Januar 1810, Schoof, Briefe der Brüder Grimm an Savigny, Nr. 43, S. 83; Jacob Grimm, Brief an Savigny vom 20.5.1811, Schoof, Briefe der Brüder Grimm an Savigny, Nr. 52, S. 102; diese und weitere Nachweise auch bei Schuler, Jacob Grimm und Savigny, S. 226 f; Kritik an dieser Vorstellung übte bereits Achim von Arnim, vgl. Helmut de Boor, Märchenforschung, in: Felix Karlinger, Wege der Märchenforschung, S. 129 ff, 135 f

[4] Vorrede zu KHM Bd. 1 (1812), S. XVIII; vgl. auch Jacob Grimm, Deutsche Mythologie (Gött. Gel. Anz.), Kl.Schr. V, S. 201; Wilhelm Grimm, Kl.Schr II, S. 157 (Antikritik gegen A.W. von Schlegel)

[5] Jacob Grimm, Von Übereinstimmung der alten Sagen (1807), in Kl.Schr. IV, S. 9 ff, S. 10 Anm. 4; auch zit. bei Schuler, Jacob Grimm und Savigny, S. 224; vgl. auch Vorrede zu KHM Bd.1 (1812), S. XIII; Wilhelm Grimm, Kl. Schr. II, S. 10; vgl. auch Helmut de Boor, Märchenforschung, in: Felix Karlinger, Wege der Märchenforschung, S. 129 ff, 134; vgl. auch Ginschel, Der junge Jacob Grimm, S. 113 f

[6] Vorrede der KHM, Bd I, S. 23

[7] Vorrede KHM Bd. 1 (1812), S. VIII

[8] Vorrede KHM Bd. 1 (1812), S. XIII

[9] vgl. Rölleke, Einführung, S. 31 ff, 34; Hübner, Jacob Grimm und das deutsche Recht, S. 20; zum Einfluß Brentanos vgl. auch Ginschel, Der junge Jacob Grimm, S. 29 f; Winter, S. 196, nennt die KHM die „köstliche Frucht“ des von Herder ausgestreuten Samens

[10] vgl. die Formulierung bei Rölleke, KHM III, Nachwort, S. 595

geistes insbesondere im Epos.[1] Die Übertragung dieser Vorstellung auf das Recht formulierten sie jedoch später als Savigny unter dessen Einfluß.[2]

2.1.2.2 Savignys Dogma von dem Ursprung des Rechts aus dem Volksgeist und sein Gedanke der Verbundenheit von Recht und Sprache in der Schrift „Vom Beruf unserer Zeit für Gesetzgebung und Rechtswissenschaft"

Das Dogma von dem Ursprung des Rechts aus dem Volksgeist [3] hat nach Ernst v. Moellers umfangreicher Untersuchung zuerst Savigny in seiner Schrift „Vom Beruf unserer Zeit für Gesetzgebung und Rechtswissenschaft" von 1814 formuliert, wobei er zwar das Wort „Volksgeist" noch nicht verwendete, jedoch Formulierungen, die allgemein als gleichwertig anerkannt werden.[4] Savigny stellt in seiner Schrift zugleich eine Parallele zwischen Recht und Sprache her, wobei der Gedanke an eine grundsätzliche In-Bezug-Setzung von Recht und Sprache und der Ursprung letzterer aus dem Volksgeist bereits vorher diskutiert wurden.[5] Zudem aber legt er in der im folgenden zitierten Stelle bereits den Gedanken der inneren Verbundenheit von Recht, Sprache und Sitte eines Volkes durch den sie alle hervorbringenden Volksgeist dar. Lediglich die Poesie und die Märchen, deren Hervorbringung durch den Volksgeist aber bereits Gedankengut der Romantik war[6], erwähnt Savigny an dieser Stelle nicht, wenn man sie nicht doch als im Begriff der Sprache als sprachliche Schöpfungen mitumfaßt sehen will[7]:

„Wo wir zuerst urkundliche Geschichte finden, hat das bürgerliche Recht schon einen bestimmten Character, dem Volk eigenthümlich, so wie seine Sprache, Sitte, Verfassung. Ja diese Erscheinungen haben kein abgesondertes Daseyn, es sind nur einzelne Kräfte und Thätigkeiten des einen Volkes, in der Natur

---

[1] vgl. die Nachweise bei Schuler, Jacob Grimm und Savigny, S. 223 ff

[2] vgl. E. v. Moeller, Die Entstehung des Dogmas, S. 43; Hübner, Jacob Grimm und das deutsche Recht, S. 20; Conrad, Aus der Entstehungszeit, ZRG Germ.Abt. 65, S. 261 ff, 279 f

[3] vgl. den Titel des Aufsatzes von Ernst v. Moeller, Die Entstehung des Dogmas von dem Ursprung des Rechts aus dem Volksgeist, Mitteilungen des Instituts für österreichische Geschichtsforschung, Bd. 30, 1909, S. 1 ff

[4] Schuler, Jacob Grimm und Savigny, ZRG 80, Germ. Abt., S. 238 m.w.N.; vgl. auch die Formulierungen im Einleitungsaufsatz der Zeitschrift für geschichtliche Rechtswissenschaft von 1815, in von Savigny, Vermischte Schriften, Bd. 1, S. 105 ff, 110 ff; vgl. auch Welker, „Volksgeist", HRG V, Sp. 986 ff; nach Welker a.a.O. hat Puchta zuerst (1828) den Begriff Volksgeist im juristischen Kontext verwandt

[5] Zur In-Bezug-Setzung von Recht und Sprache vgl. Schuler, Jacob Grimm und Savigny, S. 219; zum Ursprung aus dem Volksgeist vgl. E. v. Moeller, Die Entstehung des Dogmas, S. 35, 48

[6] vgl. oben, Kap. II.2.1.2.1

[7] So schreibt Jacob Grimm 1862: „...wie die sprache...in poesie und rede endlose wurzel geschlagen hat" (Jacob Grimm, Weisthümer, 4. Teil, Göttingen 1863)

untrennbar verbunden, und nur unsrer Betrachtung als besondere Eigenschaften erscheinend. Was sie zu einem Ganzen verknüpft, ist die gemeinsame Überzeugung des Volkes, das gleiche Gefühl innerer Nothwendigkeit, welches allen Gedanken an zufällige und willkührliche Entstehung ausschließt.“ [1]

2.1.2.3 Die Reaktion der Brüder Grimm auf Savignys Schrift „Vom Beruf unserer Zeit für Gesetzgebung und Rechtswissenschaft“

Jacob und Wilhelm Grimm, die vor Savigny ihre Vorstellung vom Volksgeist nicht auf das Recht ausgedehnt hatten,[2] bezogen in ihren Briefen an Savigny, in denen sie seiner Bitte um eine Stellungnahme zu seiner Schrift nachkamen, sogleich die Poesie ein[3]. Besonders deutlich wird dies im Brief von Wilhelm Grimm vom 12.12.1814[4]: „Am liebsten war mir im einzelnen der Abschnitt über Entstehung des Rechts...Ich kann sagen, daß es unsere Absicht ist, den Ursprung der Poesie auf solche Weise darzustellen, als ein nicht von dem vollen Leben überhaupt getrenntes Gemeingut des Volks“. Auch Jacob Grimm erwähnt im Brief vom 29.10.1814[5], nachdem er Savignys Gedankengang begeistert referiert hat, im nächsten Satz in einem Atemzug mit der Sprache die Poesie [6] und bezieht in die folgende Erörterung auch die „Volkssage“ ein[7], wobei zu beachten ist, daß die Brüder Grimm den Begriff „Sage“, der im eigentlichen Wortsinn jegliche mündliche Tradition umfaßt, jedenfalls zu Beginn ihrer Sam-

---

[1] Savigny, Vom Beruf unserer Zeit für Gesetzgebung und Rechtswissenschaft, 1814, zit. nach J. Stern, 1914, S. 76 (im Original S. 8); vgl. auch die Abdrucke bei Hattenhauer (Hrsg.), Thibaut und Savigny, Ihre programmatischen Schriften, München 1973

[2] vgl. E. v. Moeller, Die Entstehung des Dogmas, S. 43

[3] in Wieackers Sinn mag hierin vielleicht auch schon ein „Umverstehen zum Zwecke des Assimilierens“ liegen, die Brüder Grimm würden sich aus Savignys Schrift in erster Linie aneignen, was ihnen gemäß ist. (Franz Wieacker, Savigny und die Gebrüder Grimm, ZRG 72, Germ.Abt., S. 232 ff, 243)

[4] vgl. Schoof, Briefe der Brüder Grimm an Savigny, S. 183

[5] Schoof, Briefe der Brüder Grimm an Savigny, S. 171 ff

[6] a.a.O., S. 172: „So unsinnig es wäre, eine Sprache *oder Poesie* e r f i n d e n zu wollen...“ (Hervorhebung von Grimm, Kursivdruck von mir); vgl. auch Schmidt-Wiegand, Jacob Grimm und das genetische Prinzip in Rechtswissenschaft und Philologie, S. 5, die betont, „daß Jacob Grimm in bezug auf die Analogien, die zwischen Recht und Sprache bestehen, über seinen Lehrer entschieden hinausgeht.

[7] a.a.O., S. 172: „Das hohle Erdichten und Lügen ist überall Eitelkeit und Nichtigkeit, auch bei den Grammatikern und Dichtern. Die Geschichte und *Volkssage* (deutlich = Gesetz: ungeschriebenen Gewohnheit) selbst die Lebensbeschreibung eines einzelnen (=einem umständlich erzählten merkwürdigen Rechtsfall der Praxis) stehen mit ihrer Lebendigkeit und Wahrheit über allem andern;... waren bei der *Volkssage* und Volkspoesie alle Stücke, die sich für uns erhalten haben, aus der Wärme und Mitte des Ganzen gesprungen...“ (Kursivdruck von mir)

meltätigkeit als unspezifischen und weiten Sammelbegriff verstanden[1]. Wenig später kommt er zu dem Gedanken[2]: „Das Wachsen, Sichausbilden und Absterben des Rechts und sein Sitz im Bewußtsein des Volks paßt pünctlich auf die alte Volkspoesie, u. beide erläutern sich einander". Die Märchen werden zwar auch von den Brüdern Grimm hier nicht ausdrücklich erwähnt, sind jedoch als Teil der Volkspoesie[3], wohl auch der Sage im weiteren Sinne als mit einbezogen zu betrachten.

Auffällig stimmen auch Grimms und Savignys Äußerungen über den Bezug auf das reale menschliche Leben, der sowohl den Märchen als auch dem Recht zugeschrieben wird, überein. Wie das Märchen „niemals ohne Beziehung auf das Leben seyn kann"[4], so lehrt Savigny im „Beruf" im Rahmen seiner Ausführungen über das römische Recht: „Das Recht hat kein Dasein für sich, sein Wesen vielmehr ist das Leben der Menschen selbst, von einer besonderen Seite angesehen"[5]. Wie bei Grimms das Märchen „seine Nothwendigkeit in sich" trägt[6], verknüpft nach Savigny „das gleiche Gefühl innerer Nothwendigkeit" Recht, Sprache und Sitte[7].

Die Streitfrage, inwieweit die Brüder Grimm hier Savignys Gedanken übernommen haben, und inwieweit andererseits Savignys Gedanken, insbesondere die Parallelisierung von Sprache und Recht und die Zugrundelegung des Volksgeistgedankens von den Ideen der Brüder Grimm beeinflußt waren[8], kann hier nicht geklärt werden.

---

[1] vgl. Rölleke, Einführung, S. 32; vgl. auch Rölleke, Nachwort, KHM Bd. 3, S. 608; zum Begriff der Sage bei den Brüdern Grimm vgl auch Ginschel, Der junge Jacob Grimm, S. 38, 290 f (Sie verstehen unter uralter Sage nach Ginschel „epische und mythische Stoffe und Motive, die ihnen in der gesamten Weltliteratur immer wieder begegnen"); m.E. kann man den Begriff auch hier im weiten Sinne verstehen; noch in ihren Vorreden zu den Märchen verwandten die Brüder Grimm den Ausdruck Sage bisweilen in ganz weitem Sinne, im Gegensatz zur „localen Volkssage" , „historischen Sage" vgl. Vorrede Bd.1 (1812), S. XIII, XV, XVIII, XIX; KHM Bd. 2 (1815), S. VII; KHM Bd. 1, Vorrede 1819, S. 23

[2] Schoof, Briefe der Brüder Grimm an Savigny, a.a.O., S. 173

[3] Gerade in den Vorreden zu den KHM wird der Ausdruck „Poesie" sehr häufig verwendet, wobei stets u.a. auch die Märchen gemeint sind: vgl. Vorrede KHM Bd.1 (1812), S. VIII, XI, XIII, XIV; Vorrede KHM Bd. 1 von 1819, S. 16, 23

[4] Vorrede KHM Bd.1, (1812), S. XIII; vgl. allg. Zur Poesie Wilhelm Grimm, Kl. Schr. I, S. 92, 122 (Entstehung der altdeutschen Poesie), Kl. Schr. I, S. 324 (Über das Wesen der Märchen), Kl. Schr. II, S. 422

[5] Savigny, Beruf, S. 88 f

[6] Vorrede KHM Bd. 1 (1812), S. VIII

[7] vgl. oben; Savigny, Beruf, S. 76

[8] vgl. H.U. Kantorowicz, Volksgeist und historische Rechtsschule, HZ 108/1912, S. 295 ff bes. S. 309 ff; Theo Schuler, Jacob Grimm und Savigny, ZRG 80, 1963, S. 197 ff; vgl.auch Hübner, Jacob Grimm und das deutsche Recht, S. 17, 20; Ginschel, Der junge Jacob Grimm, S. 19, 23

Inwieweit die etwas unspezifischen Äußerungen Jacob Grimms in dem bereits erwähnten Brief vom 29.10.1814, die Schrift Savignys bestärke ihn „in einigen“ seiner „liebsten Gedanken“[1], und es werde „ein und dasselbe auf ganz verschiedenem Wege und mit anderen Mitteln erkannt“[2], sich gerade auf Savignys oben dargestellte Ausführungen beziehen, ist nicht klar.[3] Hält man sie mit der oben zitierten Äußerung Wilhelm Grimms zusammen, es sei ihre „Absicht..., den Ursprung der Poesie auf solche Weise darzustellen“ [4], und mit der Äußerung Jacobs im Brief vom 1.11.1814 an Wilhelm Grimm, die Schrift Savignys stimme in ihre Meinungen und bestätige sie[5], so liegt es nahe, darin nur eine Anspielung auf die von den Brüdern Grimm im Bereich der Poesie ihren Arbeiten bereits zugrundegelegte Volksgeistlehre zu erblicken.[6]

2.1.3 Die Herstellung von Verbindungen zwischen Poesie und Recht, insbesondere zwischen Märchen und Recht

Bezüglich der Herstellung von Verbindungen zwischen Poesie und Recht lassen sich jedoch einige genauere Feststellungen treffen, wobei auch Savignys Rolle gewürdigt werden kann.

Erste Gedanken, die die Herstellung einer Beziehung zwischen Poesie und Recht enthalten, äußert Jacob Grimm bereits vor Savignys Schrift über den „Beruf“ in einem Brief an Savigny vom 24.12.1813[7]. Hier finden sich bereits einige seiner in den Aufsätzen über die Poesie im Recht und über die Mordsühne ausgeführten Gedanken angedeutet. Jacob Grimm erwähnt seine Hinwendung zum altdeutschen Recht, er habe sich „in der letzten Zeit ein eigenes Heft fürs altdeutsche Recht gehalten und viele Formeln und Gebräuche daraus excerpirt.“ „Schwerlich“ sei „irgend eine Jurisprudenz so *poetisch* gewesen“.[8] Hierin kann man schon eine Ahnung der in der „Poesie im Recht“ ausgeführten Gedanken

---

[1] Schoof, Briefe der Brüder Grimm an Savigny, S. 171

[2] a.a.O., S. 171

[3] vgl. auch Schuler, Jacob Grimm und Savigny, S. 219

[4] Schoof, Briefe der Brüder Grimm an Savigny, Brief Nr. 72 vom 12.12.1814, S. 183

[5] Grimm/Hinrichs, Briefwechsel zwischen Jacob und Wilhelm Grimm aus der Jugendzeit, Nr. 111 vom 1.11.1814, S. 371

[6] Kantorowicz dagegen bezieht die zuletzt zitierte Äußerung aus dem Brief vom 1.11.1814 auf Jacob Grimms Ablehnung einer Kodifikation (Kantorowicz, Volksgeist und historische Rechtsschule, HZ 108, S. 295 ff, 312), wogegen aber m.E. die Äußerungen Grimms in den Briefen an Savigny vom 22.9. 1814 und 29.10.1814 (Schoof, Briefe der Brüder Grimm, Nr. 70 u. 71, S. 167 ff, 171 ff) sprechen. In ersterem Brief erwägt er, wie die geltende Gerichtsverfassung „erneut und gereinigt“ werden könnte (S. 170), in letzterem Brief bekennt er, er habe sich „wohl die Möglichkeit einiger allgemein durchgreifenden deutschen Gesetze zu nah“ vorgestellt, worüber er „nun gründlicher belehrt“ sei.(S. 172)

[7] Schoof, Briefe der Brüder Grimm an Savigny, S. 147 ff, 149; vgl. zu dieser Briefstelle auch Ginschel, Der junge Jacob Grimm, S. 58 f

[8] Schoof, Briefe der Brüder Grimm an Savigny, S. 149

sehen, da dieser Aufsatz ja insbesondere von dem poetischen und bildhaften Charakter der rechtlichen Sprache, Formen und Symbole handelt[1]. Der Hauptgedanke des Aufsatzes über die Mordsühne ist schließlich in den folgenden Zeilen bereits formuliert: „auch für die altdeutsche Poesie gewähren die Rechtsquellen Aufschluß z.B. die Fabel der Edda, daß zur Mordbuße der Leib des Erschlagenen mit einem Haufen Gold bedeckt werden soll, findet in der Glosse zum Sachsenspiegel ihre merkwürdige Erklärung".[2] Ein Gedanke an den Volksgeist als gemeinsame Grundlage von Poesie und Recht wird an dieser Stelle aber nicht ausgesprochen[3]. Immerhin wird hier bereits eine konkrete Beziehung zwischen einer bestimmten Stelle in der Edda und einer bestimmten Stelle im Sachsenspiegel, und damit zwischen einer von den Brüdern Grimm der Volkspoesie zugerechneten Dichtung und einer Rechtsüberlieferung hergestellt.

Die ersten Veröffentlichungen Jacob Grimms, die eine Beschäftigung mit Poesie und Recht enthalten, die erwähnten Aufsätze über eine eigene altgermanische Weise der Mordsühne und über die Poesie im Recht, erfolgen schließlich auf Anregung Savignys in der von ihm mitbegründeten Zeitschrift für geschichtliche Rechtswissenschaft in engem zeitlichem und sachlichem Zusammenhang mit dem Erscheinen von Savignys Schrift über den „Beruf" [4]. Im selben Brief, in dem Jacob Grimm auf diese Schrift eingeht, äußert er sich auch zu Savignys

[1] vgl. auch Ebel, Jacob Grimm und die deutsche Rechtswissenschaft, S. 25 ff

[2] Schoof, Briefe der Brüder Grimm an Savigny, S. 149

[3] Da Savignys Lehren, wie v. Moeller nachweist (v. Moeller, Die Entstehung des Dogmas, S. 48; vgl. auch S. 35), bereits in der Luft lagen und mit Händen zu greifen waren, bevor er sie formulierte, ist es denkbar, daß auch Jacob Grimm in seinen Gedanken schon vor Savignys Schrift danach zu greifen versucht hatte, ohne dies schriftlich festzuhalten, insbesondere angesichts seiner bereits begonnenen Sammlungen im altdeutschen Recht. Dies würde auch die Geläufigkeit erklären, mit der er Savignys Thesen in seinen Schriften sofort ausführt. Wenn nach Ernst v. Moeller (a.a.O., S. 35) „hinterher, als Savigny das entscheidende Wort gesprochen hatte, auch der studiosus juris im ersten Semester mit einem Schein des Rechts sagen konnte: Habe ich längst gewusst", dann hätte das erst recht der Wissenschaftler Jacob Grimm empfinden können. Warum allerdings Th. Schuler, die Zuwendung zum altdeutschen Recht hier als „nur recht schüchtern" (S. 219) bezeichnet, kann ich nach dem hier Dargelegten nicht nachvollziehen. Vgl. Th. Schuler, Jacob Grimm und Savigny, ZRG 80, S. 197 ff

[4] vgl. Hübner, Jacob Grimm und das deutsche Recht, S. 20: „Wenn er nun vernahm, wie sein Meister die Gedanken, die ihn selbst auf seinen eigenen Gebieten leiteten, als die auch für die Entstehung des Rechts maassgebenden aussprach, so mag er gern zu einer wissenschaftlichen Benutzung jener zunächst ohne bestimmten Zweck veranstalteten Sammlungen geschritten sein, mit denen er der Aufforderung entsprechen konnte, sich an der neuen juristischen Zeitschrift zu betheiligen"; Problem dieser Formulierung: Jacob Grimm i. Brief an Savigny v. 29.10.1814: „Ich habe wirklich mancherlei Materialien...dachte mir einmal ein eigenes Buch daraus zu schreiben." (Schoof, Briefe der Brüder Grimm an Savigny, S. 178); den Einfluß von Savignys Schrift betont auch Ogris, Jacob Grimm und die Rechtsgeschichte, S. 77

Angebot, an der geplanten Zeitschrift mitzuarbeiten, und bietet ihm als noch auszuarbeitende Aufsätze insbesondere die beiden obigen Themen an[1].

Im Aufsatz „Von der Poesie im Recht“[2] betont Jacob Grimm besonders die auf der gemeinsamen Entstehung aus dem Volksgeist beruhende Urverwandtschaft und Einheit[3] zwischen Poesie und Recht für das Altertum eines Volkes[4]. Beide sind „aus einem Bette aufgestanden“ [5], „was aber aus einer quelle springt, das ist sich jederzeit auch selbst verwandt und greift ineinander; die poesie wird folglich das recht enthalten wie das gesetz die poesie in sich schlieszen.“[6] Letzteres sucht Grimm im folgenden nachzuweisen, indem er die poetischen Elemente der alten Rechtsquellen anhand einer Vielzahl von Zitaten aus juristischen und „poetischen“[7] Quellen darstellt. Nach Jacob Grimms Ansicht müssen nämlich „die poesie und das recht der alten zeit als für einander beweisend und gültig angenommen werden“[8]. „Wenn man die Hauptverwandtschaft zwischen altem Recht und alter Poesie einräumt“, müsse es auch erlaubt sein, „das näher ins Einzelne zu verfolgen“.[9]

Während der Aufsatz über die Mordsühne noch als literarisches Gegenstück zum Recht im wesentlichen die oben erwähnte Eddastelle sowie einzelne andere Stellen aus der alten deutschen und nordischen Dichtung, und auch aus dänischen und spanischen Volksliedern, enthält, werden im Aufsatz über die Poesie im Recht erstmals vereinzelt auch Märchen- und Sagenmotive zitiert[10]. Die theoretische Ansicht von der Einheit von Recht und Poesie setzte Jacob Grimm damit in die Praxis um.[11]

---

[1] Schoof, Briefe der Brüder Grimm an Savigny, S. 178

[2] der Aufsatz „über eine eigene altgermanische Weise der Mordsühne“ wurde zwar noch vor diesem Aufsatz bereits im ersten Band von Savignys Zeitschrift veröffentlicht, gehört aber ganz in den Zusammenhang dieser Arbeit, ist gleichsam nur ein etwas ausgeführterer Abschnitt. (vgl. Hübner, Jacob Grimm und das deutsche Recht, S. 28)

[3] vgl. Ebel, Jacob Grimm und die deutsche Rechtswissenschaft, S. 27

[4] vgl. Conrad, Aus der Entstehungszeit der historischen Rechtsschule, ZRG Germ. Abt. 65, S. 278

[5] Jacob Grimm, Von der Poesie im Recht, S. 8

[6] Jacob Grimm, Von der Poesie im Recht, S. 9

[7] also dichterischen Quellen wie Epen, Volkslieder, Sagen, Märchen; vgl. Grimms Formulierung im Brief an Savigny vom 5.2.1815, Schoof, Briefe der Brüder Grimm an Savigny, Nr. 76, S. 191

[8] Jacob Grimm, Von der Poesie im Recht, S. 10

[9] Jacob Grimm, Brief an Savigny vom 5.2.1815, Schoof, Briefe der Brüder Grimm an Savigny, Nr. 76, S. 191

[10] vgl. Jacob Grimm, Von der Poesie im Recht, S. 37, 56, 67

[11] vgl. die zit. Bemerkung im Brief an Savigny v. 5.2.1815; vgl. Scherer, Jacob Grimm, S. 256 f; bezugnehmend auf Scherer Hübner, Jacob Grimm und das deutsche Recht, S. 17, Fn.1; in noch stärkerem Maße gilt dies für die Rechtsalterthümer vgl. Hübner, Jacob Grimm und das deutsche Recht, S. 48

Wie Hübner bemerkt, hat Jacob Grimm, den „die deutsche Poesie...wieder aufs altdeutsche Recht geführt" hat[1], im Aufsatz von der Poesie im Recht „das Muster einer von ihm völlig neu geschaffenen und ihm durchaus eigentümlichen Art aufgestellt..., das alte Recht zu behandeln"[2]. Es war Jacob Grimm selbst bewußt, daß seine Arbeit, „Sachen und Citate" enthielt, „die vorher noch nicht von den Juristen zur Sprache gebracht worden sind", insbesondere die „Belege aus der Poesie".[3] Savigny lobte Jacob Grimm gegenüber im Brief vom 1.4.1815 den „Reichthum an völlig unbekannten Gedanken und Vergleichen" und die „für Juristen gänzlich ungewohnten" Wege Grimms.[4] Hier also stehen wir an der Wiege der wissenschaftlichen In-Bezug-Setzung von Recht und Poesie, Recht und Märchen.[5] Allerdings war Jacob Grimm nicht der Allererste, soweit er alte, schriftlich überlieferte deutsche Dichtung mit der Rechtsgeschichte in wissenschaftlicher Absicht in Verbindung brachte. So legte bereits 1768 Joh. Carl Henr. Dreyer eine „Abhandlung von dem Nutzen des treflichen Gedichts Reinke de Voß in Erklärung der teutschen Rechtsalterthümer insonderheit des ehemaligen Gerichtswesen" vor[6]. Sein offenbar relativ neues und ungewöhnliches Vorgehen, diese Dichtung gewissermaßen systematisch für die „Erklärung der teutschen Rechtsalterthümer" auszuwerten[7], verteidigt er mit dem Hinweis, daß andere Gelehrte im Bereich des Römischen Rechts ebenfalls einzelne Römische „Rechts-Alterthümer und Gesetze aus einem Terenz, Plautus, Horaz und Ovid" erklärten[8]. Zudem weist er auf Heineccius hin, der nach der von ihm zitierten

---

[1] Jacob Grimm, Brief an Pfarrer Bang vom 19. Jan. 1829, abgedruckt bei E. Stengel, Private und amtliche Beziehungen der Brüder Grimm zu Hessen, Band I, Nr. 57, S. 109; zit. bei Hübner, Jacob Grimm und das deutsche Recht, S. 20; ähnlich auch Jacob Grimm, Brief an Savigny vom 25.8.1828, Schoof, Briefe der Brüder Grimm an Savigny, Nr. 152, S. 348; Jacob Grimm, Wort des Besitzes, Kl. Schr. I, S. 114

[2] Hübner, Jacob Grimm und das deutsche Recht, S. 27

[3] vgl. Brief an Savigny vom 5.2.1815, Schoof, Briefe der Brüder Grimm an Savigny, S. 191

[4] Stoll, F.K. v. Savigny, Bd. II, Nr. 286, S. 129; vgl. auch Conrad, Aus der Entstehungszeit, ZRG 65, Germ. Abt., S. 278

[5] Ginschel, Der junge Jacob Grimm, S. 59 f nennt den Gedanken, daß „Poesie, Volksglaube und Recht sich gegenseitig erhellen und erläutern" eine „große Entdeckung Jacob Grimms"; vgl. auch Schmidt-Wiegand, „Recht und Dichtung", HRG IV, Sp. 232 ff, 235; in einem Brief Jacob Grimms an Savigny vom 4.2.1816, in dem er Savigny noch weitere Beispiele zu der „juristischen Poesie" (S. 229) mitteilt, findet sich neben anderen poetischen Belegen wieder ein Märchenzitat; Schoof, Briefe der Brüder Grimm, Nr. 87, S. 228 ff, 230

[6] in: Joh. Carl Henr. Dreyers zur Erläuterung der teutschen Rechte, Rechtsalterthümer und Geschichten angewandte Nebenstunden, Bützow und Wismar, 1768, S. 1-256; Diese Schrift hat Jacob Grimm in seinen Rechtsalterthümern benutzt, vgl. RA II, Quellenregister, S. 622; vgl. zu dem von Dreyer behandelten Stoff auch Düwel/Krause, „Tierepos", HRG V, Sp. 229 ff

[7] an einigen Stellen zieht Dreyer auch andere alte, schriftlich überlieferte Dichtung heran, z.B. Werke des Stricker S. 97, 232

[8] vgl. a.a.O., S. 4

„Vorrede des 2. Bandes der elementorum iuris Germanici" ebenfalls den „Reinke de Voß" zur Erklärung des germanischen Rechts an einzelnen Stellen heranzieht[1]. Dreyer weist allerdings ausdrücklich darauf hin, daß er sich zur „Erklärung der Rechte seines Vaterlandes ... eines einheimischen und zwar eines alten Poeten Zeugnisses bedient"[2]. Von einem Poeten, einem alten, und offensichtlich zuverlässigen und rechtskundigen Dichter ist also die Rede. Der Gedanke des Volksgeistes, der schließlich bei Jacob Grimm zur Wertschätzung und Heranziehung auch der mündlich überlieferten Märchen führt, ist hier noch nicht ausgebildet.

Angeregt durch eine Bemerkung Wilhelm Grimms im bereits zitierten Brief vom 12.12.1814 [3] nahm schließlich Savigny seinerseits zwei Zitate aus der Edda als Belegstellen in seinen ersten Band über die Geschichte des Römischen Rechts im Mittelalter auf.[4] Dies beweist zugleich, daß Savigny die Ausweitung des Gedankens der Verbundenheit von Recht und Sprache auf die sog. Volkspoesie bejahte.

Was in der Schrift „Von der Poesie im Recht" nur skizziert war, hat Jacob Grimm schließlich in den deutschen Rechtsalterthümern von 1828[5] in monumentaler Weise ausgeführt.[6] Auch hier führt er Stellen aus allen Bereichen der Volkspoesie, u.a. der Märchen an[7], wobei auffällt, daß einige der in der vierten, der nach Jacob Grimms Tode aus dem Handexemplar und einem Band mit handschriftlichen ergänzenden Ausführungen erweiterten Auflage enthaltenen Mär-

[1] vgl. a.a.O., S. 3, S. 5 Anmerkung 1

[2] a.a.O., S. 5, Anmerkung 1

[3] Schoof, Briefe der Brüder Grimm an Savigny, S. 183 ff

[4] Savigny, Geschichte des Römischen Rechts im Mittelalter, S. 205; vgl. Stoll Bd.II, S. 128, wo Savigny um den Nachweis der von Wilhelm Grimm erwähnten Stelle bittet, die er „als einen Beweis für eine historische Ansicht anführen möchte"; Schoof, Briefe der Brüder Grimm an Savigny, S. 191: Wilhelm Grimm schickt „das Verlangte"; Stoll II S. 133, wo sich Savigny für den Nachweis der Stelle bedankt; vgl. dazu Schoof, Briefe der Brüder Grimm an Savigny, S. 468; Stoll II, S. 133, Anm. 2 ist nicht zutreffend. Stoll lagen damals die Gegenbriefe Grimms an Savigny nicht vor; Grimm/Hinrichs, Briefwechsel zwischen Jacob und Wilhelm Grimm aus der Jugendzeit, S. 459: „Auch eine Stelle aus unserer Edda, die ich ihm einmal geschrieben, kommt darin vor"

[5] hier zitiert nach der 4. Aufl. 1899

[6] vgl. Hübner, Jacob Grimm und das deutsche Recht, S. 27; Conrad, Aus der Entstehungszeit der historischen Rechtsschule, ZRG 65, S. 278

[7] vgl. auch Quellenregister im Bd.II, S. 635: Haus- u. kindermärchen gesammelt durch die brüder Grimm 2.a. 3b. Berlin 1819-22; weiter im Quellenregister z.B.: S. 654: Müllenhoff sagen, märchen u. lieder der herzogtümer Schleswig, Holstein u. Lauenburg. Kiel 1845; S. 655: Müller, Friedr.: siebenbürgische sagen. Kronstadt 1857; S. 655: Musaeus volksmärchen hg. V. Jacobs. 5 b. Gotha 1826; S. 669: Schiefner finnische märchen: in den mélanges russes 2, 599 ff. Petersburg 1855 (aus dem bull. De l'acad. de S. Pétersbourg 1855. 12, 369 ff.); S. 669: Schleicher litauische märchen, sprichworte, rätsel u. lieder. Weimar 1857; vgl. auch den Hinweis von Denecke, S. 74

chenzitate erst aus den handschriftlichen Ergänzungen eingearbeitet worden sind.[1] Grimm liefert „ein werk voll materials“[2], „Stellen aus Tacitus, aus den alten gesetzen, aus urkunden des mittelalters und aus weisthümern, die vielleicht erst vor hundert jahren aufgeschrieben wurden“[3], sowie Stellen aus Märchen, Sagen und Epen stehen unmittelbar nebeneinander[4]. Grimm hofft, das Werk möchte „nicht bloß die aufmerksamkeit der juristen, sondern auch anderer alterthumsforscher... erwerben, die ihre bemühungen der sprache, der poesie und der geschichte unserer vorfahren zugewendet haben“[5]. Wieder setzt er also die Rechtsaltertümer u.a. auch mit der Poesie in Verbindung, hier seinem interdisziplinären Ansatz entsprechend auf verschiedene Forschungsrichtungen gewendet.

In seiner Vorlesung „Über die Alterthümer des Deutschen Rechts“ von 1841 faßt er seinen Ansatz schließlich dahin zusammen, daß deutsche Grammatik, Poesie, Sage, Sitte und Recht „an tausend sichtbaren und unsichtbaren fäden...innsgesammt miteinander verbunden“ sind und „sich wechselweise zur erläuterung und bestätigung“ gereichen.[6]

Die übrigen kleineren Schriften Jacob Grimms[7], in denen einzelne Bezüge zwischen Rechtsregeln und poetischen Motiven bzw. als poetisch empfundene Regelungen vorkommen, seien hier nicht mehr aufgeführt, da Jacob Grimm dort stets den hier dargelegten Grundsätzen folgt.

2.1.4 Verbundenheit von Rechtswissenschaft und Philologie

Die dargestellten Gedanken führen schließlich auch zu der Auffassung der Brüder Grimm von den von ihnen vertretenen Wissenschaften. Wie Recht, Sprache und Poesie eines Volkes als Äußerungen des selben einen Volksgeistes untrennbar miteinander verbunden sind, so stellen auch die Wissenschaften, die sich mit diesen Gegenständen bei einem Volk beschäftigen, also die Rechtsgeschichte, Philologie, Geschichtswissenschaft eine Einheit dar[8]. So rief Jacob

---

[1] z.B. RA II, S. 282, 285; bereits in der ersten Auflage enthaltene Zitate aus den KHM: z.B. RA I, S. 234, 235

[2] RA I, Vorrede, S. VIII

[3] RA I, Vorrede, S. VIII

[4] vgl. Hübner, Jacob Grimm und das deutsche Recht, S. 45, 48 f

[5] RA I, Vorrede, S. VII f; Denecke (S. 108) spricht vom gesamt-germanistischen Aspekt, der für Jacob Grimm galt.

[6] Jacob Grimm, Über die Alterthümer des deutschen Rechts, Kl.Schr. VIII, S. 545 ff, 546 vgl. auch S. 551

[7] bezügl. Der juristischen Schriften vgl. Hübner, Jacob Grimm und das deutsche Recht, S. 29 ff, 69 ff

[8] vgl. Ebel, Jacob Grimm und die deutsche Rechtswissenschaft, S. 7; Hübner, Jacob Grimm und das deutsche Recht, S. 98; vgl. auch Jacob Grimm, Das Wort des Besitzes, Kl. Schr. I, S. 113 ff, 114; vgl. auch Jacob Grimm, RA I, Vorrede S. XIX; Jacob Grimm, über die wechselseitigen Beziehungen und die Verbindung der drei in der Versammlung vertretenen Wis-

Grimm auf der Germanistenversammlung in Frankfurt 1846 in seiner Eröffnungsrede die Sprachforscher, Juristen, Historiker, die sich mit der deutschen Vergangenheit beschäftigen, zu gemeinsamem Handeln auf. Seine Ansicht gipfelt in dem Vorschlag, alle die Wissenschaftler, die sich mit deutschem Recht, deutscher Sprache, deutscher Geschichte befassen, als „Germanisten" zu bezeichnen[1], ihr Fach also als „Wissenschaft vom Deutschen"[2]. Bis zu dieser Zeit wurde als Germanistik lediglich die Wissenschaft vom deutschen Recht bezeichnet.[3]

2.2 Schwächen und methodische Probleme

Nicht übergangen werden dürfen aber in diesem Zusammenhang auch die Schwächen der Grimmschen Ansätze und Arbeiten, soweit sie sich auf unser Thema beziehen. Häufig wirkten sich diese auch erst besonders stark auf spätere Arbeiten anderer Forscher, die auf den Werken der Brüder Grimm basierten, aus.

2.2.1 Gedanke nationaler Eigenständigkeit der Überlieferung

Aus dem eben dargestellten Volksgeistgedanken ergibt sich neben der interdisziplinären Ausweitung des Blicks auch eine zu starke Einengung des Blickwinkels auf das Nationale, die Überlieferung eines einzelnen, insbesondere des deutschen Volkes. Man muß als damit zusammenhängenden, weiteren Grund auch berücksichtigen, daß sich die Brüder Grimm nach ihrer eigenen Aussage der Erforschung der altdeutschen Poesie zuwandten, um Trost in der Zeit der französischen Fremdherrschaft zu finden,[4] daß sie die Liebe zum Vaterland als emotionale Bindung und Grundmotiv ihrer Forschungen[5] immer wieder betonen.

---

senschaften, Kl. Schr. VII, S. 556 ff, 561 f; Jacob Grimm, Über den Werth der ungenauen Wissenschaften, Kl.Schr. VII, S. 563 ff

[1] vgl. Hübner, Jacob Grimm und das deutsche Recht, S. 98; Jacob Grimm, Über den Namen der Germanisten, Kl.Schr. VII, S. 568; Jacob Grimm, Bericht über die Zusammenkunft der Germanisten in Frankfurt, Kl. Schr. VII, S. 573 ff, 578; vgl. auch Denecke, S. 42, der Jacob Grimm den „Begründer und Namengeber einer neuen Wissenschaft, der Germanistik" nennt

[2] Ebel, Jacob Grimm und die deutsche Rechtswissenschaft, S. 7

[3] Jacob Grimm, Über den Namen der Germanisten, Kl.Schr. VII, S. 568; Jacob Grimm, Bericht über die Zusammenkunft der Germanisten in Frankfurt, Kl.Schr. VII, S. 573 ff, 578; vgl. zum Ganzen auch Erler, „Germanisten", HRG I, Sp. 1582 ff; vgl. auch E. Ebel, „Grimm, Jacob und Wilhelm", in: Hoops, RGA Bd. 13, S. 40 ff, 41, 44; Beck, „V. Germanische Altertumskunde/ §56 Begriff", in: „Germanen, Germania, Germanische Altertumskunde", in: Hoops, RGA Bd. 11, S. 422 ff, 423

[4] vgl. Wilhelm Grimm, Selbstbiographie, Kl.Schr. Bd. 1, S. 12; vgl. Jacob Grimm, Über die Alterthümer des deutschen Rechts, Kl. Schr. VIII, S. 545 ff, 546

[5] vgl. Jacob Grimm, Über die wechselseitigen Beziehungen und Verbindungen der drei in der Versammlung vertretenen Wissenschaften, Kl. Schr. VII, S. 556 ff, 561; ders., Über den Werth der ungenauen Wissenschaften, Kl.Schr. VII, S. 563 ff; ders., Bericht über die Zusammenkunft der Germanisten in Frankfurt, Kl. Schr. VII, S. 574; Vorrede zum Deutschen Wör-

Die deutschen Altertümer und ihre Erforschung sollen dem Deutschen näher „zu Herzen“ stehen[1] als das ausländische.[2] Bei den Deutschen Rechtsalterthümern zeigt sich diese Tendenz bereits im Titel. Die KHM führen zwar das Wort „deutsch“ nicht im Titel, nach Röllekes Ansicht, weil sich die Brüder Grimm der Internationalität der Gattung und der nicht ausschließlich deutschen Herkunft ihrer wichtigsten Beiträger bewußt waren. [3] In der ersten Auflage des ersten Bandes der KHM waren noch Stücke aus ausländischer Überlieferung enthalten, die die Brüder Grimm ins Deutsche übersetzt hatten[4], auch war für den zweiten Band ursprünglich eine Übersetzung des neapolitanischen Pentamerone Basiles vorgesehen.[5] Ab der Erstauflage des zweiten Bandes 1815 wurden jedoch solche Stücke nicht mehr aufgenommen bzw. ab der Zweitauflage 1819 alle Stücke ausgeschieden, die nach den Erkenntnissen der Brüder Grimm zu deutlich aus fremdsprachiger Überlieferung stammten.[6] Die äußerst nationale Tendenz in der ersten Auflage des zweiten Bandes von 1815, wonach z.B. in den Märchen „lauter urdeutscher Mythus“ liegt[7], und diese „rein deutsch und nirgends her erborgt“ sind[8], ist ab der Vorrede zur zweiten Auflage von 1819 zwar stark zurückgenommen, so daß z.B. die erwähnten Zitate dort wieder fehlen.[9] Durch die Betonung, daß alles, was fremder Herkunft sei, ausgeschieden worden sei,[10]

---

terbuch Bd. 1, Jacob Grimm, Kl. Schr. VIII, S. 304, 309; vgl. Wilhelm Grimm, Rede an die Studenten, abgedr. In Jacob Grimm, Kl. Schr. VIII, S. 465: „das erkenntnis unsres alterthums, seiner sprache, seiner poesie, seines rechts, seiner sitte will die geschichte erklären, beleben, erfrischen und schmücken, will den baum des deutschen lebens tränken aus eigenem quell.“ vgl. Jacob Grimm, Weisthümer, Kl. Schr. V, S. 452

[1] Jacob Grimm, Über den Werth der ungenauen Wissenschaften, S. 563 ff, 566: „das menschliche in sprache, dichtung, recht und geschichte steht uns näher zu herzen als thiere, pflanzen und elemente; mit denselben waffen siegt das nationale über das fremde“; fast wortgleich wiederholt in: Jacob Grimm, Bericht über die Zusammenkunft der Germanisten in Frankfurt, S. 573 ff, 576

[2] Jacob Grimm, Über den Werth der ungenauen Wissenschaften, S. 563 ff, 564 f: „Wir aber freuen uns eines verschollenen ausgegrabenen deutschen worts mehr als des fremden...“; vgl. auch Jacob Grimm, Deutsche Grammatik, Widmung an Savigny, Kl. Schr. VIII, S. 25 ff, 26 f; vgl. auch Wilhelm Grimm, Rede an die Studenten, abgedr. In Jacob Grimm, Kl.Schr.VIII, S. 465

[3] KHM Bd. 3, Nachwort, S. 604

[4] vgl. KHM Bd. 3, S. 519, Anh. Nr. 1 und Nr. 2, 530 ff, Anh. Nr. 14

[5] vgl.Vorrede zu KHM Bd. 1 (1812), S. XVII f; Vorrede zu KHM Bd. 2 (1815), S. XII

[6] vgl. Rölleke, Nachwort, KHM Bd. 3, S. 604

[7] Vorrede Bd.2, (1815), S. VII

[8] Vorrede KHM Bd.2 (1815), S. XI

[9] vgl. Vorrede KHM Bd.1 (von 1819), S. 15 ff

[10] Vorrede KHM Bd. 1 (von 1819), S. 21; vgl. auch Vorrede KHM Bd. 1 von 1837, S. 26, wo auf die Verbindungen zur deutschen Mythologie (vgl. das gleichnamige Werk von Jacob Grimm!) hingewiesen wird; Vorrede zum Bd. 1 von 1857, S. 27, wo erwähnt wird, daß ein

wird aber auch hier klargestellt, daß die Sammlung nur deutsche Märchen enthalten soll.

Die Brüder Grimm selbst arbeiteten zwar sowohl auf dem Gebiet der Märchenforschung als auch der Rechtsgeschichte auch vergleichend, d.h. sie verglichen Märchen und Rechtssitten der verschiedensten Völker mit den von ihnen gesammelten. Die Erörterungen im 3. Band der KHM und die Rechtsalterthümer sind voll solcher Vergleiche[1]. Bereits seit 1809 arbeiteten die Brüder Grimm zum eigenen Gebrauch eine „Sagenkonkordanz" aus, d. h. eine Zusammenstellung ähnlicher Erzählmotive in klassischer Mythologie, mittelalterlichen Epen, Volksliedern, Sagen und Märchen und anderen epischen Überlieferungen[2]. Sie erkannten, daß gewisse Erzählmotive und Motivkomplexe in der Weltliteratur sowie in der schriftlichen und mündlichen Tradition verschiedener Völker immer wieder zu finden sind, und leiten damit die moderne vergleichende Erzählforschung ein[3].

Die Brüder Grimm betonten jedoch dabei stets die ihrer Ansicht nach aus dem jeweiligen Volksgeist resultierende Besonderheit der einzelnen Märchen[4] oder Rechtssitten[5], und erklärten Übereinstimmungen von Märchen oder Rechtsbräuchen, die sie bei verschiedenen Völkern fanden, grundsätzlich mit einer weit in der Geschichte zurückliegenden gemeinsamen Wurzel, nicht mit einer Übernahme der Erzählung oder der Rechtssitte eines Volks durch ein anderes,[6] außer

---

paar Märchen, von denen nachgewiesen wurde, daß sie auf fremdem Boden entsprungen waren, ausgeschieden wurden.

[1] KHM Bd. 3, Originalanmerkungen der Brüder Grimm von 1856: Bei den Anmerkungen zu den einzelnen Märchen werden fast auf jeder Seite ausländische ähnliche Märchen angeführt. Vgl. besonders auch die Übersichten zur Übereinstimmung der Märchen aus dem neapolitanischen Pentamerone und den KHM, S. 293 f, und der französischen Märchen Perraults mit den KHM und anderen Sammlungen S. 300 ff; vgl. auch Ginschel, S. 294; vgl. Deutsche Rechtsalterthümer, Vorrede S. XIV ff

[2] vgl. zur Sagenkonkordanz Ginschel, Der junge Jacob Grimm, S. 282 ff

[3] vgl. Ginschel, Der junge Jacob Grimm, S. 283

[4] vgl. KHM Bd.3, S. 291 f: „Basile hat ganz im Geiste eines lebhaften, witzigen und scherzhaften Volks erzählt... Darin erscheint der Gegensatz zu dem ruhigen und einfachen Stil deutscher Märchen". S. 394; vgl. auch Jacob Grimm Vorwort zu russische Volksmärchen (1831), Kl. Schr. VIII, S. 145

[5] vgl. z. B. RA I, S. 201, zum Ohrenziehen im bairischen und römischen Recht

[6] für das zu Grimms Zeiten geltende Recht gilt dies natürlich angesichts der weitgehenden Rezeption des römischen Rechts in Deutschland nur sehr eingeschränkt; zum Rechtszustand vgl. Jacob Grimm, Weisthümer, Kl. Schr. V, S. 452 ff, 453;
vgl. Vorrede KHM Bd.3, S. III, S. 300, 406: der Übergang eines Märchens von einem Volk auf ein anderes ist für Wilhelm Grimm eine einzelne Ausnahme; S. 393 wird hingegen auf mögliche fremde Einwirkungen auf die ungarischen Märchen hingewiesen; S. 394 wird sogar eine „durch fremde Einflüsse geschwächte Überlieferung" bei den deutschen Märchen beklagt. Vgl. auch S. 395, 398; Wilhelm Grimm, Über das Wesen der Märchen, Kl. Schr. I, S. 333 ff, 337; noch tastend, Wilhelm Grimm im Brief vom 15.3.1809 an Savigny, Schoof,

in Fällen, wo dies offensichtlich war. Die ähnlichen Märchen verschiedener Völker sind ihrer Meinung nach verwandt und zugleich sichtlich unabhängig[1]. So waren sie überzeugt, gerade in den deutschen Volksmärchen fänden sich uralte, mündlich tradierte Zeugnisse germanischer Mythologie und Weltanschauung.[2] Insbesondere die Übernahme einiger Märchen der KHM aus der französischen und romanischen Tradition, bzw. ihr ganz enger Zusammenhang wurde damit verkannt oder nicht entsprechend beachtet, die Märchen wurden als echt und typisch germanisch behandelt und ausgewertet.[3] Diese nationale Tendenz mag auch dazu beigetragen haben, daß in späteren Arbeiten anderer Forscher zum Thema Märchen und Recht schließlich gar nicht mehr Märchen und Rechtsbräuche verschiedener Völker berücksichtigt, sondern nur noch in Deutschland aufgezeichnete Märchen und Rechtssitten nebeneinandergestellt wurden.[4]

2.2.2 Bearbeitung der Märchen durch die Brüder Grimm, insbesondere durch Wilhelm

Weiterhin muß berücksichtigt werden, daß die Kinder- und Hausmärchen im Hinblick auf die Treue der Wiedergabe der gesammelten Texte keineswegs modernen Vorstellungen entsprechen, wie neuere Forschungen gezeigt haben[5]. Zwar erklärten die Brüder Grimm, den Ansichten der historischen Schule folgend [6], die Märchen inhaltlich nicht verändert zu haben[7], räumen aber selbst ein

---

Briefe der Brüder Grimm an Savigny, Nr. 35, S. 67 f; sowohl Übernahmen als auch Eigenständigkeit voraussetzend Wilhelm Grimm, Altdänische Heldenlieder, Kl. Schr. I, S. 176, aber auch S. 187, 195; Wilhelm Grimm, Schottische Lieder, Kl. Schr. II, S. 210; Wilhelm Grimm, Albanesische Märchen, Kl.Schr. IV, S. 347, 348; ganz entschieden Jacob Grimm, Brief an Savigny vom 18.1.1816, Schoof Nr. 86, S. 216; vgl. Jacob Grimm, Vorrede zu russische Volksmärchen (1831), Kl. Schr. VIII, S. 145 ff; Jacob Grimm, Kl. Schr. IV, S. 48; ders., Herausgabe des alten Reinhart Fuchs, (1812), Kl. Schr. IV, S. 52 ff, 55 f; ders., (Delius, Untersuchungen über die Geschichte der Harzburg), Kl. Schr. V, S. 18 ff, 21; Für die Rechtsaltertümer vgl. Jacob Grimm, Deutsche Rechtsalterthümer, Vorrede, S. XIV f; z. B. RA I, S. 201 zum Ohrenziehen im bairischen und römischen Recht; einen Übergang einzelner Gesetze und Rechtsbräuche zwischen Deutschen und Slaven nimmt Jacob Grimm z.B. an: Jacob Grimm, Kl. Schr. VIII, S. 187; vgl. zum Ganzen auch Jacob Grimm, (Études sur le roman de Renart, par W.J.A. Jonckbloet, 1863), Kl. Schr. V, S. 455 ff, 462

[1] vgl. KHM Bd. 3, S. 300, 406

[2] vgl. Rölleke, Nachwort, KHM Bd.3, S. 599

[3] vgl. z.B. zum Dornröschen (KHM 50) Rölleke, Einführung, S. 95 ff; vgl. zum Rapunzel (KHM 12) Max Lüthi, Volksmärchen und Volkssage, S. 65; ders., Die Herkunft des Grimmschen Rapunzelmärchens, Fabula 3, 1960, S. 95 ff; näher dazu unten Kap. II.4.1.1; siehe auch hierzu und zum Stand der Forschung Rölleke, Einführung, S. 17

[4] vgl. insbes. die Tendenz bei Jessen, S. 12

[5] vgl. Rölleke, Einführung, S. 50, 62; ders., Nachwort, KHM Bd. 3, S. 598 f

[6] vgl. oben Kap. II.2.1.1

[7] KHM Bd.1, Vorrede (1819) S. 21

„daß der Ausdruck und die Ausführung des Einzelnen großenteils von uns herrührt, versteht sich von selbst"[1] und weisen auch darauf hin, daß sie gelegentlich verschiedene Erzählungen des gleichen Märchens als eine mitgeteilt hätten[2]. Vergleiche mit der Anfang dieses Jahrhunderts wiederentdeckten sog. Ölenberger Handschrift, die neben einigen an Savigny gesandten Märchentexten die älteste noch vorhandene handschriftliche Aufzeichnung einiger der Märchen durch die Brüder Grimm darstellt[3], sowie der verschiedenen Auflagen der KHM haben inzwischen gezeigt, wie stark die Brüder Grimm in den ursprünglich aufgezeichneten Text eingriffen,[4] sowie daß schließlich der sogenannte „Märchenton" im wesentlichen der Kunstfertigkeit Wilhelm Grimms zu verdanken ist.[5] Gerade bei einer Vergleichung von Märchenmotiven mit Rechtssitten kommt es aber auf eine genaue Betrachtung des Details, oft einzelner Wendungen des Märchentextes an. Um die daraus resultierende Gefahr, eine Wendung der Brüder Grimm als alte Überlieferung einer Rechtsansicht zu mißdeuten, wenigstens zu begrenzen, ist es unerläßlich, zu jedem Märchen die in den verschiedenen Auflagen der KHM enthaltenen Fassungen und die Fassung der Ölenberger Handschrift, die leider nur einen Teil der Märchen enthält, zu vergleichen.[6] Da aber von vielen Märchen und Varianten keine handschriftlichen Fassungen mehr vorhanden sind, nach Ansicht Röllekes wurden diese durch die Brüder Grimm vernichtet[7], bietet auch dieses Verfahren oft keine große Sicherheit.

Daß oftmals die textgenetische Herkunft eines einzelnen Zuges in einem Märchen höchst fraglich bleibt, aber nicht mehr ohne weiteres geklärt werden kann, zeigt ein Beispiel aus Aschenputtel (KHM 21). Der Zug, daß die Tauben am Ende des Märchens den bösen Stiefschwestern zur Strafe die Augen aus-

---

[1] ebd. S. 21

[2] ebd. S. 21, 22; zum Begriff Jacob Grimms von der Treue der Wiedergabe bei den Märchen im Gegensatz zu seinen Editionsprinzipien bei schriftlicher Überlieferung vgl. Ginschel, Der junge Jacob Grimm, bes. S. 242 ff

[3] vgl. Schoof, Zur Entstehungsgeschichte der Grimmschen Märchen, S. 136 ff, 170 ff, bes. S. 173; Rölleke, Nachwort, KHM Bd. 3, S. 602

[4] vgl. Rölleke, Einführung, S. 87 ff; Schoof, Zur Geschichte des Grimmschen Märchenstils, Der Deutschunterricht 15, 1963, S. 90 ff; Schoof, Zur Entstehungsgeschichte der Grimmschen Märchen, S. 136 ff, 170 ff

[5] vgl. auch Rölleke, Nachwort, KHM Bd. 3, S. 604 ff, 607; ders., Einführung, S. 78 f; Schoof, Zur Geschichte des Grimmschen Märchenstils, in: Der Deutschunterricht 15, 1963, S. 90 f; bereits Achim von Arnim erfaßte den eigenen schöpferischen Anteil der Brüder Grimm an den KHM, vgl. Helmut de Boor, Märchenforschung, in: Felix Karlinger, Wege der Märchenforschung, S. 129 ff, 135 f; vgl. auch Denecke, S. 71 f; vgl. auch Hattenhauer, „Märchen", HRG III, Sp. 267 ff, 268

[6] ein solches Vorgehen fordert als Vorarbeit für jede Deutung auch Rölleke, Einführung, S. 91 f; 97; insbesondere ist jeweils die älteste noch vorhandene Aufzeichnung eines Märchens heranzuziehen

[7] Rölleke, Nachwort, KHM Bd.3, S. 599, 602

hacken, kommt erst ab der zweiten Auflage von 1819 in dem Märchen vor.[1] Da für die zweite Auflage in das Märchen aber zwei weitere Fassungen mündlicher Provenienz eingearbeitet wurden, wovon die Brüder Grimm zumindest eine nicht im einzelnen in den Anmerkungen referiert haben, muß offenbleiben, ob es sich bei diesem Zug um eine Zutat aus einer mündlichen Erzählung oder um eine moralisierende Ausschmückung Wilhelm Grimms handelt.[2]

2.2.3 Schwierigkeiten bei der Benutzung der „Rechtsalterthümer" zum Nachweis einzelner Rechtsbräuche

Auch auf ein Problem bei der Benutzung der „Rechtsalterthümer" ist noch einzugehen. Wie bereits erwähnt, stellten diese nach Jacob Grimms eigener Aussage „ein werk voll materials" dar[3], das, teilweise ohne weitere Ausführungen, Belegstellen für einzelne Rechtsbräuche oder -symbole aus ganz unterschiedlichen Quellen aneinanderreiht[4]. Grimm selbst weist darauf hin, daß er zwar einen inneren Zusammenhang der Stellen vermute, den er selbst aber nicht nachweisen könne und den die spätere Forschung nachweisen oder widerlegen könne. Nirgends will er mit der Aneinanderreihung einen unmittelbar geschichtlichen Zusammenhang behaupten.[5] Hieraus ergibt sich, daß es für den Nachweis eines alten deutschen Rechtes nicht genügen kann, nur eine Stelle aus den Rechtsalterthümern zu zitieren. Vielmehr sind die von Grimm zusammengetragenen Quellen zunächst daraufhin zu überprüfen, ob sie überhaupt den Beweis für ein derartiges Recht liefern. So führt Grimm z.B. zum Recht zur „Aussetzung oder

---

[1] vgl. den Abdruck bei Rölleke, die wahren Märchen der Brüder Grimm, S. 119 ff, 126; vgl. dagegen die Erstauflage Bd. 1, (1812), S. 101; vgl. Rölleke, KHM Bd. 3, Nachweise, S. 451

[2] vgl. KHM Bd. 3, Anmerkungen S. 34 ff; Rölleke, KHM Bd. 3, Nachweise, S. 451; Rölleke, Die wahren Märchen der Brüder Grimm, S. 286; Wilhelm Grimm erwähnt den Zug in seiner Abhandlung „Über das Wesen der Märchen", (1819), Kl. Schr. I, S. 333 ff, 340; zu dem methodischen Problem, daß Änderungen in den Märchentexten auch auf neue Vorlagen zurückgehen können, „die uns nicht bekannt sind und in den Anmerkungen gar nicht oder nicht näher angegeben werden" Ginschel, Der junge Jacob Grimm, S. 216, 233; dies., Der Märchenstil Jacob Grimms, ebda S. 425 f, Fn. 8

[3] RA I, Vorrede S. VIII

[4] vgl. dazu oben unter 2.1.3; näher zu dem hier skizzierten Problem vgl. unten unter 3.2.3; vgl. auch Denecke, S. 108; zur Bewertung der Rechtsaltertümer aus heutiger Sicht vgl. auch Schmidt-Wiegand, Goldmine oder Steinbruch; Ogris, Jacob Grimm und die Rechtsgeschichte, in: Jacob und Wilhelm Grimm, S. 67 ff; vgl. auch Kroeschell, „C. Recht/§47 Grundlagen", in: „Germanen, Germania, Germanische Altertumskunde", in: Hoops, RGA Bd. 11, S. 395 ff, 396

[5] RA I, Vorrede S. IX

Tötung“ nicht neugeborener Kinder nur Belege an, die eigentlich eine Tötung beinhalten, mit Ausnahme eines Zitats des Märchens von Hänsel und Gretel.[1]

3. Methodische Probleme der neueren Arbeiten über Märchen und Rechtsgeschichte

Im Lichte dieser Erkenntnisse über die Arbeiten der Brüder Grimm sind nun die späteren Arbeiten, in denen Märchen und Recht unter geschichtlichen Aspekten zu einander in Beziehung gesetzt werden, zu betrachten[2].

3.1 Probleme beim Heraussuchen von Rechtsvorstellungen aus den Märchen

Vorweg ist auf methodische Probleme einzugehen, die sich beim Heraussuchen einzelner Rechtsvorstellungen aus den Märchen ergeben. Diese Probleme ergeben sich nicht nur in der Arbeit von Friedrichs, die sich darauf beschränkt, aus den Märchen einzelne Rechtsvorstellungen herauszusuchen, und diese nicht explizit mit bestimmten rechtsgeschichtlichen Tatsachen in Beziehung setzt. Die selben Überlegungen gelten auch für die anderen Arbeiten, soweit sie in einem ersten Schritt nur aus dem Märchen Rechtsvorstellungen heraussuchen, die sie dann erst in einem zweiten Schritt mit alten Rechtsvorstellungen vergleichen.

Bereits diese Vorgehensweise ist nämlich nicht ohne eine zum Teil erhebliche Interpretation der Märchen möglich, da rechtliche Fachausdrücke von außen an das Märchen herangetragen werden. Nur selten wird unmittelbar im Märchentext ein rechtlicher Vorgang wenigstens in einem untechnischen Sinne als solcher bezeichnet, wie z.B. wenn von einem Kauf oder Tausch die Rede ist[3]. In den allermeisten Fällen schildert das Märchen einfach einen Lebensvorgang. Es spricht nicht von elterlicher Gewalt, Enteignung, Abtretung einer Forderung oder Gründung einer Gesellschaft[4]. Unter diese juristischen Begriffe müssen die Vorgänge erst subsumiert werden. Eine Interpretation des Märchens kann dabei schon darin liegen, daß einem bestimmten Vorgang überhaupt eine rechtliche Bedeutung zugemessen wird, und darin, daß die mit einem bestimmten Rechtsinstitut verbundenen Vorstellungen des Juristen aus dem Märchentext herausge-

---

[1] RA I, S. 634; auch bei den „grabkindern“ handelt es sich eher um eine gezielte Tötung durch Verhungernlassen, da das längstlebende wieder aus der Gruft geholt und gerettet werden soll.

[2] Instruktive methodische Ausführungen zu Problemen bei der Interpretation von Märchen, allerdings ohne spezielle Berücksichtigung der rechtshistorischen Ansätze vgl. auch bei Tatar, The Hard Facts of the Grimms'Fairy Tales, S. 39 ff

[3] Vgl. Friedrichs, S. 31 f

[4] Beispiele aus Friedrichs, S. 23 (elterliche Gewalt), S. 32 (Enteignung), S. 36 (Abtretung), S. 34 (Gesellschaftsverhältnis)

lesen werden[1]. Aus diesen Gründen ist auch Alice Eislers pauschaler Aussage, die Märchen enthielten und verwendeten verschiedene Rechtsbegriffe[2], mit grosser Vorsicht zu begegnen.

Darüber hinaus sind die Schilderungen solcher möglicherweise rechtlichen Vorgänge im Märchen, gerade was juristisch relevante Details anlangt, oft äußerst dürftig. Dies kann schnell zu zu gewagten Textdeutungen, ja zu einer unzulässigen Ergänzung des Sachverhalts führen. So sieht Friedrichs im Schwankmärchen „Die Eule" (KHM 174) ein Beispiel für eine Enteignung als eine unfreiwillige Veräußerung. [3] Da die den Schildbürgern verwandten Bürger einer kleinen Stadt sich gegen eine Eule, vor der sie sich sehr fürchten, nicht anders zu helfen wissen, soll die Scheuer, in der die Eule sich niedergelassen hat, mitsamt der Eule verbrannt, der Eigentümer der Scheuer aus dem Stadtsäckel entschädigt werden. Keine Rede ist im Märchen allerdings davon, daß dies gegen den Willen des Eigentümers der Scheuer geschehen soll. Da auch dieser sich sehr vor der Eule fürchtet, ist vielmehr davon auszugehen, daß er froh ist, wenn er auf diese Art von ihr befreit wird.

Ein weiteres Beispiel für eine solche problematische Interpretation findet sich bei Friedrichs bezüglich der Beziehung Rapunzels zu dem sie im Turm besuchenden Königssohn (KHM 12).[4] Friedrichs hält es für „unzweifelhaft", daß zwischen Rapunzel und dem Prinzen ohne Förmlichkeit und ohne Mitwirkung eines Dritten eine Ehe geschlossen worden sei[5], da Rapunzel von dem Prinzen

---

[1] So wird oftmals das dem modernen deutschen Recht geläufige Institut der Auslobung im Märchen gefunden, wenn z.B. der König demjenigen seine Tochter zur Frau verspricht, der sie zum Lachen bringe, gesund mache oder drei bestimmte Aufgaben löse (vgl. Anger, S. 169; vgl. Jessen, S. 36 ff; Friedrichs S. 20, 32, 35). Wie v. Künßberg bemerkt, findet sich aber der Gedanke der Auslobung nirgends in älteren Rechtsquellen. (rechtliche Volkskunde, S. 28; zit. auch bei Anger, S. 169) v. Künßberg und Anger führen das Motiv daher auf die Bindung an das einmal gegebene Wort zurück (a.a.O. vgl. auch Jessen, S. 38). Unter gewissen Einschränkungen findet sich der Gedanke der Auslobung (als pollicitatio) allerdings im späteren römischen Recht (vgl. Sohm/Mitteis/Wenger, Institutionen, S. 453). Der Gedanke an das moderne Rechtsinstitut der Auslobung als eines einseitigen, verpflichtenden Schuldversprechens, der sich dem heutigen Juristen bei der Betrachtung der genannten Fälle geradezu aufdrängt, wird dann aber von außen an das Märchen herangetragen. Die Verwendung des Ausdrucks „Auslobung" als juristischer terminus technicus erscheint dann fragwürdig. Vgl. auch Jessen, S. 13 f, der darauf hinweist, daß die in seiner Arbeit vorgenommene Zuordnung der Vorgänge zum Privatrecht, Strafrecht und Hoheitsrecht dem alten Recht wohl nicht bekannt war. Er wolle sich deshalb hüten, neuzeitliches Recht hineinzugeheimnissen und der Wiedergabe treu bleiben. „Hineingeheimnissen" kann man aber auch „altes" Recht!

[2] Eisler, Recht im Märchen, S. 422

[3] vgl. Friedrichs, S. 32; so auch Jessen, S. 230, der meint, dieses Märchen komme einem rechtshistorisch anerkannten Zeugnis nahe; zum Begriff und zur Entwicklung der Enteignung in der Rechtsgeschichte vgl. Neusser, „Enteignung", HRG I, Sp. 941 ff

[4] Friedrichs, S. 22

[5] ähnlich auch Jessen, S. 94

zwei Kinder bekommt, ehe er sie in sein Schloß führt. In den späteren Auflagen der KHM findet sich sogar eine Beschreibung dieser Eheschließung[1], die allerdings eine Zutat Wilhelm Grimms, ein Zugeständnis an moralische Bedenken seiner Zeit gegen das Märchen ist.[2] Gegen die Argumentation von Friedrichs ist außerdem einzuwenden, daß doch nicht aus der Existenz der gemeinsamen Kinder allein generell auf eine vorangegangene Eheschließung geschlossen werden kann. Ein solcher Schluß könnte nur auf der Basis ganz bestimmter Moral- oder Rechtsvorstellungen erfolgen, etwa der Vorstellung einer Eheschließung allein durch gewohnheitsmäßiges Zusammenleben. Solche Vorstellungen dürfen dem Märchen aber nicht einfach unterlegt werden, wenn sie nicht vorher klar aus dem Märchen selbst oder seinem kulturellen Hintergrund nachgewiesen werden.[3]

3.2 Probleme beim Vergleich rechtlicher Motive der Märchen mit Regeln aus dem germanischen und deutschen Recht

3.2.1 Heranziehung allgemeiner Grundsätze des deutschen Rechts zum Vergleich mit den Märchen

Bezüglich der Arbeiten, in denen die rechtlichen Motive der Märchen mit Regeln aus dem germanischen und deutschen Recht verglichen werden, ist zunächst zu bemerken, daß zumeist nur allgemeine Rechtsgrundsätze zitiert werden, es wird wenig Bezug genommen auf bestimmte einzelne Gesetzeskodifikationen oder Vorschriften. Dies erklärt sich aber aus dem Zustand des Rechts in Deutschland im Mittelalter und bis weit in die Neuzeit hinein. Treffend wird dieser Zustand als „ständig wachsendes Rechtschaos“ bezeichnet.[4]

Noch für die Zeit, in der die Brüder Grimm ihre Märchen sammelten, legt die Streitschrift Thibauts „Über die Nothwendigkeit eines allgemeinen bürgerli-

---

[1] hierauf stellt Jessen, S. 94 und S. 108, seine Argumentation ab. Winter, S. 222 f, sieht hierin sogar eine Eheschließung nach germanischem Recht

[2] Rölleke, Einführung, S. 80; Rölleke, KHM Bd. 3, Nachwort, S. 605; interessant in diesem Zusammenhang, daß Wulffen, Das Kriminelle im deutschen Volksmärchen, Archiv für Kriminalanthropologie und Kriminalistik, Bd. 38, S. 351, von außerehelichen Zwillingen spricht; vgl. auch Winter, S. 223, Fn. 1

[3] z.B. durch den rechtlichen oder brauchtumsbezogenen Hintergrund der Kultur, aus der das Märchen stammt; nur beispielhaft für rechtliche, kirchenrechtliche und brauchtumsbezogene Aspekte der Eheschließung sind die folgenden, auf den deutschen Bereich bezogenen Hinweise zu verstehen: Schulze, „Trauung, Trauungsformel“, HRG V, Sp. 301 ff; Pirson, „Tridentinum“, HRG V, Sp. 343 ff, 346; Schmidt-Wiegand, „Hochzeitsbräuche“, HRG II, Sp. 186 ff; Hagemann, „Brautlauf“, HRG I, Sp. 517 ff; vgl. auch Mikat, „Ehe“, HRG I, Sp. 809 ff; Merzbacher, „Ehe, kirchenrechtlich“, HRG I, Sp 833 ff; als Beispiel zur Förmlichkeit und Offenkundigkeit bei Eheschließung im german. Bereich Schulze, „Eherecht“, in: Hoops, RGA Bd. 6, S. 480 ff, 495 ff; als Beispiel zu Hochzeit und Hochzeitsbrauchtum Schmidt-Wiegand, „Hochzeit“, in: Hoops, RGA Bd. 15, S. 18 ff

[4] so für das spätere MA: Mitteis/Lieberich, dt. RG, S. 296; s.a. S. 329

chen Rechts für Deutschland“ von 1814 ein beredtes Zeugnis ab[1]. Das einheimische deutsche Recht ist nach Thibaut ein „endloser Wust einander widerstreitender, vernichtender, buntschäckiger Bestimmungen“[2], der Rechtszustand insgesamt ein „krause(s) Unwesen“[3], ein „schwarze(s), unübersehbare(s) Allerley“[4]. Auch Savigny räumt in seiner Gegenschrift „Vom Beruf unsrer Zeit für Gesetzgebung und Rechtswissenschaft“ den „nicht wenig verwickelten Zustand der Rechtsquellen in Deutschland“ und die große Verschiedenheit der Rechte ein.[5] Einer der Hauptgründe hierfür liegt in der deutschen Kleinstaaterei. Wie man den Schritt in Deutschland etwas zu weit macht, so steht man auf anderem Rechtsboden, bemerkte schon Voltaire[6].

Die Märchen hingegen waren nicht örtlich an einen derart kleinräumigen Herrschaftsbereich gebunden. Unabhängig davon, welcher Theorie über Entstehung, Herkunft und Verbreitung der Märchen man folgt, muß man doch davon ausgehen, daß die mündliche Tradierung in jedem Fall zu einer Wanderung der Erzählung von Herrschaftsbereich zu Herrschaftsbereich führte. Mehr als allgemeine Rechtsgrundsätze kann man deshalb nicht zum Vergleich heranziehen. Zum Nachweis der Geltung eines solchen Grundsatzes müssen dann freilich wieder einzelne Kodifikationen oder andere urkundlich überlieferte Rechtsansichten herangezogen werden.

3.2.2 Fortwirken romantischen Gedankenguts, insbesondere der Ansichten Jacob Grimms

Besondere Probleme ergeben sich aber daraus, daß in einigen der dem rechtshistorischen Ansatz folgenden Arbeiten romantisches Gedankengut und Ansichten der Brüder Grimm, auch soweit sie wissenschaftlich überholt waren, z.T. in verfälschter Form fortgewirkt haben.[7]

Eine detaillierte Untersuchung dieser Einflüsse bei allen hier behandelten Arbeiten würde den Rahmen der vorliegenden Arbeit sprengen. Daher sei hier

---

[1] Thibaut, Über die Nothwendigkeit eines allgemeinen bürgerlichen Rechts für Deutschland, zit. nach J. Stern, Thibaut und Savigny, S. 35 ff

[2] Thibaut a.a.O., S. 42; vgl. S. 41: „das krause Gemisch des alten Wirrwarrs“

[3] Thibaut a.a.O., S. 50

[4] Thibaut, a.a.O., S. 51

[5] Savigny, Vom Beruf unsrer Zeit für Gesetzgebung und Rechtswissenschaft, zit. nach J. Stern, Thibaut und Savigny, S. 69 ff, Zitate S. 94 und S. 95

[6] zit. nach Thibaut, Über die Nothwendigkeit eines allgemeinen bürgerlichen Rechts für Deutschland, dieser zit. nach J. Stern, Thibaut und Savigny, S. 35 ff, Zitat S. 63; vgl. zum Ganzen auch Becker, „Partikularrecht“, HRG III, Sp. 1523 ff

[7] vgl. zu Problemen bei der Nachwirkung der Ansichten der Brüder Grimm auch v. d. Leyen, Das Märchen, 2. Aufl. 1917, S. 37; bezüglich Wirkungen der Volksgeistlehre vgl. z.B. E. Kaufmann, „Volksrecht, Volksrechte“, HRG V, Sp. 1004 ff, 1005

nur als Beispiel die Arbeit von Jessen erwähnt, die besonders stark von romantischem Gedankengut beeinflußt ist.

Dieser Einfluß wird vor allem in der stark von den Grimmschen Ansichten geprägten Einleitung deutlich. [1] So übernimmt Jessen Formulierungen aus der Vorrede der KHM fast wörtlich ohne Ausweisung als Zitat in seine Einleitung, [2] und weiter unten heißt es: „Der Erzähler bewahrte das Gehörte treu dem Wort und er bewahrte Treue dem empfundenen Recht seiner Vorfahren. Das war die frühe Erkenntnis der Brüder Grimm“ [3]. Dieser Ansicht schließt sich Jessen im folgenden kritiklos an. Er verneint damit nicht nur die oben dargestellten Grimmschen Bearbeitungstendenzen, die auch, vor allem in Details, zu inhaltlichen Veränderungen führen, sondern unterstellt den Brüdern Grimm bezüglich der wörtlichen Treue der mündlichen Überlieferung sogar eine Ansicht, die diese in dieser Form nicht vertreten haben[4].

3.2.3 Probleme bei der Heranziehung der „Rechtsalterthümer“ Jacob Grimms zum Nachweis der tatsächlichen Existenz von in Märchen auftretenden Rechtsregeln

Daß manche der Arbeiten die KHM untersuchen, und daß immer wieder die „Rechtsalterthümer“ herangezogen werden, um die in den Märchen aufgefundenen Rechtsvorstellungen rechtshistorisch zu belegen[5], ist bereits erwähnt. Bei einer solchen Vorgehensweise ist aber zu beachten, daß, wie oben dargelegt, die beiden Werke in demselben Geist der Romantik geschrieben sind. Wie die Märchen ist auch das Recht nach dieser Ansicht eine Schöpfung des Volksgeistes.[6] Es stellt sich daher das Problem, ob und inwieweit ein Zusammenstimmen von in diesen Werken dokumentierten Märchen und Rechtsbräuchen mit darauf zurückzuführen ist, daß die Werke auf dem gleichen geistesgeschichtlichen Fundament stehen.

Zusätzlich ist noch zu berücksichtigen, daß, wie oben ausgeführt, Jacob Grimm es in den „Rechtsalterthümern“ gerade darauf ankam, das Poetische im alten deutschen Recht aufzuzeigen, ja daß er selbst in seinen „Rechtsalterthümern“ nicht nur rechtliche Schriften, sondern auch Stellen aus Märchen,

---

[1] Jessen, S. 6 ff

[2] Jessen, S. 6 f; vgl. die Vorrede zu den KHM von 1819, Bd.1, S. 23 f

[3] Jessen, S. 9

[4] zum Bezug der Brüder Grimm auf eine nur inhaltl. Treue bei der Märchenüberlfg. vgl. oben Kap.II.2.2.2, unten II.3.2.4.2, sowie Ginschel, Der junge Jacob Grimm, S. 111, 242 ff, 266

[5] auch Jessen zieht an einzelnen Stellen die Rechtsalterthümer als Beleg heran (z.B. S. 39, 42, 44, 62, 81, 97, 157, 159, 160, 162, 177, 191 u.ö.); auch Anger, S. 151 ff; Töpfer, S. 37 ff; Eisler, S. 422; zur grundsätzlichen Aktualität des Werkes E. Ebel, „Grimm, Jacob und Wilhelm“, RGA 13, S. 40 ff, 43

[6] Erler, „Grimm, Jacob“, HRG I, Sp. 1808; Werkmüller, „Rechtsaltertümer“, HRG IV, Sp. 265 f; s.a. Grimm RA I, Vorrede, S. 10, 16, 18

Sagen und Volksliedern als Belege für Rechtsbräuche herangezogen hat. Gerade auf diese Belege aus der poetischen Tradition kann man sich bei einer Untersuchung, ob die in den Märchen vorkommenden Rechtsbräuche der Rechtswirklichkeit entsprochen haben, nicht stützen. Wie oben dargelegt, müßten also gerade bei der vorliegenden Fragestellung, wenn man die „Rechtsalterthümer“ zum Nachweis eines bestimmten Rechtsbrauches heranziehen will, stets die einzelnen Belegstellen Grimms daraufhin überprüft werden, ob sie aus der reinen Poesie oder aus einer juristischen Schrift stammen. Nur wenn sich genügend Belege aus juristischen Schriften finden, kann man die „Rechtsalterthümer“ als Beleg für das tatsächliche Bestehen eines Rechtsbrauches anführen. Bereits v. Künßberg betont, daß eine rechtliche Erscheinung, die in der Volksdichtung auftritt, die aber im übrigen rechtsgeschichtlich nicht beglaubigt ist, zunächst als erfunden anzusehen, bzw. ihr Vorkommen in der Rechtswirklichkeit zu bezweifeln ist[1]. Hier verfahren die Verfasser der Arbeiten über Märchen und Rechtsgeschichte nicht immer kritisch genug, allerdings nur an einzelnen Stellen.[2]

3.2.4 Erfordernis einer kritischen Auseinandersetzung mit Alter und Herkunft der Märchen und der Genese des Märchentextes

Auch wenn die modernen Arbeiten nur noch gelegentlich die Rechtsaltertümer als Beleg für die rechtliche Tradition der einzelnen Regeln und Motive in den Märchen heranziehen[3], so sind doch meiner Ansicht nach die meisten der Arbeiten der romantischen Begeisterung Grimms ein wenig erlegen. [4] Sie haben sich, so meine ich, an manchen Stellen verleiten lassen, ein wenig vorschnell und unkritisch durch einen bloßen Vergleich des Grimmschen Märchentextes oder des Textes anderer Märchensammlungen mit den Grimmschen Rechtsaltertümern

---

[1] v. Künßberg, Rechtliche Volkskunde (1936), S. 11; v. Künßberg, Rechtsgeschichte und Volkskunde, Zeitschrift für Deutschkunde 1922, S. 323

[2] vgl. z.B. Jessen S. 62; Jessen meint dort bezüglich des Einsatzes bei Spiel und Wette, es sei nicht nötig gewesen, daß beide Teile dasselbe setzten, und zitiert Grimm, RA II, S. 173; Grimm führt für diese Behauptung aber keinen rechtlichen Beleg an; vgl. auch Anger, S. 161, der meint, die „Rechtssitte“ des Hemdwechsels als Zeichen der Eheschließung in einem Märchen „Von dem König von Spanien“ fortleben zu sehen. Er beruft sich auf Grimm RA I, S. 609, der hierfür jedoch nur aus „Gedichten des Mittelalters“ eine Belegstelle anführt. Mit den einzelnen Belegstellen setzt sich Anger jedoch S. 161 f auseinander bei dem Brauch, ein bloßes Schwert zwischen einen Mann und eine Frau in das Bett zu legen, als Symbol für die Bewahrung der Keuschheit der Frau

[3] vgl. z. B. Jessen, S. 16

[4] die romantische Begeisterung ist m.E. entgegen Jessen (S. 9 f) trotz der wissenschaftlichen Grundsätze Grimms zu berücksichtigen; zu den Begriffen romantisch und historisch vgl. auch Ginschel, Der junge Jacob Grimm, S. 5, 9 ff, 11; nach Ginschel wendet sich Grimm jedoch von der anfänglich betriebenen z.T. spekulativen Vorgehensweise ab und einer streng wissenschaftlichen Methode zu.

oder auch anderer rechtshistorischer Werke das Fortleben uralter Rechtssitten im Märchen zu behaupten.

Ein weiteres Hauptproblem der meisten dieser Arbeiten ist nämlich das Fehlen einer kritischen Auseinandersetzung mit dem Märchentext[1]. Vor allem kümmert man sich meistens nicht um Alter und Herkunft der Märchen und ihrer Motive[2], oder streut dazu nur gelegentlich eine Bemerkung ein. Oft kümmert man sich nicht einmal darum, wo sonst auf der Welt ein ähnlicher Rechtsbrauch oder ein ähnliches Märchenmotiv existiert. [3] Auch daß die Märchen im Zuge ihrer Herausgabe in Buchform ausgeschmückt oder umgestaltet worden sein können, wird kaum beachtet[4]. Vielmehr werden vielfach die Märchen, so wie sie aufgezeichnet sind, kritiklos als altes deutsches Volksgut betrachtet und analysiert.[5]

---

[1] Eine solche Auseinandersetzung findet sich ansatzweise bei Großfeld/Möhlenkamp, Die Mühle in Märchen und Recht, NJW 1996, S. 1103 ff, 1105

[2] Jessen bringt nur an wenigen Stellen Ausführungen zu Alter und Herkunft eines bestimmten Märchenstoffes, z.B. zu KHM 61 (S. 41 f); zu KHM 146 (S. 55); zu KHM 78 (S. 80); zu KHM 104 (S. 140); bei der Besprechung von KHM 179 erwähnt er die literarische Vorlage der Grimmschen Fassung und die Parallele zu Shakespeares König Lear, ohne daraus aber weitere Konsequenzen zu ziehen, S. 226; er meint, das Alter einzelner Märchen oder Motive lasse sich nicht bestimmen, S. 234; Anger geht an einzelnen Stellen auf die Herkunft von Märchenmotiven ein, vgl. S. 142 zum Meisterdieb; S. 145 f zum Motiv des Ehebruchs; S. 177 zur klugen Bauerntochter; S. 179 zum Motiv der Halslöserätsel; ähnlich ist es bei Töpfer, vgl. z.B. S. 52; Eisler weist nur S. 425 auf die nach Ansicht von v. d. Leyen indische Herkunft von KHM 16 hin; auch Winter geht nur gelegentlich auf die Herkunft bzw. literarische Vorlagen der KHM ein, z.B. zu KHM 144 (S. 199, Fn. 2), KHM 23 (S. 201, Fn.4), KHM 146 (S. 202, Fn. 11), KHM 52 (S. 207), vgl. auch S. 220 zu KHM 65

[3] zur Herkunft des Talionsgedankens äußert sich Anger S. 152 f

[4] Jessen sieht dieses Problem zwar grundsätzlich (S. 6, vgl. auch S. 128), betont aber mehrmals, die Brüder Grimm hätten die Märchen genauso aufgezeichnet, wie sie sie gehört hatten (S. 10 ff), und erwähnt lediglich in einem Satz Ausschmückungen Wilhelm Grimms. Auf die Eingriffe der Brüder Grimm in den Märchentext als methodisches Problem wird kurz hingewiesen von Großfeld/Möhlenkamp, Die Mühle in Märchen und Recht, NJW 1996, S. 1105

[5] zu dieser Kritik vgl. auch die Klage von Rölleke, Einführung, S. 26; kurze Ausführungen zu der Problematik von Alter, Herkunft und Genese bei Polifke, Die Darstellung von Recht und Unrecht in Volksmärchen, S. 23 ff, die an sich keinen historischen Ansatz verfolgt

3.2.4.1 Gefahr der Herstellung von Zusammenhängen zwischen Rechts- und Märchenmotiven unterschiedlicher kultureller Herkunft

Dies birgt zum einen die Gefahr, daß in Märchenmotiven, die aus einem ganz anderen Rechtskreis stammen oder vielleicht relativ jung sind[1], altes germanisches bzw. deutsches Recht gesucht wird.

Dabei kann es dazu kommen, daß tatsächlich Übereinstimmungen zwischen Rechts- und Märchenmotiven aufgefunden werden und zwischen voneinander unabhängig entstandenen Motiven ein kulturgeschichtlicher Zusammenhang postuliert wird, während es sich in Wirklichkeit um eine ubiquitäre Grundregel menschlichen Zusammenlebens handelt[2].

Bereits v. Künßberg hat darauf hingewiesen, daß manche Rechtssätze, die in früher Zeit auch bei uns galten, inzwischen aber längst überwunden sind, bisweilen irgendwo anders auf der Welt gegenwärtig in voller Blüte stehen, wie z.B. die Blutrache.[3] Wie v. Künßberg weiter ausführt, kann es dabei sogar zu einer Übereinstimmung in Einzelheiten kommen. So taucht sowohl in Weistümern des deutschen Kulturraumes als auch im Reiche Loango in Afrika der Gedanke auf, daß die Fähre ein vorübergehendes Asyl darstellt, d.h. auf der Fähre, während der Überfahrt darf ein Verfolgter nicht festgenommen werden, oder der Fährmann muß zuerst den Verfolgten allein und dann erst seine Verfolger übersetzen[4].

---

[1] vgl. auch Töpfer, S. 66: Aus dem Alter einzelner in einem Märchen vorkommenden Rechtsbräuche kann man nicht auf die Entstehungszeit des Märchens selbst schließen. Alte Bräuche können, da die Märchen mündliches Erzählergut sind, erst in späterer Zeit in die Erzählungen eingeflochten sein. Meines Erachtens kann es sich dabei aber nur um Bräuche handeln, die zur Zeit ihrer Aufnahme in das Märchen noch in Übung waren, oder an die man sich allgemein noch erinnerte! Wie Töpfer auch Ludwig, S. 12; vgl. dazu auch Moser, Altersbestimmung des Märchens, EM Bd. 1, Sp. 408; allgemein zum Problem der Altersbestimmung des Märchens auch Hattenhauer, „Märchen", HRG III, Sp. 267 ff, 269, für den u.a. deswegen Märchen als unmittelbare Geschichtsquelle ausscheiden

[2] vgl. auch Scholler, Märchen, Recht und Rechtsentwicklung, S. 328, 336; ders., Das afrikanische Rechtssprichwort als hermeneutisches Problem, S. 138

[3] v. Künßberg, Rechtliche Volkskunde, S. 9 f; zur Blutrache vgl. auch Preisner, „Blutrache", HRG I, Sp. 459 ff, bes. Sp. 460; E. Kaufmann, „Rache", HRG IV, Sp. 126 f; sehr ausführlich und kritisch Böttcher, „II. Rechtshistorisches", in: „Blutrache", in: Hoops, RGA Bd. 3, Sp. 81 ff, 85 ff; vgl. auch Beck, „I. Philologisches", in „Blutrache", in: Hoops, RGA Bd. 3, Sp. 81 ff; zu den von v. Künßberg in diesem Zusammenhang auch als Beispiel genannten Gottesurteilen vgl. die Darstellung der neueren Erkenntnisse in der Rechtsgeschichte unter Kap. II.4.2.2.1.4

[4] vgl. zum Fährenasyl in Weisthümern auch Gierke, Der Humor im deutschen Recht, S. 9 f; Ruhwedel, „Fähre, Fährenrecht", HRG I, Sp. 1042 ff, 1045; allgemein Henßler, „Asylrecht", HRG I, Sp. 243 ff; allgemein zur Einschränkung des Asylrechts für die fränkische Zeit vgl. Sellert/Rüping I, S. 62 f, mit Quellen S. 83, und für das Zeitalter der Gottes- und Landfrieden

Das Problem, daß in Deutschland aufgezeichnete Märchen oder ihre Motive aus einem anderen Kulturkreis stammen können und dann auch Rechtsregeln aus diesem Kulturkreis enthalten können, haben v. Künßberg und O. Ludwig bereits in den dreißiger Jahren klar beschrieben[1]. Sie weisen insbesondere auf Einflüsse aus dem Orient und aus antiken Erzählstoffen hin[2]. Ludwig scheint diese Erkenntnis jedoch überwiegend zur Erklärung dafür zu benutzen, weshalb sich nicht jedes Rechtsmotiv in einem Märchen auf eine deutsche Rechtsregel zurückführen läßt.[3] In seiner Arbeit verzichtet auch er darauf, die Herkunft aller einzelnen herangezogenen Märchen und Motive detailliert zu klären[4]. Lediglich in der Einleitung bringt er einige Beispiele für Rechtsbegriffe, die er nach einem Vergleich des sie enthaltenden Märchenmotivs mit ausländischen Varianten des gleichen Märchenmotivs als typisch für das deutsche Märchen erkennt.[5] So kommen seiner Ansicht nach im deutschen Märchen besonders häufig „Räte" vor, wie z.B. im Märchen vom „Marienkind" (KHM 3), wo die Räte erklären, die Königin, die ihre Kinder gefressen habe, müsse verbrannt werden[6]. Während die Räte im ausländischen Märchen seltener und nur zur Beratung des Königs vorkämen, so Ludwig, träten sie im deutschen Märchen auch als Stellvertreter des Königs, als Stadtbevollmächtigte und als Richter auf. Typisch deutsch sei auch die Figur des Fürsprechers vor Gericht[7]. Ludwig schließt daraus, daß bei den von ihm untersuchten Beispielen im deutschen Märchen in international verbreitete Märchentypen und Motive Rechtshandlungen und Rechtsinsti-

---

Sellert/Rüping I, S. 108 mit Quellen S. 166; allgemein zum Asyl auch Kroeschell, „Asylrecht", in: Hoops, RGA Bd. 1, S. 460 ff

[1] v. Künßberg, rechtliche Volkskunde, S. 25 f; Ludwig, S. 11 f; Einen kurzen Hinweis auf dieses Problem gibt v. Künßberg auch schon 1922 in dem Aufsatz „Rechtsgeschichte und Volkskunde", Zeitschrift für Deutschkunde 1922, S. 324 f; kurze Ausführungen zu diesem Problem finden sich auch bei Anger, S. 20; Anger (S. 168 f) zitiert v. Künßberg (Rechtliche Volkskunde, S. 25) in Bezug auf das Problem der Behandlung des toten Schuldners im Märchen. v. Künßberg ist der Ansicht, das Motiv, daß der Leichnam eines verschuldeten Menschen erst aus der Gewalt des Gläubigers losgekauft werden müsse, sei fremden Ursprungs. Anger führt dies an, betont aber den seiner Ansicht nach bestehenden Einfluß des germanischen Rechts, wonach durch den Tod des Schuldners dessen Verbindlichkeiten erloschen und der Nachlaß nicht haftete.

[2] O. Ludwig, S. 12; v. Künßberg, Rechtliche Volkskunde, S. 25

[3] O. Ludwig, S. 11 f

[4] gelegentlich gibt er Hinweise auf die Herkunft einer Erzählung, z.B. S. 24 zum Schwank von den gegessenen, aber nicht bezahlten Eiern; Auf die Herkunft der Erzählungen von spitzfindigen Urteilen aus dem Orient weist er S. 40 hin; vgl. auch Fn. 26 zu S. 41

[5] Ludwig, S. 11

[6] Schon in der handschriftlichen Urfassung des Märchens ist von den Räten die Rede, vgl. Rölleke, Älteste Sammlung, S. 196 ff, 200

[7] nach v. Künßberg (Rechtliche Volkskunde, S. 25) lassen sich geradezu volkskundliche Vergleiche anstellen z.B. zwischen dem Rechtsgefühl in 1001 Nacht und in den deutschen Volksmärchen

tute eingeschoben werden, die den ausländischen Varianten fremd sind. In diesem Zusammenhang ist auf die Ansicht v. Künßbergs hinzuweisen, wonach einzelne Motive oder Gedanken der volkstümlichen Überlieferung auch selbständig wandern können. Die Wanderung eines bestimmten Erzählstoffes braucht sich also nicht mit der Wanderung eines bestimmten Rechtsgedankens zu decken, so daß es zu Mischungen und Kompromissen zwischen entlehntem Erzählstoff und heimischer Rechtsvorstellung kommen kann[1]. In das fremde Märchen kann sich auch ein einheimischer Rechtsgedanke einschleichen[2]. Ludwig stellt zusammenfassend klar, daß nach seiner Ansicht die Rechtsvorstellungen im deutschen Märchen zum überwiegenden Teil aus dem deutschen bzw. vorgeschichtlichen Rechtsleben stammen[3].

Jessen hingegen lehnt in seiner 1977 abgeschlossenen und 1979 veröffentlichten Arbeit, soweit er das Problem streift, eine nicht deutsche Herkunft der Grimmschen Märchen weitgehend ab. Er meint, „daß auch die Deutschen sich ihre Märchen erzählen können und den Orient nicht als Vorbild benötigten"[4]. Seiner Ansicht nach enthalten die Märchen grundsätzlich deutsches Rechtsleben[5]. Nur an wenigen Stellen bringt er Ausführungen zu Alter und Herkunft eines bestimmten Märchenstoffes[6].

Für die weitere rechtshistorische Forschung wäre daher dringend zu fordern, daß sowohl die Herkunft und die kulturgeschichtliche Stellung der Märchenmotive und Märchen[7], als auch die Tradition der Rechtsregeln, die zum Vergleich herangezogen werden sollen, kritisch betrachtet werden, vor ein Vergleich gezogen wird. Dabei ist jedes Märchen, jedes Motiv und jede Rechtsregel einzeln zu untersuchen. Pauschalbehauptungen sind angesichts der komplexen Überlieferungslage der einzelnen Märchen fehl am Platz[8].

---

[1] v. Künßberg, Rechtliche Volkskunde (1936), S. 12; v. Künßberg, Rechtsgeschichte und Volkskunde (1965), S. 2; vgl. auch Dymke, S. 229, die -bezogen auf den von ihr untersuchten Märchentypus vom starken Hans- ganz allgemein von der „Anpassungsfähigkeit des Märchens an die Verhältnisse der wirklichen Welt" spricht.

[2] v. Künßberg, Rechtliche Volkskunde (1936), S. 25

[3] Ludwig, S. 12; eine ähnliche Argumentation findet sich angedeutet bei Fehr, Das Recht im Bündner Märchen, S. 220.

[4] Jessen, S. 12; vgl. auch S. 10

[5] Jessen, S. 12 f; vgl. auch S. 150 die Stellungnahme gegen Anger zur Herkunft des Ehebruchmotivs: „Weshalb das deutsche Märchen vom Ehebruchsmotiv verschont sein soll und fremde Motive „die Heimat des Ehebruchsmotiv ist Indien" (zit. Anger, S. 146) unsere Märchen beeinflußten, bleibt unerfindlich."

[6] vgl. Kap. II.3.2.4, S. 50, Fn. 3

[7] vgl. auch Rölleke, Einführung, S. 95 ff, bes. S. 97

[8] vgl. insbes. Rölleke, Einführung, S. 95; vgl. auch Moser, Altersbestimmung des Märchens, EM Bd. 1, Sp. 407 ff

3.2.4.2 Problem der Bearbeitung der Märchen durch die Herausgeber von Märchensammlungen

Eine weitere Schwierigkeit ergibt sich daraus, daß einige der Märchenmotive, die alte Rechtsregeln zu enthalten scheinen, erst im Zuge einer von den Herausgebern der Märchenbücher vorgenommenen Bearbeitung in die Märchen geraten sein können[1]. Wie oben dargelegt wurde, haben die Brüder Grimm die Märchen ihrer Sammlung zum Teil erheblich überarbeitet. Jessen scheint hier die neuere Forschung zu ignorieren, da er mehrmals betont, die Brüder Grimm hätten die Märchen genauso aufgezeichnet, wie sie sie vorher gehört hatten, und nur an einer Stelle erwähnt, daß Wilhelm Grimm die Märchen in den späteren Auflagen immer reicher ausgeschmückt habe[2]. Insbesodere mögen sich hier Gefahren durch die historisierende Erzählweise des Grimmschen Märchenstils ergeben. [3] Aber auch bei anderen Sammlungen, insbesondere des 19. Jahrhunderts, muß mit einer je nach Herausgeber mehr oder weniger starken Ausgestaltung der Märchen gerechnet werden[4]. Wie Rölleke für die Märchen der Brüder Grimm ausführt,

---

[1] vgl. Rölleke, Einführung, S. 91 f; vgl. allgemein zu diesem methodologischen Problem beim Vergleich von Märchen mit Elementen der Realität bzw. der Weltsicht eines Volkes auch Sparing, The Perception of Reality in the Volksmärchen of Schleswig-Holstein, S. 30 f, 34 ff; vgl. auch Dymke, S. 43, 51

[2] Jessen, S. 10 ff; vgl. z. B. auch S. 133, wo Jessen auf die wörtliche Darstellung des Märchens vom Meisterdieb (KHM 192) eingeht, das Wilhelm Grimm nach einer in einer Zeitschrift veröffentlichten Aufzeichnung Friedrich Stertzings übernommen hat. vgl. zum Märchen vom Meisterdieb Rölleke, KHM Bd. 3, Nachweise, zu KHM 192, S. 513; ähnlich ist Winters (S. 196) pauschale Äußerung, die Märchen der Grimmschen Sammlung seien „ohne Ausnahme, mit allen ihren Umständen“ schon vor Jahrhunderten erzählt worden. Andererseits erwägt er aber (S. 204) zu KHM 19, die Erwähnung von Kaiser und Papst könnte mit der künstlerischen Ausgestaltung des Märchens durch Runge zusammenhängen, nach dessen Aufzeichnung das Märchen in die KHM eingegangen ist.

[3] Zur historisierenden Erzählweise Bausinger, „Historisierende“ Tendenzen im deutschen Märchen seit der Romantik, S. 282, 284; vgl. auch Bottigheimer, Grimms'Bad Girls and Bold Boys, S. 13, Fn. 6; vgl. auch Moser, Altersbestimmung des Märchens, EM Bd. 1, Sp. 410 f

[4] vgl. auch Jessen, S. 7 f; Dymke, S. 39 ff; Woeller, Der soziale Gehalt und die soziale Funktion der deutschen Volksmärchen, S. 400 ff; Ludwig (S. 25) meint z.B. zu Simrock, Deutsche Märchen, Stuttgart 1864, S. 68 f, es sei sicher nicht als ein Volksmärchen anzusprechen, wenn erzählt werde, daß die Dorfleute unter freiem Himmel sitzen, Recht zu sprechen, und bald ein Urteil finden, während die Juristen des Geldes wegen die Sache lange hinzögerten. Der von Ludwig hier angeführte Text ist darüber hinaus auch nicht als Märchen zu betrachten. Vielmehr werden hier in lehrhafter Weise das Römische Juristenrecht und das von den Dorfleuten praktizierte (deutsche) Recht gegeneinandergestellt. Für literarische Erfindung hält Ludwig es auch, wenn in Zingerle, Kinder- und Hausmärchen aus Tirol, S. 121 (Nr. 23, Die drei Schwestern) erzählt wird, das Gericht werde auf dem Stadtplatz unter der Linde abgehalten (Ludwig, S. 28); Ludwig weist seine Vermutungen aber nicht durch textgenetische Untersuchungen oder gezielte Vergleiche verschiedener Varianten der diese Züge enthaltenden Motive nach. Ohne damit einen Zusammenhang zu den erwähnten Erzählungen andeuten

hätten im 19. Jahrhundert wort- oder gar buchstabengetreue Notate aus dem Volksmund keinerlei Interesse gefunden, sie wären weder verlegt noch gekauft worden.[1] Die modernen Anforderungen an volkskundliche Sammel- und Dokumentationsarbeit wurden erst etwa ein Jahrhundert nach den Grimmschen Anfängen entwickelt.[2]

Bei der Arbeit mit der Grimmschen Sammlung kann man, wie oben dargelegt, dem Problem teilweise dadurch begegnen, daß man die Märchenfassungen der den meisten Arbeiten zugrundegelegten Ausgabe letzter Hand von 1857 mit älteren Druckfassungen und, soweit vorhanden, den handschriftlichen Aufzeichnungen der Märchen vergleicht. Darüber hinaus können in den meisten Fällen auch mehrere Fassungen eines Märchens in Sammlungen verschiedener Herausgeber verglichen werden[3]. Solche Untersuchungen sind vor jeder Arbeit über ein Märchen, vor jeder Interpretation eines Motivs notwendig, damit nicht vom jeweiligen Bearbeiter herrührende Ausschmückungen, Einzelheiten oder Motive fälschlich als uralte Überlieferung angesehen und interpretiert werden.[4]

Ein Beispiel für die rechtshistorische Interpretation einer Wendung höchst fraglicher Herkunft findet sich bei Jessen[5]. Im Märchen vom Marienkind (KHM 3) heißt es in der Ausgabe letzter Hand an einer Stelle, der König „befahl den Räten, bei Leibes- und Lebensstrafe nichts mehr darüber zu sprechen", nämlich über den Vorwurf, die Königin habe ihr eigenes Kind gefressen. Jessen meint, diese Aussage könnte aus einem rechtshistorischen Lehrbuch stammen, denn bei Strafe zu gebieten und verbieten sei das wichtigste Recht des fränkischen Königs als Ausfluß seines Bannrechts.[6] Vielleicht hat Jessen ja auf ganz

---

zu wollen vgl. zur Gerichtslinde in der Rechtsgeschichte Erler, „Richterstuhl", HRG IV, Sp. 1057 f; Kramer, „Dorflinde", HRG I, Sp. 774 f; Kramer, „Gerichtsstätte", HRG I, Sp. 1550 f

[1] Rölleke, Einführung, S. 62

[2] Rölleke, Einführung, S. 50; wie wenig ausgeprägt das Bewußtsein für die Wichtigkeit möglichst wortgetreuer Überlieferung noch Anfang dieses Jahrhunderts war, sieht man an der bei Winter (S. 196) zustimmend übernommenen Auffassung v. d. Leyens, die Brüder Grimm fanden für die Märchen die Form, „zu der sie unbewußt, um ihre Bestimmung zu erfüllen, von jeher strebten". Vgl. F. v. d. Leyen (Hrsg.), Kinder- und Hausmärchen, Gesammelt durch die Brüder Grimm, Einleitung, S. VII

[3] ansatzweise geschieht dies bei Großfeld/Möhlenkamp, Die Mühle in Märchen und Recht, S. 1105

[4] Rölleke, Einführung, S. 91 f

[5] Jessen, S. 212; vgl. zu der Stelle auch Jessen, S. 221; ein weiteres Beispiel ist die oben erwähnte, von W. Grimm erfundene Eheschließung zwischen Rapunzel und dem Königssohn im Turm, die von Winter (S. 222 f) in Zusammenhang mit der Eheschließung nach germanischem Recht gebracht wird, Jessen (S. 107 f) denkt an die Konsensehe nach kirchlichem Recht

[6] zum Bannrecht des fränkischen Königs vgl. E. Kaufmann, „Bann, weltlich", HRG I, Sp. 308 ff, wobei hier - nebenbei bemerkt - jedoch nur vom Gebot bei einer Strafe von 60

andere Weise, als er es meint, mit seiner Herkunftsvermutung recht. Die Wendung von dem Befehl bei Leibes- und Lebensstrafe findet sich nämlich weder in den handschriftlichen Urfassungen des Märchens, noch in der ersten Auflage der KHM, sondern erst seit der zweiten Auflage. In der 1808 an Savigny geschickten Fassung des Märchens heißt es: „Die Räthe drangen hart auf die Strafe dieser Menschenfreßerin, aber der König wehrte es noch einmal ab.“[1] In der Ölenberger Handschrift heißt es: „Die Räthe dringen ietzt darauf die Menschenfreßerin zu bestrafen, aber der König wehrt es noch einmal.“[2] In der Erstauflage von 1812 heißt es: „Am Morgen, als es (das Kind, Anm. d. Verf.) fehlte, sagten des Königs Räthe laut, die Königin sey eine Menschenfresserin und drangen darauf, daß sie für ihre gottlose Thaten gerichtet werde; der König aber hieß sie stillschweigen und wollte es nicht glauben, weil er die Königin so lieb hatte.“[3] Zu dieser Erzählung kam den Brüdern Grimm auch nach der Erstauflage, soweit man weiß, keine neue Quelle mehr zu[4]. Es ist daher sehr wahrscheinlich, daß es sich bei der Wendung, die Jessen an das Recht des fränkischen Königs erinnert, um eine Ausschmückung Wilhelm Grimms handelt, die seiner eigenen Erzählfreude entsprungen oder irgendeiner anderen Quelle entnommen sein mag[5].

Auf der anderen Seite darf man aber auch die Brüder Grimm und andere Märchensammler nicht pauschal verdächtigen, absichtlich alte Rechtsbräuche in die Märchen eingeschmuggelt zu haben. Jedes Märchen, jedes Motiv ist einzeln zu untersuchen, bevor eine Aussage über einen möglicherweise darin enthaltenen

---

Schillingen, nicht von „Leibes- und Lebensstrafe“ die Rede ist; vgl. auch Strauch, „§23 Recht und Verfassung“, in: „Franken“, in: Hoops, RGA Bd. 9, S. 435, wonach die Strafe bei Verstoß gegen den Bann immer eine Geldstrafe war, da der König die Mannheiligkeit nicht antasten durfte und Leibes- und Lebensstrafen nur das Volksgericht verhängen durfte; vgl. weiter Holzhauer, „Geldstrafe“, HRG I, Sp. 1466 ff, 1467; E. Kaufmann, „Königsbann“, HRG II, Sp. 1023 ff; Müller-Volbehr, „Bann“, in: Hoops, RGA Bd. 2, S. 34 ff, bes. S. 35, der übrigens (nur) von einer körperlichen Züchtigung als Ersatzsanktion bei Unfreien spricht, wenn nicht der Herr für die Strafe aufkam

[1] abgedr. bei Schoof, Briefe der Brüder Grimm an Savigny, S. 424 f

[2] zit. nach Rölleke, Älteste Sammlung, S. 200

[3] zit. nach Heinz Rölleke (Hrsg.), Kinder- und Hausmärchen gesammelt durch die Brüder Grimm, Nachdruck der Erstausgabe von 1812

[4] vgl. Rölleke, KHM Bd. 3, Nachweise, zu KHM 3, S. 443

[5] zur Arbeitsweise Wilhelm Grimms, Sprichwörter und Redensarten (und andere feststehende sprachliche Formeln) aus mündlichen und schriftlichen Quellen in die Märchentexte einzufügen vgl. Rölleke, Die „Kinder- und Hausmärchen“ der Brüder Grimm, Einige neuere Forschungen und Erkenntnisse, in: Uther (Hrsg.), Märchen in unserer Zeit, S. 92 ff, bes. S. 95 ff; ein Beispiel für die Einfügung juristischer Redensarten in KHM 4 (S. 96): „wo siebene mit des Seilers Tochter Hochzeit gehalten haben und jetzt das Fliegen lernen“ als Umschreibung für die am Galgen Gehenkten; umfassend zu den in den KHM enthaltenen Redensarten und Sprichwörtern: Rölleke (Hrsg.): „Redensarten des Volks, auf die ich immer horche“. Das Sprichwort in den KHM der Brüder Grimm; vgl. auch Mieder, „Findet, so werdet ihr suchen!“, bes. S. 115 ff

alten Rechtsbrauch getroffen werden kann. Es ist nämlich auch zu bedenken, daß Jacob Grimm in seinen Rechtsaltertümern mehrfach Motive aus Märchen der eigenen Sammlung heranzieht, um das Fortleben alter Rechtsüberzeugungen im Volk aufzuzeigen.[1] Der pauschale Verdacht, es handle sich bei diesen Motiven um Grimmsche Zutat, brächte ihn also in den Verdacht eines wissenschaftlichen Taschenspielers. Bei anderen Motiven kommt noch hinzu, daß sie innerhalb des Märchens eine so tragende Funktion haben, daß eine Änderung des Motivs eine Umdichtung des gesamten Märchens zur Folge hätte.

3.2.5 Untersuchung des Märchens als unterhaltender Erzählung - Einflüsse der Phantasie und epischer Gesetzmäßigkeiten

Weiterhin ist bei der Untersuchung der Märchentexte zu berücksichtigen, daß hier nicht sachlich- nüchterne Berichte, sondern literarische Erzählungen vorliegen, die auch unterhalten wollen und bestimmten epischen Gesetzmäßigkeiten folgen[2].

3.2.5.1 Einflüsse der Phantasie

Ludwig meint, daß im deutschen Märchen, da es ein Produkt der menschlichen Phantasie sei, nicht alle Rechtseinrichtungen ihren Niederschlag gefunden haben, sondern hauptsächlich nur die anschaulichen, die Phantasie anregenden Institutionen[3]. Seiner Ansicht nach darf man zwar im Märchen in den rechtlichen Dingen nicht allzuviel Phantastisches sehen, aber insbesondere Rechtseinrichtungen, die zur Zeit der Überlieferung sich bereits überlebt hatten, waren der Entstellung ausgesetzt[4]. v. Künßberg meint, daß im Märchen, für das die Übertreibung und Steigerung ins Phantastische charakteristisch sei, auch rechtliche

---

[1] RA I, S. 564, 634; RA II, S. 285

[2] vgl. Töpfer, S. 67 ff; vgl. auch Töpfer, S. 37: Anklänge an Sitten und Gebräuche, an die Lebensweise des Volkes sind mit echt märchenhaften Zügen vermischt; vgl. auch Ludwig, S. 12 f; vgl. auch v. Künßberg, Rechtsgeschichte und Volkskunde, Zeitschrift für Deutschkunde 1922, S. 324; vgl. auch Sparing, The Perception of Reality in the Volksmärchen of Schleswig-Holstein, S. 50

[3] Ludwig, S. 12; v. Künßberg, Rechtliche Volkskunde, S. 11; nach v. Künßberg (Rechtliche Volkskunde, S. 26) werden solche Rechtsbräuche, die der Phantasie ohnehin genügend Nahrung geben, im Märchen eher getreu überliefert; vgl. auch v. Künßberg, Rechtsgeschichte und Volkskunde, Zeitschrift für Deutschkunde, 1922, S. 325; sowie v. Künßberg, Rechtsgeschichte und Volkskunde (1965), S. 2

[4] Ludwig, S. 12 f; v. Künßberg, Rechtsgeschichte und Volkskunde, S. 2; v. Künßberg, Rechtliche Volkskunde, S. 11; v. Künßberg, Rechtliche Volkskunde, S. 11, weist auch darauf hin, daß es nicht immer möglich ist, genau zu unterscheiden, wo eine poetische Erfindung vorliegt oder wo uralte Erinnerung an längst vergangenes Recht zu poetischem Leben wachgerufen ist. Dagegen vertritt Fehr, Das Recht im Bündner Märchen, S. 219, die Ansicht, bei der Erwähnung rechtlicher Gegebenheiten hielten sich die Erzähler stets an die Realität.

Motive übertrieben und sogar neu erfunden werden. Als Beispiel für die phantastische Übersteigerung von Angelegenheiten des Rechtslebens führt er das Motiv an, daß, wenn der König zum Kaiser wird, der hohe Königsthron um zwei Meilen erhöht wird und statt aus Gold und Edelstein nun aus einem großen Stück Gold besteht. Als Beispiele für die Erfindung von Rechtsbräuchen im Märchen führt v. Künßberg manche der grausamen Märchenstrafen an, auf deren Verhältnis zur Rechtswirklichkeit jedoch unten im Zusammenhang eingegangen wird[1].

3.2.5.2 Einflüsse epischer Gesetzmäßigkeiten, sowie von Form und Zusammenhang der Erzählung

Manche Züge eines Märchens, die an rechtshistorische Tatsachen erinnern könnten, beruhen auch auf epischen Gesetzmäßigkeiten des Märchens beziehungsweise auf Form und Zusammenhang der Erzählung[2]. So ist beispielsweise, wenn der jüngste Sohn alle Aufgaben erfolgreich löst und damit zum Schluß zum Erben über das Königreich oder den Hof eingesetzt wird, in erster Linie an das epische Gesetz des Märchens zu erinnern, das meist den letzten in einer Reihe, wie den jüngsten Sohn, die jüngste Tochter, besonders hervorhebt[3], was in der Literatur als „Achtergewicht" bezeichnet wird[4], und nicht so sehr nach der tatsächlichen Existenz eines Erbrechts des Jüngsten im germanischen oder deutschen Recht zu fragen[5].

---

[1] v. Künßberg, Rechtliche Volkskunde (1936), S. 26; vgl. auch v. Künßberg, Rechtsgeschichte und Volkskunde, Zeitschrift für Deutschkunde 1922, S. 325; zur Berücksichtigung der Einflüsse der Phantasie vgl. auch schon Sainéan, L´état actuel des études de folk-lore, Revue de Synthèse historique (1902), S. 155

[2] Darauf weist auch Töpfer, S. 6, hin; grundlegend zu den epischen Gesetzmäßigkeiten Axel Olrik, Epische Gesetze der Volksdichtung, Zeitschrift für deutsches Altertum und deutsche Litteratur, Bd. 51, S. 1 ff; vgl. dazu Petzoldt, „Epische Gesetze", in: Hoops, RGA Bd. 7, S. 405 ff, 407 ff

[3] vgl. auch Töpfer, S. 69

[4] Olrik, Epische Gesetze der Volksdichtung, a.a.O., S. 7; vgl. Poser, S. 25; Lüthi, Das europäische Volksmärchen, S. 69; Petzoldt, „Epische Gesetze", in: Hoops, RGA Bd. 7, S. 405 ff, 409; zur Herkunft des Begriffs vgl. Karlinger, Wege der Märchenforschung, Vorwort S. IX

[5] so Töpfer, S. 43, sich anschließend an August von Löwis of Menar, Der Held im deutschen und russischen Märchen, S. 11, der im gleichen Sinne argumentiert, ohne jedoch ausdrücklich auf das Jüngstenerbrecht einzugehen; beide wenden sich gegen Adolf Thimme. Vgl. Thimme, Das Märchen, S. 39, 160; vgl. auch Töpfer, S. 56, wo sie ein Märchen anführt, in dem sie dennoch ausnahmsweise ein Jüngstenerbrecht vermutet (Colshorn, Carl und Theodor, Märchen und Sagen, Nr. 14, S. 49 ff, 53). Dort erhält zwar der jüngste Sohn nach dem Tod des alten Königs das Reich, der Jüngste hat sich hier aber auch am meisten ausgezeichnet. Das Handwerk des Fischers, ihres vermeintlichen Vaters, betreiben nach dessen Tod alle Brüder weiter, es erben auch alle Brüder zusammen sein Vermögen. Ein Jüngstenerbrecht läßt sich aus diesem Märchen also nicht entnehmen. Das Jüngstenrecht erwähnend, im Ergebnis aber offen Jessen, S. 122; Thimme folgend, aber nur als Vermutung Winter, S. 220; Sainéan,

Auch Ludwig meint, daß das Märchen leichter zugunsten der Form Rechtseinrichtungen verändere als z.B. die Sage[1].

Ebenso auf epischen Gründen sowie möglicherweise auf einer alle Bereiche der Kultur durchziehenden Zahlensymbolik beruht die Häufigkeit z.B. der Dreizahl im Märchen[2]. Oft kommen drei Brüder vor, muß der Held drei Aufgaben lösen, etc., oder die Lösung einer Aufgabe gelingt erst beim dritten Versuch bzw. dem dritten, jüngsten Bruder. Hier ist das Prinzip der Dreizahl mit dem Prinzip des Achtergewichts kombiniert, was im Märchen sehr häufig ist[3]. Eine Verbindung zu der auch im „alten" Recht auftretenden Dreizahl, die über die bloße möglicherweise gemeinsame kulturelle Wurzel hinausgeht, kann man entgegen Alice Eisler hier nicht feststellen[4]. Es überzeugt nicht, wenn Alice Eisler das erzählerische Prinzip des Gelingens des dritten Versuches aus dem Spruch „aller guten Dinge sind drei" ableitet, den sie auf den Spruch „aller guten Thinge sind drei" und damit auf das dreimal jährliche Abhalten des Gerichtstermins zurückführt, das nur in Friedenszeiten möglich gewesen sei[5].

---

a.a.O., S. 157 ff, leitet die Bevorzugung des Jüngsten im Märchen nicht aus dem Jüngstenrecht ab. Seiner Ansicht nach stammen sowohl das Jüngstenrecht als auch die Bevorzugung im Märchen aus der gleichen Grundhaltung des Volkes. Zum Erbrecht des Jüngsten bei Bauerngütern vgl. Heilfron, Deutsche Rechtsgeschichte, S. 626; vgl. W. Brauneder, „Jüngstenrecht", in: HRG Bd. 2, Sp. 467 f; vgl. z.B. auch Ogris, „Niftelgerade", HRG III, Sp. 1007 f; Hinweise auch bei Weitzel, „Primogenitur", HRG III, Sp. 1950 ff; Bungenstock, „Anerbenrecht", HRG I, Sp 163 ff; ders., „Gerade", HRG I, Sp 1527 f; Ogris, „§1 Allgemeines", in: „Frauengerade", in: Hoops, RGA Bd. 9, S. 514 f, 515; zur Hervorhebung des jüngsten Bruders in der Heldensage ähnlich wie im Märchen Geißler, „Bruder", in: Hoops, RGA Bd. 3, S. 552 ff, 553; Ein Märchen, in dem bereits zu Anfang erzählt wird, daß der jüngste von drei Brüdern den Hof erben soll, findet sich bei Gustav Friedrich Meyer, Wunnern un Wünschen, S. 97 (Hans un de lütt wittbunt Katt) (= Gustav Friedrich Meyer, Plattdeutsche Volksmärchen, Nr. 26, S. 77 ff); vgl. auch Sparing, The Perception of Reality in the Volksmärchen of Schleswig-Holstein, S. 94

[1] O. Ludwig, S. 13; vgl. auch Wehse, In siedendem Öl gegart, S. 160

[2] zum epischen Gesetz der Dreizahl Olrik, Epische Gesetze der Volksdichtung, S. 4 f; dazu Petzoldt, „Epische Gesetze", in: Hoops, RGA Bd. 7, S. 405 ff, 409; zur Dreizahl in Volkserzählung und Recht vgl. auch Zelger, S. 108; vgl. zu den Zahlen im Märchen auch Poser, S. 25 ff

[3] vgl. schon Olrik, S. 7

[4] Alice Eisler, S. 422; ähnlich kritisch zur religionsgeschichtlichen Deutung der Dreizahl Olrik, S. 11 f

[5] Zu dem Spruch „Aller guten Dinge sind drei" in den KHM, der eine gangbare Redensart des 19. Jh. darstellt, vgl. Bluhm, in: Rölleke (Hrsg.), „Redensarten des Volks, auf die ich immer horche", S. 70; rechtsgeschichtlich vgl. z.B. zur Beschränkung der Dingpflicht der Gerichtseingesessenen auf drei ordentliche Grafendinge im Jahre in der Gerichtsreform Karls des Großen um 770 Buchda, „Gerichtsverfassung", HRG I, Sp. 1563, 1571; vgl. auch v. Olberg, „Gerichtsverfassung", in: Hoops, RGA 11, S. 171 ff, 177; zur Ableitung des Spruches „Aller guten Dinge sind drei" in Bezug auf die Gerichtstermine vgl. auch Stammler/Erler, „drei",

Auch wandelt sich z.B., wie Antonie Töpfer feststellt, die Rolle des Königs je nach der jeweiligen Begebenheit und Form des Märchens. Da er in Beziehung oder Gegensatz zu anderen Personen steht, ist für sein Bild und Handeln vor allem wichtig, festzustellen, ob er zu den Freunden oder Gegnern des Helden gehört[1].

v. Künßberg meint, man dürfe da eher treue Überlieferung vermuten, wo der rechtliche Vorgang für den Gang der märchenhaften Erzählung von nebensächlicher Bedeutung ist, denn hier sei kein Anlaß gegeben, für die Zwecke des Märchens zu entstellen oder zu übertreiben[2]. Dabei ist aber zu berücksichtigen, daß im Märchen Nebensächlichkeiten meist nicht ausführlich geschildert, sondern sehr vernachlässigt werden, da Erzähler und Hörer sich auf den Gang der Handlung konzentrieren. Auch im Zuge der mündlichen Überlieferung können gerade nebensächliche Züge einer Erzählung besonders leicht vergessen und dann neu ergänzt oder verstümmelt werden[3]. So wird z.B. in den Märchen, in denen der Übeltäter am Schluß zu einer grausamen Strafe verurteilt wird, kaum je das Verfahren, in dem dieses Urteil gefunden wird, mehr als nur in äußerst vagen Andeutungen geschildert, es sei denn, die Strafe wird mit Hilfe des erzählerischen Motivs des Selbsturteils gefunden, d.h. der Übeltäter spricht auf eine Frage des Königs, der ihm sein Verbrechen als abstrakten Rechtsfall erzählt, selbst das Urteil, ohne zu wissen, daß es sich hierbei um seinen eigenen Fall handelt[4].

HRG I, Sp. 783 f, dort auch viele Beispiele zur Häufigkeit der Dreizahl; zur Bedeutungsbreite des Ausdruckes „Ding" vgl. E. Kaufmann, „Ding", HRG I, Sp. 742 ff; (weiterführend zu Zahlensymbolik und Zahlendeutungen Suntrup, „Zahlensymbolik", HRG V, Sp. 1599 ff); allg., bes. auch zu verschiedenen anderen Dingterminen vgl. Wenskus, „§12 Termine der Volksversammlung", in: „Ding", in: Hoops, RGA Bd.5, S. 443 ff, bes. S. 452, sowie dort allgemein der gesamte Artikel „Ding"; sowie Strauch „§23 Recht und Verfassung", in: „Franken", in: Hoops, RGA Bd. 9, S. 435 ff, 441 f; vgl. auch Weitzel, „Gerichtsverfahren", RGA 11, S. 153 ff, 163

[1] Töpfer, S. 6, 35; ein weiteres Beispiel Töpfer, S. 50; zum epischen Gesetz des Gegensatzes Olrik, S. 6; vgl. auch Winter, S. 211, der das Bestehen eines deutlichen gesellschaftlichen Gegensatzes zwischen dem Helden und dem König als seinem Gegenspieler als episches Gesetz des Märchens auffaßt

[2] v. Künßberg, Rechtliche Volkskunde, S. 26; vgl. auch Schmidt-Wiegand, „Recht und Dichtung", HRG IV, Sp. 232 ff, 241

[3] zur Umänderung des Beiwerks der Märchen durch den Erzähler vgl. Jahn, Volksmärchen aus Pommern und Rügen, Einleitung, S. XVI f

[4] auf das Problem des Desinteresses am Gerichtsverfahren in gewissen Märchen und auf das Selbsturteil wird unten noch ausführlich eingegangen

3.2.6 Notwendigkeit der Unterscheidung zwischen verschiedenen Märchenarten, dargestellt am Beispiel der Besonderheiten des Schwankmärchens

3.2.6.1 Die verschiedenen Arten des Märchens

Bei der Suche nach alten Rechtsbräuchen im Märchen ist außerdem auch die Verschiedenartigkeit der unter dem Gattungsbegriff „Märchen" zusammengefaßten Texte zu beachten. Diese zeigt sich insbesondere auch in den KHM der Brüder Grimm, die den heutigen Begriff des Märchens entscheidend geprägt haben.[1] Innerhalb der Gattung der Märchen im weiteren Sinne[2] können verschiedene Unterarten unterschieden werden, wie die Zaubermärchen, die als die „eigentlichen" Märchen angesehen werden[3], weil in ihnen übernatürliche Kräfte, Zauber oder Wunder eine Rolle spielen, novellenartige Märchen, die auf übernatürliche Kräfte verzichten, z.B. das Märchen vom König Drosselbart (KHM 52)[4], Schwankmärchen wie „das Bürle" (KHM 61) oder „die kluge Else" (KHM 34)[5], Lügenmärchen[6], legendenartige Märchen[7] und andere.[8]

3.2.6.2 Notwendigkeit der Unterscheidung zwischen Zaubermärchen und Schwankmärchen

Bei der Untersuchung der Märchen im Hinblick auf alte Rechtsbräuche und rechtliche Einrichtungen ist es insbesondere wichtig, zwischen Zaubermärchen und schwankhaften Märchen zu unterscheiden, da beiden völlig verschiedene Weltsichten zugrundeliegen[9]. Während der Erzähler des Zaubermärchens

---

[1] vgl. Poser, Das Volksmärchen, S. 9 f; Rölleke, Einführung, S. 36 f

[2] vgl. Lüthi, Märchen, S. 4 f

[3] vgl. Lüthi, Märchen, S. 2 f; Poser, Das Volksmärchen, S. 10 f, vgl. bes. Aarne/Thompson, Nr. 300-749

[4] vgl. Aarne/Thompson Nr. 850-999

[5] vgl. Aarne/Thompson Nr. 1200-1999, allerdings finden sich auch schwankhafte Elemente in Märchen anderer Ordnungsnummern

[6] vgl. Aarne/Thompson Nr. 1875-1999

[7] vgl. Aarne/Thompson Nr. 750-849, wobei hier z.T. schwankhafter Inhalt

[8] vgl. Poser, Das Volksmärchen, S. 10 f; Lüthi, Märchen, S. 4 f

[9] vgl. dazu auch Ranke, Betrachtungen zum Wesen und zur Funktion des Märchens, in: Karlinger (Hrsg.), Wege der Märchenforschung, S. 334 f; Winter (S. 201) schließt die schwankartigen Märchen, in denen Zauber und Wunder fehlen, explizit aus dem Kreis seiner Betrachtungen aus. Zu einzelnen Punkten seiner Erörterungen zieht er aber dennoch schwankhafte Märchen heran, z.B. KHM 151, das Elemente des Schwank- und des Lügenmärchens enthält (S. 208). Auch KHM 20 (S. 209) hat schwankhaften Charakter. S. 216 differenziert Winter bei der Besprechung der Darstellung von Gastwirten und Wirtshäusern im Märchen nach Märchenarten und weist auf den schwankhaften Charakter einzelner von ihm erwähnter Märchen hin; Ludwig unterscheidet grundsätzlich nicht zwischen den verschiedenen Märchenarten (vgl. S. 13, S. 63, Fn. 74), weist aber im Einzelfall bisweilen auf

ernsthaft von Wundern und übernatürlichen Kräften berichtet und an die innere Richtigkeit des Geschehens glaubt, macht sich der Erzähler des Schwankmärchens gerade über diesen Wunderglauben wie über andere menschliche Fehler und Schwächen lustig[1]. Das Wunder des Zaubermärchens wird z.B. durch einen listigen Betrug des Helden ersetzt, den seine Gegenspieler nicht durchschauen und bisweilen gar für ein Wunder halten[2]. So täuscht z.B. im Märchen „das Bürle" (KHM 61) der Held vor, er könne mit Hilfe einer Kuhhaut wahrsagen, er habe aus dem tiefen Wasser (Teich oder Fluß) eine Schafherde geholt, etc. Das im Zaubermärchen erscheinende Weltbild wird damit zersetzt[3]. Es geht nicht mehr um die innere Richtigkeit, sondern um den Humor der Erzählung[4]. Dies kann sich auch auf rechtliche Motive auswirken. Im Vordergrund steht z.B. die Freude an einem gelungenen Betrug, um dessen moralische Fragwürdigkeit kümmert sich das Schwankmärchen nicht[5].

---

den schwankhaften Charakter einer Erzählung hin (z.B. S. 24, 26, 30). Lediglich die Tiermärchen behandelt er nicht als eigentliche Märchen (S. 13, 63, Fn. 73) zu wenig zwischen den verschiedenen Märchenarten unterscheidet Friedrichs, z.B. S. 40 bei der Beschreibung der verschiedenen Funktionen der Geistlichkeit im Märchen; z.B. S. 36 bei der Beschreibung der Bewertung von Betrug und Diebstahl im Märchen; letzterem Gedanken folgt Fehr, Das Recht in der Dichtung, S. 458; Jessen weist z.B. bei der Besprechung von KHM 61 („Das Bürle") (S. 40 ff) auf dessen Charakter als „Lügenmärchen", eigentlich eher ein Schwankmärchen, hin, ohne aber grundsätzlich auf die Problematik der unterschiedlichen Märchenarten einzugehen. Auch S. 151 wird das Schwankmärchen „Der gute Handel" (KHM 7) ohne besonderen Hinweis einfach im Anschluß an ein Zaubermärchen (KHM 179) besprochen, obwohl es sich um deutlich schwankhafte Züge handelt, z.B. der Bauer kann die Prinzessin, die er zum Lachen gebracht hat und die demjenigen zur Frau versprochen war, der sie zum Lachen bringt, nicht heiraten, weil er schon eine Frau hat. Diese eine ist ihm schon zu viel, wenn er nach Haus kommt, ist ihm nicht anders, als ob in jedem Winkel eine stände. Die ihm vom König zugedachten Prügel kann er abtreten. Auf das Humoristische dieses letzteren Motivs weist v. Künßberg, Rechtliche Volkskunde, S. 29 hin; Zwischen den verschiedenen Märchenarten unterscheidet Töpfer (vgl.S. 6 f; bei der Behandlung einzelner Märchen, z.B. S. 18, 23, 25, 31), ohne aber diese Unterscheidung näher zu begründen bzw. auf die unterschiedlichen Weltsichten einzugehen; auch bei Zelger, die Märchen, Sage, Schwank und Legende untersucht und dabei häufig alle Geschichten unter dem Begriff „Volkserzählung" zusammenfaßt (vgl. S. 16 f), wäre bisweilen eine stärkere Differenzierung nach Erzählgattungen und Märchenarten wünschenswert gewesen.

[1] vgl. Lüthi, Märchen, S. 13 f; Lüthi, Das europäische Volksmärchen, S. 89; Poser, Das Volksmärchen, S. 33 f

[2] Vgl. auch Lüthi, Märchen, S. 13; ders., Das europäische Volksmärchen, S. 89; vgl. auch zu den Geschichten vom Teufel Zelger, S. 21

[3] Lüthi, Märchen, S. 13

[4] Lüthi, Das europäische Volksmärchen, S. 89

[5] zu weitgehend für alle Märchen konstatiert dies Friedrichs, S. 35, 36; vgl. auch ohne Unterscheidung nach Märchenarten Ludwig, S. 9, 14; Ludwig meint ganz generell, das Märchen halte außerordentlich viel auf Gerechtigkeit, es empfinde aber nicht alles als Verbrechen, was wir nach dem heutigen Strafrecht als solches ansprechen müssen (S. 14); für das Zaubermär-

Ähnlich ist es z. B. im Märchen vom Meisterdieb (KHM 192). Dieser soll seine Fähigkeiten durch die Lösung von drei besonders schweren Aufgaben unter Beweis stellen, er soll das von einer Menge Soldaten bewachte Leibpferd des Grafen aus dem Stall stehlen, dem Grafen und seiner Gemahlin das Bettuch unter dem Leib und der Ehefrau den Ring vom Finger wegstehlen, endlich noch den Pfarrer und den Küster aus der Kirche stehlen. Beim Bericht über die Lösung dieser Aufgaben, bei der der Meisterdieb reichlich mit der Naivität und Leichtgläubigkeit seiner Mitmenschen spielt, steht die Freude an der gelungenen List ganz im Vordergrund[1]. Dem Pfarrer und dem Küster z.B. macht er, mit einer Mönchskutte verkleidet, weis, er sei der heilige Petrus, und könne sie, wenn sie in den von ihm mitgebrachten Sack steigen, direkt in den Himmel mitnehmen.

3.2.6.3 Die Ansicht Angers

Zu ähnlichen Unterschieden der verschiedenen Märchenarten gelangt auch Siegfried Anger bei der Untersuchung von Märchen aus Schleswig-Holstein[2]. Anger rechnet die Gruppe von Märchen, in denen der Held des Märchens zahlreiche große und kleine Missetaten begeht und sich der ihm bisweilen von seinen Gegenspielern zugedachten Strafe immer durch eine List zu entziehen weiß, wofür er vom Erzähler und den Zuhörern bewundert wird, zu den „Lügenmärchen“[3], bisweilen spricht er auch von „Lügen- und Schwankmärchen“[4]. Anger geht auf diese Begriffe in diesem Zusammenhang nicht näher ein[5], er weist nur darauf hin, daß nach v. Künßberg die Lügenmärchen die Übertreibung als Selbstzweck haben[6]. Wie aus den einzelnen von ihm behandelten Märchen deutlich wird, versteht er unter diesen Bezeichnungen aber die Märchen, die ich,

---

chen nicht passend erscheint mir die Ausführung Winters (S. 200), die Märchenhelden seien moralisch indifferent. Der Starke, der durch seine physische Kraft alles niederwerfe, und der Kluge, der durch seine Schlauheit seine Gegner überliste, seien die beiden Idealmenschen der Volksphantasie. Gerade letzteres ist meines Erachtens eher für das Schwankmärchen charakteristisch. Vgl. auch die Bemerkung von Sparing, The Perception of Reality in the Volksmärchen of Schleswig-Holstein, S. 50, die Schwänke „might be considered an inversion of acceptable behavior“.

[1] vgl. auch die Bewertung bei Fehr, Das Recht in der Dichtung, S. 456; Fehr weist (a.a.O.) auch darauf hin, daß besonders im Schwankmärchen die geistige Kraft, der Witz, die List, die Klugheit belohnt werden; auch Wilhelm Grimm selbst spricht in seiner Anmerkung zu KHM 192 von „durch die dabei angewandte List entschuldigte(n) Diebsstreiche(n)“ Anmerkungen, KHM Bd.3, zu Nr. 192, S. 260; ähnlich auch Wilhelm Grimm, Anmerkungen, KHM Bd. 3, S. 408

[2] Anger, bes. S. 140 ff

[3] Anger, S. 140

[4] Anger, S. 159; auch S. 164, 166

[5] auch nicht auf die allgemein festzustellende unterschiedliche Weltsicht der verschiedenen Märchenarten

[6] Anger, S. 140

dem meines Erachtens klareren Sprachgebrauch nach, als „Schwankmärchen" bezeichne, da unter dem Begriff „Lügenmärchen" in der Literatur auch gattungsmäßig völlig andere Märchentexte verstanden werden, in denen phantasievoll physikalisch unmögliche Vorgänge aneinandergereiht werden. [1] So heißt es in dem Diethmarsischen Lügenmärchen (KHM 159): „Ich sah zwei gebratene Hühner fliegen... und ein Amboß und ein Mühlstein schwammen über den Rhein...".

Für diese Schwank- oder „Lügen"- Märchen stellt Anger fest[2], daß je mehr Missetaten die Helden begehen, desto größer der Eindruck auf die Zuhörer ist. Ihr Verhalten widerstreitet allen Regeln guten Rechts, wird aber durchaus positiv gewertet. Man könnte, so Anger, aus diesen Märchen fast den Eindruck gewinnen, als sähe das Volk in manchen Missetaten, wie Diebstahl oder Betrug, keine moralisch minderwertigen Taten[3], wenn nicht eine weitaus größere Anzahl von Märchen am Schlusse ein grausames Strafgericht stattfinden ließe, in dem die am Helden verübten Missetaten geahndet werden[4]. In den letzteren Märchen stellen sich die Missetaten allgemein als Verstoß gegen die Rechts- und Sittenordnung dar[5].

So gelangt Anger auch für die von ihm untersuchte Version des Märchens vom Meisterdieb, das Märchen vom „Spitzbôfmeister"[6], zum Ergebnis, daß Abscheu und Furcht vor dem Neidingswerk sich in Staunen verwandelt haben.[7]

---

[1] z.B. KHM 158 und KHM 159; vgl. Lüthi, Märchen, S. 4; Poser, Das Volksmärchen, S. 11

[2] etwas zu allgemein formuliert Anger, S. 147

[3] ohne Differenzierung nach Märchenarten vgl. auch Ludwig, S. 14

[4] Anger, S. 144

[5] Anger, S. 140

[6] bei Wisser, Plattdeutsche Volksmärchen, Bd. 1, S. 252 ff; daneben geht Anger auch, mit ähnlichem Ergebnis, auf die Märchen „De Königsöhn" (Wisser, Plattdeutsche Volksmärchen, Bd. 1, S. 285 ff) und „De beiden Pêrdêw" ein (bei Wisser, Plattdeutsche Volksmärchen, Bd. 2, S. 124).

[7] Anger, S. 141; Auch nach Ludwigs Ansicht (S. 14) erregt der Meisterdieb nur Bewunderung; auch v. Künßberg, Rechtsgeschichte und Volkskunde, Zeitschrift für Deutschkunde 1922, S. 326, stellt fest, daß das kunstreiche, handwerksmäßige Stehlen mit wahrer Freude und Bewunderung der Geschicklichkeit geschildert wird; vgl. auch Winter, S. 214, der bezüglich des Erlernens und berufsmäßigen Betreibens des Diebshandwerks im Märchen darauf hinweist, daß sich im Mittelalter „sogar die Gecken, Bettler und feilen Dirnen...zu Zünften zusammenschlossen"; er bezieht sich dabei auf v. Below, Zünfte, in: Elster, Wörterbuch der Volkswirtschaft, 3. Aufl. 1911 Bd. 2, S. 1485; Schmoller, zit. nach Otto, Das deutsche Handwerk in seiner kulturgeschichtlichen Entwicklung, 4. Aufl. 1913, S. 51; vgl. auch v. Below/E. Baasch, Zünfte, in: Elster, Wörterbuch der Volkswirtschaft, 4. Aufl. 1933, Bd. 3, S. 1173 f; vgl. zu Zusammenschlüssen von Spielleuten Schulze, „Spielleute", HRG IV, Sp. 1765 ff, 1767; Philipp, „Leute, fahrende", HRG II, Sp. 1858 ff, 1863; vgl. zu Zusammenschlüssen von Unehrlichen auch Kramer, „Ehrliche, Unehrliche Gewerbe", HRG I, Sp. 855 ff, 857; vgl. auch Oexle, „Gilde", in: Hoops, RGA Bd. 12, S. 102 ff, 104; Auch nach Winters Ansicht (S. 214) ist der Dieb auf seinen Beruf stolz, wie in KHM 129 und KHM 192

Er weist allerdings auch auf die internationale Verbreitung der Erzählung vom Meisterdieb hin, deren Wurzeln er in der Antike vermutet, und meint, ein Nebeneinander deutscher und fremder Motive darin zu erkennen, daß das von ihm untersuchte Märchen bemüht sei, das Bild der moralischen Bewertung zu beeinflussen, wenn es zum Schluß bemerke, daß der „Spitzbôfmeister" seinen Eltern ein Haus kaufte, sie versorgte und ein ehrlicher Mensch wurde. Im Übrigen errege beim Diebeshandwerk mehr die geistreiche List als der materielle Erfolg die Bewunderung[1].

Eine Meisterdieb-Variante, die fast keine moralisierenden Einschübe enthält, findet sich bei Jahn[2]. Dort möchte zwar der Vater zu Beginn nicht, daß der Sohn ein Spitzbube wird, läßt ihn aber doch ziehen. Am Ende heißt es gar: „Nu was dei Schpitzbuuw eia ryk Mann woora...So härr em sya Schpitzbuuwehantwark veel inbrocht in korte Tyd. Hei hät dat also g°aud verscht°an."

3.2.6.4 Die Ansicht Jessens

Auch Jessen geht kurz allgemein auf das Problem der „Lügenmärchen" ein, wobei er den Begriff von Anger übernimmt. Jessen meint aber, daß in allen Grimmschen Märchen, auch in den Lügen- oder Schwankmärchen, Recht und Moral herrsche[3]. Wenn in Märchen anderer Sammlungen „die Lüge und die List die Wahrheit und das Recht verschüttet" hätten, so sei dies auf die Unzuverlässigkeit der Erzähler zurückzuführen[4]. Märchenmotive, die „neben Klugheit und verschlagener List auch noch Kraft und Gewandtheit gelten" ließen, weist er einer unterentwickelten Kultur- und Rechtsstufe zu.[5] Solche Motive seien aber nicht mehr Hauptteil der Grimmschen Sammlung[6].

Jessen geht also von einer grundsätzlich in allen Märchen gleichmäßig verbreiteten moralischen und rechtlichen Grundüberzeugung aus[7]. Abweichungen erklärt er entweder als Relikte einer unterentwickelten Kulturstufe oder als Zerfallsprodukte, die durch unzuverlässige Erzähler entstanden seien. Auf die den verschiedenen Märchenarten zugrundeliegende unterschiedliche Weltsicht geht er nicht ein. Mit der pauschalen Bewertung der Grimmschen Sammlung als auf der Grundlage fester Moralvorstellungen stehend wird der grundlegende Unterschied zwischen den Märchenarten, der aus der unterschiedlichen Weltsicht hervorgeht, wieder verwischt. Auch stellt sich Jessen nicht die Frage, ob und in

---

1 Anger, S. 141 f; im Märchen vom „Spitzbôfmeister" fällt auch die mehrfache Betonung auf, daß die Spitzbuben nur mit List stehlen, aber nicht Menschen töten oder mit Gewalt berauben (a.a.O., S. 253, 254, 255); zum Meisterdieb vgl. auch Anger, S. 149

2 Volksmärchen aus Pommern und Rügen, Nr. 53, S. 276 ff (Der Meisterdieb)

3 S. 129 führt er nur wenige Motive als Ausnahmen, also als moralisch fragwürdig an.

4 Jessen, S. 129

5 Jessen, S. 129

6 Jessen, S. 129

7 vgl. auch Jessen, S. 233

wie weit die Sammlung durchziehende Moralvorstellungen und moralische Äußerungen auf moralisierende Tendenzen des 19. Jahrhunderts oder Ausarbeitungen der Brüder Grimm zurückzuführen sind. Hierzu wären textgenetische Untersuchungen und Vergleiche mit Märchen des gleichen Typs aus anderen Sammlungen durchzuführen.

Für das Grimmsche Märchen vom Meisterdieb gelangt Jessen zu der Ansicht, der Meisterdieb werde nicht aus der gefestigten Moral und dem weltlichen Recht, das die Märchen vertreten, entlassen.[1] Über der phantasiereichen Verherrlichung des Meisterdiebes schwebe das Wissen um die böse Tat und die Strafe.[2] Die im Märchen den Eltern des Meisterdiebes und dem Grafen in den Mund gelegten Äußerungen moralischer Mißbilligung, die Jessen als Belege heranzieht, sind aber nicht substanziell in die Märchenhandlung verwoben, d.h. sie könnten ebensogut fehlen, und treten meiner Ansicht nach gegenüber der Schilderung der Lösung der drei Aufgaben in den Hintergrund. Kern des Märchens ist die Stellung der Aufgaben durch den Grafen und ihre kunstfertige Bewältigung durch den Meisterdieb. So führt auch Jessen die von Anger untersuchte, in Schleswig-Holstein aufgenommene Variante des Märchens an, in der diese moralische Distanzierung fehlt[3]. Jessen meint sogar, dieses Märchen billige die Taten des Meisterdiebes, weil er seine Eltern versorge[4].

Die Möglichkeit, daß die moralisierenden Bemerkungen in KHM 192 auch eine Zutat eines einzelnen Erzählers oder der Brüder Grimm sein könnten, erwägt Jessen nicht. Jedoch sind in der schriftlichen Vorlage des Grimmschen Märchens, einem von Friedrich Stertzing in der Zeitschrift für deutsches Alterthum mitgeteilten Märchen aus Thüringen[5], die moralisierenden Einschübe deutlich schwächer ausgeprägt. So fehlt bei Stertzing die Äußerung des Vaters des Diebes, die sich in KHM 192 findet: „Ach, mein Sohn...es gefällt mir doch nicht, ein Dieb bleibt ein Dieb; ich sage dir, es nimmt kein gutes Ende“. Ebenso ist die Schilderung der Reaktion der Mutter auf die Nachricht, daß der fremde Herr einerseits ihr Sohn, andererseits aber ein Dieb ist, bei Grimm deutlich moralisierender als bei Stertzing. Bei Grimm heißt es: „...und als sie hörte, daß es ihr Sohn war, weinte sie vor Freude, als er ihr aber sagte, daß er ein Meisterdieb geworden wäre, so flossen ihr zwei Ströme über das Gesicht. Endlich sagte sie: „Wenn er auch ein Dieb geworden ist, so ist er doch mein Sohn, und meine Augen haben ihn noch einmal gesehen.“

---

[1] Jessen, S. 128
[2] Jessen, S. 130 f
[3] Jessen, S. 131
[4] ebd.
[5] Ein Märchen aus Thüringen. Aufgezeichnet von Georg Friedrich Stertzing, Zeitschrift für deutsches Alterthum, Bd.3, 1843, S. 292 ff; vgl. Wilhelm Grimm, KHM Bd. 3, Anmerkung zu KHM 192, S. 260; Rölleke, KHM Bd.3, zu KHM 192, S. 513

Bei Stertzing heißt es: „als er ihr alles erzählte, weinte sie vor freude und sagte „wenn auch mein sohn ein räuber ist, was thuts? Haben doch meine alten augen ihn noch einmal gesehen.“ “[1] Der Abscheu vor dem Diebeshandwerk[2] wird bei Grimm durch das Bild der „zwei (Tränen)Ströme“ hervorgehoben, bei Stertzing durch den Einschub „was thuts?“ in die Rede der Mutter abgemildert.

Jessen stützt sich bei seiner Deutung also teilweise auf Ausgestaltungen, die bereits in der unmittelbaren Vorlage Wilhelm Grimms fehlen. Wenn auch beispielsweise das Bild des krumm gewachsenen Baumes für den Meisterdieb in beiden Fassungen enthalten ist, sowie die Drohung mit dem Tod am Galgen durch den Grafen, so läßt sich doch bereits durch den Vergleich dieser beiden Fassungen ein deutlicher Unterschied zumindest in der Stärke der moralischen Komponente erkennen[3].

Ähnlich wie das Märchen vom Meisterdieb bewertet Jessen auch das Märchen „Die klugen Leute“ (KHM 104)[4]. Zwar bemerkt er, daß der Schalk in diesem Märchen überwiege und erwähnt auch den schwankhaften Hintergrund. Er betont aber, daß das Märchen sich an den dort geschilderten Betrügereien nicht erfreue. Es schildere das Aufkommen des Betrugs als Folge eines gesellschaftlichen Wandels. Durch das Aufblühen der Wirtschaft werde die Zeit beendet, zu der „jeder im Dorf noch jeden kannte und nicht aus der überschaubaren Ordnung entließ“[5]. Es betrachte den Betrug als Übel und rufe zum Schutz der Schwachen und Benachteiligten, auch zu einer Weiterentwicklung des hier nicht mehr ausreichenden Rechts auf. [6] Jessen schließt dies insbesondere daraus, daß das Märchen das Fazit des Bauern: „wenn die Dummheit immer so viel einbrächte, so wollte ich sie gerne in Ehren halten“ nicht gelten läßt, sondern, an den Hörer gewendet, anfügt: „aber dir sind gewiß die Einfältigen lieber“. Meines Erachtens mißt Jessen auch hier angesichts der Erzählfreude des Märchens und des Spiels des Bauern mit der äußersten Leicht- und Wundergläubigkeit der Betrogenen - eine Frau glaubt ihm ohne weiteres, er sei soeben vom Himmel herabgefallen - dem moralisierenden Schlußsatz zu großes Gewicht bei. Auch hier fehlen Untersuchungen über die Herkunft des Textes und Vergleiche verschiedener Varianten des Märchentyps.

---

[1] a.a.O., S. 294

[2] Vgl. Jessen, S. 131

[3] einzelne moralisierende Stellen, die aber ebensowenig substanziell mit der Märchenhandlung verwoben sind, finden sich z.B. auch in der Meisterdieb-Version von Schambach/Müller, Niedersächsische Sagen und Märchen, Nr. 27, S. 316 ff (Der gelernte Dieb): Der Vater will vom Wunsch des Sohnes, ein Dieb zu werden, nichts wissen. In einem Nachsatz heißt es: „Der Dieb starb aber zuletzt doch noch am Galgen.“

[4] Jessen, S. 139 f

[5] Jessen, S. 140; Jessen datiert den Stoff in das 16. Jh.

[6] Zum Gedanken der Weiterentwicklung des Rechts durch das Märchen vgl. unten Kap. III, bes. III.4

Anger bringt unter seinen Beispielen für die Märchen, in denen die Missetaten des Helden gebilligt werden, unter anderem auch ein Märchen, das dem vorliegenden in den wesentlichen Zügen entspricht, ohne dort moralisierende Züge festzustellen.[1]

3.2.6.5 Negative Darstellung der Geistlichen und der weltlichen Vertreter der öffentlichen Ordnung im Schwankmärchen

Typisch für das Schwankmärchen ist auch die negative Darstellung, der Spott insbesondere über die Geistlichen, aber auch über weltliche Vertreter der öffentlichen Ordnung wie einen Rechtsanwalt, den Schultheiß, einen Gemeinderat[2]. Auch dem König haften nach den Feststellungen von Antonie Töpfer in verschiedenen satirisch oder schwankartig gefärbten Märchen einzelne Schwächen an[3].

So trifft sich im Märchen vom „Bürle" (KHM 61) eine Müllerin in Abwesenheit ihres Mannes mit einem „Pfaff", den sie, als ihr Mann unerwartet zurückkehrt, in einem Schrank versteckt. Auf die Leichtgläubigkeit des Pfarrers im Märchen vom „Meisterdieb" (KHM 192) wurde oben bereits hingewiesen[4]. Anger bringt ein Beispiel, in dem ein Rechtsanwalt den Kaufpreis für eine Fuhre Torf nicht bezahlen will und sich erst durch die beiläufige Erwähnung, der Bauer wolle ihm die Führung eines großen Erbschaftsprozesses übertragen, zur Zahlung bewegen läßt[5]. Im Schwankmärchen vom „Papst Ochse" nützen ein Kaufmann

---

[1] Anger, S. 143 f

[2] Für die Person des Pfarrers vgl. zu den Märchen aus dem Donauland Dymke, S. 115, die die unterschiedliche Darstellung des Pfarrers im Schwank (gutmütiger Spott) und im Zaubermärchen (weiser Berater) betont. Ohne einen unmittelbaren Zusammenhang andeuten zu wollen, sei weiterführend zu den im folgenden erwähnten Ämtern bzw. Amtsbezeichnungen aus rechtshistorischer Sicht verwiesen auf: Erler/Neidert, „Schultheiß, Schulze", HRG IV, Sp. 1519 ff; Schulze, „Setzschulze", HRG IV, Sp. 1650; Rödel, „Lehnschulze", HRG II, Sp. 1702 f; Leisching, „Pfarrer", HRG III, Sp. 1707 ff; Kroeschell, „Amtmann", HRG I, Sp. 155 f; Buchda, „Anwalt", HRG I, Sp. 182 ff; Schroeder, „Rat, Ratgerichtsbarkeit", HRG IV, Sp. 156 ff; ders., „Ratsverfassung", HRG IV, Sp. 171 ff, bes. Sp. 173 ff; Kroeschell, „Dorf", HRG I, Sp. 764 ff, bes. 770 ff, 773; vgl. auch zur kritischen Sicht der Juristen in der Geschichte Herberger, „Juristen, böse Christen", HRG II, Sp. 481 ff; Sellert, „Laienrichter", HRG II, Sp. 1355 ff; vgl. auch Buchda, „Gelehrte Richter", HRG I, Sp. 1477 ff

[3] Vgl. Töpfer, S. 7; Sie hält diese Schwächen aber insgesamt für von geringer Bedeutung.

[4] Vgl. auch Anger, S. 159; schwankhafte Darstellung eines Priesters auch bei Wisser, Plattdeutsche Volksmärchen, Bd. 2, S. 234 ff

[5] Anger, S. 159: Wisser, Plattdeutsche Volksmärchen, Bd. 2, S. 200 ff (Hans un de Afkat); Über einen unlauteren Advokaten, der sich jedoch bessert, als ihn der Teufel holen will Zingerle, Kinder- und Hausmärchen aus Süddeutschland, S. 99 (=Zingerle (1854), S. 105 f), (aber sagenähnlich); zu den Advokaten vgl. auch bei Jessen, S. 41: Advokaten kommen zu keiner Zeit in den Himmel hinein; vgl. v. d. Leyen, Das deutsche Märchen und die Brüder Grimm, S. 275; vgl. auch Aarne/Thompson 1186

und ein Advokat die Dummheit eines Bauern aus. [1] Sie versprechen, der Advokat werde für zweihundert Taler den Ochsen des Bauern lehren, d. h. einen Gelehrten aus ihm machen[2]. Im Märchen vom „Bürle“ (KHM 61) ist der Schultheiß ebenso leichtgläubig wie die anderen Bauern. Außerdem drängt er sich, wohl aufgrund seiner Stellung, überall vor. „der Schultheiß aber sagte: „Ich komme zuerst““, heißt es an einer Stelle, ein andermal spricht der Schultheiß: „Meine Magd muß aber vorangehen“. Ähnlich heißt es in dem von den Brüdern Grimm allerdings aus schriftlichen Quellen insbesondere des 16. Jahrhunderts übernommenen Schwankmärchen „Die sieben Schwaben“ (KHM 119) [3]: „Der Schulz, der muß der erschte sei, denn ihm gebührt die Ehr allei“[4]. In einem schwäbischen Märchen war ein ganzer Gemeinderat in den Himmel eingelassen worden. Als der Büttel hineinruft, draußen gebe es einen Weinkauf, läuft der ganze Gemeinderat hinaus, um nach Herzenslust zu trinken.[5] Ein schwankartiger Zug ist es im Märchen „Die drei Glückskinder“ (KHM 70), wenn der König und seine Räte das Königsschloß zerstören, weil sie sich vor der darin befindlichen Katze fürchten[6]. Immerhin handelt es sich jedoch hierbei um den König einer Insel, auf der es bisher keine Katzen gab. Otto Ludwig weist auf ein Märchen hin, in dem der Richter als Sachverständige zwölf Spitzbuben beizieht[7]. Schwankhaft ist es im

---

[1] Zaunert, Deutsche Märchen seit Grimm, S. 57 ff; fast identisch mit Bartsch, Sagen, Märchen und Gebräuche aus Meklenburg, Bd. 1, Nr. 11, S. 494 (Papst Ochse); vgl. hierzu allgemein Bolte, Der Schwank vom Esel als Bürgermeister, Zeitschrift des Vereins für Volkskunde, Bd. 7, S. 93 ff

[2] zur negativen Darstellung des Advokaten in Schwank und Schwankmärchen vgl. auch Ludwig, S. 25, der an dieser Stelle erwähnt, daß es sich um Schwänke handelt

[3] vgl. Rölleke, KHM Bd. 3, Nachweise, zu KHM 119, S. 491

[4] es mag hier dahinstehen, ob man, wie Jessen S. 42 und S. 187 ff, im Märchen zwischen den Begriffen bzw. Ämtern des Schultheiß und des Schulzen klar unterscheiden kann. Beide hatten jedenfalls ein öffentliches Amt inne. Vgl. auch Erler/Neidert, „Schultheiß, Schulze“, HRG IV, Sp. 1519 ff; Kroeschell, „Dorf“, HRG I, Sp. 764 ff, 770 ff, der bezüglich der leitenden Ämter im Dorf von einer „verwirrende(n) Vielfalt“ spricht.

[5] vgl. das von Wilhelm Grimm, Kl. Schr. IV, S. 343 f, erwähnte schwäbische Märchen bei Ernst Meier, Deutsche Volksmärchen aus Schwaben, S. 66 f, Nr. 18 (Der Büttel im Himmel); zum Weinkauf vgl. Fischer, „Weinkauf“, HRG V, Sp. 1234 f

[6] Vgl. Töpfer, S. 34; Waldau, Böhmisches Märchenbuch, S. 176 ff; vgl. auch KHM 151, wonach der faulste Sohn das Königreich erben soll (gattungsmäßig wohl an der Grenze zum Lügenmärchen, da es allein um übertriebene Darstellung der Faulheit geht), vgl. dazu auch Töpfer, S. 36: stark satirischer Einschlag; näher zu dieser Erzähltradition BP III, S. 207 ff, zur entsprechenden Erzählung in den Gesta Romanorum vgl. BP IV, S. 139, Nr. 91; zur Darstellung des Königs als Feigling vgl. Winter, S. 202: für KHM 54 und 116 ist Winters Ansicht, der König werde als Feigling dargestellt, wohl zu weitgehend, da der König hier einer unbezwingbaren Übermacht des Helden unterliegt. KHM 199 trägt deutlich schwankhafte Züge, wenn auch der Held zauberische Kräfte besitzt

[7] Ludwig, S. 13, vgl. auch S. 35; weitere schwankhafte Darstellungen der Richter vgl. Ludwig, S. 24, 40

Märchen „Die russische Finetee und die russische Galethee“ auch[1], wenn der Herzog von Pommern sich bei der Abfassung seines Testamentes verschreibt, weil er betrunken ist, und wenn die Tochter eines Wirtes auf die Frage „Bei wem schon genascht?“ Bürgermeister, Amtmann, Pastor und Richter aufzählt[2].

3.2.6.6 Witz und Spott über Rechtseinrichtungen im Schwankmärchen

Wenn Ludwig erwägt, man könnte vielleicht auch im Märchen Witz und Spott über Rechtseinrichtungen vermuten[3], so ist auch hierbei in erster Linie an schwankhafte Märchen zu denken[4]. Ludwig denkt dabei an folgendes in vielen Versionen erzählte Motiv, das u.a. auch im Märchen „Die kluge Bauerntochter“ (KHM 94) vorkommt[5]: Als eine Stute ein Füllen bekommt, ohne daß jemand anwesend ist, und das Füllen wegläuft und sich zwischen zwei Ochsen legt, die zufällig in der Nähe stehen, erhebt der Ochsenbesitzer Anspruch auf das Füllen. Der Streit kommt vor den König oder Richter, der das Füllen dem Bauern zuspricht, unter dessen Tier es gelegen hat, also dem Ochsenbesitzer. In anderen Versionen tritt an die Stelle der Ochsen ein Hengst, ein männlicher Esel, ja sogar ein Wagen. Ludwig sieht in diesem Motiv eine Verspottung des in der Rechtsprechung gepflegten Formalismus[6].

Zu unterscheiden sind die hier erwähnten schwankhaften Darstellungen jedoch von moralisierenden Erzählungen, in denen ungerechte und bestechliche Richter vorkommen, die am Ende, z. B. durch den König, bestraft werden. Eher zu diesen Erzählungen gehört z.B. das Märchen „Die verstorbene Gerechtigkeit“[7].

---

[1] Zaunert, Deutsche Märchen seit Grimm, S. 216 ff, nach Jahn, Märchen aus Pommern und Rügen, Nr. 52, S. 266 ff; Ludwig meint allerdings, das Märchen sei vielleicht literarischen Ursprungs (S. 24)

[2] Schwankhafte Darstellung eines bestechlichen Amtmanns bei Wisser, Plattdeutsche Volksmärchen, Bd. 2, S. 227 ff („Aha, aha! Si so, si so!“)

[3] Ludwig, S. 13

[4] Ludwig selbst unterscheidet zwischen den verschiedenen Märchenarten grundsätzlich nicht, vgl. S. 13, S. 63, Fn. 74

[5] Ludwig, S. 13, 41, vgl. auch S. 18; vgl. z.B. auch Pfaff, Märchen aus Lobenfeld, S. 71 ff (Die kluge Kohlenbrennerstochter); Pröhle, Märchen für die Jugend, Nr. 49, S. 181 ff (Die kluge Hirtentochter)

[6] Ludwig, S. 13, 41; vgl. zu diesem Motiv auch Jessen, S. 184 f; weiter vgl. noch Ludwig, S. 30, der meint, das Motiv der Klage des Menschen gegen die Tiere (vgl. z.B. KHM 7) entstamme dem Schwank.

[7] Zaunert, Deutsche Märchen seit Grimm, S. 85 ff; vgl. auch Ludwig, S. 18; Töpfer erwähnt S. 28 ein „Charaktermärchen“, das von dem unlauteren Treiben eines Grafen, der Advokaten und der Richter in der Stadt handelt („Von der verstorbenen Gerechtigkeit“), gegen die der König jedoch eingreift; Zingerle, Kinder- und Hausmärchen aus Süddeutschland, S. 223 ff (Regensburg 1854: S. 274 ff); fast wörtlich gleich mit Zaunert, Deutsche Märchen seit

3.2.7 Probleme bei der Heranziehung rechtsgeschichtlicher Tatsachen zur Interpretation eines Märchens

Bisweilen wird im Rahmen der rechtsgeschichtlichen Ansätze auch versucht, rechtsgeschichtliche Gegebenheiten für die Interpretation eines Märchens heranzuziehen, d.h. gewisse Märchenzüge, die nicht direkt von einer rechtlich relevanten Handlung oder einer rechtlichen Einrichtung berichten[1], aus der Rechtsgeschichte zu erklären. Solchen Versuchen gegenüber ist aber höchste Vorsicht geboten. Da hier rechtsgeschichtliche Gegebenheiten nur als einem Motiv oder Märchen möglicherweise zugrundeliegender rechtlicher Gedanke herangezogen werden können, ohne daß sich ein ganz konkreter Anknüpfungspunkt auf der Ebene der Märchenhandlung findet, ist hier die Gefahr, daß einem Motiv zu Unrecht eine rechtliche Erklärung unterlegt wird, besonders groß.

Hierzu zwei Beispiele. Alice Eisler versucht, die Figur der bösen Stiefmutter, die ihren Stiefkindern nach dem Leben trachtet, aus den Rechtsverhältnissen der germanischen Zeit zu erklären.[2] Die Stiefmutter, die zweite Frau eines Mannes, die in den Märchen meist selbst Witwe ist und Kinder aus ihrer ersten Ehe hat, war nach Eislers Überlegungen im Recht der germanischen Zeit bisweilen schlechter gestellt als eine erste Ehefrau.[3] Dies war nach Eisler der Fall, wenn die Stiefmutter einer Sippe entstammte, die der Sippe des Mannes nicht entsprach. Eisler meint, die Frau habe in diesem Fall fürchten müssen, ihre eigenen Kinder könnten nicht oder jedenfalls weniger erben als die Kinder der früheren Frau. Wenn der Mann mit der zweiten Frau (Stiefmutter), anders als mit seiner ersten Frau, nur eine muntlose Ehe, sog. Friedelehe einging, befand sich die Frau zwar gegenüber dem Mann in einer stärkeren Rechtsposition als bei der Muntehe, da sie ihrem bisherigen Gewalthaber unterworfen blieb.[4] Die leiblichen

---

Grimm, S. 85 ff; vgl. auch Leibing, Sagen und Märchen des Bergischen Landes, Nr. 74, S. 112 ff (Wie man in Düsseldorf das Recht zu Grabe läutete); nach Ludwig, S. 14, haßt das Märchen den Berufsrichter, wobei Ludwig aber nicht nach Märchenarten differenziert; Ludwig weist S. 14 auch darauf hin, daß die ungerechten Urteile des Richters im Märchen aufgehoben, oder die Richter bestraft werden; Ludwig, S. 24 f, weist auf Erzählungen von bestochenen Richtern hin; zur negativen Darstellung der Richter, Advokaten, Ratsherren, Amtmänner und Schulzen in Erzählungen von Teufelsverträgen vgl. Zelger, S. 72, 96, 146 f

[1] wie oben gezeigt wurde, liegt auch in einer solchen Bewertung als rechtlich relevant schon eine Interpretation!

[2] Eisler, S. 428; vgl. auch Sparing, The Perception of Reality in the Volksmärchen of Schleswig-Holstein, S. 53, 89, unter Berufung auf Ingeborg Weber-Kellermann, Die deutsche Familie, Versuch einer Sozialgeschichte, S. 36

[3] auf einzelne Rechtsquellen geht Eisler hier nicht ein

[4] zur Friedelehe vgl. Ogris, „Friedelehe", HRG I, Sp. 1293 ff; Mikat, „Ehe", HRG I, Sp. 809 ff, 816 f; Ogris, „Munt", HRG III, Sp. 750 ff, 757 f; E. Ebel, „Friedelehe", in: Hoops, RGA Bd. 9, S. 598 ff; Schulze, „Eherecht", in: Hoops, RGA Bd. 6, S. 480 ff, 488 ff, 491 f; v. Olberg, „Kebse", in: Hoops, RGA Bd. 16, S. 347 ff; Reichert, „Frau", in: Hoops, RGA

Kinder der Stiefmutter aus ihrer ersten Ehe waren jedoch möglicherweise in diesen Fällen - wie Eisler vermutet - gegenüber ihrem Stiefvater, dem zweiten Mann der Frau, rechtlich, insbesondere erbrechtlich, schlechter gestellt als die leiblichen Kinder des Mannes aus erster Ehe. Gleiches war der Fall, wenn der Mann die Kinder aus der ersten Ehe seiner zweiten Frau, also seine Stiefkinder, nicht als eigene Kinder annahm, um seinen leiblichen Kindern das volle Erbrecht zu sichern[1]. Fraglich bleibt aber, ob man dem Motiv von der bösen Stiefmutter wirklich einen rechtlichen Hintergrund unterlegen sollte. Insbesondere ist hier an die psychologischen Ansätze zur Erklärung der Erzählungen von der bösen Stiefmutter zu erinnern[2].

Jessen versucht unter der Überschrift „die Munt bricht Rumpelstilzchens Anwartschaft auf das Kind" folgende Deutung des Märchens (KHM 55).[3] Rumpelstilzchen hat keinen Anspruch auf das von der Müllerstochter nach ihrer Heirat mit dem König geborene Kind, da das Kind als eheliches Kind in die alleinige Munt d.h. Herrschaftsgewalt des Vaters, also des Königs fiel. Die Müllerstochter, die als Ehefrau selbst der Munt ihres Mannes unterworfen ist, kann über das Kind nicht verfügen, es also auch nicht Rumpelstilzchen überlassen. Jessen sieht selbst, daß das Märchen sich auf diese Konstruktion nicht abstützt, sondern das Problem bekanntlich dadurch auflöst, daß die Müllerstochter Rumpelstilzchens Namen errät. Gerade dies spricht meines Erachtens aber schon deutlich gegen Jessens Erklärungsversuch. Er findet im Märchen selbst keine deutliche Stütze.

Bd. 9, S. 477 ff, 490 sieht hingegen die Friedelehe als minderrechtliche Verbindung mit u.a. erbrechtlicher Schlechterstellung der Frau; für die Frau bedeute jede Verbindung niedrigerer Rechtsform ein geringeres Maß an Schutz; gegen die Friedelehe als Minderehe Schulze, a.a.O., S. 488

[1] vgl. zu diesem Gedanken aber auch das völlig anders konzipierte Institut der Einkindschaft, wonach im Ehevertrag die bereits aus früheren Ehen vorhandenen Kinder unter Verzicht auf ihre Rechte am erst-ehelichen Vermögen zugunsten des neuen Ehegatten ein Erbrecht gegen diesen erhielten (Erler, „Einkindschaft", HRG I, Sp. 900 f); zur Frage des Erbrechts in Verbindung mit der Annahme durch den Vater für Kinder *aus einer Friedelehe* vgl. Strerath-Bolz, „Geburt und Geburtshilfe", in: Hoops, RGA Bd. 10, S. 514 ff, 519 f; zur erbrechtlichen Schlechterstellung der aus einer Friedelehe hervorgegangenen Kinder und der Frau vgl. Reichert, „Frau", in: Hoops, RGA Bd. 9, S. 477 ff, 490; vgl. auch Zimmer „§1 Sprachliches" in „Kinder", in: Hoops, RGA Bd. 16, S. 526 ff; eine erbrechtliche Erklärung des Stiefmuttermotivs versucht auch Friedrichs, S. 24 f, wobei er aber die Vielehe voraussetzt

[2] So bringt Bettelheim (Kinder brauchen Märchen, S. 79 ff) das Motiv damit in Zusammenhang, daß das Kind seine Mutter bisweilen als gute Mutter erlebt, die sich ihm liebevoll zuwendet, zuweilen aber auch als böse Mutter, die ihm z.B. einen Wunsch abschlägt. Es spaltet die Mutter dann in Gedanken in eine positive Figur, die gute Mutter, und eine negative Figur, die böse Stiefmutter, auf. Die Frage des Vorrangs einer rechtlichen oder einer psychologischen Deutung des Stiefmuttermotivs wird letztlich auch offengelassen von Sparing, The Perception of Reality in the Volksmärchen of Schleswig-Holstein, S. 89

[3] Jessen, S. 34 f

Anders ist es freilich, wenn sich im Märchen ein deutlicher Hinweis auf eine rechtliche Gegebenheit findet. So weist Alice Eisler zu Recht darauf hin[1], daß das Märchen „Der Zaunkönig und der Bär“ (KHM 102), in dem die Handlung dadurch ausgelöst wird, daß der Bär den Kindern des Zaunkönigs vorwirft, sie seien „unehrliche Kinder“, nur vollständig zu verstehen ist, wenn man den rechtsgeschichtlichen Begriff der Unehrlichkeit zugrundelegt, wobei auch an die zahlreichen „unehrlichen Berufe“ zu denken ist, die z.B. im Sachsenspiegel aufgeführt werden[2]. Im Hinblick darauf ist auch Eislers Fazit gerechtfertigt, daß die Märchentexte „nicht nur aus sich verständlich sind, daß ihr referentieller Charakter nicht unterschätzt werden sollte“[3].

4. Einzelne Beispiele für Vorgehensweisen und Probleme der rechtshistorischen Ansätze

Die Vorgehensweise der rechtshistorischen Methoden und ihre Probleme werden nun noch anhand von einzelnen Beispielen erläutert, wobei ich mich auf den Bereich der Zaubermärchen beschränke.

4.1 Beispiele aus dem Zivilrecht: Rechte, die sich aus der Munt in Form der väterlichen Gewalt ergeben

Die Munt des Vaters im germanischen und deutschen Recht ist eine umfassende Schutz- und Herrschaftsgewalt des Vaters über seine ehelichen Kinder.[4]

---

[1] Eisler, S. 429 f

[2] zur Unehrlichkeit im nachmittelalterlichen Polizeirecht Mitteis/Lieberich, dt. RG, S. 320; vgl. auch Kramer, „Ehrliche/Unehrliche Gewerbe“, HRG I, Sp. 855 ff; vgl. auch Köbler, „§3 Rechtshistorisches“ in: „Ehre“, in: Hoops, RGA Bd. 6, S. 502 ff (zur germanischen, fränkischen Zeit und Mittelalter, besonders mit dem Hinweis, daß eigene unehrliche Berufsgruppen erst im Hochmittelalter begegnen.); vgl. auch Scheyhing, „Ehre“, HRG I, Sp. 846 ff, bes. Sp. 848; weiter vgl. Erler, „Rechtlosigkeit-Rechtsminderung“, HRG IV, Sp. 258 ff; Schröder, „Rechtsfähigkeit“, HRG IV, Sp. 288 ff; Schulze, „Spielleute“, HRG IV, Sp. 1765 ff; Becker, „Uneheliche“, HRG V, Sp. 452 ff, bes. Sp. 453

[3] Eisler, S. 430

[4] hierzu sowie zum Ganzen, auch den anderen Mundialfällen (z.B. Eheherrliche Munt) ausführlich und kritisch mit Darstellung der älteren und neueren Lehre Ogris, „Munt, Muntwalt“, HRG III, Sp. 750 ff; vgl. auch ders., „Vater“, HRG V, Sp. 648 ff, 651; vgl. auch Schwab, „Familie“, HRG I, Sp. 1067 ff; Ogris, „Hausgemeinschaft“, HRG I, Sp. 2024 ff; Schulze, „Hausherrschaft“, HRG I, Sp. 2030 ff; Kreutzer, „§4 Die rechtliche Stellung der Kinder“, in „Kinder“, in: Hoops, RGA Bd. 16, S. 529 f; vgl. auch Mitteis/Lieberich, dt. RG, S. 25; zur römischrechtlichen patria potestas und diesbezüglichen Rezeption vgl. Wacke, „patria potestas“, HRG III, Sp. 1540 ff

Diese Herrschaftsgewalt umfaßt eine Vielzahl von einzelnen Rechten und Pflichten, wovon ich auf die Rechte zur Veräußerung sowie der Aussetzung der Kinder näher eingehen möchte.

4.1.1 Das Recht zur Veräußerung der Kinder

Betrachten wir verschiedene Märchenanfänge, so finden wir immer wieder Verträge, in denen ein Elternteil das eigene Kind an den Vertragspartner, meist ein „Jenseitswesen“[1], verspricht, z.B. im Märchen vom „Mädchen ohne Hände“ (KHM 31), und im „Rapunzel“ (KHM 12)[2]. Eindrucksvoll wird dabei oft die Notsituation des Versprechenden geschildert. Im Märchen vom „Rapunzel“ (KHM 12) ist es die Bedrohung durch die Zauberin, im Märchen vom „Mädchen ohne Hände“ (KHM 31) die wirtschaftliche Not des Vaters. Winter weist allerdings auf Märchen hin[3], in denen Kinder ohne zwingenden Grund und mit sichtlich innerem Widerstreben der Eltern verkauft werden, wie im Märchen „Der Teufel mit den drei goldenen Haaren“ (KHM 29) und „Daumesdick“ (KHM 37). Daumesdick allerdings rät selbst seinem Vater, ihn zu verkaufen, er wolle schon wiederkommen, und entflieht den Käufern[4]. Meist ist es der Vater, der das Kind, sei es wissentlich oder irrtümlich, verspricht.

Das germanische Recht kannte in Fällen echter Not tatsächlich ein Recht des Vaters, seine Kinder zu veräußern.[5] Auch in fränkischer Zeit wurde dieses Verkaufsrecht noch anerkannt.[6] Ebenso kennt der Schwabenspiegel aus dem Hochmittelalter dieses Recht.[7]

---

[1] bisweilen ist der Vertragspartner aber auch ein Mensch, vgl. KHM 29 (Der Teufel mit den drei goldenen Haaren)

[2] s.a. KHM 3, 29; vgl. Friedrichs, S. 23; Jessen, S. 32; Anger, S. 162, 170 f; vgl. Zelger, S. 73, 108

[3] Winter, S. 219

[4] zu dem Rat des Däumlings an seinen Vater, ihn zu verkaufen, vgl. auch Woeste, Volksüberlieferungen in der Grafschaft Mark, S. 36 ff Nr. XIV, S. 37 (Das Märchen vom Däumling)

[5] Mitteis/Lieberich, dt. RG, S. 26; Jessen, S. 32, 98; weitere Nachweise allgemein zur Frage des Verkaufsrechts siehe übernächste Fußnote

[6] Planitz, dt. RG, S. 106; a.M. wohl Mayer-Maly, „Notverkauf von Frau und Kind“, HRG III, Sp. 1089 f

[7] W. Ogris, „Munt“, HRG III, Sp. 756; Mayer-Maly, „Notverkauf von Frau und Kind“, HRG III, Sp. 1089 f, wobei Mayer-Maly an einer der Regelung entsprechenden Praxis zweifelt; Mitteis/ Lieberich, dt. RG, S. 8; Schwab, „Kind“, HRG II, Sp. 717 ff, 718 m. Hinweis auf Einschränkungen des Verkaufsrechts; vgl. auch Sellert, „Not, echte“, HRG III, Sp. 1040 ff; Schwab, „Familie“, HRG I, Sp. 1067 ff, 1068; Ogris, nennt im Artikel „Vater“, HRG V, Sp. 648 ff, 651 das Recht des Notverkaufs allerdings strittig; nach Wacke, „patria potestas“, HRG III, Sp. 1540 ff, 1541, wurde das römische „ius vendendi“ nicht im Rahmen der Rezeption als gemeines Recht aufgenommen.

Fraglich ist freilich, ob unsere Märchenmotive tatsächlich in Verbindung mit diesem germanischen Recht stehen[1], was insbesondere zur Frage nach ihrem Alter und ihrer Herkunft führen würde. Verblüffend ist die große Übereinstimmung. In der überwiegenden Zahl der Fälle handelt der Vater, also der Inhaber der Munt,[2] er handelt meist auch in einer Notsituation.[3]

Andererseits ist zu bedenken, daß wir z.B. beim Märchen von Rapunzel (KHM 12) die französische Herkunft der Erzählung kennen[4] und das Anfangsmotiv auch im Pentamerone finden[5] - damit sind wir aber in Neapel und im Mittelmeerraum, nach Lüthi wohl das ursprüngliche Verbreitungsgebiet des Motivs[6] und möglicherweise nicht mehr im direkten Bereich des germanischen Verkaufsrechtes, dazu noch zu einer viel späteren Zeit, das Pentamerone stammt ja aus dem 17. Jahrhundert[7]. Zudem verspricht im Pentamerone die werdende Mutter das Kind. Ob wirklich ein Zusammenhang zwischen dem germanischen Verkaufsrecht und dem Märchenmotiv besteht, ist also äußerst fragwürdig.

Bei Jessen, der grundsätzlich einen Zusammenhang mit dem Verkaufsrecht bejaht[8], findet sich auch der Gedanke, daß die Tatsache, daß z.B. im Märchen vom „Mädchen ohne Hände“ (KHM 31) der Teufel als Käufer auftritt[9], den zeitlichen Abstand von dem einst uneingeschränkten Recht des Vaters, das Kind zu verkaufen, beweise.[10]

---

[1] Diese Verbindung stellt Anger, S. 162 her; wohl auch Winter, S. 219; auch Sparing, The Perception of Reality in the Volksmärchen of Schleswig-Holstein, S. 51 ff, 70 f; vgl. auch Jessen, S. 32 f; Jessen denkt neben dem Verkaufsrecht auch an eine Vergeiselung des Kindes an Stelle der persönlichen Haftung des Schuldners; vgl. auch Töpfer, S. 43, die hier ein Märchen anführt, in dem ein König in äußerster Not gezwungen ist, seinen Sohn in einem bestimmten Alter dem feindlichen König (der allerdings zugleich ein Zauberer ist) zu versprechen: Jahn, Volksmärchen aus Pommern und Rügen, Nr. 39, S. 212 ff; ganz kurzer Hinweis bei Zelger, S. 70

[2] z.B. KHM 12, 31, 181

[3] KHM 31, 181

[4] Lüthi, Volksmärchen und Volkssage, S. 65; ders. Die Herkunft des Grimmschen Rapunzelmärchens, Fabula 3, 1960, S. 95 ff; vgl. auch Ginschel, Der junge Jacob Grimm, S. 220 Fn.3, die darauf hinweist, daß die Brüder Grimm für dieses Märchen, nach ihren Anmerkungen zu schließen, keine mündlichen Quellen gekannt zu haben scheinen.

[5] Boehlich (Hrsg.), Basile, Pentamerone, 2, 1

[6] Lüthi, Volksmärchen und Volkssage, S. 65; Die Herkunft des Grimmschen Rapunzelmärchens, S. 115, 112

[7] Lüthi, Märchen, S. 47 f

[8] Jessen, S. 32

[9] vgl. auch KHM 92: das schwarze Männchen, an das der Sohn versprochen wird, ist der „Erbfeind“, also der Teufel. Der Ausdruck „Erbfeind“ findet sich bereits in der Erstauflage des zweiten Bandes von 1815 (dort Nr. 6). Vgl. auch das in den Anmerkungen der Brüder Grimm zu KHM 92 (S. 166 ff) wiedergegebene Märchen. vgl. Töpfer, S. 11; Vgl. auch Zaunert, Deutsche Märchen seit Grimm, Die eisernen Stiefel, S. 376 ff

[10] Jessen, S. 36

Für den zeitlichen Abstand der Märchen zum Verkaufsrecht spricht auch der Hinweis Winters für die Märchen „der Teufel mit den drei goldenen Haaren“ (KHM 29) und „Daumesdick“ (KHM 37), in denen die Eltern ohne Not ihr Kind verkaufen, daß im Märchen ausdrücklich betont werde, daß der Verkauf aller Voraussicht nach keine ungünstigen Folgen für das Kind haben werde. [1] Im Märchen vom „Teufel mit den drei goldenen Haaren“ (KHM 29) heißt es, das Kind sei ein Glückskind, dem alles zum Besten ausschlagen müsse, „Daumesdick“ (KHM 37) rät selbst dem Vater zum Verkauf und verspricht, wiederzukommen[2]. Winter meint, durch diese Erzählelemente solle in den Augen von Zuhörern, denen die Befugnis des Kinderverkaufes nicht oder nicht mehr geläufig war, der Grausamkeit des Verkaufes der Stachel genommen werden.

Bisweilen wird das hier besprochene Motiv auch mit dem primär mythischen Motiv der Zeugungsweihe in Verbindung gebracht, das sich sowohl in nordischen Sagas als auch im alten Testament findet. Hier verspricht zumeist eine Frau für den Fall, daß sie schwanger wird, das ersehnte Kind einer Gottheit[3]. Mir scheint der Bezug des Märchenmotivs zum Verkaufsrecht eher enger zu sein als zur Zeugungsweihe, die beiden Deutungen müssen einander aber auch nicht ausschließen.

Zur letztlichen Klärung der Frage wäre eine genaue Untersuchung desMärchenmotivs wie des Verkaufsrechtes notwendig, die aber bisher noch nicht durchgeführt worden ist und den Rahmen dieser Arbeit sprengen würde.

4.1.2 Das Recht zur Aussetzung der Kinder

4.1.2.1 Die Aussetzung von Kindern im Märchen

In zahlreichen Märchen werden Personen ausgesetzt, z.B. in den Wald geführt, und dort ihrem Schicksal überlassen, oder in einem Behältnis wie Kahn oder Kiste ins Wasser geworfen[4].

Da hier untersucht werden soll, ob es im Märchen ein allein aus dem Muntrecht erklärbares Aussetzungsrecht gibt[5], müssen die Fälle der Aussetzung

---

[1] Winter, S. 219; ausführlich dazu und zu einem ähnlichen Gedanken Ludwigs unten Kapitel IV.6.2

[2] Sparing, The Perception of Reality in the Volksmärchen of Schleswig-Holstein, S. 71, sieht in dem Motiv, daß das Kind die Eltern bittet, es zu verkaufen, einen Versuch des Erzählers, die Unmenschlichkeit der elterlichen Handlung abzumildern.

[3] Röhrich, Märchen und Wirklichkeit, S. 118 ff, 121, 122; auf das Motiv im Alten Testament weist auch Jessen, S. 32 hin; Anger (S. 171) sieht in allen Fällen, in denen das Kind an den Teufel, Zauberer oder Feen oder andere Dämonen versprochen wird, das Motiv vom „Geschenk an den König“, das Motiv der Opferung von Kindern im Alten Testament; vgl. auch Zelger, S. 108

[4] KHM 15, 29, 96; vgl. Töpfer, S. 42

[5] eine solche Verbindung stellt Anger, S. 162 her; vgl. auch Jessen, S. 97; Töpfer, S. 41 f; v. Künßberg, Rechtliche Volkskunde, S. 27; v. Künßberg, Rechtsgeschichte und Volkskunde,

als Strafe außer Betracht bleiben. [1] Nicht berücksichtigt werden auch die Fälle der Aussetzung durch andere Personen als den Vater, z.B. Stief- oder Schwiegermütter der jungen Mutter (des ausgesetzten Kindes), da diesen keine Muntgewalt zusteht. [2] Sie haben weder im Recht noch im Märchen ein Aussetzungsrecht, im Märchen werden sie meist streng bestraft.

Antonie Töpfers Meinung, das Märchen schreibe häufig den Stief- und Schwiegermüttern ein Recht zur Aussetzung zu[3], kann ich nicht folgen. Auch in den von ihr herangezogenen Märchen werden[4], soweit ich es nachprüfen konnte, diese Personen am Ende für ihr Tun bestraft[5], was doch gegen ein rechtmäßiges Handeln spricht.

Die Darstellung beschränkt sich also auf die Fälle, in denen der Vater ein Neugeborenes[6] oder ein älteres Kind[7] aussetzt oder aussetzen läßt. Der Befehl des Vaters, das Neugeborene auszusetzen, wird im Märchen häufig durch ein intrigantes Spiel der Großmutter des Neugeborenen, der Mutter des jungen Vaters,

---

Zeitschrift für Deutschkunde 1922, S. 325; Sparing, The perception of reality in the Volksmärchen of Schleswig-Holstein, S. 51 ff, 71

[1] zur Aussetzung als Strafe vgl. KHM 11; KHM 16; Töpfer, S. 30; Eisler, S. 425; Fehr, S. 458

[2] zur Aussetzung durch andere Personen vgl. KHM 96; Wolf, Deutsche Hausmärchen, S. 168 ff (=Verschollene Märchen, S. 128 ff) (Die drei Königskinder); J. Jegerlehner, Sagen und Märchen aus dem Oberwallis, Nr. 143; ders., Am Herdfeuer der Sennen, neue Märchen und Sagen aus dem Wallis, S. 100 ff (Die Sternkinder); Pröhle, Kinder- und Volksmärchen, S. 10 ff, Nr. 3 (Springendes Wasser, sprechender Vogel, singender Baum)

[3] Töpfer, S. 42; sie zitiert Grimm, RA I, S. 628, der ebenfalls meint, die Sagen würden oft den wahren Gesichtspunkt verdrehen und die Aussetzung auch solchen zuschreiben, die sie nicht vornehmen durften, z.B. der Stief- oder Schwiegermutter

[4] vgl. Töpfer, S. 98 (Anm.255)

[5] so bei Haltrich, Deutsche Volksmärchen aus dem Sachsenlande in Siebenbürgen (1856), Nr. 1, (=Zaunert, Deutsche Märchen seit Grimm, S. 141 ff) (Die beiden Goldkinder) - allerdings läßt der König die untergeschobenen, angeblich von der Königin geborenen Tiere ersäufen; Jegerlehner, Am Herdfeuer der Sennen, Neue Märchen und Sagen aus dem Wallis, S. 100 ff (Die Sternkinder); ders., Sagen und Märchen aus dem Oberwallis, S. 120 ff (Nr. 143); siehe auch: Vernaleken, Alpenmärchen, S. 136 ff (der klingende Baum)(= Vernaleken, Österreichische Kinder- und Hausmärchen, Nr. 34, S. 178 ff); Wolf, Deutsche Hausmärchen, S. 168 ff (=Verschollene Märchen, S. 128 ff) (Die drei Königskinder); in Zaunert, Deutsche Märchen seit Grimm, S. 37 ff (Hans Wunderlich) geht es nicht um die Aussetzung eines Neugeborenen.

[6] vgl. Vernaleken, Alpenmärchen, S. 136 ff (Der klingende Baum) (=Vernaleken, Österreichische Kinder- und Hausmärchen, Nr. 34, S. 178 ff); Zingerle, Kinder- und Hausmärchen aus Süddeutschland, S. 104 (Die zwei Königskinder) (= Regensburg 1854: S. 112 f); s.a. ebd, 236, 238 (Griseldele) (= Regensburg 1854: S. 291 ff, 294 f); Zaunert, Deutsche Märchen seit Grimm, S. 141 ff (Die beiden Goldkinder): König läßt die angeblich von der Königin geborenen Tiere ersäufen; vgl. auch Töpfer, S. 29

[7] KHM 15

oder einer anderern neidischen Verwandten ausgelöst. In diesen Fällen wird am Schluß des Märchens der Vater nicht bestraft[1], meistens aber seine intrigante Mutter, die ihn zu dem Befehl verleitet hat[2].

Antonie Töpfer meint[3], wenn das Märchen nicht die Eltern, sondern gerade die Stief- oder Schwiegermutter, die als Verkörperung alles Bösen dargestellt werde, zur Urheberin des Planes wähle, so wolle es dadurch die unmenschliche Maßregel in ein milderes Licht rücken[4] oder vielleicht umgekehrt durch das Aussetzen die Stiefmutter als Verkörperung alles Bösen charakterisieren[5]. Jedenfalls erscheint in diesen Märchen die Aussetzung entschieden als böse Tat in einem äußerst negativen Licht. Andere Märchen berichten gerade im Gegenteil, daß der Vater auch ein mißgestaltetes Kind akzeptiert, es also nicht aussetzen läßt.[6] Die Mißgestalt beruht bisweilen auf einer Verwünschung, z.B. im Märchen

---

[1] ein Indiz dafür, daß ihm ein Aussetzungsrecht zustand oder ein verstümmeltes Motiv?

[2] vgl. Zingerle, Kinder- und Hausmärchen aus Süddeutschland, S. 104 (Die zwei Königskinder) (=Regensburg 1854, S. 118); E. Meier, Deutsche Volksmärchen aus Schwaben, Nr. 72, S. 246 ff (Der König Auffahrer des Meers), S. 247; ähnlich auch Zaunert, Deutsche Märchen seit Grimm, S. 141 ff; ähnlich auch Vernaleken, Alpenmärchen, S. 136 ff (=Nr. 34, S. 149 ff)(Der klingende Baum), wobei hier der König den Befehl zur Aussetzung der angeblichen Mißgeburt gibt, ohne zu wissen, daß es sich um seine Kinder handelt; bisweilen fälscht eine Gegenspielerin auch einen Brief des Vaters, so daß er statt dem Befehl, seine Rückkunft vom Kriegszug abzuwarten, den Befehl enthält, die neugeborenen Kinder, z.T. zusammen mit der Mutter, auszusetzen, zu verstoßen oder zu töten. Vgl. z.B. Zaunert, Deutsche Märchen aus dem Donaulande, S. 6 ff; ähnlich Martzolff, Drei Volksmärchen aus dem Gebirgsdorf Reipertsweiler, Nr. 3 (Vom Mariannchen), Jahrbuch für Geschichte usw. Elsaß-Lothringens, Bd. 18, S. 209-12; F. Peters, Aus Lothringen, Nr. I, S. 1 ff (Der Graf und die Müllerstochter)

[3] Töpfer, S. 42; vgl. z.B. Wolf, Deutsche Hausmärchen, S. 168 ff, 169 (=Verschollene Märchen S. 128 ff)(Die drei Königskinder); die von Töpfer zitierte Stelle bei Winter, S. 219, bezieht sich allerdings auf das Märchen von „Hänsel und Gretel"

[4] vgl. auch Sparing, The Perception of Reality in the Volksmärchen of Schleswig-Holstein, S. 71

[5] generell zum Abschieben der Verantwortung für die bösen Taten auf Stiefmütter, was die Vaterfiguren entlastet, vgl. Bottigheimer, S. 81, die hierin eine Besonderheit der KHM sieht

[6] vgl. Jessen, S. 92 f zu KHM 108, S. 148; vgl. auch KHM 37 und KHM 144; Dabei ist zu beachten, daß KHM 144 nach einem lateinischen Gedicht aus dem 14. Jahrhundert erzählt ist, das Jacob Grimm aus einer Straßburger Handschrift exzerpiert hatte, vgl. Rölleke, KHM Bd.3, Nachweise, zu KHM 144, S. 499; BP III, S. 152 ff; das Gedicht ist abgedruckt bei BP III, S. 154 ff; bereits dieses Gedicht enthält den Zug, daß die Mutter das von ihr geborene Eselein ins Wasser werfen lassen will, damit es die Fische fräßen, der Vater jedoch das Eselein als Sohn akzeptiert und aufzieht; zu KHM 144 Töpfer, S. 41; Winter, S. 218, bezieht den Gedanken der Mutter, das von ihr in Eselsgestalt geborene Kind ins Wasser werfen zu lassen, auf das altgermanische Recht, Neugeborene auszusetzen; bei Pröhle, Kinder- und Volksmärchen, Nr. 36, S. 122 ff, 123 f (Die schöne Magdalene) reagiert ein Prinz folgendermaßen auf einen ihm zugespielten falschen Brief, in dem behauptet wird, seine Frau habe einen jungen Hund geboren: „Der Prinz aber freute sich doch darüber, daß sie geboren hatte, und schrieb

„Hans mein Igel“ (KHM 108) ist das Kind aufgrund einer Verwünschung des Vaters „oben ein Igel und unten ein Junge“.

Eine Aussetzung älterer Kinder kommt im Grimmschen Märchen von Hänsel und Gretel (KHM 15) vor.

4.1.2.2 Das Recht zur Aussetzung der Kinder in der Rechtsgeschichte

4.1.2.2.1 Recht zur Aussetzung Neugeborener

Im germanischen Recht hatte der Vater das Recht, das Kind gleich nach der Geburt auszusetzen, z.B. wenn er verarmt war oder wenn das Kind mißgebildet war.[1] Mit der Christianisierung der Germanen wurde dieses Recht allerdings beseitigt[2]. Einzelheiten dieses Rechts, das übrigens auch von anderen antiken Kulturen, z.B. den Griechen und Römern, bekannt ist[3], sind allerdings umstritten[4]. Nochmals sei betont: soweit es dieses Recht gab, bezog es sich nur auf Neugeborene. Sobald der Vater das Kind als Familienmitglied anerkannt hatte, z.B. vom Boden aufgehoben hatte, oder ihm mit seinem Willen Nahrung gereicht worden war, erlosch es[5].

---

sogleich an seine Mutter, sie möchte seine Gemahlin gut halten und gut bewirten, bis er wieder nach Hause käme, und den jungen Hund, den möchte sie aufbewahren.“

[1] Planitz, dt.RG, S. 56; s.a. v. Künßberg, Rechtliche Volkskunde, S. 27; Kreutzer, „§5 Die erste Phase der Kindheit“, in: „Kinder“, in: Hoops, RGA Bd. 16, S. 530 f, 531; Ogris, „Aussetzen eines Kindes“, HRG I, Sp. 267 f; vgl. auch ders., „Munt, Muntwalt“, HRG III, Sp. 750 ff (wo er die Frage als „strittig“ bezeichnet); weitere Nachweise zur ganzen Thematik siehe Fußnote 5 (auf dieser Seite)

[2] Planitz, a.a. O., S. 106; Ogris, „Aussetzen eines Kindes“, HRG I, Sp. 268; Wächtershäuser, „Kindestötung“, HRG II, Sp. 736 ff, 737; vgl. auch Schwab, „Kind“, HRG II, Sp. 717 ff, 719 f für Entfallen des Rechts im Hoch- und Spätmittelalter; vgl. aber auch Erler, „Geburt“, HRG I, Sp. 1426 f, wonach noch die ältesten christlichen Gesetze die Aussetzung oder Tötung mißgestalteter Kinder erlaubt haben

[3] Ogris, „Aussetzen eines Kindes“, HRG I, Sp. 268; hierauf weist auch schon Jacob Grimm hin, RA I, Vorrede S. XIV, sowie S. 628 f; Wacke, „patria potestas“, HRG III, Sp. 1540 ff; zur Kindesaussetzung im griechisch-römischen (und nordischen) Bereich vgl. Teegen, „§8 Archäologisches“ in „Kinder“, in: Hoops, RGA Bd. 16, S. 534 ff, 537 f

[4] Ogris, „Munt, Muntwalt“, in HRG III, Sp. 756

[5] Planitz, a.a.O., S. 56; Ogris, „Aussetzen eines Kindes“, HRG I, Sp. 268; vgl. auch Erler, „Hochheben“, HRG II, Sp. 175 f; Wächtershäuser, „Kindestötung“, HRG II, Sp. 736 ff, 737; vgl. auch Sievers, „Nahrung (erste eines Kindes)“, HRG III, Sp. 831 f; Schmidt-Wiegand, „Namensgebung“, HRG III, Sp. 832 ff, 834; Lockemann, „Namensrecht“, HRG III, Sp. 836 ff, 838; Ogris, „Aufnehmen des Kindes“, HRG I, Sp. 253 f; vgl. auch Bungenstock, „Beschreien der Wände“, HRG I, Sp. 387 f; Erler, „Geburt“, HRG I, Sp. 1426 f; Strerath-Bolz, „Geburt und Geburtshilfe“, in: Hoops, RGA Bd. 10, S. 514 ff, 519

4.1.2.2.2 Recht zur Aussetzung älterer Kinder?

Ein Recht des Vaters, auch ältere Kinder in Fällen echter Not auszusetzen, wie es in „Hänsel und Gretel" (KHM 15) geschieht, zumindest Straffreiheit des Vaters bei solchem Tun, nimmt Jacob Grimm in Fällen großer Armut und Hungersnot an. Außer einem Verweis auf eben das Märchen „Hänsel und Gretel" bleibt er den Nachweis eines solchen Rechtes jedoch schuldig[1]. Die übrigen Quellen, die er anführt, beziehen sich auf eine Tötung der Kinder, auch das Beispiel der „grabkinder", wo es sich nicht um eine Aussetzung, sondern um ein gezieltes Verhungernlassen handelt.

Winter nimmt unter Hinweis auf die Ausführungen Grimms ein Aussetzungsrecht der Eltern von Hänsel und Gretel an. [2] Töpfer nimmt ein Recht zur Aussetzung auch älterer Kinder ebenfalls an, ohne es aber nachzuweisen, da sie sich lediglich auf die oben zitierte Stelle bei Grimm beruft und auf Brunner[3], der jedoch nur auf die Aussetzung Neugeborener eingeht[4]. Sie bezieht sich jedoch nicht auf das Märchen von „Hänsel und Gretel" (KHM 15), sondern auf das Märchen „Der König vom goldenen Berge" (KHM 92). In diesem Märchen hatte ein Vater seinen Sohn dem Teufel versprochen. Da der Teufel den inzwischen herangewachsenen Sohn, der sich von einem Geistlichen hat segnen lassen, nicht holen kann, einigt sich der Teufel mit Vater und Sohn dahin, der Sohn „sollte sich in ein Schiffchen setzen, das auf einem hinabwärtsfließenden Wasser stände, und der Vater sollte es mit seinem eigenen Fuß fortstoßen, und dann sollte der Sohn dem Wasser überlassen bleiben". In den anderen von ihr zitierten Fällen handelt der König aus Empörung über das unmoralische Empfinden seiner Tochter, so daß hier eher eine Aussetzung als Strafe als eine Kindesaussetzung im eigentlichen Sinne vorliegt[5].

Ein großer Teil der rechtsgeschichtlichen Literatur betont jedoch nur, daß das Recht zur Aussetzung mit der Annahme des Kindes erlosch und geht nicht auf die Frage ein, ob daneben auch noch ein besonderes Recht, ältere Kinder auszusetzen, bestanden haben könnte[6]. Ein Recht des Vaters zur Aussetzung

---

[1] RA I, S. 634

[2] Winter, S. 219

[3] Brunner, Deutsche Rechtsgeschichte I, S. 101 f

[4] Töpfer, Der König im deutschen Volksmärchen, S. 42; unklar ist die Stellung Jessens, vgl. S. 33, 97

[5] Töpfer, S. 42, Fn. 260a, 260b; O. Knoop, Volkssagen, Erzählungen, Aberglauben, Gebräuche und Märchen aus dem östlichen Hinterpommern, Posen 1885, Nr. 14; J. Haltrich, Deutsche Volksmärchen aus dem Sachsenlande in Siebenbürgen, Berlin 1856 Nr. 25; W. von Ploennies, Märchen, Das Kind mit dem goldenen Apfel, in: Zeitschrift für deutsche Mythologie und Sittenkunde, Bd. 1 (1853), S. 38 ff

[6] Conrad, deutsche Rechtsgeschichte I, S. 38 f; Planitz, dt. RG, S. 56; Ogris, „Aussetzen eines Kindes", HRG I, Sp. 268

älterer Kinder in Fällen echter Not läßt sich also aus den deutschen Rechtsquellen nicht entnehmen.

Das soll freilich nicht heißen, daß es nicht tatsächlich vorgekommen wäre, daß ältere Kinder einfach aus dem Haus gejagt wurden. Einen solchen Fall schildert z.B. das Gutachten im Hexenprozeß gegen Veronica Zerritschin von 1755/56, die als Elf- oder Zwölfjährige von ihrem Stiefvater aus dem Haus gejagt wurde.[1] Jessen betont die im Märchen dargestellte „soziale Notwendigkeit“[2], die zur Aussetzung insbesondere von Hänsel und Gretel (KHM 15) führt. Möglicherweise befaßt sich das Märchen hier in erster Linie mit einem sozialen Problem[3].

4.1.2.3 Ähnliche Märchenmotive außerhalb Deutschlands

Daneben ist zu bedenken, daß das Motiv sich ganz ähnlich im petit poucet von Perrault findet[4] - wieder einmal wandern wir also aus dem engeren deutschen Bereich hinaus. Auch der Anfang von Basiles „Nennillo und Nennella“[5] enthält ein ähnliches Motiv[6]. Allerdings erscheint die Aussetzungsabsicht hier ein wenig verhüllter, da der Vater selbst den Kindern den Heimweg markiert, einmal mit Asche, das zweite Mal mit Kleie, die aber von einem Esel gefressen wird. Zudem fehlt in „Nennillo und Nennella“ die wirtschaftliche Not der Eltern als Motiv zur Aussetzung der Kinder. So erwähnt die Stiefmutter sogar einmal die „reiche Mitgift“, die sie von ihren Eltern erhalten habe. Einziges Motiv ist der Haß der Stiefmutter auf die Kinder.

Lutz Röhrich will hier eine Verbindung von Rechtssitte und Märchen schon allein mit dem Hinweis ablehnen, das Motiv scheine allein vom Aufbau der Handlung her erfunden[7]. Das überzeugt nicht. Wie ein Vergleich von „Hänsel und Gretel“ mit „petit poucet“ und „Nennillo und Nennella“ zeigt, ist dieses Anfangsmotiv für ganz verschiedene Märchenhandlungen brauchbar.

4.1.2.4 Zusammenfassung

Neben den starken Zweifeln, ob es überhaupt ein Recht gab, ältere Kinder auszusetzen, ist also auch fraglich, ob unser Motiv überhaupt aus dem deutschen Bereich stammt und alt genug ist, um auch nur, wie Eisler es offenbar in

---

[1] Behringer, Hexenverfolgung in Bayern, S. 361 f

[2] Jessen, S. 98

[3] vgl. auch Tatar, The Hard Facts of the Grimms'Fairy Tales, S. 49 f, 60, wo Tatar allerdings auch auf mögliche psychische Quellen für das Motiv hinweist, das ihrer Ansicht nach nicht unbedingt einer äußeren Realität entsprechen muß.

[4] Collinet (Hrsg.), Perrault, Contes, S. 191 ff

[5] Boehlich (Hrsg.), Basile, Pentamerone, 5, 8

[6] vgl. auch Jean-Pierre Collinet, Notices, S. 293, in: Jean-Pierre Collinet (Hrsg.), Perrault, Contes

[7] Röhrich, Märchen und Wirklichkeit, S. 104

Anspielung auf das germanische Recht zur Aussetzung Neugeborener formuliert, „eine Erinnerung daran“ zu sein, „daß Kinder ausgesetzt wurden, wenn der Vater sie nicht annahm“[1]. Immerhin wurde das Aussetzungsrecht bereits mit der Christianisierung der Germanen beseitigt[2]. Zudem ist, auch bezüglich der Aussetzung Neugeborener, zu bedenken, daß es grundsätzlich auch bei anderen Völkern, wie oben dargelegt, ein Aussetzungsrecht gab, und die Aussetzung ein verbreitetes literarisches Motiv ist, wenn man z.B. an die Ödipussage denkt[3], oder auch an die oben erwähnten Motive bei Perrault und Basile. Es besteht also hier auch die Möglichkeit, daß wir es mit einem ubiquitären Motiv zu tun haben, was bisher in der Literatur zu wenig beachtet wurde.

4.2 Beispiele aus dem Strafrecht:

4.2.1 Der Gartenfrevel und das besondere Recht der Schwangeren

Wenden wir uns nun dem Bereich des Strafrechtes zu. Beginnen möchte ich hier mit einer kleinen Kuriosität im Rahmen der Tatbestände des Diebstahls und des ihm eng verwandten, aber mit geringerer Strafe bedrohten Gartenfrevels, unter den insbesondere die unbefugte Wegnahme von Früchten aus einem Garten fällt[4].

Betrachten wir noch einmal das Märchen von Rapunzel (KHM 12). Dort geht der Mann in den Garten der Zauberin, um für seine schwangere Frau Rapunzeln zu holen, da es diese danach gelüstet. Die Zauberin schilt ihn einen Dieb, droht ihm mit schwerer Strafe und verlangt, als sie von dem Gelüst der Schwangeren erfährt, das Kind.

Ein Blick in die deutschen Rechtsquellen zeigt nun Erstaunliches. Zwar wäre die Wegnahme der Rapunzeln im Normalfall ohne weiteres strafbar, in der Regel als Gartenschade bzw. Gartenfrevel[5], nach manchen Quellen als Diebstahl[6], geschah die Wegnahme aber zur Befriedigung des Gelüstes einer Schwangeren, so blieb sie nach den ländlichen Weistümern oftmals straffrei[7].

---

[1] Eisler, Recht im Märchen, Neophilologus 1982, S. 425

[2] Conrad, Deutsche Rechtsgeschichte I, S. 157

[3] Schwab, Die schönsten Sagen des klassischen Altertums, S. 158

[4] His, Das Strafrecht des deutschen Mittelalters II, S. 237 f

[5] His, Das Strafrecht des deutschen Mittelalters II, S. 238

[6] His, Das Strafrecht des deutschen Mittelalters II, S. 239; Auch in der Carolina wird die Wegnahme von Gartenfrüchten als privilegierte Form des Diebstahls behandelt, (Lieberwirth, „Diebstahl“, HRG I, Sp. 733)

[7] Grimm, RA I, 564; Jessen, S. 137; Elard Hugo Meyer, zit. bei: v. Künßberg, Rechtliche Volkskunde, S. 6; Schmitz/Wacke, „Schwangerschaft“, HRG IV, Sp. 1558; His, Das Strafrecht des deutschen Mittelalters II, S. 243; Fehr, Die Rechtsstellung der Frau und der Kinder in den Weistümern, S. 5; Tolksdorf, Schwangerschaftsgelüste, Kieler Blätter zur Volkskunde, S. 83; zur Situation des Reisenden, der sein Pferd auf fremder Weide grasen läßt, und des Diebstahls aus Hunger als notstandsähnliche Lagen Sellert/Rüping I, S. 104 (für Mittelalter),

Sowohl Grimm als auch Jessen stellen das Märchen vom Rapunzel grundsätzlich in diesen Rahmen[1]. Jacob Grimm allerdings gibt nur einen Hinweis auf das Märchen, und nennt neben der Fassung in den KHM auch die Fassung im Pentamerone. Dennoch erscheint die Annahme einer Verbindung zwischen dem Märchenmotiv und dem Gedanken der Weistümer, wenn man die Herkunft des Märchens und des Anfangsmotivs kennt, kaum haltbar.

Bedenken wir aber noch, in welch unterschiedlichem Licht die Zauberin erscheint, je nachdem, ob man ein derartiges Vorrecht der Schwangeren annimmt oder nicht: Hätte die Schwangere ein Recht auf den Salat, bzw. wäre das Verhalten ihres Mannes straffrei, so wäre das Verlangen der Zauberin, dafür das Kind zu erhalten, geradezu rechtswidrig, ungerechtfertigt und böse. Hatte die Frau kein Recht auf die Rapunzeln, so erscheint das Verlangen der Zauberin zwar immer noch als hart, ihre Empörung über das Verhalten des Mannes aber gerecht.

Auch Jessens juristische Interpretation dieses Teils des Märchens erscheint mir etwas zwiespältig. Einerseits geht er nämlich von einem Diebstahl durch den Ehemann und von einem Recht der Zauberin als Eigentümerin des Gartens, den Mann zu bestrafen, aus. Auf die Bitte des Mannes hin wandle die Zauberin ihr Recht zur Bestrafung in eine hohe Buße um, nämlich die Hingabe des Kindes. Damit greift Jessen auf weit in der Vergangenheit liegende Rechtsvorstellungen zurück.[2] Andererseits sieht er eine Übereinstimmung mit vielen, deutlich jüngeren „Volksrechten" darin, daß die Gelüste der Schwangeren Nachsicht geböten und der Mann die gestohlenen Rapunzel seiner Frau bringen dürfe.[3]

Er darf sie ihr aber nur bringen um den Preis des Kindes. Im Ergebnis würde also die Nachsicht allein darin liegen, daß die Zauberin den Mann nicht sofort bestraft, sondern stattdessen das Kind verlangt, was immer noch eine „hohe Buße" wäre[4], von Straffreiheit jedenfalls weit entfernt.

Winter hingegen sieht deutlich das Auseinanderklaffen zwischen der Schilderung im Märchen und der in den Weistümern zum Ausdruck kommenden Rechtsansicht.[5] Er meint deshalb, die Fassung des Märchens müsse einer Zeit entstammen, der die Rechtsanschauung der Weisthümer noch nicht oder nicht mehr geläufig war, und erwägt auch, daß das Märchen möglicherweise überhaupt

---

mit Quelle S. 139 f; Diebstahl aus Hungersnot in Art. 166 Carolina (Sellert/Rüping I, S. 222), dazu Sellert/Rüping I, S. 204;

[1] Grimm, RA I, 564; Jessen, S. 137

[2] Jessen, S. 65, vgl. auch S. 115 und S. 133; mit dieser Interpretation geht Jessen weit in die Vergangenheit zurück, in die Zeit der Rache, des Bußensystems, vor Einführung des peinlichen Strafrechts. Die dargelegten Probleme bezüglich Alter und Herkunft des Märchens vom Rapunzel stellen sich hier in gleicher Weise.

[3] Jessen, S. 137

[4] Jessen, S. 65

[5] Winter, S. 223

nicht auf deutschem Boden gewachsen sei. Wie oben dargelegt, hat Lüthi ja letzteres inzwischen nachgewiesen.

Zwar kannte man auch in Neapel, dem Herkunftsgebiet unseres Märchenmotivs, die Ehrfurcht vor dem Gelüst der Schwangeren und glaubte, daß es nötig sei, diese Gelüste zu befriedigen[1]. Eine direkte Verbindung zwischen dem Märchenmotiv und der deutschen Rechtsregel ist aber jedenfalls bisher nicht nachgewiesen und erscheint nach dem hier Dargelegten eher unwahrscheinlich. Die obigen Ausführungen zeigen aber, wie problematisch es ist, vorschnell Beziehungen zwischen Märchenmotiven und Rechtsregeln herzustellen, vor allem bei einer unkritischen Betrachtung nur des Grimmschen Textes.

4.2.2 Die Strafen

Was die im Märchen vorkommenden Strafen anbelangt, möchte ich hier nur einige Beispiele herausgreifen unter der Fragestellung, inwieweit die Strafen rechtshistorische Tatsachen[2], inwieweit sie mehr die Freude der Erzähler am Grausigen wiederspiegeln[3].

4.2.2.1 Historisch belegbare Strafen im Märchen

Viele der im Märchen auftretenden Strafen sind historisch belegbar[4]. Dabei haben wir es aber nicht, wie oben bei den privatrechtlichen Motiven, nötig, bis in die germanische Zeit zurückzugehen[5]. So ist z.B. das Hängen sowohl im Märchen als auch jahrhundertelang in der Rechtspraxis eine häufige Hinrichtungsart[6].

---

[1] Boehlich, Anmerkungen, in: Boehlich (Hrsg.), Giambattista Basile, Das Märchen aller Märchen, Der Pentamerone, Bd. 1, S. 162 f.

[2] histor. Überblick über Strafen und Strafrecht vgl. E. Kaufmann, „Strafe, Strafrecht", HRG IV, Sp. 2011 ff; zur Todesstrafe vgl. Meurer, „Todesstrafe", HRG V, Sp. 264 ff; vgl. f. germ. Altertum und Frühmittelalter auch Weitzel, „Hinrichtung", in: Hoops, RGA Bd. 14, S. 584 ff

[3] vgl. Anger, S. 149, 146; Zur Freude am Grausamen bei der Schilderung der *Missetaten* vgl. Anger, S. 145

[4] Anger, S. 147; vgl. Töpfer, S. 60; anders wohl O. Ludwig, S. 9, wo er hervorhebt, viele Strafen des Märchens hätten keine Parallelen in den Rechtsquellen. Vgl. aber auch die Übersicht über die im Märchen vorkommenden Strafen bei O. Ludwig, S. 55 ff

[5] Dies versucht Jessen z.B. auch für den Tatbestand des Mordes, S. 143 f; ähnlich Winter, S. 197 f (Fn.7), der meint, die grausamen Märchenstrafen entstammten der Phantasie alter Erzähler, die sich an den oft teuflisch ersonnenen Strafen mittelalterlicher und älterer Rechtspflege entzündet und geschult hätte

[6] s. Friedrichs, S. 36 f; KHM 4, 110, 192; Wisser, Plattdeutsche Volksmärchen, Bd. 1, Jena 1919, S. 107 ff, 109 (De Kopmannssöhn); Anger, S. 147; Ludwig, S. 55; s.a. v. Künßberg, Rechtliche Volkskunde, S. 29; van Dülmen, Theater des Schreckens, S. 118; His, StdMA I, S. 492; Belege (überwiegend Rechtsnormen) für das Hängen als Strafart von Tacitus bis zu

4.2.2.1.1 Beispiel: Strafe des Verbrennens

Häufig werden im Märchen Hexen und andere Übeltäterinnen verbrannt[1]. Hexenverbrennungen fanden bis weit ins 18. Jh. hinein statt, die letzte in Bayern 1756[2]. 1782 fand die letzte Hexenhinrichtung im deutschen Sprachbereich statt[3]. 1812, als die Grimmschen Märchen erschienen, lag das noch nicht weit zurück. Auch Jessen bezieht die Erzählungen, in denen Hexen verbrannt werden, auf die Hexenverfolgungen der beginnenden Neuzeit und weist darauf hin, daß die Lex Salica zauberische Menschenfresserei dagegen mit einer Buße belegte[4]. Die Strafe des Verbrennens wurde, wie Radbruch ausführt, noch 1813 in Berlin an einem Brandstifterpaar vollzogen, wobei die Delinquenten jedoch vorher, allerdings auf eine den Zuschauern unmerkliche Art (!), erdrosselt wurden[5].

Josephs II. Allgemeinem Gesetz über Verbrechen und derselben Bestrafung (Wien 1787) bei Sellert/Rüping I, S. 53 f, 82, 100, 120, 127, 153, 157, 171, 217, 288 f, 438 f, 469 ff, 482, 484; vgl. auch Marschall, „Hängen", HRG I, Sp. 1988 ff; Weitzel, „Hinrichtung", in: Hoops, RGA Bd. 14, S. 584 ff (zu german. Altertum und frühem Mittelalter); Schild, Die Geschichte der Gerichtsbarkeit , S. 197 f; a.M. Röhrich, S. 149

[1] vgl. KHM 9, 11, 49; Zingerle, Kinder- und Hausmärchen aus Süddeutschland, S. 112 ff, 117 f (=Regensburg 1854, S. 124 ff, 131) (Die schöne Wirtstochter); Ludwig, S. 56; Ludwig, S. 9, weist darauf hin, daß sich als Strafe für Hexen in den Märchen neben verbrennen auch einmauern und das Rollen in einer Tonne mit spitzigen Nägeln findet

[2] Behringer, Hexenverfolgung in Bayern S. 360, 363

[3] Behringer, Hexenverfolgung in Bayern, S. 363 f; vgl. auch allgemein zu den Hexenprozessen Merzbacher, „Hexenprozesse", HRG II, Sp. 145 ff, der als letzte Hexenprozesse auf deutschem Boden Würzburg (1749), Emdingen am Kaiserstuhl (1751) und Kempten (1775) nennt; zum Ende der Hexenprozesse vgl. auch E. Kaufmann, „Zauberei (und Vergiftung)", HRG V, Sp. 1614 ff, 1620 ff

[4] Jessen, S. 145 f; vgl. auch Eisler, S. 425; vgl. auch Nehlsen, Entstehung des öffentlichen Strafrechts bei den germanischen Stämmen, S. 5; ders., Der Grabfrevel in den germanischen Rechtsaufzeichnungen, S. 164, Fn. 256

[5] G. Radbruch, Zur Einführung in die Carolina, S. 12, in: Gustav Radbruch (Hrsg.), Die peinliche Gerichtsordnung Kaiser Karls V. von 1532; zum Erdrosseln vor dem Verbrennen, von dem das Publikum nichts merken sollte, vgl. auch Schild, Die Geschichte der Gerichtsbarkeit, S. 204; Die Strafe des lebendigen Verbrennens ist z.B. noch im Codex Juris Bavarici von 1751, 1. Teil, Kapitel 1, §5 (zit. bei Sellert/Rüping I, S. 470 nach der 2. Aufl. München 1771) und in der Constitutio Criminalis Theresiana von 1769 Art. 5 §2 (Sellert/Rüping I, S. 470 f) vorgesehen, in letzterer allerdings mit dem Zusatz: „Wobey anzumerken, daß, wenn auf die lebendige Feuerstraffe, oder das Radbrechen von untenhinauf zu erkennen befunden wird, der Vorfall allemal an das Obergericht einzuberichten und der diesfällige Bescheid: ob, und welchergestalt einem bußfertigen armen Sünder zu Abwendung der Verzweiflung eine Milderung in Vollziehung des Urtheils angedeyen möge? abzuwarten seye." (zit. nach Sellert/Rüping I, S. 470 f). Die preußischen Kriegsartikel von 1808 enthalten noch die Feuerstrafe, vgl. Hülle, „Kriegsartikel", HRG II, Sp. 1196 ff, 1197;

4.2.2.1.2 Beispiel: Strafe des Vierteilens

Auch die Strafe des Vierteilens[1] ist historisch belegbar. Allerdings ist hier zwischen zwei unterschiedlichen Vollzugsarten zu unterscheiden. Die wohl ältere Variante[2], das Zerreißen des Delinquenten durch Pferde, läßt sich zwar für die fränkische Zeit belegen[3], für das deutsche Mittelalter ist die Belegbarkeit aber umstritten[4].

Die Strafe wurde in dieser Form, allerdings in Paris, aber noch 1610 an dem Königsmörder Ravaillac und 1757 an dem sogenannten Königsmörder Damiens vollstreckt, wie sich aus einem Bericht über die Hinrichtung des letzteren ergibt[5].

In der Regel wird in den Rechtstexten nach allgemeiner Meinung jedoch unter dem Begriff des Vierteilens die wohl jüngere Variante verstanden, bei der der Körper des Delinquenten mit einem Beil zerstückelt wird[6]. Diese Form der Vierteilung wurde - nach His, v. Hentig und v. Amira - von späteren Einzelfällen abgesehen, überwiegend im Mittelalter bis in die beginnende Neuzeit praktiziert[7]. Häufig wurde der Delinquent jedoch zuvor enthauptet[8]. Die Strafe der Viertei-

---

im übrigen weitere Nachweise aus Rechtsnormen für die Strafe des Verbrennens als Strafe für Ketzerei, Zauberei, Hexerei, Brandstiftung, Münzfälschung, Gotteslästerung und Sodomie bei Sellert/Rüping I, S. 100, 120, 212, 470, 472 f, 474 f, 477, 479; vgl. auch Merzbacher, „Hexenprozesse“, HRG II, Sp. 145 ff; Schild, „Verbrennen“, HRG V, Sp. 673 ff; Kaufmann, „Zauberei (und Vergiftung)“, HRG V, Sp. 1614 ff, ders., „Feuerstrafe“, HRG I, Sp. 1125 ff; E. Kaufmann, „Brandstiftung“, HRG I, Sp. 504 f; Weitzel, „Hinrichtung“, in: Hoops, RGA Bd. 14, S. 584 ff; Schild, Die Geschichte der Gerichtsbarkeit, S. 204 bes. versch. Vollzugsarten

[1] KHM 60, 76, 111; vgl. auch Jessen, S. 156 f; Anger, S. 150; Töpfer, S. 59; Fehr, Das Recht in der Dichtung, S. 457; Fehr, Das Recht im Bündner Märchen, S. 229; vgl. auch Schild, „Zerreißen“, HRG V, Sp. 1680 ff, 1681

[2] v. Amira, die germanischen Todesstrafen, S. 131

[3] His, StdMA I, S. 495 f; Brunner/Schwerin, Deutsche Rechtsgeschichte II, S. 783; Conrad I, S. 170; s.a. Grimm RA II, S. 272 f

[4] His, StdMA I, S. 495 f; v. Amira, Die germanischen Todesstrafen, S. 132; Röhrich, Märchen und Wirklichkeit, S. 146; unklar Jessen S. 157

[5] vgl. Schmidhäuser, Vom Sinn der Strafe, S. 7 ff; Röhrich, S. 146; v. Hentig, Die Strafe I, S. 346; Schild, Die Geschichte der Gerichtsbarkeit, S. 208, wonach die Strafe „auch an anderen Orten und zu früheren Zeiten manchmal“ vollzogen worden sei; vgl. aber auch die Stelle im Codex Juris Bavarici von 1751, 2. Aufl. München 1771, 1. Teil Kapitel 8 §1 (zit. nach Sellert/Rüping I, S. 471), wonach der Hochverräter „lebendig...geviertteilt oder mit Pferden zerrissen“ werden soll; vgl. dazu sogleich unten

[6] vgl. v. Hentig, Die Strafe I, S. 338; His, StdMA I, S. 495; v. Amira, Die germanischen Todesstrafen, S. 133; vgl. auch Fehr, Das Recht im Bündner Märchen, S. 229

[7] His, StdMA I, S. 495; v. Hentig, Die Strafe I, S. 342 ff; v. Amira, Die germanischen Todesstrafen, S. 133; vgl. auch Sellert/Rüping I, S. 100, Fn. 95 mit Verweisung auf His a.a.O. und Radolfzeller Halsgerichtsordnung von 1506 (S. 219 ff, Art. 6-20) (a.a.O. S. 127)

[8] v. Amira, Die germanischen Todesstrafen, S. 133; His, StdMA I, S. 495

lung ist aber noch in der Carolina in Art. 124 als Strafe für Verräter vorgesehen[1] und wurde noch im Preußischen Landrecht von 1721, im Codex Juris Bavarici von 1751 (2. Aufl. München 1771) und in der Constitutio Criminalis Theresiana von 1769 (nur für Männer) als Strafe für Hoch- und Landesverrat angeordnet.[2] Besonders interessant ist dabei, daß nach dem Codex Juris Bavarici vermutlich beide Varianten der Vierteilung möglich sind, da nach dem dortigen Wortlaut der Missetäter „lebendig...geviertheilet oder mit Pferden zerrissen" werden soll.[3] Zudem hat sich zu Anfang des 19. Jahrhunderts noch Feuerbach im Zusammenhang mit der Schaffung des Bayerischen Strafgesetzbuchs dafür ausgesprochen, den Hochverräter zum Gerichtsplatz schleifen und nach Enthauptung vierteilen zu lassen.[4]

Der wohl älteren Variante der Vierteilung entspricht z.B. die Strafe des Zerreißens durch vier Ochsen im Märchen von den zwei Brüdern (KHM 60)[5].

---

[1] Radbruch, Zur Einführung in die Carolina, S. 9 f, in: Radbruch (Hrsg.), Die Peinliche Gerichtsordnung Kaiser Karls V. von 1532; v. Amira, Die germanischen Todesstrafen, S. 133; v. Hentig, Die Strafe I, S. 343; His, StdMA I, S. 495

[2] vgl. Sellert/Rüping I, S. 459, 470 ff

[3] vgl. 1. Teil Kapitel 8 §1, a.a.O., S. 471; das Vierteilen und das Zerreißen durch Pferde erscheinen als Alternativen, wenn man davon ausgeht, daß unter dem Terminus „Vierteilen" grundsätzlich zur damaligen Zeit die jüngere Variante verstanden wurde

[4] nach Schminck, „Hochverrat", HRG II, Sp. 179 ff, 185; Schild, „Zerreißen", HRG V, Sp. 1680, spricht von Erwähnung der Strafe bis Ende des 18. Jh., allerdings ohne hierbei nach Vollzugsarten zu differenzieren; ders., „Verrat", HRG V, Sp. 793 ff, 795, erwähnt als Strafe für Verrat das Vierteilen neben anderen Strafen

[5] zwei weitere Belege für das Zerreißen durch vier Ochsen bei Anger, S. 150: Gustav Friedrich Meyer, Plattdeutsche Volksmärchen, Nr. 14, S. 40 ff, 45 (De twee Bröder); Wisser, Plattdeutsche Volksmärchen, Bd. 2, S. 8 ff (Der Drachentöter); vgl. auch Töpfer, S. 31; Ludwig, S. 57, mit weiteren Märchen; vgl. z.B. Waldau, Böhmisches Märchenbuch, S. 213 ff, 241; Pröhle, Kinder- und Volksmärchen, Nr. 78, S. 239 ff, 245 f (Die rothe Fahne und der Ring der Königstochter); Jahn, Volksmärchen aus Pommern und Rügen, Nr. 18, S. 107 ff, 119 (Das Wolfskind); a.a.O. Nr. 58, S. 317 ff, 324 (Das Wunderbuch); a.a.O., Nr. 34, S. 182 ff, 189 (Der Schiffer und die drei Königstöchter von Engelland); Busch, Ut ôler Welt, Nr. 22, S. 47 ff (Der Königssohn mit der goldenen Kette), S. 52; a.a.O., Nr. 28, S. 69 ff (Die zwei Brüder), S. 74; Willoh (Hrsg.), Strackerjan, Aberglaube und Sagen aus dem Herzogtum Oldenburg, Nr. 630b, S. 479 ff, 485; a.a.O., Nr. 623, S. 453 ff, 457; Zaunert, Deutsche Märchen seit Grimm, Bd. 2, S. 47 ff, 55 (Geschwind-wie-der-Wind, Reiß-alles-nieder und Brich-Eisen-und-Stahl); Engelien/Lahn, Der Volksmund in der Mark Brandenburg, Nr. 14, S. 155 ff (Diä 12 Schpitzbuowen), S. 162; Martzloff, Drei Volksmärchen aus dem Gebirgsdorf Reipertsweiler, Nr. 1, S. 206 ff (Der Mann mit den drei Hunden); Knoop, Volkssagen, Erzählungen, Aberglauben, Gebräuche und Märchen aus dem östlichen Hinterpommern, S. 215 ff, (Das Wunderbuch), S. 223: Auseinanderreißen von vier Bullen; in der Form des Zerreißens durch fünf Pferde findet sich die Strafe bei Bünker, Nr. 71, S. 181; Auseinanderreißen durch zwei Ochsen als Strafe für böse Schwiegermutter bei Kuhn, Märkische Sagen und Märchen, S. 282 ff (Vom Mädchen, das seine Brüder sucht); Colshorn, Märchen und Sagen aus Hannover, S. 1 ff, Nr. 1 (Der Goldschmiedsgesell), S. 12: Auseinanderreißen von

Angesichts des oben dargestellten Befundes, daß die Vierteilung in dieser Form in Paris noch 1610 und 1757 tatsächlich öffentlich vollzogen wurde, für das deutsche Mittelalter dagegen die Belegbarkeit dieser Form umstritten ist, drängt sich die Frage nach einer französischen Herkunft oder Beeinflussung dieses Märchenmotivs auf. Hierzu wären aber nähere Untersuchungen sowohl über die Verbreitung dieser Variante der Vierteilung in Europa in der Neuzeit[1] als auch über die Verbreitung und Herkunft des Märchenmotivs, das sich außerhalb der KHM auch in anderen deutschsprachigen Sammlungen findet[2], notwendig. Dies würde den Rahmen der vorliegenden Arbeit sprengen.

Aus den anderen Formulierungen in den KHM, wo nur von einem „in vier Stücke zerreißen" die Rede ist[3], läßt sich meiner Ansicht nach nicht eindeutig entnehmen, welche Art der Vierteilung gemeint ist. Da sich aber beide Vollstreckungsarten historisch belegen lassen, kann diese Frage offen bleiben.

4.2.2.1.3 Unterscheidung zwischen Männer- und Frauenstrafen in Recht und Märchen

Die historischen Übereinstimmungen gehen aber noch weiter. So wird z.B. die obenerwähnte Strafe des Verbrennens im Märchen vor allem bei Frauen und oft als Strafe für Hexerei angewendet[4], wie es auch der tatsächlichen Rechtspraxis entsprach[1].

---

vier Pferden als Strafe; Pröhle, Kinder- und Volksmärchen, S. 10 ff, Nr. 3 (Springendes Wasser, sprechender Vogel, singender Baum): Strafe für böse Schwestern: von vier Pferden zerreißen; Zaunert, Deutsche Märchen aus dem Donaulande, S. 33 ff, 37 (Die wiedergefundenen Söhne): von vier Rossen auseinanderreißen; Vernaleken, Alpenmärchen, S. 136 ff, 139 (Der klingende Baum) (= Vernaleken, Kinder- und Hausmärchen in den Alpenländern, Nr. 34, S. 149 ff, 150 = Vernaleken, Österreichische Kinder- und Hausmärchen, S. 178 ff, 179); E. Meier, Deutsche Volksmärchen aus Schwaben, Nr. 5, S. 20 ff (Der kranke König und seine drei Söhne), S. 29: Vollstreckung durch acht Stiere; Zaunert, Deutsche Märchen aus dem Donaulande, S. 118 ff, 129: Vollstreckung durch „vier alte Roß, die schon langsam gehen"

[1] wobei auch die oben dargestellte Erwähnung im Codex Juris Bavarici näher zu untersuchen wäre

[2] vgl. vorhergehende Fußnote

[3] KHM 76, s.a. KHM 111; vgl. auch Jegerlehner, Sagen und Märchen aus dem Oberwallis, Nr. 142, S. 118 ff (Vom Pflasterbub zum Prinzen), wo nur von „lebendig gevierteilt" werden, nicht aber von einem Einsatz von Tieren die Rede ist.

[4] KHM 9, 11, 49, Ludwig, S. 56; vgl. auch Jessen, S. 145, 158 f; Anger, S. 151; Fehr, Das Recht in der Dichtung, S. 457; v. Künßberg, Rechtliche Volkskunde, S. 29; Dymke, S. 151; nach Töpfer, S. 58, wird die Strafe des Verbrennens im Märchen auch für Männer angewendet. Sie bringt hierfür aber nur ein Beispiel: Pröhle H, Märchen für die Jugend, Halle 1854, Nr. 64, S. 212 ff (Von dem Hirsch, dem Fisch und dem Schwan, die auf Gottes Wort horchen sollten), S. 216; dieses Märchen trägt zum Teil legendenartige Züge; Ludwig (S. 56) bringt wesentlich mehr Beispiele für das Verbrennen von Frauen als von Männern im Märchen; er

Nach der Ansicht Lutz Röhrichs gilt Ähnliches für die Strafe des Lebendig Begrabens[2]. Wie im Märchen, sei sie auch im Recht eine typische Frauenstrafe gewesen. Jedoch ist diese Strafe in den Märchen zu selten belegt, um eine eindeutige Tendenz ableiten zu können[3]. Das Lebendig Begraben ist im späteren

---

bezieht allerdings bei Frauen und Männern auch Märchen ein, in denen der Bestrafung kein Gerichtsverfahren vorausgeht, z.B. KHM 46, 60, 193; Lebendig Verbrennen als Strafe für einen Mann z.B. bei Schambach/Müller, Niedersächsische Sagen und Märchen, Nr. 19, S. 291 ff, 294; vgl. auch Gerhard O. W. Mueller, The Criminological Significance of the Grimms' Fairy Tales, S. 222; vgl. auch Bottigheimer, Grimms' Bad Girls and Bold Boys, S. 27 f, 101 f Fn. 2; nach Bottigheimers Ansicht ist das Verbrennen in den KHM eine typische Strafe für Frauen. Sie führt jedoch aus, in manchen der Märchen würden die mit dem Feuer bestraften Frauen erst in späteren Auflagen als Hexen bezeichnet, führt aber keine einzelnen Märchen an; Außerdem ist auch der häufige Vorwurf der Menschenfresserei (z.B. KHM 3, 49) im Zusammenhang mit dem Vorwurf der Hexerei zu sehen, vgl. auch Jessen, S. 148, Mueller, S. 222; besonders deutlich ist dieser Bezug in der Fassung der Erstauflage (1812) von KHM 49, wo die Schwiegermutter die junge Königin beschuldigt, sie „habe ihr eigen Kind gefressen, und sey eine Zauberin". Bei Zaunert, Deutsche Märchen aus dem Donaulande, S. 6 ff, 9 (Die armlose Rittersfrau), ist von einem Hexengericht die Rede, das die böse Mutter der Heldin zum Feuertode verurteilt.

1 vgl. Röhrich, S. 144; His, StdMA I, S. 503; van Dülmen, Theater des Schreckens, S. 109; bay. Hexenmandat von 1611/12, No.2, 1.Articul, 2.Articul, in: Behringer, mit dem Feuer vom Leben zum Tod, S. 184; vgl. auch Sachsenspiegel (Landrecht) II 13 §7 (Sellert/Rüping I, S. 120) und noch Codex Juris Bavarici 1751 (2. Aufl. München 1771) 1.Teil, Kapitel 7, §7, für besondere Fälle wie öffentliches oder heimliches Bündnis oder fleischliche Vermischung mit dem Teufel (Sellert/Rüping I, S. 472); Nach Schild, Die Geschichte der Gerichtsbarkeit, S. 204 war das Verbrennen Männer- und Frauenstrafe. Da die Hexenverfolgung aber überwiegend Frauen betraf, ist die Verbrennung weiblicher Hexen dennoch ein sich in Märchen und Recht entsprechendes Bild. Das Verbrennen von Hexen im Märchen beziehen auf die Hexenverfolgungen der Neuzeit auch Jessen, S. 145 f und Eisler, S. 425; Einflüsse aus der Zeit des Hexenwahns auf die Darstellung der Hexe im Märchen nimmt auch Ludwig, S. 12 an; mit älteren Strafnormen, die als Strafe für Hexerei das Verbrennen vorsehen, bringt Mueller die Märchen in Verbindung: Mueller, The Criminological Significance of the Grimms' Fairy Tales, S. 222

2 Röhrich, S. 144; auch Wehse, In siedendem Öl gegart, S. 160

3 vgl. Töpfer, S. 31, 60; vgl. auch die Nachweise bei Ludwig, S. 55; im wesentlichen findet sich nur das in verschiedenen Sammlungen aus der gleichen Quelle abgedruckte Märchen „Die beiden Goldkinder", vgl. Haltrich, Deutsche Volksmärchen aus dem Sachsenlande in Siebenbürgen (1. Aufl. 1856 und 4. Aufl. 1885), Nr. 1, S. 1 ff =Haltrich, Zur Volkskunde der Siebenbürger Sachsen, S. 226 f, =Maschke, Sachsenmärchen aus Siebenbürgen, S. 16 ff =Zaunert, Deutsche Märchen seit Grimm, S. 141 ff, sowie ein Märchen bei Grudde, Plattdeutsche Volksmärchen aus Ostpreußen, Nr. 50, S. 96 ff (De Wandäwuschke un de Alf), wo eine Hexe in einen Brunnen geworfen wird, der dann zugeschaufelt wird; E. Kaufmann, „Lebendig Begraben", in: HRG II, Sp. 1652 ff, 1655 f; His, StdMA I, S. 498; van Dülmen, Theater des Schreckens, S. 109; Conrad I, S. 439; zur Strafe des Lebendig Begrabens und Einmauerns vgl. auch Jessen, S. 165 f; Die von Jessen angeführten Beispiele des „zeitlebens unter der Erde gefangen sitzen" (KHM 107) bzw. eines tiefen, in die Erde gegrabenen Gefängnisses (BP II,

Mittelalter vielfach bezeugt[1], wird in der Carolina als Strafe der Kindestötung genannt[2] und wurde noch bis in das 17. Jahrhundert hinein, wenn auch wohl selten, vollzogen[3].

Die Strafe des Räderns findet Ludwig im Märchen nur für Männer, allerdings nur selten[4].

S. 544 ff, 546, zu KHM 116: Aladin-Variante aus dem handschriftlichen Nachlaß der Brüder Grimm), in denen die Strafe auf Männer angewendet wird, sind m.E. schon zu unspezifisch, um noch zu der Strafe des Lebendig Begrabens oder Einmauerns gerechnet zu werden. Man könnte hier auch an das Einsperren in einen Kerker oder ein Lochgefängnis denken. So bringt auch Ludwig diese Strafen als Beispiel für lebenslängliches Gefängnis (S. 59); Zum Einmauern als Strafe für Frauen und Männer vgl. auch Töpfer, S. 60; Ludwig, S. 55; ferner Fehr, Das Recht in der Dichtung, S. 456; Fehr, Das Recht im Bündner Märchen, S. 230; KHM 76; Pröhle, Kinder- und Volksmärchen, S. 10 ff, Nr. 3 (Springendes Wasser, sprechender Vogel, singender Baum); Busch, Ut ôler Welt, Nr. 25, S. 59 ff (Drei Königskinder); Sutermeister, Kinder- und Hausmärchen aus der Schweiz, Nr. 41, S. 131 ff, 133 (Der Handwerksbursche auf der Tanne) = Bächtold, Schweizer Märchen, S. 25 ff, 27; Knoop, Volkssagen, Erzählungen... S. 236 ff, Nr. 15 (Dreierlei Wasser), S. 239 f: Einmauern als Strafe für einen Prinzen; Einmauern als Strafe für einen Mann und eine Frau bei Haltrich, Deutsche Volksmärchen aus dem Sachsenlande in Siebenbürgen (1856), Nr. 19, S. 95 ff, 98 f (Der tausendfleckige, starke Wila) (= 4. Aufl. Nr. 20, S. 75 ff, 77 f); zum Einmauern in der Rechtsgeschichte vgl. Kramer, „Einmauern", HRG I, Sp. 906, der besonders in einem von ihm zitierten historischen Fall die Strafe als verschärften Freiheitsentzug deutet; vgl. auch Schild, Die Geschichte der Gerichtsbarkeit, S. 206, der das Einmauern einerseits als Spätform des Lebendig Begrabens auffaßt, andererseits diese Strafe ebenfalls „eher als Freiheitsstrafe" ansieht, sofern der Delinquent Nahrung gereicht bekam

[1] E. Kaufmann, „Lebendig Begraben", HRG II, Sp. 1652 ff, 1654; His, StdMA I, S. 498; für das „Zeitalter der Gottes- und Landfrieden" vgl. Sellert/Rüping I, S. 100; vgl. z.B. in der Radolfzeller Halsgerichtsordnung (S. 219 ff, Art. 6-20) (Entstehungszeit 1506) als Frauenstrafe (zit. nach Sellert/Rüping I, S. 127); vgl. auch Stadtrecht von Goslar (2. Buch I §63) (Entstehungszeit ca. Mitte des 14. Jh.) als Frauenstrafe (zit. nach Sellert/Rüping I, S. 147)

[2] CCC. Art. 131, zit nach: Radbruch (Hrsg.), Die Peinliche Gerichtsordnung Kaiser Karls V. von 1532, S. 84; vgl. auch Sellert/Rüping I, S. 214; E. Kaufmann, „Lebendig begraben" HRG II, Sp. 1656; His, StdMA I, S. 499; vgl. auch Wächtershäuser, „Kindestötung", HRG II, Sp. 736 ff, 738, nach dessen Interpretation nach der Carolina Regelstrafe für Kindestötung das Ertränken sein sollte, Lebendigbegraben und Pfählen jedoch nur als generalpräventive Strafdrohung für dort vorgesehen war, „wo solche Übel offt geschehe"

[3] E. Kaufmann, „Lebendig Begraben", HRG II, Sp. 1656; His, StdMA I, S. 499; vgl. auch die Regelung in der Constitutio Criminalis Theresiana von 1769 Art. 5 §5, wo für „einige härtere Todesstraffen", darunter das lebendige Begraben und das lebendige Pfählen, bestimmt ist, daß sie „in diesen Landen nicht gewöhnlich" seien und „sich auch deren künftig nicht zu gebrauchen" sei (zit. nach Sellert/Rüping I, S. 471); vgl. auch Schild, Die Geschichte der Gerichtsbarkeit, S. 206 (zum Lebendig Begraben vorwiegend als Frauenstrafe und Ausführungen zum Pfählen); vgl. auch E. Kaufmann, „Pfählen", HRG III, Sp. 1657 ff

[4] Ludwig, S. 57: Zaunert, Deutsche Märchen seit Grimm, S. 245 ff, 249; Pröhle, Märchen für die Jugend, S. 141 ff, (Der Scharfrichter und die Handwerksburschen), S. 144; in den beiden von Ludwig zitierten Märchen bei Zingerle wird die Strafe des Räderns allerdings nur beiläu-

Die Strafe des Hängens wird im Märchen wesentlich öfter an Männern als an Frauen vollstreckt[1]. Auch diese Tendenz entspricht der Rechtswirklichkeit. Für Frauen war die Strafe des Hängens untypisch und wurde, wenn sie für ein Delikt grundsätzlich vorgeschrieben war, fast immer durch eine andere Todesstrafe ersetzt[2].

Die Verbindungen zwischen den historischen Strafen und den Schilderungen im Märchen sind hier, auch in zeitlicher Hinsicht, so eng, daß man davon ausgehen muß, daß hier Elemente aus der tatsächlichen Rechtspraxis ins Märchen eingeflossen sind[3].

Insgesamt ist zwar festzuhalten, daß gerade die besonders grausamen Arten der Hinrichtung, wie z.B. auch das Verbrennen und das Vierteilen, im 17. und 18. Jahrhundert immer seltener wurden[4]. Dennoch gab es aber, wie oben

---

fig erwähnt, nicht vollstreckt: Zingerle, Kinder- und Hausmärchen aus Tirol, Nr. 21, S. 104 ff (Der Mesnersohn), S. 105; Nr. 48, S. 271 ff (Der gescheite Hans), S. 273; zur Seltenheit der Strafe des Räderns im Märchen auch Fehr, Das Recht im Bündner Märchen, S. 228; zur Strafe des Räderns aus rechtsgeschichtlicher Sicht vgl. E. Kaufmann, „Rädern", HRG IV, Sp. 135 ff; nach Schild, Die Geschichte der Gerichtsbarkeit, S. 202, wurde die Strafe „meist" an Männern vollstreckt; Belege zur Strafe des Räderns in der Rechtsgeschichte vom Zeitalter der Gottes- und Landfrieden bis zum Preußischen Allgemeinen Landrecht bei Sellert/-Rüping I, S. 100, 119, 127 ff, 136, 160, 177, 219, 462, 468 f, 470 f, 489; vgl. auch preuß. Kriegsartikel von 1808, Hülle, „Kriegsartikel", HRG III, Sp. 1196 ff, 1197

[1] Ludwig (S. 55) findet in den Märchen für das Aufhängen von Männern wesentlich mehr Belegstellen als für das Aufhängen von Frauen

[2] D. Marschall, „Hängen", HRG I, Sp. 1989; vgl. auch Conrad I, S. 170, 439; zum Hängen als Männerstrafe und Anordnung anderer Strafen für Frauen Beispiele bei Sellert/Rüping I, S. 127 (Radolfzeller Halsgerichtsordnung (S. 219 ff, Art. 6-20)/Diebstahl), S. 217 (Constitutio Criminalis Carolina Art. 159/Diebstahl), S. 470 f (Constitutio Criminalis Theresiana Art. 5 §6); vgl. auch Meurer, „Todesstrafe", HRG V, Sp. 264 ff, 268; Schild, Die Geschichte der Gerichtsbarkeit, S. 197 f, führt aus, daß das Hängen zwar vorwiegend Männerstrafe gewesen sei, jedoch auch solche Hinrichtungen von Frauen überliefert seien, mit Beispielen; zur Strafe des Hängens als für Frauen eher untypische Strafe, die sich in den KHM nur einmal (KHM 116) findet vgl. Jessen, S. 153; Grimm, RA II, S. 264 nennt zwei Beispiele für das Hängen von Frauen, die hier nicht genauer nachgeprüft werden können, und eine Stelle aus der Odyssee; nach Töpfer, S. 57 f war die Strafe des Hängens im Recht eigentlich keine Frauenstrafe, wird im Märchen aber gelegentlich auch über Frauen verhängt. Auch in der Rechtswirklichkeit wurden aber, wie auch Töpfer anmerkt, bisweilen Frauen aufgehängt, vgl. dazu Schild (oben in dieser Fn.)

[3] vgl. Röhrich, Märchen und Wirklichkeit, S. 144; ders. „Grausamkeit", EM Bd. 6, Sp. 100 f; zur wechselseitigen Beeinflussung zwischen tatsächlicher Strafpraxis und dem Ersinnen von Höllenstrafen: Zelger, S. 130

[4] vgl. Richard van Dülmen, Theater des Schreckens, S. 111, 118, 120; vgl. auch Meurer, „Todesstrafe", HRG V, Sp. 264 ff, 265; vgl. aber auch Grimm, RA II, S. 278: noch im 18. Jh. wurden Verbrecherinnen ertränkt, mit Nachweis; vgl. auch Sellert, Sellert/Rüping I, S. 203, der es für fraglich hält, ob und in wie weit die grausamen Strafen in der Praxis tatsächlich

gezeigt wurde, durchaus noch Fälle, in denen diese Strafen, meist vor großem Publikum[1], vollstreckt wurden. Außerdem konnten auch abgemilderte Formen, wie sie noch länger und häufiger praktiziert wurden, z.B. ein Verbrennen nach vorangegangener Erdrosselung[2], ein Vierteilen nach Enthauptung[3], die Erinnerung an die ursprüngliche Vollstreckung bei lebendigem Leib wachhalten.

4.2.2.1.4 System des peinlichen Strafrechts im Märchen

Grundsätzlich ist zu bemerken, daß, soweit sich die Märchen überblicken lassen, das System des peinlichen Strafrechts herrscht. [4] Die Strafen werden auch

---

auch immer exekutiert wurden (für „Zeitalter der Reformation und Rezeption"), sowie ders., a.a.O. S. 371 f zu Milderungen des Strafensystems im Einflußbereich der Aufklärung

[1] vgl. Schmidhäuser, vom Sinn der Strafe, S. 8; für den Beginn des 19. Jahrhunderts vgl. Sellert/Rüping II, S. 37; Quellenbeispiele: Königlich-Württembergische VO vom 01.05.1816 über das Verfahren bei der Vollziehung von Todesstrafen (zit. nach Sellert/Rüping II, S. 99), Gerichtsprotokoll über die Hinrichtung des Bergmanns Georg Carl Wagener am 9.8.1850 in Zellerfeld (zit. nach Sellert/Rüping II, S. 100), wo von zwischen 15.000 und 20.000 Zuschauern die Rede ist; vgl. auch Meurer, „Todesstrafe", HRG V, Sp. 264 ff, 266 f

[2] vgl. van Dülmen, Theater des Schreckens, S. 118; Quellenbeispiele bei Sellert/Rüping I, S. 470 f, 473

[3] vgl. His, StdMA I, S. 495

[4] vgl. auch Anger, S. 147 ff; Anger findet einzelne Beispiele für Ehrenstrafen (S. 154 f), ein Beispiel für eine Geldstrafe (S. 155), einige Beispiele für Freiheitsstrafe (S. 155); Zwei Beispiele für Gefangensetzung als Strafe aus Schwankmärchen auch bei Töpfer, S. 31: jedoch bei Zaunert, Deutsche Märchen seit Grimm, S. 216 ff (Die russische Finetee und die russische Galethee) werden die Räuber gefangen und jeden Tag geprügelt, damit sie ihren noch in Freiheit befindlichen Spießgesellen verraten. Es handelt sich also nicht um eine zum Schluß des Märchens nach einem Urteilsspruch verhängte Strafe, sondern um Folter zur Erzwingung einer Aussage; Gefangensetzung als Strafe bei Wisser, Plattdeutsche Volksmärchen Bd. 1, S. 285 ff, 291 (De Königsöhn); Zaunert, Deutsche Märchen seit Grimm, Bd. 1, S. 25 ff, 29 (Der lustige Ferdinand oder der Goldhirsch); zum Gefängnis als Strafe auch Töpfer, S. 60; zu Leibes- und Ehrenstrafen Töpfer, S. 61; vgl. auch Ludwig, S. 19; Belege für Leibes-, Haft- und Ehrenstrafen im Märchen bringt Ludwig, S. 59; Gerhard O.W. Mueller meint, wohl nur auf die KHM beschränkt, Gefängnis als Strafe für Verbrechen komme in den Märchen nicht vor: Mueller, The Criminological Significance, S. 224; vgl. auch Jessen, S. 168 f, der nur ein Märchen findet (KHM 170, i.ü. kein Zaubermärchen), aber wohl zu engherzig verfährt, vgl. dazu Anmerkung bei der Strafe des Lebendig Begrabens und Einmauerns; Gefängnis als Strafe bei Bünker, Nr. 64, S. 151; ders., Nr. 103, S. 370 f; bei Kuhn, Sagen, Gebräuche und Märchen aus Westfalen, Bd. 2, S. 266 ff, Nr. 25 (Der alte Husar); Gefängnisstrafe wohl auch bei E. Meier, Deutsche Volksmärchen aus Schwaben, Nr. 72, S. 246 ff (Der König Auffahrer des Meers), S. 247, wo die Königin zur Strafe in einen tiefen Turm eingesperrt wird und Wasser und Brot bekommt; Begnadigung zu lebenslanger Kerkerhaft statt Todesstrafe bei Wolf, Deutsche Hausmärchen, S. 168 ff, 177 (Die drei Königskinder), (=Verschollene Märchen, S. 128 ff, 134); lebenslanges Gefängnis auch bei Schambach/Müller, Niedersächsische Sagen und Märchen, Nr. 20, S. 294 ff, 297; Gefängnisstrafe bei Vernaleken, Österreichische Kinder- und Hausmärchen, Nr. 4, S. 21 (Der schwarze Vogel)

meist durch den Staat im weitesten Sinne, d.h. durch ein Gericht oder durch den König verhängt[1]. Ältere germanische oder mittelalterliche Formen der rechtlichen

---

Auch im Recht war die Freiheitsentziehung als Strafe lange Zeit selten. Das Gefängnis diente in erster Linie zur Verwahrung des Verbrechers während der Untersuchung und bis zur Hinrichtung (Sellert/Rüping I, S. 101, 203 f, 255, 266; vgl. hierzu und zum folgenden auch Lieberwirth, „Freiheitsstrafe“, HRG I, Sp. 1238 ff; vgl. auch die Darst. bei Schild, Die Geschichte der Gerichtsbarkeit, S. 208 ff; vgl. auch Herzog, „§2 Germanische Zeit, §3 Frühes Mittelalter“, in: „Gefangenschaft“, in: Hoops, RGA Bd. 10, S. 521 ff, 523, 525 f). Kerkerstrafen wurden außerdem als Zwangsmittel gegen Stadtbürger, Zahlungsunfähige und Zahlungsunwillige angedroht (Sellert/Rüping I, S. 101 für Zeitalter der Gottes- und Landfrieden; zur Schuldhaft vgl. auch Erler, „Schuldhaft“, HRG IV, Sp. 1512 ff; für das frühe Mittelalter Herzog, „§3 Frühes Mittelalter“, in: „Gefangenschaft“, in: Hoops, RGA Bd. 10, S. 521 ff, 525 f). Zum Gefängnis als Sicherungsverwahrung und bei heimlichem Diebstahl von geringen Werten, wenn Geldbuße nicht bezahlt werden kann, nach der Carolina vgl. Sellert/Rüping I, S. 203 (mit Quellen), S. 216. Die Freiheitsstrafe gelangt erst relativ spät (im 18.Jh.) zu Bedeutung (vgl. Sellert/Rüping I, S. 406 mit Quellenbeispielen S. 462), wenn auch z.B. im langobardischen Recht Kerkerhaft als Strafe bei Diebstahl vorgesehen war (Sellert/Rüping I, S. 62, Quelle, S. 71). Zu den Anfängen der modernen Freiheitsstrafe Sellert/Rüping Bd. I, S. 255 ff, 260. Zur Entwicklung der Freiheitsstrafe vgl. auch Müller, „Strafvollzug“, HRG V, Sp. 10 ff; Krause, „Zuchthaus“, HRG V, Sp. 1777 ff; E. Kaufmann, „opera publica“, HRG III, Sp 1248 ff; Merzbacher, „Festungsbau (strafrechtlich)“, HRG I, Sp. 1116 f; Lieberwirth, „Freiheitsstrafe“, HRG I, Sp. 1238 ff; vgl. zu Gefängnis allgemein auch Schmidt-Wiegand, „Loch“, HRG III, Sp 24 f; Lieberwirth, „Gefangene, Gefängnis“, HRG I, Sp. 1431 ff; ders., „Haftstrafe“, HRG I, Sp. 1899 ff;
zu Leibes- und Lebensstrafen vgl. E. Kaufmann, „Leibesstrafe“, HRG II, Sp. 1777 ff; Meurer, „Todesstrafe“, HRG V, Sp. 264 ff; Schild, „Verstümmelungsstrafe“, HRG V, Sp. 833 ff; zum Ausdruck vgl. E. Kaufmann, „Peinliche Strafe“, HRG III, Sp. 1574; zu Ehrenstrafen vgl. Brückner, „Ehrenstrafen“, HRG I, Sp. 851 ff; Schild, Die Geschichte der Gerichtsbarkeit, S. 212 ff; zu Schandstrafen im Gegensatz zu Ehrenstrafen aus historischer Sicht vgl. Haberer, „Schandstrafen“, HRG IV, Sp. 1353 ff; zur Prügelstrafe vgl. Lieberwirth, „Ausstäupen“, HRG I, Sp. 270 f; zur Geldstrafe vgl. Holzhauer, „Geldstrafe“, HRG I, Sp. 1466 ff

[1] vgl. dazu Jessen, S. 126; nach Jessen straft der König nur innerhalb seines Hausrechts (S. 152; vgl. auch S. 165 f, 178 ff, 207, 209) vgl. auch Friedrichs, S. 18, 38; Nach Winter S. 206 übt der König des Märchens sehr oft die Gerichtsbarkeit selbst aus. Wenn er aber die Königin oder seine Kinder strafe oder zum Tode verurteile, so sei dies nicht Ausfluß der Herrschergewalt, sondern der Muntgewalt. Töpfer, S. 24, 27, 28 f, 40, 57 meint, die Rechtsprechung werde nur vom König selbst ausgeübt, zuweilen im Beisein bzw. mit Hilfe der Minister oder des Rates; bezüglich der Strafurteile des Königs über Mitglieder seiner Familie verweist sie grundsätzlich auf Winter, meint aber, dessen Ansicht treffe nicht zu, wenn der König Frau oder Kinder wegen Übertretung eines Verbotes bestrafe; nach Ludwig, S. 16, Fn. 1, S. 64 ist eine Trennung zwischen dem König, der als Vater richtet, und dem König als weltlichem Gerichtsherrn nicht möglich. Seiner Ansicht nach wurde der König immer als öffentlicher Richter aufgefaßt, wenn er nicht eindeutig als Muntwalt über seine Familie bezeichnet war; vgl. ferner Fehr, das Recht in der Dichtung, S. 457; vgl. auch Fehr, das Recht im Bündner Märchen, S. 222; ausführlich zu den verschiedenen richtenden Personen im Märchen Ludwig, S. 16 f, 18 ff; fraglich ist auch die These Bottigheimers (S. 81 f, Fn. 2,

Reaktion auf Missetaten, bzw. des Strafrechts und des Strafprozesses finden sich kaum in den Märchen. Das System des Wergelds und der Bußen[1] findet sich

---

S. 96, 98), bei Männern fände im Märchen öfter als bei Frauen ein förmliches Gerichtsverfahren statt. Ihre These „Males inhabit the public sphere and women are subject to private justice“ würde auch zu der These passen, wonach die Bestrafung der Frauen durch den König ohne förmliches Gerichtsverfahren Ausfluß der Muntgewalt ist; Aufgrund der ungenauen und schwankenden Ausdrucksweise der Märchen (vgl. Kap.II.4.2.2.3) lassen sich jedoch solche Nachweise kaum führen; aus rechtsgeschichtlicher Sicht vgl. zum Züchtigungsrecht als Ausfluß der Munt Roth, „Züchtigungsrecht“, HRG V, Sp 1781 f; Ogris, „Vater“, HRG V, Sp. 648 ff, 651, u.a. zweifelnd zum Tötungsrecht; Schwab, „Kind“, HRG II, Sp. 717 ff, für Tötungsrecht umfassende Strafgewalt (mit Einschränkungen), die sich zu Züchtigungsrecht zurückbildete Sp. 718, 720; vgl. auch Ogris, „Munt, Muntwalt“, HRG III, Sp. 750 ff, 756, 758 zum Züchtigungsrecht; vgl. auch Carlen, „Gesinde“, HRG I, Sp. 1628 ff; Ogris, „Hausgemeinschaft“, HRG I, Sp. 2024 ff; Schulze, „Hausherrschaft“, HRG I, Sp. 2030 ff; pauschal zur Strafgewalt Reichert, „Frau“, in: Hoops, RGA Bd. 9, S. 477 ff, 487; zur Strafgewalt des Mannes über die Ehefrau im Rahmen der Hausgewalt vgl. auch Schulze, Eherecht, RGA Bd. 6, S. 480 ff, 482, 486, zur Strafgewalt aufgrund Munt(ehe) S. 485; zum Züchtigungsrecht bezüglich der Kinder Kreutzer, „§4 Die rechtliche Stellung der Kinder“, in: „Kinder“, in: Hoops, RGA Bd. 16, S. 529; vgl. auch den krit. Artikel von Lammel, „Hausgerichtsbarkeit“, in: Hoops, RGA Bd. 14, S. 69 f; Erler (Sich selbst das Urteil sprechen, S. 154) will in den Fällen, in denen der Bösewicht auf eine abstrakte Frage des Königs, ohne zu wissen, daß es sich um seinen eigenen Fall handelt, selbst das Urteil spricht, eine Entsprechung zur germanischen Gerichtsverfassung sehen, in der der König das Urteil von den rechtskundigen Urteilsfindern erfragt. Eine ähnliche Verbindung stellt auch Fehr, Das Recht im Bündner Märchen, S. 227 her, wobei er einzelne Märchen heranzieht, in denen nicht der Bösewicht selbst, sondern andere Personen vom König nach dem Urteil gefragt werden. Angesichts der weiten Verbreitung des Erzählmotivs vom Selbsturteil (vgl. dazu unten Kap.IV.2.1.2) erscheint mir diese Verbindung aber doch sehr fraglich. Vgl. z. Rechtsgeschichte E. Kaufmann, „Königsgericht“, HRG II, Sp. 1034 ff (bes. Karolingerzeit und Mittelalter); zu dem Gedanken Kaufmanns zum Selbsturteil vgl. unten Kap.IV.2.1.2

[1] Grundlegend für die Entwicklung vom Kompositionensystem bei den germanischen Stämmen zum öffentlichen peinlichen Strafrecht Nehlsen, „II. Deutsches Recht“, in: „Buße (Weltliches Recht)“, in: Lexikon des Mittelalters, Bd. 2, Sp. 1144 ff; ders., Entstehung des öffentlichen Strafrechts bei den germanischen Stämmen; ders., Der Grabfrevel in den germanischen Rechtsaufzeichnungen; zur german. Zeit Sellert/Rüping I, S. 52, Zitat aus Tacitus, Germania S. 53, wonach es allerdings auch Todesstrafen für gewisse Verbrechen, die vor einem Thing abgeurteilt wurden, gegeben habe; gegen die Existenz von germanischen Todesstrafen vgl. aber auch Kroeschell, „§48 Quellenprobleme“, in: „Germanen, Germania, Germanische Altertumskunde“, in: Hoops, RGA Bd. 11, S. 399; für die fränkische Zeit vgl. Sellert/Rüping I, S. 56 ff, mit Quellen; zur Entwicklung des peinlichen Strafrechts vgl. Sellert/Rüping I, S. 98 f; vgl. auch Sellert/Rüping I, S. 117 f, Quellen für Bußen im Zeitalter der Gottes- und Landfrieden; zum Verhältnis zwischen peinlicher Strafe und Kompositionensystem für die Zeit vor den Landfrieden, besonders für die damalige Existenz peinlicher Strafen E. Kaufmann, „Strafe, Strafrecht“, HRG IV, Sp. 2011 ff, 2014; zum Kompositionensystem und Ablösbarkeit der peinlichen Strafe a.a.O., Sp. 2014 ff; zum staatlichen Strafanspruch Sp. 2017 ff; allgemein zum Kompositionensystem, sowie dazu, daß dieses im Hoch-

nicht[1], die Strafen sind nach Jessen meist auch nicht durch eine Geldbuße ablösbar[2]. Selten kommt auch die hiervon im Märchen nicht immer ganz klar trenn-

---

mittelalter mehr und mehr von peinlichen Strafen einerseits und dem Schadensersatzrecht andererseits verdrängt worden ist, vgl. Scherner, „Kompositionensystem", HRG II, Sp. 995 ff, 997; vgl. auch E. Kaufmann, „Buße", HRG I, Sp. 575 ff, wonach im *frühen* Mittelalter die peinliche Strafe noch völlig hinter der Buße zurücktritt; vgl. zum Ganzen auch Schild, „Wergeld", HRG V, Sp. 1268 ff; E. Kaufmann, „Friedensgeld", HRG I, Sp. 1296 ff; E. Kaufmann, „Sühne, Sühneverträge", HRG V, Sp. 72 ff; ders., „Landfrieden I", HRG II, Sp. 1451 ff, 1464; Holzhauer, „Landfrieden II", HRG II, Sp. 1465 ff; ders., „Geldstrafe", HRG I, Sp. 1466 ff; zum Bußprozeß und „weitgehend unerforschten" Kriminalverfahren, das zu peinlicher Strafe führte, im fränkischen Recht vgl. Weitzel, „Gerichtsverfahren", in: Hoops, RGA Bd. 11, S. 153 ff, bes. S. 163, 169; vgl. auch v. Olberg, „Gerichtsverfassung", in: Hoops, RGA Bd. 11, S. 171 ff, 173

[1] für die Bestrafung der Hexen vgl. dazu Jessen, S. 145 f;
Ludwig, S. 32, meint, insbesondere bei der vermeintlichen Tötung eines Menschen in manchen Schwankmärchen privat gegebene Schweigegelder als Bußgelder auffassen zu können. In diesen Fällen wird das Schweigegeld aber bezahlt, um die öffentliche Strafe, die einer Anzeige nachfolgen würde, zu vermeiden. Für Ludwigs Ansicht liegen keine zureichenden Anhaltspunkte vor. Vgl. z.B. Gustav Friedrich Meyer, Plattdeutsche Volksmärchen, Nr. 45, S. 130 ff; Nr. 132, S. 238 ff, 240 f; Zingerle, Kinder- und Hausmärchen aus Süddeutschland, S. 24 ff, 25 (=Regensburg 1854, S. 5 ff, 6 f) (Das Bäuerlein); Jegerlehner, Am Herdfeuer der Sennen, Neue Märchen und Sagen aus dem Wallis, S. 190 ff, 197 (Der arme Job); ders., Sagen und Märchen aus dem Oberwallis, Nr. 160, S. 229 ff (Der Arme und die zehn Reichen); Bächtold, Schweizer Märchen, S. 103 ff, 107 (S'Bürli); Bartsch, Sagen, Märchen und Gebräuche aus Meklenburg, Bd. 1 Nr. 9, S. 488 ff, 490 (Lütt Jacob); a.a.O., Bd. 2, S. 480 ff (Bur Kiwitt); Pröhle, Märchen für die Jugend, Nr. 15, S. 55 ff (Der bunte Bauer); vgl. auch BP II, S. 1 ff zu Nr. 61 (Das Bürle) mit vielen weiteren Beispielen; etwas unklar ist die Deutung bei Büsching, Volkssagen, Märchen und Legenden, Nr. 61, S. 296 ff (Die Geschichte des Bauer Kibitz); Vgl. auch Ludwig, S. 43; KHM 148 ist fabelartig; bei einem von Ludwig angeführten Märchen scheint es sich eher um eine Art Geldstrafe zu handeln: Pröhle, Märchen für die Jugend, Nr. 53, S. 189 (Der beschämte Bäckermeister). Diese Geschichte ist jedoch eigentlich kein Zaubermärchen; bei dem von Ludwig angeführten Text aus Jegerlehner, Sagen und Märchen aus dem Oberwallis, S. 252, Nr. 20 („Har sä Bluesti!") geht es eher um die Leistung von Schadenersatz für eine getötete Kuh, als um eine Geldstrafe oder ein Bußgeld („Das Gericht Gottes (d. ist nach der Anm. S. 136 das geistliche Gericht oder Chorgericht) hat mir dafür 90 Kronen angerechnet, und da ich den Schaden zu Lebzeiten nicht vergütete, finde ich keine Ruhe"). Der Text ist außerdem eine Sage, kein Märchen.

[2] Vgl. Jessen, S. 132, 135, 140 f; Das Beispiel S. 135 überzeugt jedoch nicht. Das Märchen wurde wegen seiner Verwandtschaft mit dem Polyphem-Mythos als nicht spezifisch deutsch von den Brüdern Grimm selbst wieder ausgeschieden (Rölleke, KHM Bd. 3, Nachweise, S. 541). Außerdem wird hier gerade dem Räuber das Loskaufen seiner Söhne angeboten. Zur Ablösbarkeit der Strafe durch Buße bringt Töpfer, S. 60 f, ein Beispiel: Meier, E. Deutsche Volksmärchen aus Schwaben, Nr. 73, S. 253 ff. Dort findet sich aber keine regelrechte Ablösung der Strafe durch eine Geldbuße, vielmehr soll einem Mann, der hingerichtet werden soll, das Leben geschenkt werden, wenn er auf den Glasberg gehen und den Drachen befragen will; O. Ludwig bringt S. 43 für die Wahlmöglichkeit des Verbrechers zwischen Strafe und

bare Möglichkeit des Loskaufens eines zahlungsunfähigen Schuldners oder Zechprellers vor[1]. Nach Jessen findet sich im Märchen auch nicht das einseitige

---

Buße ebenfalls nur dieses Märchen; O. Ludwig (S. 9) nennt das Loskaufen von Strafen „sehr häufig"; vgl. auch Ludwig, S. 23; Für das Loskaufen Lebender von einer Strafe führt Ludwig aber S. 49 nur zwei Belege an: BP II, 396 und Haltrich, Deutsche Volksmärchen aus dem Sachsenlande in Siebenbürgen (4. Aufl. 1885), Nr. 9, S. 32, (= 1. Aufl. Nr. 9, S. 42 ff, 43), wobei beim letzteren Märchen, in dem ein Mädchen aus dem Kerker losgekauft wird, das unschuldig in den Verdacht geraten ist, 100 Gulden gestohlen zu haben, gerade diese 100 Gulden bezahlt werden „bis man den rechten Dieb findet". Unklar bleibt insbesondere, ob die 100 Gulden letztlich für das Gericht oder den Bestohlenen bestimmt sind. In den anderen von Ludwig behandelten Fällen werden Tote oder zahlungsunfähige Schuldner losgekauft; aus rechtsgeschichtlicher Sicht vgl. zur Ablösbarkeit in der fränkischen Zeit Sellert/Rüping, Bd. I, S. 58, 70 (m. Quellen); zum Verschwinden der Ablösbarkeit im Zeitalter der Gottes- und Landfrieden Sellert/Rüping I, S. 96, 98 ff, 121 (m. Quellen); zur Ablösbarkeit vgl. auch E. Kaufmann, „Strafe, Strafrecht", HRG IV, Sp. 2011 ff, 2012, bes. Sp. 2014 ff, wonach die Ablösbarkeit auf dem Gedanken der „Austauschbarkeit der Sanktionen" beruht, die Kaufmann strukturell auf „fehderechtliches Denken" zurückführt, zum staatlichen Strafanspruch und Ende der Ablösbarkeit a.a.O., Sp 2017 ff; vgl. zum Ganzen auch Ogris, „Lösung", HRG III, Sp. 55 f; Meurer, „Todesstrafe", HRG V, Sp. 264 ff, 268; für Leibesstrafen E. Kaufmann, „Leibesstrafe", HRG II, Sp. 1777 ff, 1778 f; vgl. auch Holzhauer, „Geldstrafe", HRG I, Sp. 1466 ff, 1468 ff, zur Verhängung von Geldstrafen als poena extraordinaria vgl. Sp. 1471 ff; zur Ablösung der Todesstrafe in fränkischer Zeit und im Mittelalter vgl. Lieberwirth, „Halslösung", HRG I, Sp. 1915; zum Wegfall der Ablösbarkeit der peinlichen Strafen vgl. Mitteis/Lieberich, Deutsche Rechtsgeschichte, S. 305

[1] Zum Loskaufen des zahlungsunfähigen Schuldners bzw. Zechprellers (KHM 57) vgl. Jessen S. 138, 154 unter Hinweis auf Übung in Frankreich (!) und in Friesland; vgl. zu KHM 57 auch Töpfer, S. 43 f, die in dem Motiv eine Bezahlung des „Wergelds" sieht; Winter, S. 217 spricht ebenfalls von Wergeld und erwähnt die „schlimmen Streiche" der Brüder des Helden; nach dem Wortlaut des Märchens ist offen, ob der Held nur die Schulden seiner Brüder zahlt, oder auch eine Buße: Die Brüder hatten „allerhand schlimme Streiche verübt und alles verthan" (Erstaufl. 1812) bzw. hatten „allerhand schlimme Streiche verübt und all ihr Gut vertan" (Ausgabe letzter Hand). In der Erstauflage heißt es weiter: „ „Können sie denn gar nicht mehr vom Tode frei werden?" - Nein, es sei denn, daß ihr euer Geld an die Lumpenkerls hängen und sie loskaufen wolltet. Da besann er sich nicht lange, und zahlte, was man verlangte;..." In der Ausgabe letzter Hand heißt es: „Er fragte, ob sie nicht könnten freigemacht werden. „Wenn Ihr für sie bezahlen wollt", antworteten die Leute, „aber was wollt Ihr an die schlechten Menschen Euer Geld hängen und sie loskaufen." Er besann sich aber nicht, zahlte für sie...". Jessen vermutet S. 154, daß neben den Schulden auch ein Lösegeld an das Gericht bezahlt wurde; vgl. auch Ludwig, S. 49 der neben KHM 57 weitere Märchen anführt. Bei KHM 57 geht er davon aus, daß der Loskauf durch Zahlung der Schulden an die Gläubiger erfolgt (S. 49, bes. Fn. 130 zu S. 49); Loskaufen eines lebenden Schuldners bei Pröhle, Kinder- und Volksmärchen, Nr. 78, S. 239 ff, 240 (Die rothe Fahne und der Ring der Königstochter); Zingerle, Kinder- und Hausmärchen aus Tirol, 4. Aufl, Nr. 49 S. 275 ff (Der blinde König), S. 280; bei Veckenstedt, Wendische Sagen, Märchen und abergläubische Gebräuche, Nr. 12, S. 79 ff, 83, heißt es: „...bezahlte die Schulden seiner Brüder und errettete sie so vom Tode."; auch bei Meier, Volksmärchen aus Schwaben, Nr. 5, S. 20 ff (Der kranke König und

provozierte Ordal (Gottesurteil).[1] (zum zweiseitigen Kampfordal sogleich unten) Hierzu ist aus historischer Sicht festzuhalten, daß bereits im frühen Mittelalter Bedenken gegen die Zuverlässigkeit der Gottesurteile geäußert wurden, wobei die Stellung hier sowohl innerhalb der Kirche als auch bei den weltlichen Herrschern nicht einheitlich ist.[2] Das vierte Laterankonzil (1215) untersagte die kirchliche Mitwirkung bei bestimmten Formen des Gottesurteils (Heiß- und Kaltwasserprobe und Heißeisenordal). Diese Bestimmung wurde immer wieder als Abschaffung der Gottesurteile verstanden,[3] enthält aber - wie nunmehr Schmoeckel in

---

seine drei Söhne), S. 25, ist nur von einem Bezahlen der Schulden die Rede, das die Schuldner vor dem Hängen rettet. Vgl. auch Wolf, Deutsche Hausmärchen, S. 54 ff (=Verschollene Märchen, S. 47 ff) (Die Königstochter im Berge Muntserrat), S. 59; vgl. auch Zaunert, Deutsche Märchen aus dem Donaulande, S. 57 ff, 67 (Die Vögel Phönus und Floribunda); unklar, ob nur Schulden oder auch Strafe bezahlt, weil sehr verkürzte Schilderung bei Zaunert, Deutsche Märchen aus dem Donaulande, S. 118 ff, 126 (Die weiße Amsel); unklar auch Curtze, Volksüberlieferungen aus dem Fürstenthum Waldeck, Nr. 11, S. 53 ff (Die drei Brüder); zum Loskauf von Sklaven und (Kriegs)gefangenen aus historischer Sicht vgl. Erler, „Loskauf Gefangener", HRG III, Sp. 48 ff; zur Schuld*haft* mit Zweck der Bezahlung der Schulden, aber ohne Lebensstrafe vgl. Erler, „Schuldhaft", HRG IV, Sp. 1512 ff; zur Schuldknechtschaft Kaufmann, „Schuldknechtschaft", HRG IV, Sp. 1514, wobei hier wesentliche Unterschiede zu den Schilderungen im Märchen bestehen (Abdienen der Schuld)

[1] Jessen, S. 202; vgl. auch Fehr, Das Recht im Bündner Märchen, S. 231; nach Ludwig, S. 9, sind die Gottesurteile im Märchen nicht besonders häufig; vgl. auch Ludwig, S. 10; nach Ludwig S. 38 f kommt die Feuerprobe nur einmal in einem Tiermärchen, die Wasserprobe gar nicht im Märchen vor. Einzelne Belege, die jedoch mit einer Ausnahme alle aus der Schweiz stammen, findet er für die Bahrprobe. Zum Märchen vom singenden Knochen (KHM 28) als Erinnerung an die Bahrprobe vgl. Dymke, S. 180; Fehr, Das Recht in der Dichtung, S. 455 sieht in KHM 92 „eine Art Gottesurteil", wenn der dem Teufel versprochene Sohn in einem Fluß ausgesetzt wird; er setzt auch andere Märchen in Verbindung zu Gottesurteilen (KHM 31; KHM 28; Fehr, Das Recht in der Dichtung, S. 454 f, 461) in diesen Märchen wird aber kein vom Menschen im Rahmen der Behandlung eines Rechtsfalles provoziertes Gottesurteil geschildert; Erler, „Gottesurteil", HRG I, Sp. 1769 ff, 1772, meint, das Gottesurteil sei ein beliebter Stoff des Märchens und der Legende. Er nennt als Beispiel bezüglich der Märchen aber nur das Märchen vom Marienkind (KHM 3). Auch hier handelt es sich aber nicht um ein vom Menschen im Rahmen der Urteilsfindung provoziertes Ordal; vielmehr löscht ein Regen die Flammen des Scheiterhaufens, auf dem Marienkind verbrannt werden soll. Zum Kampfordal sogleich unten

[2] vgl. Schmoeckel, „Ein sonderbares Wunderwerck Gottes", S. 127 ff; Erler, „Gottesurteil", HRG I, Sp. 1769 ff, 1772

[3] in diese Richtung vgl. z.B. Mitteis/Lieberich, dt. Rechtsgeschichte S. 308, der die Ansicht vertritt, die einseitigen Gottesurteile seien fortgefallen, nachdem das vierte Laterankonzil (1215) dagegen Stellung genommen hatte; vgl. auch Sellert/Rüping I, S. 110, der davon ausgeht, daß nach dem vierten Laterankonzil „das Ordal entweder ganz verboten oder nur noch in Ausnahmefällen zugelassen sein sollte", und diese Entwicklung in Verbindung mit der „Ablösung des Unschulds- durch den Wahrheitsbeweis" sieht; Müller-Volbehr, „Beweis",

seinem Aufsatz „Ein sonderbares Wunderwerck Gottes“ darlegt - kein umfassendes Verbot.[1] Vielmehr bestanden die Gottesurteile zunächst fort und gingen erst allmählich zurück.[2] Hierbei ist nach den verschiedenen Arten der Gottesurteile zu differenzieren. So verschwand die Kaltwasserprobe erst im 17. Jahrhundert mit dem Abklingen der Hexenverfolgung, für die Bahrprobe finden sich noch im 18. Jahrhundert Belege.[3] Der dargestellte Befund trifft sich mit den Feststellungen von Ludwig, der in Märchen einzelne Belege für die Bahrprobe - das am längsten im Gebrauch gewesene Ordal - findet, während er für die übrigen Ordale - mit einer Ausnahme - keine Belege findet. Die von Ludwig gefundenen Belege sind jedoch insgesamt zu wenig, um hieraus zuverlässige Schlüsse zu ziehen. [4] Das System der Blutrache sieht Jessen in den Grimmschen Märchen nur allenfalls angedeutet beim Märchen „Der Hund und der Sperling“ (KHM 58)[5]. Allerdings

---

in: Hoops, RGA Bd. 2, S. 483 ff, 484 spricht hingegen nur davon, daß die Anwendung der Gottesurteile seit dem 13. Jahrhundert „zusehends eingeschränkt“ wurde.

[1] Schmoeckel, a.a.O., S. 133 ff

[2] Schmoeckel, a.a.O., S. 147, 162

[3] Schmoeckel, a.a.O., S. 145, 162; vgl. auch Erler, „Gottesurteil“, HRG I, Sp. 1769, 1773, nach dessen Ausführungen sich die Gottesurteile noch durch das ganze 14. und 15. Jahrhundert gehalten haben, und der ebenfalls auf die Bedeutung der Kaltwasserprobe im Hexenprozeß im 16. und 17. Jahrhundert hinweist. Etwas anders Buchda, „Gerichtsverfahren“, HRG I, Sp. 1551 ff , Sp. 1553, der pauschal äußert, die Gottesurteile seien im Hochmittelalter allmählich außer Gebrauch gekommen. Speziell zur Bahrprobe vgl. Ogris, „Bahrprobe, Bahrrecht“, HRG I, Sp. 283 f, besonders die Ausführungen zur wechselnden Bedeutung des Instituts als Inquisitionsmittel, Gottesurteil, Augenscheinsbeweis u.a.; weiterführend Quellentexte zur Einschränkung des Gottesurteils/Kritik am Gottesurteil bei Sellert/Rüping I, S. 172 ff, S. 333 f

[4] vgl. Ludwig, S. 9 f; nach Ludwig S. 38 f kommt die Feuerprobe nur einmal in einem Tiermärchen, die Wasserprobe gar nicht im Märchen vor. Einzelne Belege, die jedoch mit einer Ausnahme alle aus der Schweiz stammen, findet er für die Bahrprobe.

Zu beachten ist außerdem, daß sich in Sagen das Ordal häufiger findet, vgl. z.B. Anger, S. 121 ff, Fehr, Das Recht im Bündner Märchen, S. 231;

allgemein zum Gottesurteil aus rechtsgeschichtlicher Sicht vgl. weiterführend noch Sellert/Rüping I, S. 64, 109 f, mit Quellentexten S. 84 ff, 170 ff; zur Heißwasserprobe vgl. Erler, „Kesselfang“, HRG II, Sp. 707 ff; zum Pflugscharengang Henning, „Pflugschar, Pflugscharengang“, HRG III, Sp. 1742 f; zur Bahrprobe Ogris, „Bahrprobe, Bahrrecht“, HRG I, Sp. 283 f; allg. Zum Gottesurteil vgl. auch Müller-Volbehr, „Beweis“, in: Hoops, RGA Bd. 2, S. 483 ff, 484 f

[5] Jessen, S. 128, der hier zu Recht gegen v. Künßberg argumentiert; v. Künßberg (Rechtliche Volkskunde, S. 29) meint unter Anführung des Motivs vom singenden Knochen (vgl. KHM 28) und von KHM 58, die Blutrache werde im Märchen allenthalben gefordert; in KHM 28 wird der die Mordtat verkündende Knochen vor den König gebracht; vgl. auch die Beispiele bei Dymke, S. 183, wonach in Märchen dieses Typs König, Dorfschulze, Amtmann oder Bauernvogt als Richter auftreten. Zur Blutrache aus rechtsgeschichtlicher Sicht vgl. Preisner, „Blutrache“, HRG I, Sp. 459 ff; E. Kaufmann, „Rache“, HRG IV, Sp. 126 f; sehr

handelt es sich hierbei um ein Tiermärchen, die Rache übt der Sperling. Ein Beispiel für das Bestehen einer Rechtsvorstellung, daß auch unter Menschen Blutrache zu üben sei, läßt sich daraus meiner Ansicht nach nicht herleiten. Auch eine Erinnerung an das Recht der Fehde[1] und an das Kampfordal[2] kann man allenfalls

---

ausführlich und kritisch Böttcher, „II. Rechtshistorisches", in: „Blutrache", in: Hoops, RGA Bd. 3, S. 81 ff

[1] vgl. Jessen, S. 151, 227 zu KHM 102; zur Fehde in der germanischen Zeit vgl. Sellert/Rüping I, S. 50 ff, 55 ff, zur Einschränkung der Fehde und Fehdeverbote im Zeitalter der Gottes- und Landfrieden ebda, S. 97 mit Quellen S. 115 ff; vgl. auch E. Kaufmann, „Fehde", HRG I, Sp. 1083 ff, besonders zum Rückgang der Fehde seit dem Ewigen Landfrieden Sp. 1092, zu einzelnen Gegenden, in denen sich die Totschlagsfehde noch bis in das 17. Jahrhundert erhalten hat, Sp 1090; vgl. auch E. Kaufmann, „Landfrieden I", HRG II, Sp. 1451 ff; Achter, „Gottesfrieden", HRG I, Sp. 1762 ff; Böttcher, „Blutrache", in: Hoops, RGA Bd. 3, S. 81 ff; zur Fehde in germanischer Zeit und frühem Mittelalter Kaufmann, „§2 Rechtshistorisches", in: „Fehde", in: Hoops, RGA Bd. 8, S. 282 ff; vgl. auch E. Kaufmann, „Strafe, Strafrecht", HRG IV, Sp. 2011 ff, 2012 ff, 2018, besonders dazu, daß nach seiner Darstellung Fehdeverbrechen bis in das 16. Jh. hinein nur in recht engen Grenzen kriminalisiert werden.

[2] vgl. Jessen, S. 203; Friedrichs, S. 38; Fehr, Das Recht in der Dichtung, S. 454; alle zu KHM 48 und KHM 102; Im Tiermärchen „Der alte Sultan" (KHM 48) wird eher eine Art Duell zwischen dem Hund und dem Wolf geschildert. Der Wolf fordert den Hund, Schwein und Katze sind Sekundanten. vgl. auch Töpfer, S. 62, die zwar in KHM 102 ein altes Kampfordal sieht, aber darauf hinweist, daß in allen anderen Märchen der Zweikampf nicht die Bedeutung eines gerichtlichen Kampfes habe, sondern eines Ritterspieles, bei dem der Unterlegene in die Hand des Siegers gegeben ist. So hat z.B. auch der Zweikampf bei Bünker, Schwänke, Sagen und Märchen in heanzischer Mundart, Nr. 71 nicht den Charakter eines gerichtlichen Kampfes bzw. eines Gottesurteils, sondern eher eines Duells (Töpfer, Fn. 381b, zitiert hier wohl irrtümlich Bünker, Nr. 107(!)); Eine Ausnahme findet sich - entgegen der Ansicht Töpfers (a.a.O. und Fn. 381b) - bei Zaunert, Deutsche Märchen aus dem Donaulande, Jena 1926, S. 10 ff, wo ein Geistlicher rät, den Vater des Kindes der Prinzessin durch einen Zweikampf zu ermitteln: „denn, hat der alte Geistliche gesagt, der Herrgott wird es so lenken, daß der Vater des Kindes Sieger sein wird" (S. 13); Ludwig findet für den Zweikampf nur Belege, die nach seinen Erkenntnissen aus der mittelalterlichen Literatur stammen (S. 23, 39); Winter sieht in KHM 102 einen Krieg zwischen Zaunkönig und Bär, dessen Verlauf bezeichnend sei für die Kriegführung des totemistischen Zeitalters (S. 205); zur Seltenheit des Zweikampfes im Märchen auch Fehr, Das Recht in der Dichtung, S. 561;
aus rechtshistorischer Sicht vgl. zum Ende des gerichtlichen Kampfordals bes. Schmoeckel, „Ein sonderbares Wunderwerck Gottes", S. 137 ff, 163; Hiernach setzte erst das Tridentinum (1563) auch für den weltlichen Bereich ein allgemeines Verbot der Zweikämpfe durch, das spätestens am Ende des 17. Jahrhunderts allgemein akzeptiert wurde. Zum Verbot für den kirchlichen Bereich bereits durch Gratian und das 4. Lateranum und Einschränkungstendenzen im weltlichen Bereich ders. S. 132 f, 137 f, 140 f; Schild in „Zweikampf", HRG V, Sp. 1835 ff unterscheidet nach den Bedeutungen drei verschiedene Formen des Zweikampfes vor Gericht; die dritte Form, der „Zweikampf unter Aufsicht des Gerichtsherrn", verschwand nach Schild allmählich im 16. Jh.; zum privaten Ehrenduell, in dessen Form der Zweikampf

gelegentlich im Tiermärchen finden. [1] Nach Anger werden die Strafen z.T. aber auch im Wege der Selbsthilfe vollstreckt[2]. Ob man in einzelnen Märchen noch eine Erinnerung an die Erhebung des Gerüftes bei handhaften Taten sehen kann[3], halte ich für sehr fraglich, zumal in den von Jessen und Anger herangezogenen

---

bis ins 20. Jahrhundert fortlebte, vgl. Schmoeckel, a.a.O., S. 142, 144; Schild, „Zweikampf", HRG V, Sp. 1835 ff, 1843 f; Demeter, „Duell", HRG I, Sp. 789 f;
allgemein zum Kampfordal vgl. neben den bereits Genannten Erler, „Gottesurteil", HRG I, Sp. 1769 ff, 1771; vgl. auch Sellert/Rüping I, S. 109 f mit Quellen S. 84 ff, 120, 144, 171 ff; vgl. auch Beck, „Kämpe", in: Hoops, RGA Bd. 16, S. 153 ff

[1] zu anderen Märchen als Tiermärchen (KHM 71, 134) zweifelnd Jessen, S. 203

[2] vgl. Anger, S. 147, 152, 172; Nach Polifke, Die Darstellung von Recht und Unrecht in Volksmärchen, S. 104, ist in den von ihr untersuchten Märchen Selbstjustiz - die aus dem Motiv der Rache erfolge - die am häufigsten auftretende Art der Bestrafung. Dieses Ergebnis relativiert sich, wenn eine größere Anzahl von Märchen untersucht wird. Es ist aber insofern bemerkenswert, als Polifke für ihre Untersuchung die heute (bes. bei Kindern) bekanntesten und beliebtesten Märchen herangezogen hat.
Zur Selbsthilfe aus rechtsgeschichtlicher Sicht - ohne einen Zusammenhang der Märchen zur Rechtsgeschichte andeuten zu wollen - vgl. Buchda, „Gerichtsverfassung", HRG I, Sp. 1563 ff, 1568 f; kurz zur germanischen Zeit E. Kaufmann, „Strafe, Strafrecht", HRG IV, Sp. 2011 ff, 2012

[3] Das Gerüfte ist zunächst ein Hilferuf, bzw. Klagegeschrei, das die Nachbarn oder zufällig in der Nähe befindliche Leute zum Herbeieilen auffordert, z.B. bei einem Verbrechen (vgl. Buchda, „Gerüfte", HRG I, Sp. 1584; vgl. auch v. Olberg, „Gerüfte", in: Hoops, RGA 11, S. 455 ff, 456). Wurde eine Tat durch Ertappen oder Ergreifen des Täters einer Anzahl von Personen, meist den auf das Gerüfte hin Herbeigeeilten offenkundig oder wurde der Täter von den auf das Gerüfte herbeigeeilten Personen in ununterbrochener Verfolgung unmittelbar nach Begehung der Tat gestellt, so war die Tat handhaft (vgl. Werkmüller, „Handhafte Tat", HRG I, Sp. 1965 ff; ders, „Handhafte Tat", in: Hoops, RGA Bd. 13, S. 614 ff) Für die germanische Zeit nimmt die Lehre überwiegend an, daß der auf handhafter Tat ergriffene Täter sofort getötet werden durfte (vgl. Werkmüller, „Handhafte Tat", HRG I, Sp. 1965 ff, 1966; Mitteis/Lieberich, dt. RG, S. 39; Anger, S. 172; Werkmüller, „Handhafte Tat", in: Hoops, RGA Bd. 13, Sp. 614 ff, auch zur Einschränkung des Tötungsrechts). Ansonsten wurde der Täter anschließend vor Gericht gebracht (vgl. Buchda, „Gerüfte", HRG I, Sp. 1584 ff, 1585; Werkmüller, „Handhafte Tat", HRG I, Sp. 1965 ff, 1968 ff; vgl. von Olberg, „Gerüfte", in: Hoops, RGA Bd. 11, S. 455 ff; Werkmüller, „Handhafte Tat", in: Hoops, RGA Bd. 13, S. 614 ff, 615) Das Gerüfte stellt hier bereits den Beginn der Klage dar (vgl. Buchda, „Klage", HRG II, Sp. 837 ff, 841; ders. „Gerüfte", HRG I, Sp. 1583 ff, 1586; v. Olberg, „Gerüfte", in: Hoops, RGA Bd. 11, S. 455 ff, 456; ggf. auch sog. „Klage gegen den toten Mann", vgl. näher zur hist. Entwicklung Werkmüller, „Handhafte Tat", in: Hoops, RGA Bd. 13, S. 614 ff, 615; ders., „Handhafte Tat", HRG I, Sp. 1965 ff, 1970); allgemein zum Gerüfte vgl. auch v. Olberg, „Gerüfte", in: Hoops, RGA Bd. 11, S. 455 ff, der auf das umstrittene Alter des Gerüftes hinweist (schon im germanischen Strafrecht oder erst im hohen Mittelalter). Vgl. zum Gerüfte auch Sellert/Rüping I, S. 64, 110 f, Quellen S. 149, 216 ff; E. Kaufmann, „Strafprozeß I", HRG IV, Sp. 2030 ff, 2031 f

Beispielen Tiere handeln[1]. Otto Ludwig bringt einzelne Märchen, in denen seiner Ansicht nach die ganze Bevölkerung als Richter auftritt[2].

4.2.2.2 Strafen, deren historische Belegbarkeit umstritten ist

Im Märchen finden sich bisweilen allerdings auch Strafen, deren tatsächliches Auftreten in der deutschen Rechtspraxis äußerst umstritten ist. Dazu zählen vor allem die Strafen des Aussetzens in einem lecken oder steuerlosen Schiff und die unter dem Stichwort der Nageltonne zusammengefaßten Fälle.

4.2.2.2.1 Die Strafe des Aussetzens im lecken Schiff

Zur Strafe des Aussetzens im lecken oder steuerlosen Schiff, wie sie auch im Märchen „Die drei Schlangenblätter" vollzogen wird[3], kann, neben sagenhaften Berichten u.a. über die Friesen[4], nur ein einziges Weistum aus dem Chiemgau

---

[1] vgl. Anger, S. 172; Jessen, S. 198, sieht in KHM 47 (Von dem Machandelboom) eine Erhebung des Gerüftes im Gesang des Vogels, in den der ermordete Knabe verwandelt wurde

[2] Ludwig, S. 21; zur Vollstreckung durch die ganze Gemeinde vgl. Ludwig, S. 52

[3] KHM 16; s.a. KHM Anh. Nr. 8 (Aussetzung auf dem Meer in einer Tonne); vgl. auch BP II, S. 7: Todesstrafe im lateinisch überlieferten Märchen vom „Unibos": gebunden in eine Tonne gesteckt und ins Meer geworfen; vgl. auch Anger, S. 151; Eisler, S. 425; Töpfer, S. 60: Das Märchen erwähnt nur einmal die Aussetzung im lecken Schiff (KHM 16), aber in einigen Märchen gibt der König seine Tochter in einer Kiste dem Meer preis; weitere Nachweise auch bei Ludwig, S. 54, wonach sowohl im Schiff als auch in Tonne oder Kasten, sowie mit und ohne Speise ausgesetzt wird; vgl. Haltrich, Deutsche Volksmärchen aus dem Sachsenlande in Siebenbürgen (1856), Nr. 25, S. 137 ff, 141 (Der gute Peter und seine falschen Brüder) (= 4. Aufl. Nr. 26, S. 108 ff); vgl. auch Wisser, Wat Grotmoder vertellt, Jena 1921, Bd. 2, S. 73 f (De Jung mit de goll'n Haar); Wisser, Plattdeutsche Volksmärchen, Neue Folge (Bd. 2), S. 215 ff: Aussetzen in Boot mit Nahrung für drei bis vier Tage; Wisser, Plattdeutsche Volksmärchen Bd. 1, Jena 1919, S. 192 ff, 195 (Fuldowat): hier liegt eigentlich keine Zufallsstrafe mehr vor, da Fuldowat in dem Schiff verhungern soll. Die mit ihm ausgesetzte Königstochter wird aber mit Nahrungsmitteln versorgt und soll, wenn F. tot ist, wieder an Land geholt werden; Kuhn, Märkische Sagen und Märchen, S. 270 ff, Nr. 5, (Der dumme Michel): in großer gläserner Kugel auf das Wasser gesetzt; Knoop, Volkssagen, Erzählungen... S. 230 ff, Nr. 14, (Der Page und die Prinzessin in der Tonne): in Tonne ins Meer geworfen; bei Spiegel, Märchen aus Bayern, Nr. 5, S. 4 ff, 6 (Der Zauberring) setzt der König seine Tochter und einen Schneider in einem Schiff voller Geld aus. Es handelt sich hier eher um eine Art Verstoßung; etwas unklar zu KHM 16 ist Ludwig. S. 56 nennt er KHM 16 als Beispiel für die Strafe des Ertränkens, S. 54 (Fn. 3 und 4 zu S. 54) nennt er die Strafe bei den Zufallsstrafen
Weitere Nachweise aus Liedern und Sagen bei Grimm, RA II, S. 285 f, der u.a. auch das oben zitierte Märchen nennt, allerdings in einer erst in die vierte Auflage der RA aufgenommenen Ergänzung

[4] E. Kaufmann, „Aussetzen (als Strafe)", HRG I, Sp. 267; v. Amira, Die germanischen Todesstrafen, S. 144; Jessen dagegen geht wohl von der tatsächlichen Existenz dieser Strafe im friesischen Recht aus. (S. 160); Wie Nehlsen, „Aussetzung", in: Hoops, RGA Bd. 1, S. 508,

angeführt werden,[1] das allerdings unterschiedlich gedeutet wird. Grimm und ihm nachfolgend ein Teil der Literatur leiten daraus die tatsächliche Existenz dieser Bestrafungsart in Deutschland ab[2]. Das Weistum zwingt jedoch nicht dazu, das Aussetzen in einem Schiff hier als Form der Bestrafung zu identifizieren[3]. Inhalt der Regelung ist vielmehr lediglich eine Haftungsbefreiung des Klosters Chiemsee, das auf diese Weise einen Dieb abschieben soll, wenn er nicht vom zuständigen Richter (von Kling am Chiemsee) übernommen wird[4].

Alice Eisler erwägt zwar zu KHM 16 [5], das Aussetzen auf dem Meer, das die Strafe für eine Prinzessin und ihren Helfershelfer ist, die versucht hatten, den Ehemann der Prinzessin zu ertränken, entspreche der germanischen Strafe für Gattenmord[6]. Sie weist aber zugleich darauf hin, daß diese Strafe sich auch aus dem Prinzip der Talion erklären könnte, weil die Prinzessin und ihr Helfer den Ehemann ebenfalls auf einer Seefahrt in das Meer geworfen hatten. Außerdem bemerkt sie kritisch, daß der „so überaus germanisch anmutende Schluß" an einem Märchen hängt, von dem v. d. Leyen meint, daß es aus Indien stamme[7].

---

darlegt, belegen die sagenhaften Berichte aus dem angelsächsischen und friesischen Bereich jedoch nicht, daß die Aussetzung bei den germanischen Stämmen als reguläre Strafe von Bedeutung gewesen sei. In den germanischen Rechtsaufzeichnungen ist die Strafe nach Nehlsen (ebda) nicht bezeugt. Krit. zu einem Bericht über die Vandalen (Aussetzung auf Schiff verbunden mit Verbrennen) Kaufmann, „Feuerstrafe", HRG I, Sp. 1125; nach Schild, Die Geschichte der Gerichtsbarkeit, S. 206, wurde in den Niederlanden bei der Strafe des Ertränkens der Verurteilte in ein Faß gesteckt, das man von der Strömung des Flusses davontragen ließ; eine Verbindung zur Strafe der Aussetzung stellt er aber nicht her, ebenso soll hier keine Verbindung zu der Strafe des Aussetzens im Märchen hergestellt werden.

[1] E. Kaufmann, „Aussetzen (als Strafe)", HRG I, Sp. 267

[2] Grimm, RA II, S. 286; v. Amira, Die germanischen Todesstrafen, S. 145; Jessen, S. 161; Eisler, S. 425; Anger beruft sich S. 151 ebenfalls auf Grimm, inwieweit er die Strafe für nachgewiesen hält geht aus der Stelle aber nicht ganz klar hervor

[3] E. Kaufmann, „Aussetzen (als Strafe)", HRG I, Sp. 267; vgl. auch zur Deutung dieses Weistums Gierke, Der Humor im deutschen Recht, S. 37

[4] Nehlsen, „Aussetzung", in: Hoops, RGA Bd. 1, S. 508; E. Kaufmann, „Aussetzen (als Strafe)", HRG I, Sp. 267

[5] Eisler, S. 425

[6] ähnlich auch BP I, S. 127, Fn. 1

[7] vgl. dazu auch Gaston Paris, Die undankbare Gattin, in: Zeitschrift des Vereins für Volkskunde, Bd. 13, S. 1 ff, 129 ff, bes. S. 137 ff, 142; In diesem Zusammenhang ist nochmals darauf hinzuweisen, daß Nehlsen, „Aussetzung", in: Hoops, RGA Bd. 1, S. 508 zu dem Ergebnis kommt, daß das überlieferte Quellenmaterial nicht den Schluß zulasse, daß es eine gemeingermanische oder auch nur bei einzelnen germanischen Stämmen verbreitete Strafe der Aussetzung gegeben habe. Der Vollzug der Aussetzung in Einzelfällen ist nach Nehlsen (ebda) allerdings kaum bestreitbar.

4.2.2.2.2 Die Bestrafung mit der Nageltonne

Das Märchen berichtet häufig von einer Bestrafung mit der Nageltonne[1], bei der der Delinquent in ein innen mit Nägeln ausgeschlagenes Faß gesteckt und dann z.B. durch die Gassen zu Tode geschleift wird, wie es im Märchen „Die Gänsemagd“ geschieht[2], oder bergab in einen Fluß gerollt wird[3].

In Gesetzestexten wird die Nageltonne nicht erwähnt[4]. Für die tatsächliche Verwendung einer Nageltonne bei der Strafvollstreckung bringt v. Amira einzelne Belege[5]. E.S. Page, die sich mit diesen Belegen im einzelnen auseinandersetzt, kommt jedoch mit einer Ausnahme mit beachtlichen Argumenten zu dem Ergebnis, daß die in den Quellen berichteten Ereignisse nicht zuverlässig historisch verifizierbar seien[6]. Nicht von ihr angezweifelt wird ein von v. Amira angeführtes Fakultätsgutachten, das 1691 in Mecklenburg erging, und beinhaltete, daß der Delinquent nackt in einem mit Nägeln durchschlagenen Faß zum Gerichtsplatz gewälzt und dann verbrannt werden solle[7].

---

[1] vgl. auch Töpfer, S. 31, 59; Fehr, Das Recht in der Dichtung, S. 458; Dymke, S. 164; Wisser, Plattdeutsche Volksmärchen Bd. 1, Jena 1919, S. 182 ff, 186 (De Köni un de Ent)

[2] KHM 89; s.a. KHM 135; vgl. auch Ludwig, S. 57; F. Peters, Aus Lothringen, S. 49 ff, Nr. III, (Das Tuch mit den drei Blutstropfen), S. 65 ff; bei Ey, Harzmärchenbuch, S. 215 ff, 219 (Die Stiefgeschwister), wird die böse Stiefmutter im Nagelfaß „so lange Berg auf und Berg ab gewälzt, bis sie ihren schlechten Geist aufgegeben hatte“.

[3] KHM 13; vgl. z.B. Bünker, Nr. 64, S. 152; Bartsch, Sagen, Märchen und Gebräuche aus Meklenburg, Bd. 1, Nr. 2, S. 474 ff (Ein Siegfried-Märchen); Haltrich, Deutsche Volksmärchen aus dem Sachsenlande in Siebenbürgen (1856), Nr. 39, S. 213 ff, 217 (Die Geschenke der Schönen): in einem mit Nadeln beschlagenen Faß von einem Berge ins Meer hinabgerollt; a.a.O., Nr. 22, S. 112 ff, 121 (Der Hünentödter): in ein mit Nadeln besetztes Faß gelegt und ins Meer gerollt; Kuhn /Schwartz, Norddeutsche Sagen, Märchen und Gebräuche, S. 337 ff, Nr. 10 (Die beiden gleichen Brüder): im Nagelfaß den Berg hinuntergerollt; ebenso bei Pröhle, Kinder- und Volksmärchen, Nr. 5, S. 20 ff, 23 (Glücksvogel und Pechvogel); a.a.O., Nr. 36, S. 122 ff, 127 (Die schöne Magdalene); Vernaleken, Alpenmärchen, S. 237 ff, 242 (Drei Prinzessinnen erlöst) (= Vernaleken, Kinder-und Hausmärchen in den Alpenländern, Nr. 54, S. 259 ff = Vernaleken, Österreichische Kinder- und Hausmärchen, Nr. 54, S. 311 ff, S. 316); Busch, Ut ôler Welt, Nr. 10, S. 23 ff, 26 f; BP I, S. 82, 84; vgl. auch die weiteren Belege bei Jessen, S. 161 f; bei Ludwig, S. 57; bei Anger S. 150 f; Anger weist S. 151 darauf hin, daß, wenn das Nagelfaß bergab in einen Fluß gerollt wird, die Strafe des Zerfleischens mit der Strafe des Aussetzens im Faß (vgl. oben Kap. II.4.2.2.2.1, Aussetzen im steuerlosen Schiff) verbunden wird

[4] Eleanor Susan Page, The „Nageltonne“; Its Uses in History and Folktale, Journal of American Folklore, 59, 1946, S. 20

[5] v. Amira, Die germanischen Todesstrafen, S. 139

[6] E. S. Page, S. 21 f

[7] v. Amira, Die germanischen Todesstrafen, S. 139; s.a. Röhrich, Märchen und Wirklichkeit, S. 146; Das Grimm-Zitat bei Anger, S. 150, kann ich so bei Grimm nicht finden, jedenfalls nicht als histor. tatsächl. Beleg

v. Künßberg zählt diese Strafe dagegen unter die erfundenen Strafen, ohne aber auf die Belege v. Amiras einzugehen[1]. Auch Schild ist der Meinung, diese Strafe sei niemals tatsächlich vollzogen worden[2]. Gerhard O. W. Mueller setzt das Nagelfaß in Beziehung zur sogenannten „eisernen Jungfrau"[3]. Dieses Strafwerkzeug, bei dem der Delinquent in ein innen mit eisernen Stacheln oder Nägeln ausgeschlagenes Gehäuse in Form einer Frauengestalt gezwängt und dabei zu Tode gestochen worden sein soll, ist aber entgegen der Darstellung Muellers historisch nicht belegbar und allein der Sage zuzurechnen[4].

Wie E. S. Page betont[5], ist bei dem von v. Amira angeführten Fakultätsgutachten sowie bei anderen, historisch fraglichen Belegen im Gegensatz zu manchen Märchen die Nageltonne nicht das Instrument zur Tötung des Missetäters, sondern dient nur zur Strafverschärfung. Der Missetäter wird schließlich auf andere Weise zu Tode gebracht, nach dem Fakultätsgutachten z.B. soll er verbrannt werden.

Die Beschreibung des Vollzugs dieser Strafe erinnert sehr an das Schleifen zur Richtstätte[6], das als strafschärfender Zusatz bei anderen Todesstrafen verhängt werden konnte[7].

Zu bemerken ist, daß in den Märchen, in denen der Missetäter im Nagelfaß den Berg hinab in einen Fluß gerollt wird, die Tötung ebenfalls nicht, oder nicht gewiß allein durch das Rollen im Nagelfaß erfolgt. In der „Gänsemagd" (KHM 89) erinnert die Beschreibung des Vollzugs, das „Gaß auf Gaß ab" schlei-

---

[1] v. Künßberg, Rechtliche Volkskunde, S. 26; Jessen, der die Faßstrafen im Zusammenhang mit der Strafe des Ertränkens bespricht, geht nicht direkt auf die Frage der historischen Belegbarkeit dieser Strafe ein.

[2] Schild, Alte Gerichtsbarkeit, S. 44

[3] Mueller, The Criminological Significance, S. 223

[4] vgl. Wolfgang Schild, Alte Gerichtsbarkeit, S. 50; sehr zweifelnd schon v. Amira, Die germanischen Todesstrafen, S. 140, der vor allem auch einen genetischen Zusammenhang zwischen Nageltonne und „eiserner Jungfrau" anzweifelt und die „eiserne Jungfrau" eher für ein Folterwerkzeug hält. Für historisch, wenn auch selten hält die „eiserne Jungfrau" noch R. Quanter, Die Leibes- und Lebensstrafen bei allen Völkern und zu aller Zeit, 2. Aufl. 1901, S. 250 ff

[5] E. S. Page, S. 22

[6] v. Hentig, Die Strafe I, S. 348; E. S. Page, S. 22

[7] vgl. v. Hentig, Die Strafe I, S. 346, 349; His, StdMA I, S. 504; Radbruch, Zur Einführung in die Carolina, in: Radbruch (Hrsg.), Die Peinliche Gerichtsordnung Kaiser Karls V., S. 11; s.a. ebd., Art. 193 der Carolina; Nach Sellert/Rüping I war das Schleifen zur Richtstätte als Strafschärfung in den Rechtsnormen noch im 18.Jh. vorgesehen, sogar noch im Preußischen Allgemeinen Landrecht von 1794 (Sellert/Rüping I, S. 459 f, 462; vgl. bes. auch die Quellen ebda S. 468 ff, 489); In Hannover wurde erst 1859 die noch nach dem StGB von 1840 mögliche Strafschärfung durch Schleifen zur Richtstätte auf einer Kuhhaut beseitigt (vgl. Sellert/Rüping II, S. 37, Fn. 96); Quellen zur Strafe des Schleifens im Zeitalter der Gottes- und Landfrieden vgl. Sellert/Rüping I, S. 160

fen[1], an das Schleifen zur Richtstätte, nur daß hier eben nicht zur Richtstätte, sondern „zu Tode" geschleift wird[2].

In der Strafverschärfung des Schleifens könnte also durchaus ein realer historischer Anknüpfungspunkt für diese Strafe liegen. Im Märchen wäre diese Strafe dann bisweilen mit der Strafe des Aussetzens im Fluß oder des Ertränkens verknüpft worden[3], bisweilen hätte sie sich als alleinige Strafe, als Todesstrafe verselbständigt[4].

Andererseits ist aber fraglich, inwieweit das Motiv der Nageltonne möglicherweise auf die antike Reguluslegende zurückgeht[5]. Da die Erzählungen von der Nageltonne relativ verbreitet sind, Belege für ihre tatsächliche Anwendung bei der Strafvollstreckung sich jedoch kaum finden lassen, drängt sich auch die Frage auf, ob vielleicht ein einzelnes Auftreten in der Rechtspraxis, wie etwa in dem angeführten Fakultätsgutachten, seinerseits von literarischen Motiven beeinflußt sein kann. Genauere Forschungen in diese Richtung würden jedoch den Rahmen dieser Arbeit sprengen.

Insgesamt ist aber festzuhalten, daß diese so umstrittenen Strafen sicher nicht zu den gängigen Hinrichtungsarten gehörten. Wenn sie vollstreckt wurden, so wohl doch nur in Einzelfällen[6].

4.2.2.3 Strafprozeß und Strafurteil im Märchen

Zu bemerken ist noch, daß den historisch belegbaren Strafen im Märchen zwar zumeist kein im Sinne des damaligen Prozeßrechtes korrektes Verfahren vorausgeht[7], insbesondere ist im Märchen kein Geständnis erforderlich[8], während ab dem 15. Jahrhundert in Deutschland praktisch kaum noch ohne Geständnis

---

[1] vgl. Erstauflage 1815, Nr. 3

[2] ebda.

[3] Vgl. v. Amira, S. 139; Anger, S. 151

[4] vgl. v. Hentig I, S. 348; vgl. auch das Märchen „Die beiden Geschwister und die drei Hunde" bei Haltrich, Deutsche Volksmärchen aus dem Sachsenlande in Siebenbürgen (1856), Nr. 24, S. 127 ff, 134 f, wo der Bösewicht als Strafe an den Schweif eines wilden Pferdes gebunden und durch die Stadt geschleift wird.

[5] Hinweise auf die Reguluslegende bei E. S. Page, S. 20 f; v. Amira, Die germanischen Todesstrafen, S. 139

[6] für die Nageltonne vgl. E.S. Page, S. 22, 24

[7] vgl. auch Ludwig, S. 23; vgl. auch Ludwig, S. 31, der darauf hinweist, daß über den Verlauf der Klage sehr wenig im Märchen berichtet wird; allgemein zur Geschichte des Strafverfahrens vgl. E. Kaufmann, „Strafprozeß I", HRG IV, Sp. 2030 ff; Sellert, „Strafprozeß II", HRG IV, Sp. 2035 ff; Schlosser, „Inquisitionsprozeß", HRG II, Sp. 378 ff; Buchda, „Gerichtsverfahren", HRG I, Sp. 1551 ff

[8] kommt aber gelegentlich vor, vgl. Jessen, S. 203; KHM 120, 57; vgl. Töpfer, S. 61: erfoltertes Geständnis bei A. Sutermeister, Kinder- und Hausmärchen aus der Schweiz, Aarau 1869, Nr. 41

verurteilt werden konnte, es sei denn bei mehreren Tatzeugen[1]. Auch die Folter als Mittel zur Erzwingung einer Aussage, eines Geständnisses,[2] kommt nur äußerst selten im Märchen vor[3]. Die historisch belegbaren Strafen werden aber bisweilen nach einem Urteilsspruch des Königs vollstreckt[4], bisweilen wird andeutungsweise ein Gerichtsverfahren erwähnt[5] oder es wird nur das Urteil berichtet, ohne daß der Urteilende genannt würde[6]. Nur gelegentlich wird in meist schwankhaften Märchen ein Gerichtsverfahren etwas genauer geschildert.[7]

---

[1] vgl. Holzhauer, „Geständnis", HRG I, Sp. 1635 ff; Radbruch, Zur Einführung in die Carolina, in: Radbruch (Hrsg.), Die Peinliche Gerichtsordnung Kaiser Karls V., S. 17; zur Entwicklung zum Geständnis als in zunehmendem Maße einzigem Beweismittel und damit zusammenhängend Ausbreitung der Folter Sellert/Rüping I, S. 111 ff, 208, 267 f, 464 mit Quellen S. 180 f, 229 ff, 332, 494 f; vgl. auch E. Kaufmann, „Strafprozeß I", HRG IV, Sp. 2030, 2033 f und Sellert, „Strafprozeß II", HRG IV, Sp. 2035 ff; vgl. auch Sellert, „Urgicht, Urgichtbücher", HRG V, Sp. 571; Kornblum, „Beweis", HRG I, Sp. 401 ff, 406 f; zum Zeugenbeweis Fischer, „Zeugen", HRG V, Sp. 1684 ff

[2] vgl. Lieberwirth, „Folter", HRG I, Sp. 1149 ff; E. Kaufmann, „§2 Rechtshistorisches" in: „Folter", in: Hoops, RGA Bd. 9, S. 319 ff; zur Folter zur Herbeiführung einer Aussage vgl. auch Sellert/Rüping I, S. 65, 111 ff, 204 ff, 264 ff, bes. S. 267, 377 f, 464 (jeweils mit Quellen); S. 109 Fn. 166, S. 192 f, S. 194 f Fn. 28; zur Untersagung der Folter S. 466 (mit Quellen S. 505)

[3] vgl. Ludwig, S. 10, 37, mit Beispielen; ein Beispiel sieht Jessen, S. 201, in KHM 94; ebenso Winter, S. 206; vgl. Töpfer, S. 61, die zwei Beispiele nennt: KHM 94 und Sutermeister, Kinder- und Hausmärchen aus der Schweiz, Nr. 41, S. 131 ff, 133 (Der Handwerksbursche auf der Tanne) (= Bächtold, Schweizer Märchen, S. 25 ff); vgl. auch das schwankhafte Märchen bei Zaunert, Deutsche Märchen seit Grimm, S. 216 ff (Die russische Finetee, und die russische Galethee); vgl. auch das wohl schwankhafte Märchen bei Bünker, Nr. 69, S. 168; vgl. auch Vernaleken, Österreichische Kinder- und Hausmärchen, Nr. 5, S. 22 ff (Die sieben Raben), S. 25; Fehr, Das Recht in der Dichtung, S. 559, 561, stellt generell fest, die Folter spiele in der Dichtung eine auffallend geringe Rolle.

[4] KHM 13, 16, 76, 89; vgl. auch Anger, S. 171; Töpfer, S. 24, 27: Die Rechtsprechung ist ein Amt, das nur vom König, zuweilen im Beisein der Minister oder des Rates ausgeübt wird. Töpfer, S. 28, 57; vgl. Ludwig, S. 18 f

[5] in KHM 60 urteilen z.B. zwölf Ratsherren; vgl. auch KHM 57, 120 (=erste Aufl. Bd. 2 Nr. 34); Gericht jeweils bereits in der ersten Fassung erwähnt; wohl auch KHM 116 (=erste Aufl. Bd. 2 Nr. 30); vgl. auch Anger, S. 171 f; auch Ludwig erwähnt, daß das Märchen häufig nur von einem Gericht oder der Obrigkeit erzählt, ohne eine Angabe über die Zusammensetzung zu geben (S. 17); vgl. auch Ludwig, S. 25; vgl. auch Winter, S. 206

[6] vgl. KHM 6

[7] vgl. KHM 110, 120; Bünker, Nr. 69 (Ti trai Hantwea'kspua'sch'n); Pfaff, Märchen aus Lobenfeld, in: Festschrift für Weinhold, S. 66 ff (Der Jude im Dorn) (sehr kursorisch); Pröhle, Märchen für die Jugend, Nr. 42, S. 169 ff (Der Jäger und die drei Brüder); Wisser, Plattdeutsche Volksmärchen, Bd. 2, S. 227 ff (Aha, aha! Si so, si so!); Dörler, Märchen und Schwänke aus Nordtirol und Vorarlberg, in: Zeitschrift des Vereins für Volkskunde, Bd. 16, S. 278 ff, 281 ff (Der einfältige Bauer und die traurige Prinzessin); Zingerle, Kinder- und Hausmärchen aus Süddeutschland (1854), S. 339 ff, 347 f (Stiefmutter) (kein Schwankmärchen)

Auch Ludwig stellt fest, daß das Märchen sehr häufig eine ungenaue Ausdrucksweise hat, wenn es von dem Gericht spricht[1]. In den KHM allerdings wird in der Ausgabe letzter Hand bisweilen ein Gericht als Urteilsprecher erwähnt, während in der ersten Auflage der Urteilende nicht genannt ist[2], und es z.B. nur heißt: „und sie ward zum Feuer verdammt" (KHM 49).[3]

Die Erzähler der Märchen legen in den meisten Fällen Wert auf die Schilderung der Tat und der Strafe, nicht aber auf die Schilderung eines Gerichtsverfahrens[4]. Auch Anger stellt für die von ihm untersuchten Märchen fest, daß die Angaben über die Gerichtsverfassung recht spärlich sind[5]. Wie Jessen beobachtet, ist im Märchen das Todesurteil die Folge aus dem geschilderten Sachverhalt und ergibt sich gleichsam von selbst[6]. Eine gerichtliche Untersuchung des Sachverhalts findet vor der Urteilsprechung meistens nicht statt, darauf weist auch O. Ludwig hin[7]. Man muß daraus meiner Ansicht nach aber nicht, wie Jessen, schließen, daß die Erinnerung des Märchens in die Zeit zurückgehe, wo der Tat selbst die Todeswürdigkeit folgte und das Urteil diese Folge bestätigte.[8] Auch Otto Ludwig meint, das Fehlen einer gerichtlichen Untersuchung im modernen Sinne bzw. Verhandlung, wenn der Täter bekannt sei, entspreche dem alten deutschen Recht[9]. An einer anderen Stelle seiner Arbeit erwägt Otto Ludwig, es zeige sich in dem Fehlen einer Untersuchung vielleicht ein kindlich- naiver Zug des Märchens, das den Richter als allwissend hinstellt wie Gott selber[10].

Grund für das scheinbare Desinteresse an der Schilderung des Gerichtsverfahrens könnte aber auch sein, daß in der frühen Neuzeit bis weit in die Neuzeit hinein die Straftat und als ihre Folge die öffentliche Vollstreckung der Körper- oder Todesstrafe[11] deutlich in das Bewußtsein der Bevölkerung trat[1], während

---

[1] Ludwig, S. 22

[2] Dies beachten Jessen S. 178 ff und Friedrichs, S. 38 f nicht.

[3] vgl. auch KHM 3 und KHM 11; bei letzterem wurde die Fassung der Erstauflage aber seit der Zweitauflage mit einer weiteren Erzählung kontaminiert; Jessen beachtet S. 179 ff diese Veränderungen nicht; ebenso Winter, S. 206, zu KHM 3, 49, 11; Die Veränderung in KHM 11 beachtet auch Ludwig, S. 21 nicht; ausführliche Vergleiche der Märchenfassungen siehe Kapitel III

[4] vgl. auch Töpfer, S. 57; fast zu weitgehend Winter, S. 206, der die Ansicht vertritt, das Märchen schweige über Rechtsgang und Gerichtsverfahren; einschränkend gegen Winter O. Ludwig, S. 10; vgl. auch Fehr, Das Recht im Bündner Märchen, S. 227

[5] Anger, S. 171

[6] Jessen, S. 204

[7] Ludwig, S. 9 f, 34 f; auch über den Verlauf der Klage wird nur sehr wenig berichtet (Ludwig, S. 31)

[8] Jessen, S. 204

[9] Ludwig, S. 34

[10] Ludwig, S. 10

[11] für die frühe Neuzeit vgl. Mitteis/Lieberich, dt. RG, S. 403; zur öffentlichen Vollstreckung der Todesstrafe bis ins 19. Jh. vgl. auch Sellert/Rüping II, S. 37, mit Quellen ebda S. 99 f; vgl.

das vorangehende Verfahren, insbesondere die Erlangung des Geständnisses,[2] weitgehend ohne Beteiligung der Öffentlichkeit stattfand[3]. Ab dem Spätmittelalter vollzog sich eine allmähliche Verlagerung des Schwerpunktes vom Anklageverfahren (Akkusationsprozeß) zum Inquisitionsprozeß. Der Schwerpunkt des Strafverfahrens verlagerte sich auf das behördliche Vorverfahren[4]. Entsprechend dem Gedankengut des Absolutismus und Polizeistaats wurde der Akkusationsprozeß schließlich durch den Inquisitionsprozeß verdrängt.[5] Der endliche

---

auch Meurer, „Todesstrafe", HRG V, Sp. 264 ff, 266 f; vgl. auch v. Künßberg, Rechtsgeschichte und Volkskunde, Zeitschrift für Deutschkunde 1922, S. 333; ders., Rechtsbrauch und Kinderspiel, S. 16 ff, §11 ff, bes. §13; zur Beschreibung des öffentlichen Vollzugs der Todesstrafe in einem Märchen vgl. z. B. Gustav Friedrich Meyer, Wunnern un Wünschen, S. 92 ff, 95 (De Jung mit de Fiedel) (= Gustav Friedrich Meyer, Plattdeutsche Volksmärchen, Nr. 42, S. 123 ff, 126); Wisser, Plattdeutsche Volksmärchen, Bd. 2, S. 55 ff (Das Rätsel), S. 61; Pröhle, Märchen für die Jugend, Nr. 42, S. 169 ff (Der Jäger und die drei Brüder), S. 174; Knoop, Posener Märchen, Nr. 12, S. 24 ff (Der Jude im Dorn); vgl. auch die Variante aus dem Grimmschen Nachlaß zu KHM 116 bei BP II, S. 535 ff, 537; Zingerle, Kinder- und Hausmärchen aus Tirol, 4. Aufl., Nr. 49, S. 275 ff (Der blinde König), S. 280; Anger, S. 148 und S. 180; vgl. auch Ludwig, S. 50, 52 mit weiteren Märchen; vgl. auch BP III, S. 241 ff

[1] vgl. dazu auch Jessen, S. 127: Schwerpunkt der Blutgerichte in der Vollstreckung, nicht so sehr im Urteil

[2] vgl. Schlosser, „Inquisitionsprozeß", HRG II, Sp. 378 ff, 380; Holzhauer, „Geständnis", HRG I, Sp. 1629 ff, 1635 ff; Lieberwirth, „Folter", HRG I, Sp. 1149 ff, 1150 f; Kornblum, „Beweis", HRG I, Sp. 401 ff, 406 f

[3] auf diesen Erklärungsversuch brachte mich eine mündliche Äußerung Heinrich Schollers; Nach Ludwig (S. 32) ist das Verfahren, wenn es überhaupt im Märchen geschildert wird, meist mündlich, das schriftliche Verfahren kommt nur im Tiermärchen vor; Ludwig gewinnt diese Erkenntnisse zum Teil aber auch aus Schwankmärchen.

[4] Mitteis/Lieberich, dt. RG, S. 307; Conrad I, S. 390 f; näher zur Entwicklung vom Akkusationsprozeß zum Inquisitionsprozeß, insbes. zur Verlagerung des Schwerpunktes auf den Inquisitionsprozeß und Verlagerung des Schwerpunktes auf das behördliche Vorverfahren vgl. Sellert/Rüping I, S. 107 ff, 109 ff, 112 f, 204 ff (für Zeitalter der Reformation und Rezeption m. Darst. der wiss. Diskussion hierzu), S. 262 ff, 377 f, 464 ff; vgl. aber auch Buchda, „Gerichtsverfahren", HRG I, Sp. 1551 ff, 1559 f, wonach der in Bambergensis und Carolina geregelte Akkusationsprozeß innerhalb verhältnismäßig kurzer Zeit fast völlig vom Inquisitionsprozeß absorbiert worden sei; zum Inquisitionsprozeß des späten Mittelalters vgl. E. Kaufmann, „Strafprozeß I", HRG IV, Sp. 2030 ff, 2033 f; zum gemeinen Strafprozeß Sellert, „Strafprozeß II", HRG IV, Sp. 2035 ff;
zum zuvor (im frühen Mittelalter) bestehenden öffentlichen und mündlichen Verfahren vgl. E. Kaufmann, „Strafprozeß I", HRG IV, Sp. 2030 ff, 2030; Wesener, „Prozeßmaximen", HRG IV, Sp. 55 ff, 56; zur Entwicklung in fränkischer Zeit vgl. Weitzel, „Gerichtsverfahren", in: Hoops, RGA Bd. 11, S. 153 ff, 157; Zur Verdrängung des Akkusationsprozesses durch den Inquisitionsprozeß in den Volkserzählungen vom Teufel, der im Prozeß als Ankläger oder Fürsprecher auftritt vgl. Zelger, S. 124 ff

[5] vgl. Sellert/Rüping I, S. 264; Schlosser, „Inquisitionsprozeß", HRG II, Sp. 378 ff, 381; zur Entwicklung und Dominanz des Inquisitionsprozesses gegenüber dem Akkusationsprozeß, der

Rechtstag, die öffentliche Hauptverhandlung, wurde entwertet und sank in der Folge zur reinen Formsache ab[1]. Da in der frühen Neuzeit das peinliche Urteil der Bestätigung durch den Landesherrn oder der übergeordneten Justizstelle bedurfte und die Rechtsfakultäten als Gutachter beansprucht wurden, prägten Schriftlichkeit und Aktenversendung das Verfahren[2]. Die modernen Forderungen nach Öffentlichkeit und Mündlichkeit des Verfahrens gingen in Deutschland zumeist erst in die von der Revolution von 1848 ausgelöste Gesetzgebung ein[3]. Heute hingegen erregen die Berichte in den Medien über spektakuläre Strafprozesse die Aufmerksamkeit der Bevölkerung, während der Strafvollzug weitgehend aus dem Blickfeld der Öffentlichkeit verschwunden ist[4].

---

nach seiner Auffassung aber noch längere Zeit nicht völlig verdrängt wurde, vgl. auch Buchda, „Klage", HRG II, Sp. 837 ff, 839; ders, „Anklage", HRG I, Sp. 171 ff

[1] Mitteis/Lieberich, dt. RG, S. 307, 404; Conrad I, S. 391; Conrad II, S. 414 (zu Constitutio Criminalis Bambergensis und Constitutio Criminalis Carolina); ausführlich und differenzierend zur Bedeutung des „endlichen Rechtstags" Schild, Der „entliche Rechtstag" als das Theater des Rechts, und auch Sellert/Rüping I, S. 113, 209 f., 271 f mit Quellen S. 190, 238, S. 340; Schlosser, „Inquisitionsprozeß", HRG II, Sp. 378 ff, 380; E. Kaufmann, „Strafprozeß I", HRG IV, Sp. 2030 ff, 2033 für größere Bedeutung des endl. Rechtstages für Spätmittelalter; Sellert, „Strafprozeß II", HRG IV, Sp. 2035 ff, 2036 für weitg. Gegenstandslosigkeit des endl. Rechtstages im gemeinen Strafprozeß; vgl. auch Holzhauer, „Rechtstag, endlicher", HRG IV, Sp. 395 ff, wonach der endliche Rechtstag nach 1532 zur hohlen Form wurde

[2] Mitteis/Lieberich, dt. RG, S. 404; vgl. Sellert/Rüping I, S. 197 f bes. Fn 49, S. 241, 270 mit Quelle S. 338 und S. 342, 464, 498 f; vgl auch Buchda, „Gerichtsverfassung", HRG I, Sp. 1563 ff, 1571; E. Kaufmann, „Strafe, Strafrecht", HRG IV, Sp. 2011 ff, 2021; Buchda, „Aktenversendung", HRG I, Sp. 84 ff; Thümmel, „Spruchkollegium", HRG IV, Sp. 1781 ff; Schott, „Juristenfakultäten", HRG II, Sp. 488 ff; zum Ausschluß der Öffentlichkeit im Vorverfahren besonders Sellert/Rüping I, S. 112, 211; Schlosser, „Inquisitionsprozeß", HRG II, Sp. 378 ff, 380

[3] Mitteis/Lieberich, dt. RG, S. 473; vgl. auch Sellert/Rüping I, S. 378 (zu den Forderungen Feuerbachs), S. 467; Sellert/Rüping II, S. 31; Schlosser, „Inquisitionsprozeß", HRG II, Sp. 378 ff, 381 f; Sellert, „Strafprozeß II", HRG IV, Sp. 2035 ff, 2037 f; zur RStPO von 1877 Marxen, „Strafprozeßordnung", HRG IV, Sp. 2039 ff, 2040

[4] diesen Erklärungsversuch stützt auch die Beobachtung Fehrs, wonach im 15. Jahrhundert auch in der Dichtung allmählich der schriftliche Prozeß an die Stelle des mündlichen Verfahrens tritt, und im 16. Jahrhundert die prozessualen Poesien wesentlich nachlassen. „Das Verfahren als solches interessiert die Köpfe nicht mehr. Es ist allzustark in die Hände der Juristen geraten", meint Fehr, Das Recht in der Dichtung, S. 558 f. vgl. hierzu auch Schmidt-Wiegand, „Prozeßdrama", HRG IV, Sp. 42 ff, 45, wonach in dem Maße, in dem der Prozeß immer mehr Sache des Berufsstandes der Juristen wird, seine Bedeutung für die Handlungsstruktur der Dichtung verloren gehe, bis zum Wiederaufleben des Prozeßdramas im 19./20. Jahrhundert.

4.2.2.4 Strafen, die im Märchen durch eine Art Zauber, durch Gott, Tiere oder andere mit magischen Kräften ausgestattete Wesen bewirkt werden

Streng von den bisher behandelten Strafen zu unterscheiden sind die Strafen, die im Märchen eher durch eine Art Zauber bewirkt werden[1], wie z.B. das Aushacken der Augen durch die Tauben im Aschenputtel[2]. Auffällig ist, daß gerade in den Fällen, für die Röhrich ein krasses, nicht historischen Tatsachen entsprechendes Mißverhältnis zwischen Tat und Strafe beklagt, solche „magischen" Strafen erfolgen[3].

Jessen stellt auch fest, daß im Märchen übersinnliche Mächte Verstöße gegen die Gebote der Sitte und die ethische Ordnung verfolgen, die nicht in den Bereich des Strafrechts fallen, wie z.B. Unhöflichkeit oder Unbarmherzigkeit[4]. Im Märchen „Die weiße und die schwarze Braut" (KHM 135) werden eine Mutter und ihre Tochter, weil sie Gott, der die Gestalt eines armen Mannes angenommen hatte, den Weg ins Dorf nicht zeigen wollen, von Gott verwünscht, „sie sollten schwarz werden wie die Nacht und häßlich wie die Sünde".

Daran kann man sehen, daß die Märchen in der Tendenz durchaus zwischen auch in der Rechtswirklichkeit strafbaren Verbrechen unterscheiden, die

---

[1] Vgl. die Formulierung bei Scholler, Märchen, Recht und Rechtsentwicklung, S. 333; jedoch wird auch im indo-europäischen Märchen, wie wir gesehen haben, die Gerechtigkeit nicht „immer" durch eine Art Zauber bewirkt.

[2] KHM 21; vgl. auch das Aushacken der Augen durch Krähen in KHM 107; Anger bespricht S. 152 dieses Motiv, wobei er das Märchen „De Schoster un de Snieder" aus Gustav Friedrich Meyer, Plattdeutsche Volksmärchen, Nr. 23, S. 68 ff heranzieht, das im Typus KHM 107 entspricht. Er betrachtet das Motiv unter dem Gesichtspunkt der Blendung als Strafe, auch aber unter dem Gesichtspunkt der Talion, da der Bösewicht zuvor dem Helden die Augen ausgestochen hatte; Ludwig S. 59 nennt beide Märchen unter dem Stichwort Blenden bei den Leibesstrafen, ohne Hinweis auf die „Vollstreckung" durch Vögel; ebenso spricht Mueller, The Criminological Significance, S. 223, bei KHM 21 nur von der Strafe des Blendens und weist auf das germanische Recht hin, ohne die Vögel zu erwähnen; Fehr, Das Recht in der Dichtung, S. 457, spricht vom Auftreten der Tauben als Strafvollstrecker; Polifke, Die Darstellung von Recht und Unrecht im Volksmärchen, S. 76 spricht von der Ahndung durch eine „höhere Macht"; weitere Beispiele findet Polifke z.B. in „Hänsel und Gretel" (KHM 15) (Tod der Mutter) und „Frau Holle" (KHM 24); vgl. auch a.a.O. S. 105; vgl. zum Quellenproblem des Motivs in KHM 21 Kap. II.2.2.2

[3] Röhrich, S. 146

[4] Jessen, S. 175 f; vgl. auch Anger, S. 155 f; Nach Anger greifen in diesen Fällen höhere Mächte, Menschen und Tiere nebeneinander ein. In den von ihm angeführten Fällen wirken aber zumeist höhere Mächte, insbes. beim gespensterhaften Umgehen des Täters oder des Opfers; auch der von Anger angeführte Butt hat magische Kräfte; nur in einem der zitierten Fälle straft der betrogene Mensch unmittelbar selbst: der verratene Bräutigam verwandelt seine ehemalige Braut und ihren neuen Bräutigam in Esel. Zu überirdischen Wesen als Richter vgl. auch Ludwig, S. 27, der weitere Märchen anführt

auch im Märchen oft zu einer Verurteilung und Bestrafung durch die öffentliche Strafgewalt führen, und den in der Rechtswirklichkeit nicht strafbaren Verstößen gegen die sittliche Ordnung, die oft durch übersinnliche Mächte geahndet werden.

Dies beachtet Alice Eisler nicht, wenn sie meint, daß die Ansichten im Märchen „von Verbrechen bzw. überhaupt von Taten, die Strafe verdienen" sich oft erheblich vom kodifizierten Recht unterschieden, da im Märchen auch böse Gedanken oder schlechte Eigenschaften wie Geiz, Neid, strafwürdig seien, ja Undank und Unfreundlichkeit als Verbrechen behandelt würden. [1] Als Beispiel führt sie das Märchen „Das Wasser des Lebens" (KHM 97) an, wo die unhöflichen Brüder des Helden zur Strafe durch einen Zwerg verwünscht werden.

Ein weiteres Beispiel für eine magische Strafe findet sich im Märchen „Von dem Machandelboom" (KHM 47), wo der in einen Vogel verwandelte Ermordete der mörderischen Stiefmutter einen Mühlstein auf das Haupt fallen läßt. Auch Grimm spricht hier von einer bloß mythischen Strafe[2]. Von Hentig und ihm folgend Jessen setzen das Motiv in Beziehung zur Strafe der Steinigung, sprechen aber ebenfalls von einer phantastischen Vermengung von Strafmittel und Strafarten[3]. Gerhard O. W. Mueller sieht hier ein Fortleben der germanischen Strafe der Steinigung[4]. Großfeld/Möhlenkamp weisen darauf hin, daß bereits der biblische Abimelech von einem Mühlstein erschlagen wurde[5], was jedoch im Kampf, beim Angriff auf eine Burg geschah[6]. Außerdem weisen sie auf die Strafe des Ertränkens mit einem um den Hals gebundenen Mühlstein hin[7].

Da diese Strafen bewußt in Art und Vollstreckung vom Recht abweichen, sollte man hier auch nicht mühsam nach Übereinstimmungen suchen.

---

[1] Eisler, S. 423

[2] RA II, S. 277, wo auch das Märchen zitiert ist; vgl. auch Anger, S. 152, zu einem ähnlichen Motiv; ebenso bringt v. Künßberg (Rechtliche Volkskunde, S. 26) diese Strafe als Beispiel für eine erfundene Strafe

[3] v. Hentig, Die Strafe I, S. 369; Jessen, S. 163; vgl. auch Jessen, S. 198 f; vgl. aus historischer Sicht zur Steinigung als im deutschen Mittelalter nicht üblicher, aber gelegentlich in der Frühzeit vorkommender Strafe, mit Hinweis auf heutigen Gebrauch in arabischen Ländern Erler/Jacobs, „Steinigung", HRG IV, Sp. 1945 ff

[4] Mueller, The Criminological Significance, S. 223

[5] Großfeld/Möhlenkamp, Die Mühle in Märchen und Recht, NJW 1996, S. 1106; Altes Testament, Ri 9, 53; Altes Testament, 2 Sam 11, 21; Großfeld/Möhlenkamp erwähnen hier auch KHM 41 (Herr Korbes)

[6] Altes Testament, Ri 9, 50 ff

[7] Großfeld/Möhlenkamp, Die Mühle in Märchen und Recht, NJW 1996, S. 1110: mittelalterliche, bereits aus der Bibel bekannte Strafe; Großfeld/Möhlenkamp nennen hier KHM 41 (Herr Korbes) und KHM 47 (Von dem Machandelboom). Mir scheint jedoch kein besonderer, engerer Bezug zwischen dem in den Märchen vorkommenden Erschlagen durch den Mühlstein und dem Ertränken mit Hilfe eines Mühlsteins zu bestehen

4.2.2.5 Einflüsse der erzählerischen Ausgestaltung des Märchens auf die Strafen

Zu berücksichtigen sind aber auch die Einflüsse der dichterischen Ausgestaltung. Insbesondere die Bestrafung des Bösewichts, der dem Helden übel mitgespielt hat, ist in vielen Zaubermärchen ein wichtiger Punkt. Dies kann den Erzähler dazu bringen, sich aus epischen oder moralischen Gründen von der Rechtswirklichkeit zu entfernen.

4.2.2.5.1 Verschärfungen der Märchenstrafen gegenüber der Rechtswirklichkeit

Röhrich weist zu recht darauf hin, daß die historischen Strafen bisweilen im Märchen in Richtung auf ihre Grausamkeit verschärft, idealisiert werden[1]. Daraus erklärt sich zum Beispiel, daß die Bestrafung mit der Nageltonne, deren rechtsgeschichtliche Belegbarkeit, wie oben dargelegt, umstritten ist, sich im Märchen durchaus gewisser Beliebtheit erfreut[2]. So erwägt auch E. S. Page[3], daß möglicherweise die Nageltonne als Instrument der Todesstrafe in das Märchen geriet, als die Schleifung als strafverschärfender Zusatz zur Todesstrafe nicht mehr allgemein bekannt war. Sie hält es andererseits aber auch für möglich, daß eine in älteren Versionen eines Märchens mitüberlieferte Strafe, die nach der Schleifung in der Nageltonne vollstreckt wurde, in späteren Versionen wegfiel, weil das Motiv der Nageltonne malerischer war.

Ebenso wurden nicht alle Hexen bei lebendigem Leib verbrannt, dies stand nur auf besonderen Fällen[4]. Häufiger war ein Verbrennen der Leiche[5]. Im Märchen aber ist gerade das Verbrennen bei lebendigem Leib typisch[1].

---

[1] Röhrich, Märchen und Wirklichkeit, S. 149; ders, „Grausamkeit", in: EM Bd. 6, Sp. 102; ähnlich auch Winter, S. 197 f, Fn. 7; zur Liebe zum Extrem als Ursache der häufigen Todesstrafen im Märchen vgl. Polifke, Die Darstellung von Recht und Unrecht in Volksmärchen, S. 21; zum Problem der Grausamkeit a.a.O., S. 51 f

[2] vgl. Röhrich, Märchen und Wirklichkeit, S. 149; Ludwig, S. 57; E. S. Page, S. 22 ff; Wehse, In siedendem Öl gegart, S. 159; vgl. auch v. Künßberg, Rechtliche Volkskunde, S. 26; ders., Rechtsgeschichte und Volkskunde, Zeitschrift für Deutschkunde, S. 325, der die Strafe für erfunden hält und allein aus der Natur des Märchens, des Phantastischen, erklärt

[3] E.S. Page, S. 24

[4] vgl. z.B. Codex Juris Bavarici Criminalis, Erster Teil, 7. Kapitel, §7, in: Werner Schmid (Hrsg.), Codex Juris Bavarici Criminalis; bay. Hexenmandat von 1611/12, No.2, 1.Articul ff, in: Behriger, Mit dem Feuer vom Leben zum Tod, S. 184 f; s.a. bay. Hexenprozeßinstruktion von 1590, fol. 12, in: Behringer, Mit dem Feuer vom Leben zum Tod, S. 119

[5] vgl. van Dülmen, Theater des Schreckens, S. 118; bay. Hexenmandat von 1611/12, No.2, 2.Articul, in: Behringer, mit dem Feuer vom Leben zum Tod, S. 184; bay. Hexenprozeßinstruktion von 1590, fol. 12, in: Behringer, Mit dem Feuer vom Leben zum Tod, S. 119; allgemein zu Milderungen vgl. z.B. Quellen bei Sellert/Rüping I, S. 470 (Codex Juris Bavarici,

4.2.2.5.2 Epische und moralische Funktion der grausamen Strafe

Diese Verschärfungen gegenüber der Rechtswirklichkeit erklären sich aus der epischen und moralischen Funktion der grausamen Strafe. Das grausame Strafgericht über den Bösewicht, den Gegenspieler des Helden am Schluß des Märchens bildet anschaulich das Gegengewicht zur Erhöhung des Helden, der am Schluß z.B. eine Prinzessin heiratet und den Königsthron besteigt[2]. Den grausamen Strafen gehen meist ebenso grausame Vergehen der Gegenspieler voraus. Man kann zwar in vielen Märchen nicht von einer Talion im strengen Sinne sprechen, an die Anger in diesem Zusammenhang denkt[3], weil der Gegenspieler oft nicht genau die an dem Helden verübte Mißhandlung erfährt, sondern nur auf eine andere, ebenso unangenehme Art zu Tode gebracht wird.[4] Mit Anger ist jedoch darauf hinzuweisen[5], daß gerade der Parallelismus zwischen grausamer Tat und Strafe, wie auch zwischen Erhöhung des Helden und Vernichtung des Gegenspielers die Gerechtigkeitsliebe des Märchens demonstriert[6]. Jede Schuld muß gesühnt werden[7]. Nach Alice Eislers Ansicht, die man nach den obigen Ausführungen zu den verschiedenen Märchenarten auf das Zaubermärchen beschränken muß, ist dies „fast formbegründend“[8]. Das Gute wird belohnt, das Böse bestraft. Das Märchen stellt, wie Alice Eisler ausführt, nicht nur die Ent-

---

Constitutio Criminalis Theresiana); andererseits zur Schärfung einfacher Todesstrafe z.B. durch Verbrennen des toten Körpers vgl. z.B. Constitutio Criminalis Theresiana Art. 5 §4, zit. nach Sellert/Rüping I, S. 470 f; allgemein zur Frage, inwieweit die in den Gesetzestexten angedrohten grausamen Strafen in der Praxis exekutiert wurden vgl. Sellert/Rüping I, S. 203, Fn. 93; zur Möglichkeit der Strafmilderung durch die Urteiler in best. Fällen im Zeitalter des Gemeinen Rechts (bei Carpzov) vgl. Sellert/Rüping I, S. 246 f

[1] KHM 9, 11; Ludwig, S. 93, Anm.81; s.a. v. Künßberg, Rechtliche Volkskunde, S. 29

[2] vgl. Anger, S. 146

[3] Anger, S. 146

[4] echte Talion z.B. in KHM 16: Prinzessin wirft den Helden ins Meer, zur Strafe wird sie in einem durchlöcherten Schiff ins Meer getrieben; keine Talion z.B.: KHM 60: der Gegenspieler schlägt dem Helden das Haupt ab und gibt sich als Befreier der Königstochter aus. Er wird von vier Ochsen zerrissen; KHM 89: die Kammerjungfer, die sich an die Stelle der Königstochter gesetzt hat, so daß die Königstochter die Gänse hüten mußte, wird im Nagelfaß zu Tode geschleift; zur Talion vgl. E. Kaufmann, „Talion“, HRG V, Sp. 114 ff; zur spiegelnden Strafe vgl. v. Künßberg, Rechtliche Volkskunde, S. 29; Eisler, S. 424; E. Kaufmann, „Spiegelnde Strafen“, HRG IV, Sp. 1761 ff, zur Abgrenzung zur Talion Sp. 1763; zur spiegelnden Strafe mit begrifflich nicht ganz klarer Abgrenzung von der Talion Schild, Die Geschichte der Gerichtsbarkeit, S. 197 mit Beispielen; weitere Beispiele S. 198

[5] Anger, S. 146 f

[6] vgl. auch Eisler, S. 424

[7] Anger, S. 146

[8] Eisler, S. 423

wicklung von Leid zu Glück, von Erniedrigung zu Erhöhung, sondern auch von Unrecht zu Recht dar[1].

Bezüglich des Motivs der Nageltonne weist E. S. Page darauf hin, daß dieses in Märchen und anderem Erzählgut häufig mit dem erzählerischen Motiv des Selbsturteils verknüpft wird[2]. Dadurch wird die besonders grausame Strafe episch noch zusätzlich hervorgehoben.

4.2.2.6 Strafen im Märchen und Hinrichtungen im Alltag zur Zeit der Aufzeichnung der Märchen

Man darf diese epischen Übersteigerungen aber auch nicht überschätzen. Durchaus häufig sind auch im Märchen die eher alltäglichen Hinrichtungsarten, wie etwa das Hängen[3]. Anger nennt es gar die häufigste Märchenstrafe überhaupt[4].

Außerdem muß man bedenken, daß damals, also noch im ausgehenden 18. Jh. und zu Beginn des 19. Jh., die öffentlichen Hinrichtungen eine Art Volksunterhaltung waren[5]. Sogar „Programmhefte" mit dem Geständnis des Schuldigen und Moralsprüchen wurden dazu in großer Auflage gedruckt und verkauft - sicher auch eine Quelle für manche mündliche Erzählung[6]. Man sollte sich diese andere, aus heutiger Sicht wohl rohere Einstellung vor Augen halten, bevor man die angebliche Grausamkeit in den Märchenstrafen untersucht. Vieles war doch Realität, anderes ist aus der Realität wenigstens erklärbar. Zudem sind viele der Strafen nicht so veraltet, wie es auf den ersten Blick scheinen mag, wie gerade für das Verbrennen und das Vierteilen oben zu zeigen war. Daß uns heute vieles

---

[1] Eisler, S. 422

[2] E. S. Page, S. 23 f

[3] s. Friedrichs, S. 36 f; KHM 4, 110, 192; s.a. v. Künßberg, Rechtliche Volkskunde, S. 29; van Dülmen, Theater des Schreckens, S. 118; His StdMA I, S. 492; vgl. auch E.S. Page, S. 20

[4] Anger, S. 147; s.a. Ludwig, S. 55, der viele Märchen anführt; a.M. Röhrich, S. 149

[5] vgl. van Dülmen, Theater des Schreckens, S. 102, 105; vgl. v. Künßberg, Rechtsgeschichte und Volkskunde, in: Zeitschrift für Deutschkunde 1922, S. 333; ders., Rechtsbrauch und Kinderspiel, S. 17, §13; sehr anschaulich Renger, Hinrichtungen als Volksfeste, Süddeutsche Monatshefte Jg. 10, Bd. 2, S. 8 ff; vgl. auch Wehse, In siedendem Öl gegart, S. 163 ff; vgl. auch für den Beginn des 19. Jahrhunderts Sellert/Rüping II, S. 37, sowie Quellen: Königlich-Württembergische Verordnung vom 1.5.1816 über das Verfahren bei Vollziehung von Todesstrafen, zit. nach Sellert/Rüping II, S. 99; Gerichtsprotokoll über die Hinrichtung des Bergmanns Georg Carl Wagener am 9.8.1850 in Zellerfeld (15.000 bis 20.000 Zuschauer), zit. nach Sellert/Rüping II, S. 100; vgl. z.B. Haberer, „Schafott", HRG IV, Sp. 1348 f; Meurer, „Todesstrafe", HRG V, Sp. 264 ff, 266 f; Zur Beschreibung einer öffentlichen Hinrichtung im Märchen vgl. Anger, S. 148

[6] vgl. F. Nicolai, zit. nach Hollweck, vom Leben zum Tod hingerichtet; die königlich-württembergische Verordnung vom 1.5.1816 (siehe vorherige Fußnote) ordnet sogar an, daß „die vom Criminalamt verfaßte Geschichtserzählung nebst dem Todesurteil in Druck gegeben und am Tage der Hinrichtung unter das Volk ausgegeben werden" soll.

so altertümlich und grausam anmutet liegt also m.E. weniger an den Brüdern Grimm als daran, daß ihre Sammlung schon fast 200 Jahre alt ist.[1]

[1] Diesen Effekt sieht auch Polifke, Die Darstellung von Recht und Unrecht in Volksmärchen, S. 29, die mögliche Auswirkungen der Märchen auf das kindliche Rechtsempfinden untersucht (näher unter III.4); sie weist aber darauf hin, daß Kinder sicher nicht das nötige historische Bewußtsein hätten, um dies erkennen zu können

III. Rechtsethnologische Ansätze

Unter der Bezeichnung als „Rechtsethnologische Ansätze“ sollen Arbeiten von Albert Hellwig, Heinrich Scholler und Gerhard O. W. Mueller über das Thema „Märchen und Recht“ besprochen werden. Die Ansätze dieser Wissenschaftler sind im Hinblick auf Erkenntnisinteresse und Forschungsmaterial in mancher Hinsicht zwar recht unterschiedlich, gemeinsam ist ihnen aber die Verbindung zur Ethnologie, da sie sich mit Märchen und Recht nichteuropäischer Völker beschäftigen oder zumindest Erkenntnisse aus der Ethnologie in ihre Arbeit über Märchen und Recht einbringen.

Zwar liegt der Schwerpunkt meiner Arbeit, wie in der Einleitung ausgeführt, auf Märchen der „Gattung Grimm“. Die in diesem Kapitel besprochenen Ansätze sind aber trotzdem kurz zu behandeln, da sie das Bild abrunden und zum Teil Bezüge zu deutschsprachigen oder europäischen Märchen enthalten bzw. sich solche Bezüge, auch zu einzelnen Ideen in den Arbeiten über deutsche Märchen und Recht, leicht herstellen lassen.

1. Der Ansatz Albert Hellwigs: Märchen als Erkenntnisquelle für die Rechtspraxis einer Kultur

1.1 Die hier herangezogenen Arbeiten Hellwigs

Bereits im Jahre 1905 veröffentlichte Albert Hellwig in der Zeitschrift für vergleichende Rechtswissenschaft seine Gedanken über „Die poetische Literatur als Quelle der Rechtserkenntniss“[1]. Er weist dabei zunächst allgemein auf die „Bedeutung der Sagen, Märchen, Lieder u.s.w. für die ethnologische Jurisprudenz“ hin[2]. Dann stellt er die Informationen über koreanisches Recht dar, die sich aus seiner Auswertung des Buches „Korea, Märchen und Legenden nebst einer Einleitung über Land und Leute, Sitten und Gebräuche Koreas“ von H. G. Arnold ergeben[3], sowie die juristischen Materialien, die er aus einer Dichtung, den „Makamen“ des arabischen Poeten Hariri (1055 bis 1121) entnehmen konnte[4]. Schließlich finden sich unter dem Titel „Miszellen aus der ethnologischen Jurisprudenz“ Bemerkungen zur Strafe des Ertränkens in einem Märchen

---

[1] Albert Hellwig, Die poetische Literatur als Quelle der Rechtserkenntniss, ZfvglRW Bd. 17, 1905, S. 166 ff, Bd. 18, 1905, S. 429 ff; vgl. auch Hellwig, Miszellen aus der ethnologischen Jurisprudenz, ZfvglRW Bd. 18, 1905, S. 461 ff, bes. S. 466, Bd. 19, 1906, S. 169 ff

[2] Hellwig, ZfvglRW Bd. 17, S. 166 ff; Hellwig weist auch auf die Verwendung poetischer Materialien in den rechtsvergleichenden Arbeiten Kohlers hin (Bd. 17, S. 167)

[3] Hellwig, ZfvglRW Bd. 17, S. 173 ff

[4] Hellwig, ZfvglRW Bd. 18, S. 429 ff

der Ainu[1] und Ausführungen anhand von zwei japanischen Sagen zum Kesselfang und Heißeisenordal in Alt-Japan[2].

1.2 Die Vorgehensweise Hellwigs

Hellwigs Vorgehensweise entspricht der oben bei den rechtshistorischen Ansätzen besprochenen Vorgehensweise insofern, als auch er aus den Märchen und Dichtungen einzelne Züge heraussucht, die seiner Ansicht nach rechtliche Anschauungen oder Einrichtungen enthalten. Er stellt jedoch kaum Beziehungen zu dem aus anderen Quellen überlieferten Recht der Völker her, deren Poesie er untersucht[3]. Wie er selbst betont, will er nur aufzeigen, „dass die poetische Literatur in der That beachtlichen Rechtsstoff birgt“, er will „nur einige Materialien sammeln, nicht diese kritisch verwerten“[4]. Hinweise auf Übereinstimmungen mit oder Abweichungen von dem bei diesen Völkern gegenwärtig oder früher geltenden Recht hat der Herausgeber der Zeitschrift, Kohler, in einzelnen Fußnoten zu Hellwigs Aufsatz hinzugefügt.

1.3 Theoretische Ansichten Hellwigs über die Märchen als Erkenntnisquelle für das Recht

In seinen theoretischen Ausführungen vertritt Hellwig die Ansicht, daß die Heranziehung nur der schriftlich überlieferten Gesetzestexte eines Volkes nicht ausreiche, um das Rechtsleben dieses Volkes in vollem Umfang zu erfassen. Zwar stellten die schriftlich überlieferten Gesetze und Rechtsbücher wichtige Quellen dar, die überlieferten Normen brauchten aber nicht immer der Rechtswirklichkeit zu entsprechen. In Geschäftsurkunden, Urteilen Reisebeschreibungen, Liedern, Sagen und Märchen spiegle sich hingegen das Rechtsleben selbst in seinen oft mannigfach von der objektiven Norm abweichenden Schattierungen. Wie für das deutsche, griechische, babylonische Recht die noch erhaltenen Urkunden über einzelne Rechtsvorgänge neben den Gesetzestexten zur Erkenntnis des tatsächlichen Rechtslebens herangezogen werden, so seien für die Rechte anderer Völker die Märchen, Lieder, Dramen, überhaupt die gesamte sogenannte schöne Literatur ergänzend zu den Rechtstexten heranzuziehen[5].

Hellwig meint, die letztgenannten Texte hätten auch gegenüber der anderen Hauptquelle der ethnologischen Jurisprudenz, den Reisebeschreibungen, die Vorteile, daß sie häufig in Zeiten zurückreichten, über die keine Reisebeschreibungen vorhanden seien, zudem sei das Material ursprünglicher und, da es

[1] Hellwig, ZfvglRW Bd. 18, S. 466; Ainu sind alteuropide Urbewohner Japans (Der Neue Herder, Bd.1, „Ainu“, Freiburg im Breisgau 1965)
[2] Hellwig, ZfvglRW Bd. 19, S. 169
[3] vgl. z.B. Hellwig, ZfvglRW Bd. 18, S. 441
[4] Hellwig, ZfvglRW Bd. 17, S. 173
[5] Hellwig, ZfvglRW Bd. 17, S. 167 ff

unmittelbar aus dem Volke selbst stamme, meistens zuverlässiger als viele Reisebeschreibungen.

Hellwig weist allerdings auch darauf hin, daß die Rechtssätze, die man aus den Märchen abstrahieren kann, nicht ohne weiteres für Schilderungen der Rechtswirklichkeit genommen werden dürfen, da es sich auch um Phantasiegebilde des Dichters handeln kann. Er meint aber, die meisten dieser Phantasiegebilde beruhten auf der moralisierenden Tendenz, der Begründung einer reformatorischen Idee in einer Erzählung und seien deshalb an der Form der Darstellung erkennbar[1]. Generell meint er, man könne rechtliche Phantasiegebilde durch Kritik und Vergleichung meist als solche erkennen.

Andererseits meint er, gerade die Rechtsnachrichten, die das Märchen gewissermaßen nebenbei berichte, wenn z.B. in einem Märchen eine Pfändung vorgenommen oder jemand für ein Verbrechen bestraft werde, gäben mit großer Wahrscheinlichkeit ein wahrheitsgetreues Abbild der Wirklichkeit. Denn in jenen Zeiten der Volkspoesie bestehe noch keine Entfremdung zwischen Volk und Recht. Das Recht bilde vielmehr einen Bestandteil des Gesamtvolkslebens, wodurch ein größerer Schatz von Rechtskenntnissen das Gemeingut aller Kreise sei.

Diese letztere Ansicht, gewissermaßen nebenbei überlieferte Rechtsbräuche entsprächen mit großer Wahrscheinlichkeit der Wirklichkeit, erinnert an die oben bei der Darstellung der rechtshistorischen Ansätze erwähnte Ansicht von v. Künßberg. Es ist hier deshalb auch die oben bereits ausgeführte Kritik angebracht. Auch Hellwig scheint nicht zu bedenken, daß zumindest im Falle der mündlichen Überlieferung auf für die Erzählung nebensächliche Begebenheiten oft sehr wenig Wert gelegt wird, weshalb solche Erwähnungen für die juristische Auswertung oft sehr dürftig und ungenau sind und auch leicht durch Ausschmückungen verändert werden können. Zumindest gilt dies für die deutschsprachigen Märchen. Hellwigs Ausführungen enthalten keinen Hinweis darauf, daß dies bei den außereuropäischen Märchen grundsätzlich anders wäre.

1.4 Methodische Probleme des Ansatzes von Hellwig

Wie oben schon angedeutet, ähnelt Hellwigs Vorgehensweise und Erkenntnisziel stark den oben besprochenen rechtshistorischen Ansätzen. Hellwig selbst spricht sogar an einer Stelle von dem Materialreichtum der Märchen für den „vergleichenden Rechtshistoriker"[2], wobei hier nochmals darauf hinzu-

[1] Der bei Hellwig theoretisch nicht weiter ausgeführte Gedanke, daß die Märchen reformatorische Ideen bezüglich des Rechtslebens enthalten können, wird unten im Zusammenhang mit dem Ansatz Heinrich Schollers noch näher besprochen; In den Ausführungen zu den koreanischen Märchen bringt er ein Märchen, das die gesetzliche Zurücksetzung der Kinder von Concubinen kritisiert (ZfvglRW Bd. 17, S. 180 f); zur ethischen und rechtspolitischen Richtung der Märchen gegen die Beamtenkorruption vgl. Hellwig, ZfvglRW Bd. 17, S. 190 f

[2] Hellwig, ZfvglRW, Bd. 17, S. 172

weisen ist, daß Hellwigs Arbeit älter als die meisten oben erwähnten rechtshistorischen Arbeiten ist. Daher steht seine Arbeit im wesentlichen auch den gleichen, oben ausführlich besprochenen methodischen Problemen gegenüber.

Hier sei nur herausgehoben, daß Hellwig selbst nicht auf das Problem eingeht, daß gerade bei Völkern, die so hoch entwickelt sind, daß sie sogar eigene Rechtsaufzeichnungen besitzen, auch möglicherweise ein Kulturaustausch mit anderen Völkern stattfinden kann, der auch, wie oben ausgeführt, zu einer Einwanderung von Märchen anderer Völker führen kann. Die bei einem Volke vorgefundenen Märchen müssen also keineswegs „aus dem Volke selbst" stammen[1]. Wie oben ausgeführt, können in einem solchen Fall auch Rechtsvorstellungen aus einem anderen Volk in einem Märchen enthalten sein. Zwar geht Hellwig zu Recht davon aus, daß das Märchen, wenn es von fremden Ländern und fernen Zeiten erzählt, nicht wirklich ein anderes Land schildern oder einen historischen Bericht geben will, so daß auch die enthaltenen Rechtsgedanken der Regel nach nicht die des fremden Landes oder der früheren Zeit sind. Er meint aber pauschal, in der Regel seien in den Dichtungen die Rechtserscheinungen des Jahrhunderts und Landes des Dichters enthalten[2], ohne auf das Problem der Wanderung von Erzählungen einzugehen. Bei einer rechtlichen Analyse muß aber stets auch die Herkunft eines Märchens überprüft werden.

Auf eine andere Hürde, die dem Problem der Veränderung der Märchen durch die Herausgeber, das oben besprochen wurde, ähnelt, weist Hellwig selbst bei der Behandlung der „Makamen" hin[3]. Soweit nämlich die Texte nicht in der Originalsprache, sondern in Übersetzungen herangezogen werden, können in ihnen enthaltene rechtliche Informationen durch Übersetzungsfehler oder, wenn es sich nicht um eine wörtliche Übersetzung handelt, durch dichterische Freiheiten des Übersetzers entstellt sein.

Auf einzelne Erkenntnisse Hellwigs aus den einzelnen, von ihm untersuchten Märchen bzw. Sammlungen einzugehen, würde sowohl ein genaues Nachprüfen der Märchen als auch ein Heranziehen der Rechtsgeschichte des jeweiligen Volkes erfordern und damit den dieser Arbeit gesteckten Rahmen überschreiten. Daher will ich es bei der Darstellung des methodischen Vorgehens und der Grundprobleme von Hellwigs Ansatz belassen.

---

[1] Hellwig, Bd. 17, S. 170; in dieser Formulierung meint man noch die Brüder Grimm und ihre Zeit zu hören; auf derselben Seite spricht Hellwig auch von den „aus dem Volke selbst entstandenen Märchen u.s.w. unserer Altvorderen".

[2] Hellwig, ZfvglRW Bd. 17, S. 172 f

[3] Hellwig, ZfvglRW Bd. 18, S. 430 f; vgl. auch S. 440; vgl. auch Hellwig, ZfvglRW Bd. 17, S. 186

2. Der Ansatz Heinrich Schollers: Untersuchung des rechtlichen Gehalts von Funktionen in der Strukturanalyse des Märchens von V. Propp; Beziehungen zwischen den sozialen Funktionen des Rechts und des Märchens in einfachen Kulturen; Märchen und Rechtssprichwort

2.1 Einführung

Den Ansatz Heinrich Schollers[1], der weitaus jünger als der rechtshistorische Ansatz ist, möchte ich als rechtsethnologischen Ansatz bezeichnen, da er sich vor allem mit Recht und Märchen der einfachen Kulturen beschäftigt.

Heinrich Scholler geht dabei von einer Frühform menschlicher Gesellschaft aus, in der Recht, Religion und Moral nicht scharf geschieden waren[2]. Was existierte, waren mündlich tradierte, im Volk verankerte Verhaltensnormen im Sinne von Gewohnheitsrecht[3]. Zu diesen stand die Märchenethik, da Recht und Märchen in gleicher Weise verankert waren und sich entwickelten, in enger Beziehung[4].

Schollers Ansatz ist es aber nicht in erster Linie, aus den Märchen einzelne Rechtsregeln herauszusuchen[5]. Aus der Fülle seiner oft in wenigen Sätzen skizzierten Gedanken können hier nur drei zentrale Ansätze herausgegriffen werden, die für die Erforschung der Beziehungen zwischen Märchen und Recht im europäischen Bereich und die Auseinandersetzung mit anderen Forschungsansätzen, die sich auf das europäische Märchengut beziehen, fruchtbar gemacht werden können.

2.2 Rechtlicher Gehalt von Funktionen in der Strukturanalyse des Märchens von Vladimir Propp

Bei seinem ersten Ansatz geht Scholler von der Strukturanalyse Vladimir Propps aus und untersucht, inwieweit die von Propp entdeckten Funktionen im Märchen rechtlichen Charakter haben.

---

[1] Heinrich Scholler, Märchen, Recht und Rechtsentwicklung, in: Peter Lerche, Hans Zacher, Peter Badura (Hrsg.), Festschrift für Theodor Maunz zum 80. Geburtstag, München 1981; Heinrich Scholler, Das afrikanische Rechtssprichwort als hermeneutisches Problem, in: Winfried Hassemer (Hrsg.), Dimensionen der Hermeneutik, Arthur Kaufmann zum 60. Geburtstag, Heidelberg 1984

[2] Scholler, Märchen, Recht und Rechtsentwicklung, S. 330

[3] a. a.O., S. 335

[4] a.a.O., S. 336

[5] a.a.O., S. 324; Ansätze zu Untersuchungen, inwieweit in der mündlichen Erzähltradition rechtliche Standards enthalten sind, finden sich in: Scholler, Rules, Principles and Judicial Policy, S. 329 ff

2.2.1 Zur Strukturanalyse

Propp beschränkt sich in seiner Untersuchung über die „Morphologie des Märchens" auf den Bereich der russischen Zaubermärchen[1]. Er unterteilt das gesamte Märchen zuerst in einzelne Handlungsabschnitte[2], wie z.B. den Abschnitt der Erteilung eines Verbotes, wenn die Mutter Rotkäppchen (KHM 26) verbietet, auf seinem Gang zur Großmutter vom Weg abzuweichen, oder der König dem treuen Johannes verbietet, dem Prinzen ein bestimmtes Zimmer im Schloß zu zeigen (KHM 6), oder die Jungfrau Maria dem Marienkind (KHM 3) verbietet, eine bestimmte Tür im Himmel zu öffnen. Diese Handlungsabschnitte werden allein nach dem Erfolg bzw. Ergebnis der jeweiligen Handlung beurteilt[3], hier in allen Fällen die Existenz eines Verbots. Unerheblich ist dagegen, welche Märchenfigur handelt[4], ob die Mutter, der König oder die Jungfrau Maria, ebenso, welchen genauen Inhalt das Verbot hat. Einmal wird verboten, vom Weg abzugehen, im anderen Fall, eine bestimmte Tür zu öffnen. Diese allein durch ihr Ergebnis charakterisierten Handlungsabschnitte lassen sich somit alle einer abstrakt definierten Funktion zuordnen[5], nämlich der Funktion „Ein Verbot wird erteilt"[6]. Nach diesem Muster hat Propp eine größere Anzahl von Funktionen bestimmt, so daß sich jeder Handlungsabschnitt eines Zaubermärchens einer Funktion zuordnen läßt[7].

2.2.2 Rechtlicher Gehalt der „Funktionen"?

Scholler untersucht nun, inwieweit solchen Funktionen ein rechtlicher Gehalt zukommt. Er untersucht dazu die Funktion der Erteilung eines Verbots und die Funktionsreihe der Erprobung des Helden, d.h. daß der Held auf die Probe gestellt wird.

Bezüglich der Funktion der Erteilung eines Verbots betrachtet er als rechtlich relevant, daß die Märchenvorstellung eine konfliktfreie Situation voraussetze, die durch ein Verbot abgesichert werden soll. Die Natur des Verbotes qualifiziert er als primitives Rechtsgebot, jedoch nicht im strengen Sinne eines Tabus, da das Verbot stets im weiteren Verlauf des Märchens übertreten wird[8]. Er weist dabei ausdrücklich darauf hin, daß nach seiner Ansicht diese Märchen-

---

[1] Propp, Morphologie des Märchens, S. 9, 29
[2] Propp, Morphologie des Märchens, S. 25, 31 ff; Meletinskij, ebd., S. 184
[3] Propp, Morphologie des Märchens, S. 67
[4] Propp, Morphologie des Märchens, S. 26 f, 67
[5] Propp, Morphologie des Märchens, S. 31 ff
[6] Propp, Morphologie des Märchens, S. 32
[7] Propp, Morphologie des Märchens, S. 27 ff, 31 ff; einen kurzen Überblick über das strukturanalytische Modell Propps bietet z.B. Petzoldt, „Epische Gesetze", in: Hoops, RGA Bd. 7, S. 405 ff, 411 f
[8] Scholler, Märchen, Recht und Rechtsentwicklung, S. 330

elemente aus einer Frühform menschlicher Gesellschaft stammten, in der Recht, Religion und Moral nicht scharf geschieden waren.

Bezüglich der Funktionsreihe der Erprobung des Helden stellt er fest, daß der Held häufig zu Handlungen veranlaßt wird, für die kein „Rechtsgrund im modernen Sinne" vorliegt.[1] Der Held vollbringt vielmehr Akte der Nächstenliebe, der Gesinnung und der Moral, wenn er beispielsweise einem anderen Menschen, einem Tier oder einem Verstorbenen einen Dienst erweist. Scholler meint jedoch, man dürfe diese Akte auch nicht als rein außerrechtliche begreifen, da er ja, wie erwähnt, vom Fehlen einer scharfen Grenze zwischen Ethik, Recht und Religion ausgeht.

Schollers Erörterungen zeigen bereits, daß sich den einzelnen Proppschen Funktionen als solchen nicht ohne weiteres bestimmte rechtliche Qualitäten zuordnen lassen. Dieser Eindruck bestätigt sich auch, wenn man versucht, den Funktionen auf der Basis von europäischem Märchengut[2] rechtliche Gehalte zuzuordnen. Zwar sind auch im europäischen Märchen die Bereiche Recht, Religion und Moral nicht immer scharf getrennt, es lassen sich jedoch, wie die Ausführungen zum rechtshistorischen Ansatz zeigen, durchaus Motive mit stärkerem oder schwächerem Bezug zum Recht unterscheiden.

Die Sperrigkeit der Funktionen gegen die Zuordnung rechtlicher Qualitäten beruht auf der abstrakten und generalisierenden Natur der Funktionen. Diese sind, wie bereits dargelegt, allein nach dem Ergebnis der Handlung einer Märchenfigur bestimmt, unabhängig davon, auf welche Art und Weise die Handlung vollzogen wird[3]. Gerade diese Frage nach dem „wie" kann aber für die rechtliche Qualifizierung einer Handlung entscheidend sein. So hat z.B. nicht jedes in einem Märchen erteilte Verbot eine rechtliche Natur. Unter die Funktion der Erteilung eines Verbots können nach Propp beispielsweise auch Bitten und Ratschläge fallen[4]. Unter die Funktion „Der Feind wird bestraft" fällt neben allen Arten von Strafen im Märchen auch der Selbstmord des Feindes[5].

Das hier beschriebene Problem stellt sich in ähnlicher Weise auch bei der Untersuchung anderer Strukturmodelle des Märchens auf rechtliche Bezüge[6], da diese ebenfalls abstrakt und generalisierend sind. So stellt man beispielsweise

---

[1] Scholler, a.a.O., S. 331

[2] der in meiner Arbeit behandelten „Gattung Grimm"

[3] vgl. Propp, a.a.O., S. 26, 67

[4] Propp, a.a.O., S. 32; Weiteres Beispiel: Unter die Funktion „Das Opfer (= der Held) fällt auf das Betrugsmanöver herein und hilft damit unfreiwillig dem Gegenspieler" fällt sowohl der Abschluß eines Vertrages auf Betrugsbasis als auch die mechanische Reaktion des Helden auf die Anwendung eines Zaubermittels

[5] Propp, a.a.O., S. 64

[6] Zur Problematik der strukturalistischen Märchenanalyse vgl. Yigal Zan, The Scientific Motivation for the Structural Analysis of Folktales, Fabula 30, S. 205 ff; vgl. auch Heda Jason, A Model for Narrative Structure in Oral Literature

fest, daß nicht einmal die Bezeichnung eines Strukturelements als „Kontrakt" bei Greimas[1] als Vertrag in einem juristischen Sinne aufgefaßt werden kann[2].

2.3 Soziale Funktionen des Rechts und des Märchens in einfachen Kulturen

In einem zweiten Ansatz vergleicht Scholler die gesellschaftlichen Funktionen, die das Recht in einfachen Kulturen haben kann, mit der sozialen Rolle des Märchens in diesen Kulturen. Dabei kommt er zu dem Ergebnis, daß die Funktion des Rechts, die Beziehungen zwischen Menschen und Gruppen zu bestimmen, im Märchen sich insoweit spiegelt, als hier diese Beziehungen als geregelt vorausgesetzt werden. Die Funktion des Rechts, sich an wandelnde soziale Gegebenheiten anzupassen, werde durch den sozialkritischen Inhalt vieler Märchen gefördert. Scholler kommt daraus zu dem Schluß, daß die Märchen dadurch, daß sie einerseits stabilisierend die Beziehungen zwischen Einzelnen und Gruppen als gegeben voraussetzen, andererseits aber durch soziale Kritik neue Perspektiven aufzeigen, eine Vermittlerrolle zwischen der regula lata, d.h. den bestehenden Normen, und der regula ferenda, also den durch Anpassung an die geänderten Verhältnisse zu schaffenden Normen, übernehmen[3].

Forschungsarbeiten, die diese Ideen, z.B. durch Analyse der Rechtsvorstellungen und der Märchen eines bestimmten Volksstammes oder einer bestimmten Kultur überprüfen, habe ich bisher allerdings nicht finden können. Daher möchte ich es bei der Darstellung des theoretischen Ansatzes, auf den ich unten noch einmal zurückkommen werde, belassen.

2.4 Märchen und Rechtssprichwort

In einem weiteren Ansatz beschäftigt sich Scholler mit dem Verhältnis zwischen Märchen und Rechtssprichwort. Er vertritt dabei die Ansicht, daß sich eine Verbindungslinie zwischen Märchen und Sprichwort über die Brücke der „Märchenmoral", d.h. der aus einem Märchen zu ziehenden Lehre, finden lasse. Dabei verweist er sowohl auf die in der Zeit der Aufklärung insbesondere von Perrault an die Märchen angehängten moralisierenden Schlußbemerkungen als auch auf im afrikanischen Erzählgut an die Erzählung angehängte Sentenzen und

---

[1] vgl. A. J. Greimas, Strukturale Semantik, S. 178 ff; ders., Zur Interpretationstheorie der mythischen Erzählung; allgemein zur Kritik am Ansatz von Greimas, der seine Ergebnisse ohne die Untersuchung konkreten Märchenmaterials gewinnt, Meletinskij, Zur strukturell-typologischen Erforschung des Volksmärchens, in: Propp, Morphologie des Märchens, S. 194 ff

[2] Dies ergibt sich eindeutig aus der Anwendung des Modells in dem Aufsatz „Zur Interpretationstheorie der mythischen Erzählung", z.B. wird hier ein Befehl des Vaters an den Sohn strukturell als Vertrag qualifiziert, S. 125; Greimas spricht selbst auch teilweise von einem *sozialen* Kontrakt

[3] a.a.O., S. 332 ff

moralisierende Sprüche[1]. Das selbständige Rechtssprichwort begreift er aus hermeneutischer Sicht als „Antwort auf eine unterstellte Frage“[2], wobei die Frage jedoch nicht mehr präsent sei, weil der Vortext, die sie enthaltende mündliche Erzählung, weggefallen sei[3]. In der volkskundlichen Forschung kennt man das Phänomen der Entstehung von Redensarten und Sprichwörtern aus Anspielungen auf Märchen oder Märchenmotive und würde auch in dem von Scholler postulierten Fall das verselbständigte Sprichwort als Schwundstufe der ursprünglichen Erzählung qualifizieren[4]. Scholler weist im Hinblick auf neutestamentarische und rabbinische Gleichnisse auch auf die umgekehrte Entwicklung hin, bei der eine längere Erzählung entsteht, um einen Spruch zu erklären. Auch diese Entwicklung läßt sich im europäischen Erzählgut nachweisen[5].

Eine Weiterführung dieser Untersuchungen im europäischen Bereich würde jedoch aufgrund des komplexen Beziehungsgeflechts zwischen Sprichwörtern bzw. Redensarten und Märchen den Rahmen der vorliegenden Arbeit sprengen. Zwar bestehen auch im europäischen Bereich vielfältige Beziehungen zwischen Sprichwort- und Märchengut[6]. So gehört insbesondere das Einflechten von Sprichwörtern und Redensarten zu den typischen Merkmalen vieler Märchentexte. Anspielungen auf Märchenmotive und Märchen werden ihrerseits wieder zu volksläufigen Redensarten[7]. Auch bestehen einzelne Märchen mit lehrhafter Tendenz, zum Teil auch solche, die der Herleitung oder Veranschaulichung eines Sprichworts dienen[8]. Typischerweise hat jedoch das europäische Märchen, insbesondere das Zaubermärchen, keine ausgeprägte lehrhafte Tendenz. Moralanweisungen am Ende eines Märchens, wie sie sich bei Perrault finden, können daher auch Hinzufügungen eines einzelnen Erzählers oder Herausgebers sein, die nicht zum Kern des jeweiligen Märchens gehören. Auch in den Text eingeflochtene Sprichwörter und Redensarten können sowohl zum ursprünglichen Bestand der Erzählung gehören als auch eine Zutat des jeweiligen Herausgebers einer Märchensammlung sein. So hat z.B. Wilhelm Grimm in die KHM zahlreiche Sprichwörter und Redensarten eingefügt, die ihm aus anderen Quellen bekannt waren[9]. Einer Einzeluntersuchung über das Verhältnis zwischen bestimmten Sprichwörtern und Märchen müßte daher immer eine genaue textge-

---

[1] vgl. Scholler, Das afrikanische Rechtssprichwort als hermeneutisches Problem, S. 137 ff

[2] Scholler, Das afrikanische Rechtssprichwort als hermeneutisches Problem, S. 143

[3] Scholler, a.a.O., S. 143

[4] vgl. z.B. Mieder, Findet, so werdet ihr suchen, S. 119

[5] vgl. KHM 115, 184, Mieder, Findet, so werdet ihr suchen, S. 119

[6] vgl. Mieder, Findet, so werdet ihr suchen, S. 31 m.w.N.

[7] vgl. Mieder, Findet, so werdet ihr suchen, S. 115 ff

[8] z.B. KHM 115, 184, vgl. Mieder, Findet, so werdet ihr suchen, S. 119

[9] vgl. Rölleke (Hrsg.), „Redensarten des Volks, auf die ich immer horche“

netische Untersuchung des jeweiligen Märchens sowie eine historische Untersuchung des Sprichworts vorangehen.[1]

3. Der Ansatz Gerhard O. W. Muellers: Märchen als „legal lore“

3.1 Darstellung und Kritik des Ansatzes

3.1.1 Märchen als „legal lore“

In eine ähnliche Richtung wie der soeben dargestellte zweite Ansatz Schollers gehen auch die Gedanken Gerhard O. W. Muellers, der sich allerdings nicht mit den Märchen einer heute bzw. zur Zeit der Aufzeichnung der Märchen noch schriftlosen Kultur, sondern mit den KHM beschäftigt, dabei jedoch den Bogen zu den einfachen Kulturen schlägt. Nach seiner Auffassung enthalten die KHM rechtliche Botschaften, bzw. rechtliche Überlieferung. Er spricht daher von „legal lore“[2]. Dieses „legal lore“ in den KHM hat nach Mueller sein Gegenstück in dem „law lore“, mündlichen Überlieferungen von rechtlich relevanten Begebenheiten, die der Anthropologe E. Adamson Hoebel und der Jurist Karl N. Llewellyn bei den Cheyenne gesammelt haben[3]. Das beiden Sammlungen gemeinsame Element ist nach Ansicht Muellers der Präzedenzfall. Mueller weist auf den Gedanken vom Volksgeist als Träger des Rechts bei Savigny und Grimm hin und führt dann aus, daß in vor- schriftlichen Gesellschaften die rechtliche Tradition einer bestimmten Zeit und eines bestimmten Volkes durch Rituale und Erzählungen enthüllt und überliefert worden sei[4]. Man könne die Märchen als Präzedenzfälle betrachten, da die Märchen, zusammengenommen, eine konsistente Verhaltensanweisung lieferten, so wie die Präzedenzfälle im Recht.

3.1.2 Märchen als positives Recht

Mueller meint darüber hinaus, die Märchen spiegelten das positive Recht nicht nur wider, sondern seien sogar selbst positives Recht gewesen. In den Märchen finde sich u.a. das Recht der leges barbarorum des frühen Mittelalters, einer

---

[1] zur speziellen Problematik der in der älteren Forschung als „Rechtssprichwort“ eingestuften Rechtsregeln insbesondere hinsichtlich ihrer Volksläufigkeit vgl. E. Kaufmann, „Rechtssprichwort“, HRG IV, Sp. 364 ff; vgl. auch Schmidt-Wiegand, „Rechtsverse“, HRG IV, Sp. 410 ff

[2] Gerhard O. W. Mueller, The Criminological Significance of the Grimms′ Fairy Tales, S. 217 f; vgl. auch Gabrielle A. Brenner, Why Did Inheritance Laws Change?, S. 121

[3] Mueller, The Criminological Significance, S. 218; K.N. Llewellyn/ E.Adamson Hoebel, The Cheyenne Way

[4] a.a.O., S. 218; vgl. auch Gabrielle A. Brenner, Why Did Inheritance Laws Change?, S. 121; In einem Leserbrief in The New York Times, Sunday October 9, 1983, betrachtet Mueller die Märchen in diesem Sinne auch als „education in law for the younger generation“, wobei er offensichtlich an junge Erwachsene oder Heranwachsende denkt, nicht aber an Kinder, da er betont, die Märchen seien ursprünglich keine Geschichten für Kinder gewesen.

Zeit, in der es in Nordeuropa noch nicht Juristen als Berufsstand oder Klasse gegeben habe. Im späten Mittelalter, als sich die Juristen als dominante Klasse etabliert hatten, habe man positives Recht in kaiserlichen Dekreten, Stadtrechten und den Urteilen von Stadtgerichten und hohen Gerichten finden können. Das lebendige Recht aber, insbesondere das im örtlichen Bereich angewandte, sei nicht das Recht der römischrechtlich ausgebildeten Juristen gewesen, sondern das Recht, das von Generation zu Generation unter Nichtjuristen in deutscher Sprache weitergegeben worden sei. In diesem Sinne seien die Märchen nicht nur eine Spiegelung von positivem Recht, sondern wirklich positives Recht gewesen.

Wie Präzedenzfälle haben sich die Märchen nach Muellers Ansicht auch mit dem Wandel sozialer und politischer Verhältnisse verändert.

Bei der hier geschilderten Vorstellung vom lebendigen Recht muß man wohl in erster Linie an die ländlichen Weistümer, sowie Jacob Grimms Vorstellungen davon und an die von Mueller ja ausdrücklich erwähnte Idee vom Volksgeist denken.

3.1.3 Externe Konsistenz: Übereinstimmung der Märchen mit dem offiziell dokumentierten Recht

Mueller meint, die rechtlichen Anschauungen in den Märchen seien nach außen hin konsistent, da sie in vielen Fällen mit dem offiziell dokumentierten Recht übereinstimmten. [1] Er beruft sich hier auf die im historischen Ansatz bereits besprochene Arbeit von Jessen, ohne auf die methodischen Probleme dieser Arbeit einzugehen.

Wenn Mueller hier einerseits von einer vom offiziellen positiven Recht getrennten Rechtsüberlieferung ausgeht, die von den Märchen getragen werde, andererseits aber die Übereinstimmung der Märchen mit dem offiziell dokumentierten Recht betont, und zwar für einen Bereich zwischen dem siebzehnten und dem siebten Jahrhundert, also ohne dies auf die leges einzuschränken, wie es ja auch Jessen nicht tut, so erscheint mir dies etwas widersprüchlich. Mueller aber löst diesen Konflikt nicht vollständig auf, er weist nur allgemein darauf hin, daß man die Märchen nicht als homogene Masse betrachten könne, daß sie unterschiedlich alt seien und sich mit dem Wandel der sozialen und politischen Verhältnisse verändert hätten.

3.1.4 Interne Konsistenz der Rechtsvorstellungen in den Märchen

Weiter meint Mueller, die rechtlichen Botschaften in den Märchen seien auch in sich konsistent, d.h. sie würden nicht wesentlich einander widersprechen, sondern ein harmonisches Ganzes bilden[2]. Angesichts der auch von Mueller fest-

---

[1] Mueller versteht unter dem offiziell dokumentierten Recht wohl das urkundlich nachweisbare, insbesondere das gesetzte Recht

[2] Mueller, S. 219

gestellten Heterogenität der Märchen erscheint diese Aussage etwas überraschend, wenn man sie nicht nur eingeschränkt so verstehen will, daß innerhalb eines einzelnen Märchens die rechtlichen Botschaften ein harmonisches Ganzes bilden. Mir erscheinen Muellers Ausführungen hier etwas unklar. Jedenfalls aber müßte man zwischen den verschiedenen Märchenarten differenzieren. Wie bereits bei den historischen Ansätzen dargelegt, gehen insbesondere Schwank- und Zaubermärchen von verschiedenen Weltsichten aus und nehmen daher auch gegenüber Recht und Moral unterschiedliche Haltungen ein.

3.2 Parallelen zwischen den Ansätzen Muellers und Schollers

Die Ansätze von Scholler und Mueller ähneln sich insofern, als Mueller einerseits annimmt, daß in den Märchen Rechtsvorstellungen von Generation zu Generation weitergegeben werden[1]. In den Märchen enthaltene herkömmliche Rechtsvorstellungen werden dadurch tradiert und gesichert, die regula lata wird stabilisiert, was Schollers Gedanken[2] sehr nahe kommt.

Andererseits führt Mueller aus, daß die Märchen sich mit dem Wandel von sozialen und politischen Verhältnissen ändern, sich anpassen mußten. Wie die Präzendenzfälle im Recht sich ändern und ändern müssen, um der Gerechtigkeit zu dienen, wie sie zu einer bestimmten Zeit verstanden wird, so müssen sich auch die in den Märchen transportierten Rechtsvorstellungen ändern[3]. Dies kommt Schollers Gedanken nahe, die Funktion des Rechts, sich an wandelnde soziale Gegebenheiten anzupassen, werde durch den sozialkritischen Inhalt vieler Märchen gefördert[4]. Sozialkritische Erzählungsinhalte können ja insbesondere auch dann entstehen, wenn eine neue soziale Entwicklung eingetreten ist, auf die das Recht noch nicht reagiert hat, und es durch das Auseinanderklaffen von altem Recht und neuen sozialen Gegebenheiten zu Verhältnissen kommt, die als ungerecht empfunden werden. Nach Schollers Ansicht fordert und fördert das Märchen die Entwicklung der regula ferenda, nach Muellers Ansicht findet die Entwicklung der regula ferenda gleichsam im Märchen selbst statt.

Im Ergebnis kommen sich Schollers und Muellers Ansätze also recht nahe. Andererseits geht Mueller aber nicht explizit strukturalistisch vor und unterscheidet nicht ausdrücklich zwischen verschiedenen Funktionen des Märchens, wenn diese Unterscheidung auch, wie wir gesehen haben, implizit in seiner Arbeit gefunden werden kann.

---

[1] vgl. bereits oben, Kap. III.3.1.1 und 3.1.2; bes. Mueller, S. 219
[2] vgl. oben, Kap. III.2.3
[3] Mueller, S. 219
[4] vgl. oben, Kap. III.2.3

4. Der Gedanke, die Märchen könnten zur Rechtsentwicklung beitragen oder auf rechtliche Überzeugungen einwirken, in Arbeiten, die insgesamt anderen Ansätzen zuzurechnen sind

Ansatzweise, meist nur in vorsichtigen Andeutungen, findet sich der Gedanke, die Märchen könnten zur Rechtsentwicklung beitragen oder auf rechtliche Überzeugungen einwirken[1], auch in der grundsätzlich einem rechtsgeschichtlichen Ansatz folgenden Arbeit von Jessen über die KHM, sowie in anderen, meist rechtsgeschichtlichen Arbeiten über Märchen und Recht. An dieser Stelle treffen sich also die verschiedenen Ansätze.

Den Gedanken, das Märchen trage zur Rechtsentwicklung bei, wo es ihm nach Sitte und Moral geboten erscheine, berührt Jessen bei Erörterung der KHM 48 und 132[2]. Ebenso vertritt er bei der Erörterung des Märchens „Die klugen Leute" (KHM 104) wie oben bereits erwähnt die Ansicht, das Märchen rufe zum Schutz der Schwachen und Benachteiligten auf. Das Märchen zeige, daß das Recht in seiner bisherigen Form zur Behandlung des durch den gesell-

---

[1] ähnliche Gedanken, allerdings nicht für das Märchen, enthält auch Wolfgang Schilds Aufsatz über „Das Gottesurteil der Isolde", in: Hans Höfinghoff, Werner Peters, Wolfgang Schild, Timothy Sodmann (Hrsg.), Alles was Recht war, S. 55 ff; Schild zeigt hier auf, wie sich Gottfried von Straßburg mit dem nach seiner Interpretation überkommenen, nicht mehr zeitgemäßen Institut des Gottesurteils kritisch auseinandersetzt, wobei das Rechtsdenken seiner Zeit ebenfalls zur Ablehnung des Gottesurteils übergeschwenkt sei; bezüglich der Gottesurteile in der Rechtsgeschichte vgl. aber die Ausführungen im Kap. II.4.2.1.4; vgl. auch Schmidt-Wiegand, „Tristan", HRG V, Sp. 364 ff, 367; nach ihrer Interpretation hat sich der Dichter möglicherweise gegen die Manipulierbarkeit der Gottesurteile gewandt, wobei er sich mit ihrer prinzipiellen Ablehnung sogar im Einklang mit der Spitze der Kirche (4. Laterankonzil 1215) befunden habe; Zur beinahe scherzhaften Behandlung des Gottesurteils im Schwank als Folge von Zweifeln an der Tauglichkeit des Gottesurteils und der Distanzierung der Kirche vom Gottesurteil vgl. Zelger, S. 124; Hellwig, ZfvglRW Bd. 19, S. 171 f, findet eine japanische Sage über das Heißeisenordal, aus der sich, wie er ausführt, ebenfalls ergibt, daß der Glaube an dieses Institut schon zu wanken begann; vgl. für die Sage auch den Gedanken von v. Künßberg, die Sage versuche wohl auch einen Volksbrauch, der nur durch die Sitte geboten war, zu erzwingen, wenn sie von Bestrafung der Geizigen und Hartherzigen in gleicher Weise wie von Verbrechern berichte (Rechtsgeschichte und Volkskunde, Zeitschrift für Deutschkunde 1922, S. 327); Hattenhauer, „Märchen" HRG III, Sp. 267 f, schreibt den Märchen grundsätzlich eine „sozialpädagogische Funktion" zu. Er will jedoch insoweit zwischen Märchen und Sagen einerseits und Legenden andererseits unterscheiden, als Märchen und Sage nach seiner Auffassung kulturimmanente Werte transportierten, da sie weltliche Verfasser hätten, die sich in ihren Wertvorstellungen von denen des Zuhörers nicht unterschieden. Die Legende trage demgegenüber Werte vor, die von ihrem geistlichen Verfasser dem weltlichen Zuhörer als neu empfohlen würden; nach den hier (bes. in dieser Fußnote) aufgeführten Beispielen ist diese gattungsmäßige Zuschreibung der Funktionen eventuell etwas zu eng.

[2] Jessen, S. 78; vgl. auch Jessen, S. 233

schaftlichen Wandel begünstigten Betrugs nicht mehr ausreiche. Das Recht sei hier - wohl im Sinne einer Weiterentwicklung - gefordert.[1] Jessen geht davon aus, daß der Stoff dieses Märchens im 16. Jahrhundert erzählt wurde und erwähnt, daß der Ausdruck „Betrug“ bis zum 16. Jahrhundert fast nur ohne technische Bedeutung vorkomme[2]. Die Problematik dieser Deutung dieses Märchens ist oben bereits dargelegt.

Auch im Märchen „Von dem Mäuschen, Vögelchen und der Bratwurst“ (KHM 23) wird nach Jessen der Ruf nach Gerechtigkeit für den Schwachen und Unterlegenen laut, wenn das Vögelchen sich nicht gegen den Hund durchsetzen kann, der die Bratwurst gefressen hat[3]. Diese Auslegung scheint mir aber gegen die konservative Grundhaltung des Textes zu sprechen. Nach der dem Grimmschen Märchen zugrundeliegenden schriftlichen Quelle, Moscheroschs Gesichte Philanders von Sittewald von 1650[4], war die Erzählung eine Parabel auf den damaligen Zustand des Ständestaates in Deutschland, wie sich aus der von den Brüdern Grimm weggelassenen Einleitung bei Moscherosch ergibt[5]. Mäuschen, Vögelchen und Bratwurst, die einen gemeinsamen Haushalt führen, stehen für die drei Stände. So lange sie bei ihrer traditionellen Aufgabenverteilung bleiben - Das Vögelchen muß Holz holen, das Mäuschen Wasser tragen, Feuer anmachen und den Tisch decken, die Bratwurst kochen - leben sie „wohl und köstlich im Frieden“[6]. Als auf Verlangen des Vögelchens jedoch die Aufgabenverteilung geändert wird, geht die Gemeinschaft zugrunde, alle drei kommen zu Tode. Die von den Brüdern Grimm ebenso wie die Einleitung weggelassene Schlußmoral spricht aus, „daß man die Welt nicht zu vil Reformiren sollte, dan ane statt nutzens hätte man nur schaden im außkehren zugewarten: wäre also am besten gethan, vil schweigen, vil übertragen, und auf Gott allein hoffen.“[7]

Auf die Not des kleinen Mannes wird nach Jessens Ansicht auch im Märchen „Simeliberg“ (KHM 142) hingewiesen, wo der Arme sich von seinem reichen Bruder durch die Drohung mit einem Gerichtsverfahren einschüchtern läßt[8].

---

[1] Jessen, S. 140

[2] Jessen, S. 140; vgl. auch E. Kaufmann, „Betrug“, HRG I, Sp. 398

[3] Jessen, S. 199

[4] nach Uther, Brüder Grimm, Kinder- und Hausmärchen, Bd. 4, S. 50, war in der Erstausgabe der „Gesichte“ von 1643 die Geschichte noch nicht enthalten; vgl. auch Rölleke, KHM Bd. 3, S. 452; Rölleke, Einführung, S. 42 ff, nennt dagegen die Jahreszahl 1642

[5] Moscherosch zit. nach Rölleke, Einführung, S. 43

[6] sowohl bei Grimm als auch bei Moscherosch, a.a.O., S. 43

[7] Moscherosch zit. nach Rölleke, Einführung, S. 47

[8] Jessen, S. 195

Der Gedanke, daß das Märchen zur Entwicklung rechtlicher Überzeugungen beitragen könnte, liegt wohl auch der Äußerung Eislers (S. 428) zugrunde, es wäre interessant, zu untersuchen ob die Märchenerzählungen - sie meint hier in erster Linie solche, in denen eine

In engem Zusammenhang mit den in diesem Abschnitt dargestellten Ideen ist auch der Gedanke zu sehen, daß die Rechtsvorstellungen des Märchens auch auf den heutigen Märchenhörer oder -leser, insbesondere auf die Kinder einwirken können[1]. Friedrichs und Ludwig, deren Arbeiten 1920 und 1935 veröffentlicht wurden, schreiben einen solchen Einfluß insbesondere den weit verbreiteten Grimmschen Märchen zu[2]. Ladenthin weist - in seinem Aufsatz über „Recht und Gerechtigkeit im Märchen"[3] - für unsere Tage insbesodere auf das Medium der Tonbandcassetten hin. So kann, wie Ladenthin meint, nicht nur in Kulturen, die sich nicht über die Schrift untereinander verständigen, sondern auch heute noch bei Kindern den Märchen eine wichtige Bedeutung bei der Entwicklung eines Rechtsgefühls bzw. bei der Rechtssozialisation[4] zukommen[5].

Eine kritisch-differenzierende Untersuchung der Darstellung von Recht und Unrecht in Volksmärchen und ihre möglichen Auswirkungen auf die Bildung des kindlichen Rechtsempfindens hat neuerdings Heike Polifke vorgelegt.[6]

---

böse Stiefmutter vorkommt - eine Rolle spielen bei dem Versuch, die Muntehe gegen die Friedelehe (muntlose Ehe) durchzusetzen.

[1] vgl. Friedrichs, S. 17; Ludwig, S. 15; Ludwig ist allerdings der Ansicht, daß eine Erziehungstendenz des Märchens *ursprünglich* vollkommen abzulehnen sei; Ladenthin, Recht und Gerechtigkeit im Märchen, NJW 1994, S. 1928 f, 1929; vgl. auch Großfeld/Möhlenkamp, Die Mühle in Märchen und Recht, NJW 1996, S. 1105; vgl. auch v. Künßberg, Rechtsgeschichte und Volkskunde, Zeitschrift für Deutschkunde 1922, S. 335

[2] Friedrichs, S. 17; Ludwig, S. 15

[3] NJW 1994, S. 1928 f, 1929

[4] Ladenthin (a.a.O.) versteht dabei unter Rechtsgefühl und Rechtssozialisation allerdings nicht das Wissen über das Recht, sondern das Gefühl dafür, was Recht und Unrecht, bzw. was gerecht ist. Zur Rechtssozialisation rechnet er auch das Wissen um ähnliche Fälle. Gerade in einfachen Kulturen wird man aber nicht immer scharf zwischen dem Wissen um das Recht und dem Rechtsgefühl unterscheiden können, so daß Ladenthins Ansatz in dieser Hinsicht eher eine Akzentverschiebung als einen Gegensatz insbesondere zum Ansatz Muellers darstellt.

Zu beachten ist allerdings, daß Mueller, wie erwähnt, in einem Leserbrief an The New York Times (Sunday October 9, 1983, S. 18 E) die Meinung vertritt, die Märchen seien ursprünglich als „education in law for the younger generation" aufzufassen, aber nicht für Kinder bestimmt. Der Grundgedanke, wonach die Märchen auf die Rechtsvorstellungen der Märchenhörer einwirken können, ist jedoch in beiden Fällen der gleiche.

[5] Vgl. auch Großfeld/Möhlenkamp, a.a.O., S. 1105; weiterführend vgl. auch den unterrichtspraktischen Ansatz von Christa Bürger, die Märchen und Ergebnisse der Märchenforschung zur Unterstützung der normativen Entwicklung von Kindern und Jugendlichen, d.h. der Entwicklung ihres Verhältnisses zu gesellschaftlichen Normen, heranzieht. In: Christa Bürger, Tradition und Subjektivität, S. 97 ff; vgl. auch Bottigheimer, S. 21 ff; ganz kurz zu Bürgers Ansatz zur Märchendeutung Polifke, Die Darstellung von Recht und Unrecht im Volksmärchen, a.a.O., S. 49

[6] Polifke, Die Darstellung von Recht und Unrecht in Volksmärchen. Bestandsaufnahme und Analyse unter Berücksichtigung der Rezeptionsfähigkeit kindlicher Adressaten, vgl. S. 14, 199 ff; Wenn Polifke allerdings behauptet, seit Wulffen (vgl. dazu Kap. V.1 der vorliegenden

Da ihre Untersuchung die Auswirkung der Märchen auf Kinder von heute zum Inhalt hat, überprüft und beurteilt sie die in einer Reihe von Märchen vorkommenden Handlungen allein aus der Sicht des heutigen Strafrechts, wobei sie bewußt eine Laienperspektive einnimmt,[1] sowie auf der Basis heute anerkannter moralischer Anschauungen (z.B. der Ächtung von Gewalt als Mittel zur Konfliktlösung).[2] Damit deckt sie eine Reihe von Diskrepanzen zwischen der (heute) herrschenden rechtlich-moralischen Einstellung und der Wertung einzelner Handlungen in Märchen auf. So erscheint es ihr z.B. als Mordversuch, daß die wortbrüchige Königstochter den „Froschkönig“ (KHM 1) an die Wand wirft. Im Märchen freilich wird die Königstochter belohnt, indem sie einen jungen Königssohn (den erlösten Frosch) zum Mann erhält.[3] Das Märchen demonstriere eine „Ellenbogenmentalität“.[4] Je nach der Umgebung des Kindes könne ein solcher Text auf unerwünschte Art auf die Herausbildung von Einstellungen gegenüber egoistischen Handlungsweisen einwirken.[5]

Auf der anderen Seite findet Polifke aber durchaus eine Anzahl von Märchen, die z.B. auch nach heutigem Verständnis akzeptable Möglichkeiten der Konfliktlösung aufzeigen, wenn z.B. in „Daumerlings Wanderschaft“ (KHM 45) Daumerling sein Versprechen gegenüber einem Fuchs einhält.[6]

Sie hält es daher vor allem für wichtig, insbesondere für jüngere Kinder eine Auswahl aus dem Märchenangebot zu treffen.[7] Wichtig sei weiter, daß dem Kind ein Gesprächspartner zur Verfügung steht, wenn Texte abzulehnende Verhaltensmuster beinhalten.[8] Immer wieder betont sie, wie entscheidend für die Wirkung einer im Märchen beschriebenen Verhaltensweise die Erfahrungen sind, die das Kind in seiner Umwelt macht.[9] Wenn sie auch betont, daß noch zu wenig verläßliche Untersuchungen zu den tatsächlichen Auswirkungen der Märchenin-

---

Arbeit) habe sich niemand mehr eingehender mit Recht und Unrecht im Märchen beschäftigt, abgesehen von Jörg-Michael Günther, der sich „eher zur Unterhaltung als aus wissenschaftlichen Motiven mit dem Thema befaßt“ habe (S. 12, 52; vgl. dazu Kap. VII.4 der vorl. Arbeit), so muß diese Behauptung wohl angesichts der Fülle z.B. rechtsgeschichtlicher Ansätze eingeschränkt auf die Gebiete der Psychologie und Pädagogik verstanden werden;
Ausführungen zum Erfordernis einer krit. Betrachtung jedes einzelnen Märchens und zur Gefahr von Pauschalurteilen findet man a.a.O., S. 53, 62 ff

[1] a.a.O., S. 14, 62 ff

[2] z.B. a.a.O., S. 171 f, 181

[3] a.a.O. S. 77, vgl. weiter z.B. das Verjagen der Räuber durch die Tiere in “Die Bremer Stadtmusikanten“ (KHM 27), S. 68 f, das im Märchen gebilligt wird, heute aber als Straftat (Polifke nennt die Tatbestände Raub und Diebstahl) erscheint; vgl. auch S. 98 ff

[4] a.a.O., S. 172

[5] a.a.O., S. 173

[6] Polifke, a.a.O., S. 179 ff, 181

[7] a.a.O., S. 189, 201

[8] a.a.O., S. 190 ff, 201

[9] a.a.O., S. 190, 201

halte auf den kindlichen Empfänger bezüglich der Bildung und Änderung von Einstellungen vorliegen,[1] so zeigt sie doch anschaulich, daß ein derartiger Einfluß, abhängig von den im persönlichen Umfeld des Kindes erlebten Einstellungen und Verhaltensweisen, durchaus möglich erscheint.

[1] a.a.O., S. 169

IV. Ansatz: Wandel der Normen - Wandel der Märchen

1. Einführung: Änderung von Rechts- oder Moralvorstellungen als Ursache für eine Änderung von Märchen

Recht und Moral, die hier wiederum als Einheit, nicht als Gegensatzpaar zu sehen sind, stehen nicht ein für allemal fest. Sowohl das Recht, als auch die moralischen Normen unterliegen vielmehr einem ständigen Wandel. Da das Märchen grundsätzlich auf der Basis fester Moralvorstellungen steht, ist daher zu fragen, ob eine Änderung des Rechts oder der Moralvorstellungen auch zu einer Änderung der Märchen führt[1].

Dieser Gedanke findet sich für die alte Poesie, insbesondere das Epos, bereits bei Wilhelm Grimm[2]. In anderen Äußerungen meint er aber insbesondere bezüglich mündlich überlieferter Poesie, das „Gesetz der stätigen Umwandlung

---

[1] vgl. auch Mueller, The Criminological Significance, S. 219: Nach seiner Auffassung ändern sich die Märchen, wenn sich soziale und politische Verhältnisse ändern; von einem Wandel der Märchen im Laufe der Geschichte geht auch Bottigheimer, S. 16 aus; Sie spricht (S. 167) von einer Wechselwirkung zwischen gesellschaftlichen Verhältnissen und dem Erzählgut. Insbesondere weist sie darauf hin, daß durch die Neuordnung von Symbolen, Bildern und Motiven in Märchenvarianten oft grundlegende Änderungen in der Bedeutung der Erzählung eintreten können. Solche Änderungen können etwas über die Gesellschaft aussagen, die eine bestimmte Variante hervorgebracht hat. Sie vertritt auch die Ansicht (S. 1), bei der Übertragung einer schriftlichen Sammlung traditionellen Erzählguts in einen anderen Kulturkreis passe der neue Kulturkreis in der nachfolgenden Weitergabe das Erzählgut an seine eigenen kulturellen Normen und Vorstellungen an; vgl. auch Bottigheimer, S. 35; dies ist m.E. möglich, aber nicht in jedem Fall zwingend; zur Entwicklung der Märchen parallel zur sozialökonomischen Entwicklung vgl. auch Mihai Pop, Nationaler Charakter und historische Schichtungen im Stil der Volksmärchen, in: Felix Karlinger (Hrsg.), Wege der Märchenforschung, S. 394 ff, 400 ff; vgl. auch Jahn, Volksmärchen aus Pommern und Rügen, Einleitung, S. XVI, der die Auffassung vertritt, der Erzähler passe insbesondere das Beiwerk in einem Märchen ganz seinem Ideenkreis an. vgl. auch Barbara Zinke, Sozialisationsprozesse in Märchen und Epos, in: Gerndt u.a. (Hrsg.), Dona Ethnologica Monacensia, S. 289 ff; zur Abänderung alter Erlösungsformen im Märchen, die in späterer Zeit als grausam empfunden wurden Woeller, Der soziale Gehalt und die soziale Funktion der deutschen Volksmärchen (II), Wissenschaftliche Zeitschrift der Humboldt-Universität zu Berlin, Gesellschafts- und sprachwissenschaftliche Reihe Jg. XI (1962), Heft 2, S. 281 ff, 283

[2] vgl. insbesondere zur Änderung der Rechtsauffassung bezüglich der Blutrache W. Grimm, Kl. Schr. I, S. 503 (Göttinger Rede über Geschichte und Poesie): „Die Blutrache konnte das Mittelalter nicht mehr anerkennen, aber die Thaten, die sie in der Sage veranlasste, waren übrig geblieben. Jetzt versucht die Dichtung, ihnen eine neue Grundlage zu verschaffen...“; Allgemein zur Einwirkung der Veränderung der Sitten auf die Überlieferung: W. Grimm, Kl. Schr. II, S. 421 (Die deutsche Heldensage); zu einem unbewußten Verändern der Sage, die jedesmal „ein Bild der Zeit, in welcher sie ausgesprochen wird“ gewähre vgl. W. Grimm, Kl. Schr. III, S. 79 (altnordische Literatur); zu willkürlichem Umdichten, um „die Überlieferung mit den Gesetzen der Sittlichkeit in Übereinstimmung zu bringen“ vgl. Kl. Schr. III, S. 265 (Athis und Prophilias)

und Anpassung an Zeit und Sprache"[1] habe sich auf die Form der Überlieferungen, nicht aber auf den Inhalt ausgewirkt[2]. Ausgehend vom Gedanken der Entwicklung des Volksgeistes meint Gierke, den Wandlungen des Rechts, das eine Funktion des Volkslebens sei, liefen Wandlungen der übrigen Funktionen des Volkslebens parallel, u.a. auch Wandlungen der Sprache und der Poesie[3]. Die verschiedenen Funktionen des Volksorganismus stehen, wie Gierke weiter unten ausführt, zueinander in Wechselwirkung[4]. Auch Ludwig meint, das Märchen bemühe sich, Märchenzüge, die nach dem „gegenwärtigen Volksempfinden" als Übeltat aufgefaßt werden können, zu erklären oder zu entschuldigen[5].

Dieser Ansatz stellt in gewisser Weise ein spiegelbildliches Gegenstück zu dem oben dargestellten Ansatz von Heinrich Scholler dar. Während Schollers Gedanken dahin gehen, daß das Märchen als Vermittler zwischen regula lata und regula ferenda auftritt und damit auf die Rechtsentwicklung einwirkt, untersucht der hier darzustellende Ansatz umgekehrt, inwiefern der Wandel, die Weiterentwicklung der Rechts- und Moralvorstellungen zu einer Änderung der Märchen führt[6].

2. Veränderungen in Erzählungen über die straflose Wegnahme eines Gegenstandes im Märchen

2.1 Die straflose Wegnahme im Märchen

Wenden wir uns zunächst folgender Fallgruppe zu: In vielen Märchen finden wir das Motiv, daß der Held Riesen, Menschenfresser oder andere im Wald lebende Wesen um einen wertvollen Gegenstand bestiehlt oder betrügt. Er wird

---

[1] so zu den Altdänischen Heldenliedern, Kl. Schr. I, S. 181; vgl. auch Kl. Schr. I, S. 128

[2] zu den Märchen vgl. Kl. Schr. I, S. 337 (Über das Wesen der Märchen); vgl. auch zu den Altdänischen Heldenliedern Kl. Schr. I, S. 181; in eine ähnliche Richtung geht auch der Gedanke, daß „sich die Märchen in dem Fortgange der Zeit beständig neu erzeugt", eben darum aber einen sehr alten Grund haben, bzw. die Märchen „bewahren...treu denselben Grund", Vorrede KHM Bd. 1 (1812), S. XIII f; vgl. auch W. Grimm, Brief an Savigny vom 15.3.1809 (Nr. 35), Schoof, Briefe der Brüder Grimm an Savigny, S. 67

[3] Gierke, Der Humor im deutschen Recht, S. 2

[4] Gierke, Der Humor im deutschen Recht, S. 4 f

[5] Ludwig, S. 14; vgl. auch Winters Hinweis (S. 197) auf „das Unkindliche, Unzeitgemäße und scheinbar Unmoralische im Volksmärchen"; Daß die alte Poesie nicht immer mit den Moralvorstellungen seiner Zeit übereinstimmt, bemerkt auch Jacob Grimm, Kl. Schr. IV, S. 121

[6] Dies entspricht ganz dem Unterschied, den Bottigheimer, S. 12, in der Forschung über Märchen und Gesellschaft feststellt: „Between fairy tales and society there exists a complex relationship, the nature of which is understood in radically different ways from one discipline to another and from one investigator to the next. Furthermore, the apparent relationship of fairy tales to society shifts according to whether one regards the fairy tale as a record and reflection of society, as a normative influence on its reader or listener, or as a combination of both."; vgl. auch a.a.O., S. 13

dafür aber nicht bestraft, im Gegenteil ist ihm dieser Gegenstand sogar höchst willkommen und nützlich. Oft kann er nur so an sein Ziel gelangen. Dieses Motiv finden wir z.B. im Märchen vom Trommler (KHM 193)[1].

2.2 Wandel der Rechtsanschauungen in Bezug auf das Verhalten des Helden

Da das Verbot des Diebstahls zu den Grundregeln des menschlichen Zusammenlebens gehört, erscheint es auf den ersten Blick fraglich, ob das Verhalten des Helden überhaupt rechtmäßig sein kann, oder ob sich hier nicht das Märchen über geltende Moral- und Rechtsvorstellungen einfach hinwegsetzt[2].

Sehen wir uns die Situation aber genauer an. Die Opfer des Diebstahls sind oft Riesen oder Menschenfresser, d.h. Figuren, die im Märchen fast immer gefährlichen oder bösen, den Helden bzw. die menschliche Gemeinschaft schädigenden Charakter haben[3]. Die Bezeichnung als Menschenfresser oder Riese ist im Märchen Formel für das schadenstiftende Wesen, auch wenn der konkrete Menschenfresser im konkreten Märchen noch niemanden im Rahmen der erzählten Handlung geschädigt hat. Die Opfer leben im Wald, also außerhalb der menschlichen Lebensgemeinschaft in Dorf oder Stadt[4]. Man darf sie ungestraft bestehlen. Bisweilen ist die Tötung von Riesen auch eine gute Tat[5]. Sie stehen also auch außerhalb des Schutzes der Rechtsgemeinschaft, der Rechtsordnung[6].

Dies erinnert stark an die Rechtsfigur der Acht, der Vogelfreiheit.[7] Auch der Geächtete stand außerhalb des Schutzes der Rechtsordnung, seine Tötung war straflos, bisweilen auch erwünscht, er verlor sein Vermögen und konnte vor

---

[1] vgl. auch Jessen, S. 195; Ludwig, S. 13 f; vgl. z.B. Wisser, Plattdeutsche Volksmärchen Bd. 1, S. 221 ff (Dat Koenink vun Mornstêrn), wo der Held um Stiefel und um einen Hut streitende Riesen bestiehlt.

[2] So nennt Ludwig (S. 14) dieses Motiv zusammen mit Motiven aus Schwankmärchen als Beispiel dafür, daß das Märchen nicht alles als Verbrechen empfinde, was wir nach heutigem Strafrecht als solches ansprechen müssen; Horn, „List“, EM Bd. 8, Sp. 1099, erklärt die positive Bewertung solcher betrügerischer Überlistungen und Diebstähle aus einer „Ethik der Selbstentfaltung“, die im Märchen herrsche, womit sie m.E. zu kurz greift.

[3] Vgl. auch die Formulierung bei Aarne/Thompson Nr. 518: „Devils (Giants) fight over Magic Objects, which the hero gets by trick“; zur Einordnung der Riesen als in aller Regel negative Figuren vgl. auch Sparing, The Perception of Reality in the Volksmärchen of Schleswig-Holstein, S. 128 f, 140 f; vgl. auch Eisler, S. 426: Eine „an sich schlechte Tat“, die gegen eine böse Figur gerichtet ist, wird im Märchen nicht nur nicht gesühnt, sondern belohnt

[4] zum Wald vgl. auch Winter, S. 212; vgl. auch Bottigheimer, S. 102; vgl. auch den Gedanken bei Jessen, S. 125: Der Held würde die Wegnahme unter Seinesgleichen niemals gewagt haben

[5] KHM 20

[6] vgl. auch die Interpretation bei Jessen, S. 124 f

[7] vgl. zum Begriff „vogelfrei“ Schmidt-Wiegand, „vogelfrei“, HRG V, Sp. 930 f

allem auch vor Gericht nicht klagen[1], d.h. er hatte keinen Rechtsschutz. Der Geächtete wurde gänzlich rechtlos und deshalb sein Leib, Hab und Gut jedermann preisgegeben[2]. Da er die menschliche Gemeinschaft fliehen muß, wird er zum Waldgänger[3].

Ich will damit nicht den Riesen dem Geächteten absolut gleichsetzen, sondern nur aufzeigen, daß es im Märchen wie im Recht die Idee vom außerhalb der Gemeinschaft Stehenden gibt, für den der rechtliche Schutz nicht gilt[4]. Diese Idee geht auch über den deutschen Bereich hinaus, man denke nur an den engli-

---

[1] His, StdMA I, S. 417; Lundgreen, „Friedlosigkeit (Acht)", in: Hoops, RGA Bd. 9, S. 613 ff, 616; zu Ausnahmen hiervon vgl. Weitzel, „Prozeßfähigkeit", HRG IV, Sp. 48 f, 49; Wesener, „Prozeßparteien", HRG IV, Sp. 62 ff, 64

[2] (Kaufmann/) Landes, „Acht", HRG I, Sp. 32; vgl. auch Erler, „Rechtlosigkeit-Rechtsminderung", HRG IV, Sp. 258 ff; vgl. auch Schröder, „Rechtsfähigkeit", HRG IV, Sp. 288 ff, 290; Battenberg, „Reichsacht", HRG IV, Sp 523 ff, 526 f; Lundgreen, „Friedlosigkeit (Acht)", in: Hoops, RGA Bd. 9, S. 613 ff, 615 (m. Kritik der älteren Lehre S. 617); zur Kritik der älteren Lehre von der Friedlosigkeit Kroeschell, „§49 Kritik der Denkmodelle", in: „Germanen, Germania, Germanische Altertumskunde", in: Hoops, RGA Bd. 11, S. 403 ff, 405; grundlegend kritisch zur älteren Lehre Nehlsen, Der Grabfrevel in den germanischen Rechtsaufzeichnungen; ders., Entstehung des öffentlichen Strafrechts bei den germanischen Stämmen

[3] Kaufmann(/Landes), „Acht", HRG I, Sp. 27; vgl. auch - u.a. auch zum Altnordischen - Strauch, „Waldgänger", HRG V, Sp. 1111 ff; vgl. auch ders., „Wargus, Vargr, Verbrecher, Wolf", HRG V, Sp. 1149 ff, sowie Schild, „Wolf", HRG V, Sp. 1497 ff, bes. Sp. 1502 ff zur Gleichheit der Behandlung (nicht: Herstellung von Identität sondern bloßer Vergleich/Metapher) von Missetäter und Wolf; Schmidt-Wiegand, „Unheilig", HRG V, Sp. 488 f; Erler, „Wald", HRG V, Sp. 1105 ff, 1107; Lundgreen, „Friedlosigkeit (Acht)", in: Hoops, RGA Bd. 9, S. 613 ff, 615, 619 f; vgl. auch z. Bez. „Vargus" Kroeschell, „§49 Kritik der Denkmodelle", in: „Germanen, Germania, Germanische Altertumskunde", in: Hoops, RGA Bd. 11, S. 403 ff, 405; grundlegend kritisch zur älteren Lehre Nehlsen, Der Grabfrevel in den germanischen Rechtsaufzeichnungen; ders., Entstehung des öffentlichen Strafrechts bei den germanischen Stämmen; vgl. dagegen Mueller, The Criminological Significance, S. 224 ff; vgl. außerdem Sellert/Rüping I, S. 101, mit Quellen, weitere Quellen zu Folgen der Acht S. 77, 148 f, 470 f; zum Verhältnis zum Kirchenbann Merzbacher, „Bann, kirchlich", HRG I, Sp. 306 ff; vgl. auch ders., „Exkommunikation", HRG I, Sp. 1032 f; vgl. auch Müller-Volbehr, „Bann", in: Hoops, RGA Bd. 2, S. 34 ff, 39

[4] vgl. zur Stellung des Teufels Jessen, S. 187; auch S. 82; vgl. auch Jessens Ansatz zur rechtlichen Erklärung des Verhaltens der „Bremer Stadtmusikanten" (KHM 27), S. 116; vgl. auch Erler, Sich selbst das Urteil sprechen, S. 154; vgl. auch Bottigheimer, S. 135; zu bedenken ist in diesem Zusammenhang auch, daß in manchen Varianten des Motivs statt der Riesen Räuber auftreten. Vgl. zu dieser Beobachtung Sparing, The Perception of Reality in the Volksmärchen of Schleswig-Holstein, S. 140; in dieser Abwandlung wird das Merkmal des Außerhalb-der- menschlichen -Rechtsgemeinschaft-Stehens also beibehalten. Zur Auffassung von Unholden im Märchen als vogelfrei vgl. auch den kurzen Gedanken bei Wehse, In siedendem Öl gegart, S. 162, allerdings mit verfehltem Bezug auf die Todesstrafe und ohne nähere Ausführungen

schen „outlaw“[1]. Ähnliche Grundsätze kannte man auch schon im römischen Bereich. Nach Cicero gelten dem Piraten und dem Räuber gegenüber weder ius noch fides, ihn konnte man also ungestraft täuschen, da mit ihm als gemeinsamem Feind aller („communis hostis omnium“)[2] keine Rechtsgemeinschaft besteht[3]. Legt man dies aber zugrunde, so handelte unser Held rechtmäßig[4].

Dieser Gedanke aber ist in neuerer Zeit verlorengegangen. In Deutschland wurde der Ausspruch der Reichsacht zu Beginn des 18. Jahrhunderts an so strenge Voraussetzungen geknüpft, daß sie praktisch nicht mehr verhängt werden konnte[5]. Einen Geächteten gab es damit nicht mehr. Der Schutz der Rechtsordnung und der moralischen Grundüberzeugungen soll nun jedem zugute kommen. Auch der Riese und Menschenfresser wird zum Mitbürger, gegen den nur noch die Notwehr erlaubt ist.[6] Dann aber erscheint das Verhalten unseres Helden als Rechtsbruch, z.B. als Diebstahl.

2.3 Problematisierung und Veränderung des Berichts von der straflosen Wegnahme als Folge des gewandelten Rechtsdenkens

Soll diese Theorie stimmen, so müßte jetzt der Vorwurf auftreten, dieses Märchen sei unmoralisch[7], bzw. müßten sich Versuche finden, das Handeln des

---

[1] s.a. Kaufmann(/Landes), „Acht“, HRG I, Sp. 28

[2] Cicero, de off. III 107, zit. n.: Hirzel, Der Eid, S. 72

[3] vgl. Wacke, Circumscribere, S. 223; Hirzel, Der Eid, S. 71 ff; vgl. auch Angers (S. 171) Interpretation eines legendenartigen Märchens über einen Teufelspakt, in dem Gott dem Menschen hilft, den Teufel um seine Beute zu bringen: es komme die Überzeugung zum Ausdruck, solch ein Teufelspakt verpflichte letzten Endes nicht, weil er gegen den Gottesglauben verstoße. Vgl. auch zur Rechtfertigung des Vertragsbruchs gegenüber dem Teufel Zelger, S. 186 ff; Insbesondere meint Zelger, obwohl sie S. 26 und 36 feststellt, daß der Teufel als Rechtsperson auftrete, man brauche dem Teufel ebensowenig sein Wort zu halten wie einem Geächteten, wobei sie auf römisches Recht verweist. Der von Gott verstoßene Luzifer, meint sie, könne als Geächteter betrachtet werden (S. 190)

[4] Vgl. zu dieser Argumentation auch Winter, S. 197, der „das Unkindliche, Unzeitgemäße und scheinbar Unmoralische im Volksmärchen“ erwähnt und es bei der Kritik am Ansatz Wulffens (dazu unten) als methodischen Fehler begreift, daß dieser „Unterlassungen und Handlungen der im Märchen dargestellten Menschen, die das Rechtsempfinden und das sittliche Gefühl unserer Zeit befremden oder verletzen, nicht aus dem Rechtsbewußtsein und dem sittlichen Empfinden vergangener Zeiten heraus zu begreifen sucht, sondern sie vom Standpunkte des öffentlichen Anklägers unserer Tage beurteilt. Winter hält es S. 198 auch für wahrscheinlich, daß sich das Befremdende, Unzeitgemäße und Unkindliche im Märchen auf dem Boden der geschichtlichen Wirklichkeit erklären läßt; vgl. dazu auch F. v. d. Leyen, Das deutsche Märchen, 1917, S. 37

[5] (Kaufmann/)Landes, „Acht“, HRG I, Sp. 35

[6] vgl. zur Geschichte der Notwehr E. Kaufmann, „Notwehr“, HRG III, Sp. 1096 ff, bes. 1097 f

[7] vgl. dazu den Bericht Charlotte Rougemonts über ihr Gespräch mit einem Lehrer über das Märchen vom „Trommler“ (Charlotte Rougemont, ...dann leben sie noch heute, S. 45)

Märchenhelden zu rechtfertigen, die sich nur aus diesem Gedanken erklären lassen. Schließlich müßte in einigen Fällen eine Angleichung des Märchens an das geänderte Rechtsdenken erfolgen.

Dafür nun einige Belege. Im Märchen von der „Kristallkugel“ (KHM 197) findet sich eine ähnliche Szene wie im „Trommler“ (KHM 193)[1]. Auch hier streiten sich zwei Riesen um einen Gegenstand. Während aber im „Trommler“ der Held sich durch planmäßiges Handeln die Sache verschafft, indem er die Riesen einen Wettlauf machen läßt und sich inzwischen mit dem Gegenstand entfernt, heißt es in der „Kristallkugel“, daß er ganz in Gedanken von den Riesen mit dem Gegenstand wegging und sie vergaß. Also eine Wegnahme „aus Versehen“, die uns doch stutzig machen sollte. Dieb ist er jedenfalls keiner mehr[2]. In der Fassung von Friedmund von Arnim, nach der die „Kristallkugel“ übernommen ist, liegt dagegen ein bewußter Diebstahl des Helden vor. Offenbar hat hier also Wilhelm Grimm das Motiv entsprechend verändert und an die herrschenden Moralvorstellungen angepaßt[3].

Fast die gleiche Entwicklung findet sich im Märchen „Der König vom goldenen Berge“ (KHM 92), wie ein Vergleich der Fassung des Märchens in der Erstauflage des zweiten Bandes der KHM von 1815[4] mit der Fassung in der Ausgabe letzter Hand zeigt. Hier trifft der Held auf seinem Weg zum goldenen Berg, wo sich seine Frau und sein Kind befinden, auf drei Riesen, die nicht wissen, wie sie drei Zaubergegenstände, die sie von ihrem Vater geerbt haben, untereinander teilen sollen, und den Helden bitten, die Gegenstände für sie zu verteilen. Es handelt sich um einen Mantel, der unsichtbar macht, ein Zauberschwert und ein paar Stiefel, mit deren Hilfe man sich wünschen kann, wohin man will. Der Held läßt sich zunächst von den Riesen alle drei Stücke geben, um auszuprobieren, ob sie noch in gutem Zustand seien. Als die Riesen die Befürchtung äußern, er könnte sich mit Hilfe der Stiefel von ihnen weg wünschen, verspricht er sogar ausdrücklich, dies nicht zu tun. Bis hierher stimmen die Fassungen inhaltlich, soweit es uns interessiert, überein. Die Fassung von 1815 erzählt dann weiter: „Wie er nun alle drei Stücke hatte, da wünschte er sich auf den goldenen Berg, und alsbald war er dort, und die Riesen verschwunden und war also ihr Erbe getheilt“[5]. In der Ausgabe letzter Hand hingegen heißt es: „Wie er nun alle drei Stücke hatte, so dachte er an nichts als an seine Frau und sein Kind und sprach so vor sich hin: ′Ach wäre ich auf dem goldenen

---

[1] schon Wilhelm Grimm nahm bei diesem, häufig in sehr ähnlicher Weise auftretenden Motiv, einen „Zusammenhang der Überlieferung“ an, vgl. KHM Bd. 3, Originalanmerkungen der Brüder Grimm, S. 405

[2] vgl. hierzu auch Friedrichs, S. 34

[3] vgl. Heinz Rölleke, Einleitung zu: Friedmund von Arnim, Hundert neue Mährchen, S. 29; Ders. Die wahren Märchen der Brüder Grimm, S. 298

[4] dort Nr. 6

[5] KHM Bd. 2 (1815), Nr. 6

Berg`, und alsbald verschwand er vor den Augen der Riesen, und war also ihr Erbe geteilt." Hinweise auf eine nach 1815 eingearbeitete weitere Quelle, aus der die Veränderung des hier besprochenen Motivs herrühren könnte, ergeben sich nicht[1]. In einer in den Anmerkungen der Brüder Grimm zu KHM 92 referierten weiteren Fassung wird jedenfalls auch ein bewußter Diebstahl des Helden geschildert[2]. Die sentimentale Wendung von dem Helden, der nur an Frau und Kind denkt und so ohne Vorsatz und Überlistung der Riesen in den Besitz der Zauberdinge kommt, scheint also wiederum auf das Konto Wilhelm Grimms zu gehen[3].

Auch Ludwig stellt fest, daß im Märchen Entschuldigungen für den betrügerischen Schiedsmann vorkommen, weil das Motiv nach dem heutigen Rechtsempfinden als Übeltat aufgefaßt werden könnte[4]. In einem Märchen aus Wälschtirol gibt der Held gar am Schluß die den streitenden Erben abgenommenen Zauberdinge wieder zurück, da er sich denkt „es ist doch nicht recht, daß ich sie behalte."[5]

Rechtfertigungsversuche und Entschuldigungen für das Handeln des Helden finden sich aber auch in theoretischen Äußerungen Wilhelm Grimms über das Märchen. So nennt er den Helden einen Bedrängten oder in Lebensgefahr Schwebenden[6] , an anderer Stelle erklärt er den Betrug damit, der Mensch müsse die selten sich darbietende Gelegenheit benutzen, wenn er den Zwergen oder Kobolden (sic!) ihre übernatürlichen Schätze abgewinnen wolle[7].

Auch Jessen versucht den Helden zu rechtfertigen. Er weist bei der Besprechung dieses Motivs zugunsten des Helden darauf hin, daß dieser die erbeuteten Sachen nur zur Erreichung eines bestimmten Zieles gebrauche und

---

[1] vgl. Rölleke, KHM Bd. 3, Nachweise, zu KHM 92, S. 482; Anmerkungen der Brüder Grimm zu KHM 92, KHM Bd. 3, S. 166 ff

[2] KHM Bd. 3, Anmerkungen der Brüder Grimm, zu KHM 92, S. 167

[3] vgl. auch ähnliche Beobachtungen zu den Märchen „Der Eisenhans" (KHM 136) und „De Spielhansel" (KHM 82), bei Bottigheimer, S. 92 f; Bottigheimer kann sich hier allerdings nicht auf verschiedene Formulierungen bei Grimm selbst oder auf Formulierungsunterschiede zur direkten Vorlage Grimms stützen; Aus dem geschlechtsspezifischen Blickwinkel ihrer Studien formuliert sie (S. 93): „...*Grimm regularly makes male transgression into an unwitting act* which is rewarded." (Hervorhebung von mir)

[4] Ludwig, S. 14; interessant auch die in den Anmerkungen der Brüder Grimm KHM Bd. 3, S. 327 referierte Variante, wonach die um einen Mantel streitenden Riesen diesen für Gold weggeben; bei Knoop, Volkssagen, Erzählungen...S. 215 ff, Nr. 11 (Das Wunderbuch) überredet der Held die Riesen, ihm die Zauberdinge zu überlassen.

[5] Schneller, Märchen und Sagen aus Wälschtirol, S. 23 ff, Nr. 13 (Die Heirat mit der Hexe)

[6] Anmerkungen zu den Kinder- und Hausmärchen, KHM Bd. 3, S. 400 (hier nennt er von den KHM die Nummern 92, 193 und 197)

[7] Anmerkungen, KHM Bd. 3, S. 405; Grimm spricht hier von Zwergen und Kobolden, für die im Märchen gerade in diesem Motiv häufig auch auftretenden Riesen läßt sich die Aussage m.E. aber ebenso heranziehen

nachher wieder liegen lasse. Seiner Tat liege keine materielle Bereicherungsabsicht zugrunde[1].

Die Erzählung vom „petit poucet", dem kleinen Däumling[2], hat bei Perrault zwei Schlüsse. Im ersten Schluß wird berichtet, wie der Däumling den Oger, der ihn fressen wollte, nachdem er ihm die Siebenmeilenstiefel geraubt hat auch noch durch einen listigen Betrug um sein ganzes Vermögen bringt. Der zweite Schluß fügt korrigierend an, dies sei nicht wahr, sondern der Däumling habe sein Vermögen auf rechtmäßige Weise erworben. Die Wegnahme der Siebenmeilenstiefel wird in diesem zweiten Schluß damit gerechtfertigt, daß der Oger sie nur benutzt habe, um kleinen Kindern nachzulaufen, um sie zu fangen und zu fressen. Mit Hilfe der Siebenmeilenstiefel wird nach dem zweiten Schluß der Däumling zu einem begehrten Boten und verdient auf diese Weise viel Geld. In der Märchenfassung Bechsteins „der kleine Däumling", die dem petit poucet stark ähnelt, fehlt der erste Schluß ganz[3]. Ebenso fehlt die Erzählung von dem Betrug in der Fassung „Der daumenlange Hansl" von I. und J. Zingerle[4]. In dieser Version wird der Däumling wie bei Perrault mit Hilfe der Siebenmeilenstiefel des Menschenfressers ein begehrter Bote, daneben wird der Reichtum auch dadurch erlangt, daß die Familie die Krönchen der Töchter des Menschenfressers verkauft, die in dieser Variante eine bei dem Menschenfresser wohnende alte Frau dem Däumling und seinen Brüdern aufgesetzt hatte[5], um sie vor einem nächtlichen Mordanschlag des Menschenfressers zu retten.

Die Brüder Grimm hingegen erwähnen in den Anmerkungen zu „Hänsel und Gretel" (KHM 15) ohne nähere Angaben deutsche Erzählungen, die dem petit poucet offenbar entsprechen[6]. In ihrer bruchstückhaften Inhaltsangabe zu diesen Erzählungen berichten sie, daß der Däumling in den Meilenstiefel „alle Geldbeutel und Kostbarkeiten" getan habe[7]. Dies deutet auf eine Bereicherung aus dem Vermögen des Menschenfressers hin, wie sie der erste Schluß von Perrault enthält. In diesem Zusammenhang ist auch daran zu denken, daß auch Hänsel und Gretel sich in der Grimmschen Fassung mit den Schätzen der Hexe ihre Taschen füllen[8]. Hier scheinen die Brüder Grimm also weniger moralische

---

[1] Jessen, S. 195
[2] Collinet (Hrsg.), Perrault, Contes, S. 199 f
[3] Uther (Hrsg.), Bechstein, Märchenbuch, Nr. 34, S. 167 ff, 172; Perrault, Contes, S. 199 f
[4] I. und J. Zingerle, Kinder- und Hausmärchen aus Süddeutschland, S. 194 ff (=Regensburg 1854 S. 235 ff)
[5] die alte Frau wird bei I. und J. Zingerle nicht als Ehefrau des Menschenfressers bezeichnet
[6] vgl. KHM Bd. 3, Anmerkungen, zu KHM 15, S. 26; Rölleke, Älteste Sammlung, S. 79, 80, 81; KHM Bd. 1 (1812), Anhang, S. IX
[7] in einer handschriftlichen Notiz Jacob Grimms heißt es „alle *Gold*beutel und Kostbarkeiten aus dem Haus", Rölleke, Älteste Sammlung, S. 80 (Hervorhebung von mir)
[8] so bereits in der Fassung der Ölenberger Handschrift, vgl. Rölleke, Älteste Sammlung, S. 76

Bedenken gehabt zu haben als Perrault, in dessen zweitem Schluß ganz deutlich das moralische Unbehagen bei dem Betrug des Däumlings hervortritt.

Im englischen Märchen „Jack und die Bohnenranke“ wird hauptsächlich beschrieben, wie der Held einem Riesen nacheinander verschiedene wertvolle Gegenstände stiehlt[1]. Bettelheim weist darauf hin, daß das Märchen oft in verän-derter Form wiedergegeben werde, um die Taten des Helden zu rechtfertigen. So werde z.B. erzählt, der Riese habe die Zauberdinge früher dem Vater des Helden gestohlen[2]. Zwar findet sich dieser Zug bereits in der englischen Volksbuchtradi-tion, die Fassung ohne den moralisierenden Einschub ist jedoch wohl die ursprünglichere.[3]

All diese Änderungen oder doch auffälligen Rechtfertigungsversuche lassen sich eigentlich nur daraus erklären, daß die Märchenhandlung als unmoralisch empfunden wurde, und, man denke auch an die Idee vom Märchenbuch als Erziehungsbuch[4], entsprechend korrigiert und gereinigt werden sollte[5]. Dann aber wären die aufgeführten Beispiele tatsächlich ein kleiner Hinweis, daß eine Veränderung des herrschenden Rechts und gleichzeitig der Moral und des Rechtsempfindens zu einer Anpassung der Märchen führen kann. Allerdings wird dies sicher mit zeitlicher Verzögerung und nicht immer einheitlich geschehen. So stehen bei Grimm der „Trommler“ (KHM 193) und die „Kristallkugel“ (KHM 197) nebeneinander[6].

---

[1] I. u. P. Opie, Die klassischen Märchen, S. 164 ff; Katharine M. Briggs, A Dictionary of British Folk-Tales in the English Language incorporating the F.J. Norton Collection, S. 316 ff; Aarne/Thompson Nr. 328

[2] Bettelheim, Kinder brauchen Märchen, S. 223

[3] Vgl. Briggs, A Dictionary of British Folk-Tales in the English Language, S. 316 ff, bes. S. 321; Briggs/Michaelis-Jena, Englische Volksmärchen, S. 291 (Anmerkung zu Nr. 14); Scherf, Das Märchenlexikon, S. 620

[4] Brüder Grimm, Vorrede, in: Rölleke (Hrsg.), Brüder Grimm, Kinder- und Hausmärchen, Bd.1, S. 17; in diesem Zusammenhang heißt es sogar wörtlich: „Dabei haben wir jeden für das Kinderalter nicht passenden Ausdruck in dieser neuen Auflage sorgfältig gelöscht“ (es handelt sich um die Vorrede zur zweiten Auflage); vgl. auch Bottigheimer, S. 19 f

[5] vgl. auch Rölleke, Einführung, S. 61 f, der ausführt, daß die Idealvorstellungen der Brüder Grimm vom Märchen dazu führten, daß Versionen, die sie durch ethische Fragwürdigkeiten, Obszönitäten u.a. entstellt dünkten, erst gar nicht in ihren Blick kamen oder wieder aus der Sammlung ausgeschieden wurden.

[6] Interessant ist im vorliegenden Fall auch eine von Polifke im Rahmen ihrer Arbeit über die Darstellung von Recht und Unrecht in Volksmärchen (Polifke, a.a.O., vgl. dazu oben Kap. III. 4) durchgeführte Studie mit überwiegend 10 bis 11-jährigen Kindern. Hier stuften die meisten Kinder das Vertreiben der Räuber durch die Tiere im Märchen „Die Bremer Stadtmusikanten“ (KHM 27) als „richtig“ ein. Polifke sieht den Grund hierfür darin, daß die Kinder sich von der Einstufung der Tiere als „gut“ im ersten Teil des Märchens leiten lassen. Deshalb genüge ihnen auch das Reizwort „Räuber“, um die Räuber als grundsätzlich böse einzustufen und die Tat der Tiere damit zu rechtfertigen. Polifke selbst hingegen betrachtet das Verhalten der Tiere aus heutiger Sicht eindeutig als unrechtmäßig und betont, daß im Text keine Straftat

3. Distanzierung des Erzählers von der Überlieferung: Anhängen einer distanzierenden Moral zum Märchen vom Blaubart bei Perrault

Zu beachten ist in diesem Zusammenhang auch der Hinweis Heinrich Schollers, daß sich bei Perrault zum Märchen vom Blaubart zwei Moralanweisungen finden, wovon die zweite die Erzählung als Märchen aus alter Zeit bezeichnet, das nicht mehr Gültigkeit habe, und sich damit von ihrem Inhalt distanziert[1]. Hier erfolgt zwar keine unmittelbare Abänderung der Erzählung. Im Anhängen der distanzierten Moral läßt sich jedoch eine Manifestation der Empfindung sehen, daß dieser Erzählstoff[2] den herrschenden Vorstellungen nicht mehr entspreche, und damit zumindest nicht unkommentiert wiedergegeben werden könne[3].

Diese Art des Umganges mit einer nicht mehr als zeitgemäß empfundenen Überlieferung reicht über den Bereich des Märchens hinaus. So z.B. verwirft die Glosse zum Sachsenspiegel das, was sie vom Wergeld des Hundes berichtet, mit den Worten: „Du solt aber wissen, dasz das narretheidinge sint“.[4]

4. Die Veränderung des Märchens vom „Herrn Korbes“

Ein weiteres Beispiel für eine Veränderung eines Märchentextes durch die Brüder Grimm, wohl aus Gründen der moralischen Ausgewogenheit, findet sich in dem Märchen „Herr Korbes“ (KHM 41). In diesem Märchen wird erzählt, wie einige Tiere und Gegenstände zum Haus des Herrn Korbes fahren und diesen zu Tode bringen, ohne daß ein Anlaß oder Beweggrund für das gewaltsame Vorge-

---

der Räuber geschildert wird (a.a.O., S. 69, 134 f, 150 ff, 174, vgl. auch S. 98 ff, 102 f). Ähnliche Erscheinungen wie die in diesem Abschnitt dargestellten lassen sich auch auf anderen Gebieten der Erzähltradition finden. Zelger, S. 124 weist auf die fast scherzhafte Behandlung des Gottesurteils im Schwank hin, die sie darauf zurückführt, daß „zur Zeit des Entstehens der Schwankliteratur im 15. Jahrhundert nicht nur erhebliche Zweifel an der Tauglichkeit von Gottesurteilen bestanden, sondern sich vor allem auch die Kirche seit dem 13. Jahrhundert distanziert hatte“. Das nicht mehr den Rechtsvorstellungen entsprechende Gottesurteil, von dem die Legende durchaus ernsthaft berichtete, wird also zum humoristisch behandelten Schwankstoff; zur Legende vgl. die Beispiele bei Schild, Gott als Richter, S. 52 ff; und bei Schild, Das Gottesurteil der Isolde, S. 62 f, der zumindest bei der Legende von der heiligen Kunigunde zweifelt, ob nicht die Verbreitung der Legende gerade als einer Wundergeschichte ebenfalls als Kritik am Gottesurteil als Rechtsverfahren zu verstehen ist; vgl. bezüglich der Gottesurteile in der Rechtsgeschichte aber die Ausführungen oben im Kap. II.4.2.2.1.4 zur Veränderung des Verhältnisses zwischen Teufel und Bauer als Folge des sozialen Wandels vgl. Zelger, S. 166 ff

[1] Scholler, Das afrikanische Rechtssprichwort als hermeneutisches Problem, S. 140

[2] zur vorperraultschen Tradition des Blaubart- Märchentyps vgl. die Hinweise bei Scherf, Märchenlexikon, S. 96 ff

[3] s.a. Scholler, Das afrikanische Rechtssprichwort als hermeneutisches Problem, S. 140

[4] Gierke, Der Humor im deutschen Recht, S. 61

hen der Tiere und Gegenstände gegen den Herrn Korbes berichtet würde[1]. Im Zentrum der Erzählung steht die von den Tieren ausgeübte Gewalt[2]. Der erklärende Schlußsatz, „Der Herr Korbes muß ein recht böser Mann gewesen sein", wie er in der Ausgabe letzter Hand steht, findet sich weder in der handschriftlichen Urfassung[3] noch in der Erstauflage und der zweiten Auflage[4]. Offenbar handelt es sich um eine von Wilhelm Grimm erst nach 1819 hinzugefügte Erläuterung[5]. Die Brüder Grimm gingen davon aus, daß der Name „Herr Korbes" soviel wie „Knecht Ruprecht" oder „Butzemann" bedeute, wie sie am 25.6. 1823 ihrem englischen Übersetzer Edgar Taylor mitteilten[6]. Wie Schoof ausführt, ist diese Bedeutung des Namens „Herr Korbes" als „böser Mann" ohne den von Wilhelm Grimm hinzugefügten Schlußsatz nicht verständlich[7]. Der Schlußsatz dient daher dazu, die Handlung der Tiere zu begründen und moralisch zu rechtfertigen, oder wenigstens die in dem Namen „Herr Korbes" vielleicht schon enthaltene, aber wohl nicht allgemein verständliche Rechtfertigung offenkundig zu machen. Denn wenn der „Herr Korbes" ein böser Mann war, so handelt es sich nicht um einen böswilligen Angriff der Tiere und Gegenstände, sondern der Bösewicht erfährt den gerechten Lohn für seine Bosheit. Das Märchen erscheint damit, gerade im Hinblick auf kindliche Märchenhörer und -leser, wieder moralisch einwandfrei[8].

Im vorliegenden Fall läßt sich allerdings letztendlich wohl nicht mehr klären, ob der moralisierende Gedanke, der „Herr Korbes" sei ein böser Mann, in dem Märchen ursprünglich nicht vorhanden war, oder ob er durch eine Verstümmelung der Erzählung verlorengegangen bzw. nicht mehr allgemein verständlich war[9]. In einigen Varianten des selben Märchentyps wollen die Tiere und Gegenstände eine Untat, z.B. den Tod eines Freundes, an einem Unhold rächen[10]. Es ist also auch möglich, daß hier nicht durch den Wandel der Moralvorstellungen eine Erzählung als unmoralisch empfunden wurde, sondern daß

---

[1] vgl. auch Uther, KHM Bd. 4, S. 85; Scherf, Märchenlexikon, S. 592 ff

[2] Uther, KHM Bd. 4, S. 85

[3] Rölleke, Älteste Sammlung, S. 334 ff

[4] KHM Bd. 1 (1812), Nr. 41, S. 187 ff; KHM Bd. 1 (1819), Nr. 41, S. 150 f (zit. nach der Ausgabe der zweiten Auflage der KHM von 1819 von Rölleke, 5. Aufl. 1990)

[5] vgl. BP I, S. 375; Rölleke, KHM Bd. 3, Anmerkungen, zu KHM 41, S. 460; a.A. (Hinzufügung des Schlußsatzes bereits in der zweiten Auflage; wohl irrtümlich) Uther, KHM Bd. 4, S. 85, sowie Schoof, Zur Entstehungsgeschichte der Grimmschen Märchen, S. 175; vgl. auch Scherf, Märchenlexikon, S. 593 (Scherf legt sich bezüglich des Zeitpunktes der Ergänzung des Schlußsatzes nicht fest); vgl. auch Tatar, The Hard Facts, S. 183 f

[6] BP I, S. 375; Schoof, Zur Entstehungsgeschichte der Grimmschen Märchen, S. 175; Uther, KHM Bd. 4, S. 85; Rölleke, KHM Bd. 3, Anmerkungen, S. 460

[7] Schoof, Zur Entstehungsgeschichte der Grimmschen Märchen, S. 175

[8] vgl. auch Scherf, Märchenlexikon, S. 593; Mallet, Kopf ab!, S. 62 ff, bes. S. 64

[9] hier käme es auf nähere Forschungen zu dem Begriff „Herr Korbes" an.

[10] Scherf, Märchenlexikon, S. 593 f

das ursprünglich die Handlung rechtfertigende Erzählelement im Laufe der Überlieferungsgeschichte verlorenging[1] und dann, da die Erzählung unmoralisch schien, wieder ergänzt wurde.

Andererseits ist auch zu erwägen, ob die Erzählung, die den Brüdern Grimm zukam, nicht einem schwankhaften Zweig des Märchentyps zugehören könnte[2]. Da sich, wie oben dargelegt, das Schwankmärchen um Recht und Moral wenig kümmert, könnte die unzureichende moralische Rechtfertigung dann auch aus der Grundeinstellung dieser Märchenart erklärbar sein. Eine schwankhafte Version des Märchentyps, dem KHM 41 zugehört, muß nach den oben dargestellten Grundsätzen die fast schon grotesk anmutende Gewaltausübung[3] durch die Tiere und Gegenstände in den Vordergrund stellen und die Frage nach einer moralischen Rechtfertigung vernachlässigen.

5. Der Ansatz Jessens: Das Schwinden des Hausrechts des Königs in Recht und Märchen

Einen den hier dargestellten Überlegungen ähnlichen Gedanken verfolgt auch Jessen bezüglich des Hausrechts des Königs[4]. Jessen ist der Ansicht, der König verurteile im Märchen grundsätzlich nur die seinem Hausrecht unterworfenen Personen[5], insbesondere seine Frau, wenn sie ebenbürtig ist (KHM 9), seine Kinder (KHM 16, 97) und das gehobene Gesinde (KHM 76) selbst. Andere Personen, insbesondere auch seine nicht ebenbürtige Ehefrau, müsse er den Gerichten übergeben (KHM 3, 11). In dem Märchen „Die sechs Schwäne“ (KHM 49), das Jessen für jünger als die vorgenannten (KHM 3, 11, 9) hält, werde aber eine ebenbürtige Königin dem Gericht übergeben. Jessen sieht hierin eine Anpassung des Märchens an einen Wandel im Recht. Er vermutet, der Einfluß des Christentums habe das Hausrecht des Königs eingeengt. Zudem führt er die Änderung im Märchen darauf zurück, daß mit dem Erstarken der Gerichtsgewalt und der ständigen Organisation das Tötungsrecht des Adels aus der Hauszucht zurückgedrängt und schließlich ganz beseitigt worden sei. Auch vermutet er als Ursache ein Schwinden des Hausrechts, wenn im Märchen „Die Nelke“ (KHM 76) der Koch vom König verurteilt wird, während im Märchen „Die weiße Schlange“ (KHM 17) der König dem Diener ein Gerichtsverfahren für den nächsten Morgen androhe.

---

[1] nach der Ansicht von Scherf a.a.O. bringt nur der Eingang von der Untat, die geahndet werden soll, eine sinnvolle Motivierung der Handlung

[2] Uther spricht von einem „Tierschwank“. Uther, KHM Bd. 4, zu KHM 41, S. 85

[3] vgl. auch Uther, KHM Bd. 4, S. 86; vgl. auch Tatar, The Hard Facts of the Grimms'Fairy Tales, S. 183 f, die bemerkt, daß das Märchen „invariably elicits laughter“

[4] Jessen, S. 179 ff; zu diesem Gedanken aus rechtsgeschichtlicher Sicht (Hausrecht, Munt und Strafgewalt) vgl. oben Kap. II.4.2.2.1.4

[5] vgl. auch Jessen, S. 177

Jessen stützt sich bei dieser Untersuchung allerdings ausschließlich auf die Formulierungen der KHM in der Ausgabe letzter Hand. Bei einem Vergleich der herangezogenen Stellen mit den Formulierungen in der Erstauflage erscheinen seine Nachweise weitaus schwächer. Zwar spricht im Märchen „Die zwölf Brüder“ (KHM 9) bereits in der Erstauflage der König das Urteil. Die Übergabe der Verdächtigen an ein „Gericht“ findet sich in der Erstauflage jedoch in keinem der von Jessen herangezogenen Märchen (KHM 3, 11, 49, 17). In den Märchen „Marienkind“ (KHM 3) und „Die sechs Schwäne“ (KHM 49) wird der Urteiler nicht genannt. Es heißt nur „da ward sie verdammt“ (KHM 3), bzw. die Räte des Königs dringen darauf, daß das Marienkind „gerichtet“ werde, was aber auch im Sinne von hingerichtet, bestraft verstanden werden kann[1]. Im Märchen „Die sechs Schwäne“ wird erzählt „...so konnte sie nichts mehr erretten, und sie ward zum Feuer verdammt. Der Tag kam heran, wo das Urteil sollte vollzogen werden...“ (KHM 49). Im Märchen „Brüderchen und Schwesterchen“ (KHM 11) wird in der Erstauflage nur die Strafe berichtet[2], allerdings ist die Fassung der Erstauflage seit der Zweitauflage mit einer weiteren mündlichen Erzählung kontaminiert worden[3]. Im Märchen „die weiße Schlange“ (KHM 17) leitet Jessen die Androhung des Gerichtsverfahrens allein aus der Formulierung „sollte...gerichtet werden“ ab. In der Erstauflage heißt es dagegen nur, der Diener solle „bestraft“ werden.

Angesichts dieses Befundes steht die These Jessens doch auf sehr dünnem Boden. Zwar wird in den Märchen „Marienkind“ (KHM 3), Brüderchen und Schwesterchen (KHM 11) und „Die sechs Schwäne“ (KHM 49) auch in der Erstauflage nicht der König als Urteiler genannt. Wer das Urteil spricht, wird überhaupt nicht berichtet[4]. Das ist aber zu wenig, um daraus auf das Handeln eines regelrechten Gerichts[5] zu schließen. Die Anonymität des Urteilers könnte auch darauf beruhen, daß der Erzähler des Märchens sich für den verfahrensmässigen Ablauf nicht interessierte oder nur eine unklare Vorstellung davon hatte, oder sich auszusprechen scheute, daß der König, eine positive Figur, in den Märchen vom „Marienkind“ (KHM 3) und „Die sechs Schwäne“ (KHM 49) seine eigene Frau, die Heldin des Märchens, zum Feuertod verurteilt.

---

[1] In der handschriftlichen Urfassung der Ölenberger Handschrift heißt es an dieser Stelle „bestrafen“ (Rölleke, Älteste Sammlung, S. 200)

[2] „Die falsche Königin ward in den Wald geführt, wo die wilden Thiere sie fraßen, die böse Stiefmutter aber ward verbrannt...“

[3] Rölleke, KHM Bd. 3, Nachweise, zu KHM 11, S. 446

[4] In KHM 6 hat sich diese anonyme Formulierung bis in die Ausgabe letzter Hand erhalten. Jessen will bei diesem Märchen auch aus dieser Formulierung schließen, der König urteile nicht selbst, obwohl nach dem Bericht des Märchens der König den Diener ins Gefängnis werfen läßt und Gnade üben will. (Jessen, S. 182)

[5] vgl. auch Jessen, S. 183

Der hier durchgeführte Vergleich der verschiedenen Fassungen legt eher den Gedanken nahe, der Jurist Wilhelm Grimm könnte bei der Ausarbeitung der Märchen für die späteren Auflagen allmählich mehr Wert auf die Erwähnung des verfahrensmäßigen Ablaufs bei der Urteilsfindung gelegt und daher die Formulierungen, die von einem Gericht sprechen, gewählt haben, mag er sie nun in einer ihm später zugekommenen Variante der Märchen gefunden haben, oder mag sie ihm selbst eingefallen sein. Zu bedenken ist auch, daß durch die Erwähnung des gerichtlichen Verfahrens eine grausame Strafe legitimiert werden kann[1] und der König als in diesen Märchen positive Figur von der Verhängung einer grausamen Strafe entlastet werden kann.

6. Gedanken Ludwigs und Winters: Erklärungsversuche des Märchens für die Aussetzung und den Verkauf von Kindern

6.1 Zur Aussetzung von Kindern

Ludwig bringt für seinen Gedanken, das Märchen bemühe sich, Märchenzüge, die nach dem gegenwärtigen Rechtsempfinden als Übeltat aufgefaßt werden können, zu erklären oder zu entschuldigen, neben einem Hinweis auf das oben ausführlich dargestellte Motiv vom betrügerischen Schiedsmann noch ein weiteres Beispiel. [2] Er weist darauf hin, daß im Märchen Erklärungen darüber vorkämen, warum ein Vater seine Kinder aussetze. Als Beispiel nennt er das Märchen „Die zwei Brüder" (KHM 60), wo die Aussetzung damit begründet wird, daß der Vater glaubt, seine Kinder stünden mit dem Bösen in Verbindung. Nach Ludwigs Ansicht beruhen diese Erklärungen darauf, daß dem heutigen Rechtsempfinden der ursprüngliche Gedanke, daß der Vater auf Grund seiner Muntgewalt Macht über das Leben seiner Kinder habe, fremd geworden sei. Er stützt sich dabei auf Winter[3]. Winter meint außerdem ebenso zum Märchen „Hänsel und Gretel" (KHM 15), daß die Unmenschlichkeit der Aussetzung für eine Zeit, die diese Sitte nicht mehr kannte, dadurch in ein milderes Licht gesetzt werden sollte, daß die Stiefmutter als Urheberin des Planes genannt werde[4].

Bei diesen Beispielen greifen Winter und Ludwig aber zu kurz. Wie oben im Rahmen der Ausführungen zum rechtshistorischen Ansatz dargestellt, läßt sich jedenfalls ein germanisches Aussetzungsrecht des Vaters nur für neugeborene Kinder nachweisen. In den Märchen „Die zwei Brüder" (KHM 60) und „Hänsel und Gretel" (KHM 15) sind die Kinder jedoch schon älter. Auch ist insbesondere bezüglich des Märchens „Die zwei Brüder" (KHM 60) zu berücksichtigen, daß nach der Ansicht von Conrad das germanische Recht des Vaters

[1] vgl. KHM 11

[2] Ludwig, S. 14 f

[3] Winter, S. 219

[4] vgl. zu diesem Gedanken auch Sparing, The Perception of Reality in the Volksmärchen of Schleswig-Holstein, S. 71

zur Aussetzung Neugeborener zwar unbeschränkt war, diese aber wohl nur dann sittliche Billigung fand, wenn ein wichtiger Grund vorlag, etwa wirtschaftliche Not des Vaters oder Lebensunfähigkeit des Kindes[1]. Auch dieser Gedanke, nicht erst ein Wandel des Rechtsempfindens, könnte schon die Begründungen, die das Märchen für die Aussetzung bringt, erklären.

Ein Beispiel für Winters und Ludwigs Gedanken, das Märchen versuche die ursprünglich auf der Muntgewalt des Vaters beruhende Aussetzung zu erklären oder zu entschuldigen, läßt sich eher in den oben beim historischen Ansatz besprochenen Märchen finden, in denen der Vater durch ein intrigantes Spiel seiner Mutter oder einer anderen negativen Figur des Märchens dazu verleitet wird, die Aussetzung des Neugeborenen zu befehlen. In diesen Märchen ist zwar der Gedanke der Kindesaussetzung noch enthalten - es sei hier dahingestellt, inwieweit sich Verbindungen zu einem tatsächlichen Aussetzungsrecht nachweisen lassen - die Aussetzung wird aber eindeutig negativ bewertet und deshalb als das Werk einer bösen Figur dargestellt. Letzteres entspricht wieder Winters Argumentation zu KHM 15.

6.2 Zum Verkauf von Kindern

Ganz Ähnliches führt Winter auch zu den Märchen vom „Teufel mit den drei goldenen Haaren" (KHM 29) und „Daumesdick" (KHM 37) aus[2], in denen die Kinder jeweils ohne zwingenden Grund und mit sichtlichem inneren Widerstreben der Eltern verkauft werden. Winter schreibt, in diesen Märchen werde ausdrücklich betont, daß jene Kinder Glückskinder seien, also aller Voraussicht nach den Folgen des Verkaufes zu ihrem Heile entgehen werden. Dies trifft nur für das Märchen vom „Teufel mit den drei goldenen Haaren" (KHM 29) zu. Im „Daumesdick" (KHM 37) rät jedoch das Kind selbst dem Vater, es zu verkaufen, und verspricht, es wolle schon wiederkommen. Es entflieht bei erster Gelegenheit den Käufern. Der Verkauf wird hier schon in dieser betrügerischen Absicht eingegangen. Winter meint, durch den Hinweis auf die Überlegung der Eltern, das Kind sei ja ein Glückskind, solle in den Augen von Zuhörern, denen die Befugnis des Kinderverkaufes nicht oder nicht mehr geläufig war, der Grausamkeit des Verkaufes der Stachel genommen werden. Damit würde also auch hier ein nicht mehr der herrschenden Rechtsauffassung entsprechendes Handeln im Märchen entschuldigt.

Freilich gilt dies nur, wenn man davon ausgeht, daß ursprünglich im Märchen die Idee eines Rechts zum Verkauf, sogar ohne daß ein Fall echter Not bestand, enthalten war. Zu diesem Problem sei auf die Ausführungen im Rahmen des rechtshistorischen Ansatzes verwiesen. Im Märchen vom „Daumesdick"

---

[1] Conrad I, S. 38 f; vgl. auch Planitz, dt. RG, S. 56; weitere Nachweise zur Aussetzung aus rechtshistorischer Sicht vgl. oben Kap. II.4.1.2.2

[2] Winter, S. 219

(KHM 37) erscheint der Verkauf des Kindes durch den schwankhaften Charakter der Erzählung, insbesondere durch das aktive und betrügerische Handeln Daumesdicks in völlig anderem Licht. Das Dramatische des Verkaufs eines Kindes wird hier durch die Gewitzheit Daumesdicks völlig überspielt.

7. Abänderung eines Märchens, um eine bestimmte moralische Nutzanwendung daraus herleiten zu können

In eine ähnliche Richtung wie die bisher besprochenen Beispiele geht es, wenn ein Bearbeiter ein Märchen abändert, um dann daraus eine bestimmte moralische Nutzanwendung ziehen zu können. Dieser Gedanke findet sich bereits bei Wilhelm Grimm bei der Behandlung einer Feengeschichte des Grafen Caylus, der, wie Wilhelm Grimm ausführt, in der ersten Hälfte des 18. Jahrhunderts schrieb[1]. Die Erzählung des Grafen Caylus entspricht, wie bereits Grimm feststellt, dem Eingang des Märchens „Die zwei Brüder" (KHM 60). Ähnlich wie bei dem von den Brüdern Grimm aufgezeichneten Märchen essen zwei arme Brüder, in der französischen Version die Söhne eines Vogelstellers, Kopf und Herz eines zauberischen Vogels. Wer aber den Kopf des Vogels ißt, wird König, wer das Herz ißt, hat jeden Morgen, sobald er erwacht, hundert Goldstücke. Anders als im Märchen bringen diese Umstände den Brüdern in der französischen Erzählung jedoch kein Glück. Der jüngere Bruder wird wegen seines Reichtums ermordet, der ältere Bruder wird zwar König, doch wegen seiner schlechten Regierung in einem Aufstand getötet. Der Erzähler meint, der ältere Bruder habe sein Ende auch deswegen verdient, weil er als König seine armen Eltern nicht unterstützt habe. Anschließend wird aus der Erzählung, wie auch Grimm berichtet, die Moral hergeleitet, daß jeder bei seinem Stand bleiben solle[2]. Grimm ist der Überzeugung, daß zur Begründung dieser Lehre der Märchenstoff entsprechend umgeändert wurde. Die Erzählung wird dadurch eine „moralische Fabel"[3].

---

[1] KHM Bd. 3, Anmerkungen der Brüder Grimm, S. 307; mir vorliegende Ausgabe des Textes der Feengeschichte: Féeries nouvelles par M. le Comte de Caylus, in: Le Cabinet des fées, ou collection choisie des contes des fées et autres contes merveilleux ornés de figures, tome vingt-quatrième, A Amsterdam et se trouve à Paris, 1786, S. 103 ff; die hier interessierende Erzählung mit dem Titel „l'oiseau jaune" (S. 240 ff) findet sich als Einschub in die Feengeschichte „Tourlou et Rirette" (S. 229 ff)

[2] vgl. die Erzählung, a.a.O., S. 245: „Cet homme riche & ce roi auroient peut-être été de fort bons oiseleurs, peut-être même d'honnêtes gens, si l'ambition de leur mère ne les avoit pas fait changer d'état." Anders als in KHM 60 hatte in der französischen Version die Mutter den beiden Brüdern Kopf und Herz des Vogels zu essen gegeben, weil sie deren zauberische Eigenschaften entdeckt hatte.

[3] Grimm a.a.O.

8. Ergebnis

Die dargestellten Beispiele zeigen, daß ein Wandel der Rechts- und Moralvorstellungen tatsächlich zu einer Änderung von Märchen führen kann. Es ist aber zugleich deutlich geworden, daß man beim Nachweis eines solchen Phänomens äußerst behutsam und exakt vorgehen muß, um Fehlschlüsse zu vermeiden. Im wesentlichen sind auch hier die oben beim rechtshistorischen Ansatz ausgeführten methodischen Anforderungen zu beachten. Insbesondere ist Sorgfalt geboten bei dem Nachweis der tatsächlichen Existenz einer Rechtsvorstellung. Daneben gewinnt der Vergleich verschiedener Fassungen eines Märchens große Bedeutung.

V. Kriminalpsychologische Ansätze

Im Rahmen der kriminalpsychologischen Ansätze möchte ich die Ansätze Erich Wulffens und Klaus Lüderssens behandeln, die die Märchentexte im Lichte der Kriminalpsychologie analysieren und nach kriminalpsychologisch relevanten Aussagen in den Märchen suchen.

1. Der Ansatz Erich Wulffens: Verbrechensschilderungen im Märchen als Manifestation der „derberen Volksinstinkte"

In seiner bereits im Jahre 1910 veröffentlichten Abhandlung über „Das Kriminelle im deutschen Volksmärchen"[1] untersucht Wulffen aus kriminalpsychologischer Sicht die Darstellung des Verbrechens im Märchen[2].

Ausgehend von dem Gedanken, daß das Märchen „den Niederschlag religiöser, ethischer, rechtlicher und sozialer Vorstellungen und Gefühle der verschiedensten Zeiten" bilde[3], und man im Volksmärchen alles wiederfinde, „was die Volksseele von jeher bewegt hat"[4], sieht er in den Verbrechensschilderungen im Märchen eine Manifestation der „derberen Volksinstinkte"[5]. Als „Bestandteil des psychischen Volkstums" spiegle sich auch die Kriminalität im Märchen wider. [6] Die Untersuchung der Märchen soll daher dazu beitragen, die geschichtliche Entwicklung des Verbrechens, „die Geistespfade, die das Verbrechen im Leben und Denken der Völker genommen hat", zu erfassen, um auf dieser Grundlage die Beweggründe der heute lebenden Verbrecher zu erkennen[7].

Dazu untersucht Wulffen die Darstellung einzelner Verbrechen sowie typischer Verbrecher und Opfer im Märchen, wobei er auch den Bereich sexueller Abartigkeiten einbezieht. So kommt z.B. nach seiner Auffassung im Märchen „Fitchers Vogel" (vgl. KHM 46) die Figur des alten Hexenmeisters dem Typus des Lustmörders nahe[8], während schwankhafte Märchen wie „Die klugen Leute" (KHM 104) oder das Märchen vom „Hans im Glück" (KHM 83) den Betrug und seine leichtgläubigen Opfer zum Gegenstand haben[9].

---

[1] in: Archiv für Kriminalanthropologie und Kriminalistik, Bd. 38, 1910, S. 340 ff

[2] allgemein zum Forschungsansatz Wulffens vgl. auch Jörg Schönert, Bilder vom „Verbrechermenschen" in den rechtskulturellen Diskursen um 1900: Zum Erzählen über Kriminalität und zum Status kriminologischen Wissens, in: Jörg Schönert (Hrsg.), Erzählte Kriminalität, S. 497 ff; vgl. auch Monika Frommel, Internationale Reformbewegung zwischen 1880 und 1920, ebda, S. 467 ff

[3] Wulffen, S. 341

[4] Wulffen, ebda

[5] Wulffen, S. 362; vgl. auch S. 342

[6] Wulffen, S. 362

[7] Wulffen, S. 362 f

[8] Wulffen, S. 356

[9] Wulffen, S. 349

Da Wulffen jedoch bei seiner Analyse methodisch nicht ganz einwandfrei vorgeht[1], gelangt er zum Teil zu befremdlichen, kaum mehr nachvollziehbaren Ergebnissen. Insbesondere berücksichtigt er bei der Behandlung einzelner Märchen zu wenig die epischen Gesetzmäßigkeiten und die nicht einer äußeren Realität entsprechende, symbolhafte oder wunderbare Gestaltung einzelner Märchenmotive. So rückt er beispielsweise das Märchenmotiv der Verheiratung eines Menschen mit einem Tier insbesondere im Märchen „Die drei Schwestern" bei Musäus in die Nähe der Sodomie[2].

Auch berücksichtigt er, anders als sein theoretischer Ausgangspunkt erwarten läßt, bei der Analyse einzelner Märchen nicht die historischen Hintergründe, insbesondere das Rechtsbewußtsein und sittliche Empfinden vergangener Zeiten, sondern beurteilt die Handlungen der Märchenfiguren allein „vom Standpunkte des öffentlichen Anklägers unserer Tage"[3]. Bei manchen Märchen überschreitet er meines Erachtens auch die Grenze der noch nachvollziehbaren Auslegung des Textes. So ist z.B. in seinen Augen der Prinz, der Aschenputtel heiratet, „ein larvierter Fuß- und Schuhfetischist, den der kleine Pantoffel und der hineinpassende kleine Fuß entzücken."[4] Weiter führt er aus: „Daß der Schuh als besonders enger und kleiner einen höheren Reizwert hat, beruht auf sadistischen Regungen, auf der mit Lust betonten Vorstellung, daß enge Schuhe Schmerzen verursachen."[5] Dies kommt seiner Ansicht nach in der im Märchen geschilderten Selbstverstümmelung der Schwestern Aschenputtels zum Ausdruck, die sich, damit der Schuh ihnen paßt, ein Stück Ferse bzw. eine Zehe abschneiden. Wulffen setzt sich an dieser Stelle weder mit der Frage auseinander, ob in dem Schuh ein historisches Symbol für Hochzeit und Verlobung gesehen werden kann[6], noch begründet er aus dem Märchen, warum der Prinz gerade von dem kleinen Schuh und den kleinen Füßen Aschenputtels in abartiger Weise entzückt sein soll. Das Passen des Schuhes könnte doch auch einfach ein Merkmal zur Wiedererkennung des gesuchten Mädchens sein.

---

[1] zur Kritik am methodischen Vorgehen Wulffens grundlegend Winter, S. 197 f; sehr anerkennend über Wulffens „epoch-making research" dagegen Mueller, The Criminological Significance, S. 219; kurz zu Wulffen bezüglich seiner Ausführungen über das Märchen „Hänsel und Gretel" Böhm-Korff, Deutung und Bedeutung von „Hänsel und Gretel", S. 54 ff

[2] Wulffen, S. 356; kritisch auch Winter, S. 199 Fn. 6

[3] so Winter, S. 197

[4] Wulffen, S. 352

[5] Wulffen, S. 352

[6] vgl. dazu Winter, S. 222; Dymke, S. 173; vgl. zur Schuhsymbolik auch Uther, Brüder Grimm, Kinder- und Hausmärchen, Bd. 4, S. 48; Röhrich, Märchen und Wirklichkeit, S. 106; Wulffen erinnert in diesem Zusammenhang zwar an die Sage des Altertums von Rhodopis, deren von einem Adler herbeigetragener Schuh König Psammetich veranlaßt, sie zu suchen (vgl. auch Grimm, KHM Bd. 3, S. 38, Anmerkungen zu KHM 21); auch diese Sage ist ihm aber nur ein Beispiel für Schuhfetischismus als sexuelle Abartigkeit

Darüber hinaus stellt sich Wulffen die Frage, ob die Märchen angesichts der nunmehr aufgedeckten kriminellen Inhalte noch als geeignete Literatur für Kinder betrachtet werden können[1]. Insbesondere setzt er sich mit der Frage auseinander, ob Kinder durch die Märchen zur Nachahmung von dort geschilderten verbrecherischen Taten angeregt werden können. Diese Gefahr hält er jedoch für gering. Im Rahmen eines Vergleiches der Märchen mit moderner Schundliteratur kommt er zu dem Ergebnis, daß im Märchen die kriminellen Inhalte neben den übrigen Motiven und Schilderungen ganz in den Hintergrund treten. Zudem weist er auf die weite Entfernung der Märchenwelt von der realen Welt des Kindes hin[2]. Andererseits führt er aber aus:

„Eher vermöchte ein disponierter junger Mensch oder ein Erwachsener, der durch den Märchenzauber hindurch die Wirklichkeit des geschilderten Verbrechens mit unseren Augen sieht, aus dem verbrecherischen Volkssadismus, den er bei seiner späten Märchenlektüre des phantastischen Beiwerkes entkleidet, einen seelischen Anreiz zu einer verbrecherischen Tat zu (sic!) empfangen. Es kommt also alles darauf an, unter welchen Umständen und für welchen Leser- und Hörerkreis eine Vorstellungswelt gezeigt wird. Absolut untauglich zur Erzeugung krimineller Anreize ist selbst das Märchen nicht.“[3]

2. Der Ansatz Klaus Lüderssens: „Hans im Glück“ als Betrugsopfer

In seinem erstmals 1979 erschienenen Aufsatz über „Hans im Glück. Kriminalpsychologische Betrachtungen - mit einem Seitenblick auf die Genese sozialer Normen“[4] analysiert Lüderssen das weithin bekannte Grimmsche Märchen unter viktimologischen Aspekten[5].

---

[1] Wulffen, S. 364 ff; insoweit vgl. das Wiederaufgreifen dieser Fragestellung von Polifke, Die Darstellung von Recht und Unrecht in Volksmärchen, S. 12 (vgl. Kap. III.4 der vorliegenden Arbeit); kurze Darstellung des Ansatzes Wulffens bei Polifke, a.a.O., S. 44 f; Wenn Polifke allerdings behauptet, seit Wulffen habe sich niemand mehr eingehender mit Recht und Unrecht in den Märchen beschäftigt abgesehen von Jörg-Michael Günther (vgl. unten Kap. VII.4), der sich „eher zur Unterhaltung als aus wissenschaftlichen Motiven mit dem Thema befaßt“ hat (a.a.O., S. 12, 52) so ist dies wohl auf die vorliegende Fragestellung der Wirkung auf Kinder zu beschränken, da zu anderen Ansätzen, z.B. rechtsgeschichtlicher Art, viele Arbeiten vorliegen.

[2] Wulffen, S. 365 f

[3] Wulffen, S. 366

[4] in: Klaus Lüderssen, Produktive Spiegelungen, S. 73 ff, vgl. auch Nachweise S. 283

[5] vgl. bes. Lüderssen, S. 81; auf Lüderssens „Seitenblick auf die Genese sozialer Normen“ (S. 83 ff) wird hier nicht näher eingegangen; Diese Ausführungen beschäftigen sich anhand des Märchens mit unterschiedlichen Vorstellungen vom Glück und der Strategie der Anerkennung von „Gegendefinitionen“. Ein enger Bezug zum Recht findet sich in diesen Darlegungen nicht;
zu Lüderssens Aufsatz vgl. auch Ladenthin, Recht und Gerechtigkeit im Märchen, NJW 1994, S. 1928

Lüderssen geht von der grundsätzlichen Frage aus, „was das Märchen darüber sagt, wie es passiert, daß jemand betrogen wird, und was für Menschen es sind, die in diese Vorgänge verstrickt werden, unter welchen Bedingungen sie so und nicht anders handeln."[1] Konkret arbeitet er in einer eingehenden Analyse des Märchentextes heraus, was Hans dazu bringt, auf seine Tauschpartner immer wieder hereinzufallen[2], welche Eigenschaften ihn zum Opfer der Betrügereien machen. Er kommt zu dem Ergebnis, daß Hans zur Selbsttäuschung neigt, wenn er sich immer nur die Vorteile des gerade anstehenden Tausches vor Augen führt[3]. Hans nimmt seine Umwelt nur selektiv wahr, er sieht z.B. nur, daß der Klumpen Gold schwer zu tragen ist, nicht aber, daß sich diese Mühe auch lohnen könnte[4]. Auch ist er, wie dieses Beispiel zeigt, kaum fähig, „Frustration zu ertragen, etwas Unangenehmes durchzustehen"[5]. Diese Eigenschaften sind zudem verbunden mit „vorschneller Glücksvorstellung und Hochschätzung des Gegenüber"[6], wie die Vertrauensseligkeit von Hans insbesondere gegenüber dem Scherenschleifer zeigt, der ihm vorgaukelt, er könne durch Scherenschleifen leicht viel Geld verdienen. Insoweit könnte die Analyse des Märchens, wie Lüderssen meint, einen Beitrag zur Frage der Täter-Opfer-Beziehung für den speziellen Fall des Betrugs darstellen.

Weiter versucht Lüderssen, „dem Märchen auch zu allgemeineren Fragen der Täter-Opfer-Beziehung" etwas zu entnehmen[7]. Er untersucht, weshalb bei Hans die „Kombination von auf Realitätsleugnung und Frustrationsvermeidung gerichteten Strategien" nicht zu einer Delinquenz führt[8], obwohl viele Täter ebenfalls diese Eigenschaften aufweisen, sondern zu einer Opferrolle. Den Grund dafür vermutet er in unterschiedlichen Formen der psychischen Konfliktverarbeitung bei typischen Tätern und typischen Opfern[9].

Lüderssens Ansatz läßt sich gut nachvollziehen. Insbesondere geht er auch behutsam mit dem Märchen um. Seine Interpretation überdehnt den Text nicht. Auch unter kriminalpsychologischen Aspekten lassen sich also, wie die hier besprochenen Arbeiten zeigen, dem Märchen interessante Aspekte abgewinnen.

---

[1] Lüderssen, S. 77
[2] Lüderssen, S. 79
[3] Lüderssen, S. 79
[4] Lüderssen, S. 80
[5] Lüderssen, S. 80; Als weiteren Beleg für diesen Aspekt möchte man hinzufügen, daß Hans, sobald sich die negativen Eigenschaften seines jeweiligen Besitzes zeigen - das Pferd wirft ihn ab, die Kuh gibt auf seine Melkversuche keine Milch - sich stets sofort in einen neuen Tausch flüchtet
[6] Lüderssen, S. 81
[7] Lüderssen, S. 82
[8] Lüderssen, S. 82
[9] Lüderssen, S. 82 f

VI. Rechtsphilosophische Ansätze

Im Rahmen der rechtsphilosophischen Ansätze möchte ich Ansätze untersuchen, die das Märchen nicht in erster Linie zu bestimmten geschichtlichen oder kulturellen rechtlichen Gegebenheiten in Beziehung setzen, sondern die losgelöst davon fragen, welche Gedanken über das Recht im allgemeinen wie auch über die gerechte Lösung eines Falles sich aus den Märchen entnehmen lassen.

1. Die Ansätze Wrenns: Aussagen im Märchen über das Recht, sowie Grenzen und Funktionen des Rechts

1.1 Einführung

Lawrence G. Wrenn versucht in seinem Aufsatz über „Law and the Brothers Grimm", in den KHM Aussagen über das Recht, die Grenzen des Rechts und die Funktionen des Rechts in einer Gesellschaft zu finden[1]. Seine Methode ist dabei allein eine, zum Teil sehr weitgehende, Interpretation der Märchentexte, die er nicht in unmittelbare Beziehung zur rechtlichen Wirklichkeit setzt. An einigen Stellen zieht er christliche Glaubensinhalte zur Interpretation der Märchen heran. Seine einzelnen Interpretationsansätze hängen zum Teil nur sehr lose zusammen und sind äußerst unterschiedlich. So versucht er, aus den Märchen Aussagen zu gewinnen sowohl über die Eigenschaften, die ein guter Anführer haben muß, als auch über die Funktionen und Grenzen des Rechts. Auch ist, anders als der Titel der Arbeit erwarten läßt, nicht in allen seinen Ausführungen ein unmittelbarer Bezug zum Recht erkennbar.

1.2 Aussagen im Märchen über die Qualitäten, die ein guter Anführer haben muß

In seinem ersten Ansatz untersucht Wrenn, welche Aussagen das Märchen über die Eigenschaften macht, die ein guter Führer haben muß. Einen näheren Bezug zum Recht stellt er hier nicht her. Man kann aber an Könige und Päpste als in der Geschichte staatsrechtlich und politisch relevante Persönlichkeiten denken.

Ein im Märchen immer wiederkehrendes Thema ist Wrenns Ansicht nach, daß ein guter Führer der Freund aller sein muß. Aus dem Märchen „Die drei Sprachen" (KHM 33) leitet er ab, daß der Führer die Geheimnisse der Natur verstehen muß. Der Held dieses Märchens, der schließlich Papst wird, ist nach Wrenn erfolgreich, weil er die drei Sprachen beherrscht. Er hat gelernt, zu verstehen, was die Hunde bellen, die Vögel singen und die Frösche quaken. Nach Wrenn bedeutet dies, daß er mit den Geheimnissen der Erde (im Märchen vertreten durch die Hunde), des Wassers (vertreten durch die Frösche) und der Luft

[1] Lawrence G. Wrenn, Law and the Brothers Grimm, Studia Canonica Bd. 13, 1979, S. 429 ff

(vertreten durch die Vögel) vertraut ist. Er besitzt damit eine Art von ursprünglicher Weisheit, die andere unwiderstehlich fanden, weshalb sie ihn zum Papst wählten[1].

In dem Märchen „Die Bienenkönigin" (KHM 62) und anderen Märchen findet Wrenn weiter den Gedanken, daß der gute Führer insbesondere alle geringen Wesen, seien es Tiere oder ein kleines graues Männlein, respektieren und lieben muß, ja darüber hinaus in der Lage sein muß, ihre Kräfte zu vereinigen und ihre Mitwirkung anzuregen. Dies kann er, weil er erkannt hat, daß er ohne sie machtlos ist. Seine Kraftquelle liegt in seinem Vertrauen auf die kleinen Leute[2]. Im Märchen von der Bienenkönigin (KHM 62) helfen dem Helden Ameisen, Enten und Bienen, die er vorher gegen seine Brüder beschützt hat, bei der Lösung der ihm gestellten Aufgaben.

1.3 Im Märchen dargestellte Grenzen des Rechts

Als nächstes erörtert Wrenn die nach seiner Auffassung im Märchen dargestellten Grenzen des Rechts, die seiner Meinung nach darin liegen, daß das Recht nicht lebenspendend sei. Wrenn ist der Ansicht, die Erlösung aus Versteinerung oder Tiergestalt erfolge im Märchen nicht durch Recht oder Gesetz, sondern stets durch Liebe, bisweilen, wie im Märchen „Die sieben Raben" (KHM 25), durch ein Opfer aus Liebe. Die Versteinerung oder Tierverwandlung bedeutet nach Wrenns Ansicht, daß eines der Mitglieder der Gesellschaft krank oder einsam oder vom Rest der Gesellschaft abgeschnitten ist. Die Grenzen des Rechts liegen nach Wrenn also darin, daß das Recht nicht lebenspendend ist. Wrenn zieht hierbei christliches Gedankengut, insbesondere den Gedanken des Opfertodes Christi und des Meßopfers heran sowie eine Stelle aus den Paulusbriefen, wo es heißt, das Gesetz habe nicht die Kraft, lebendig zu machen[3]. Hierzu ist aber darauf hinzuweisen, daß im Märchen explizit keine Auseinandersetzung mit den Grenzen des Rechts in dieser Form stattfindet. Es handelt sich hier um eine reine Interpretation Wrenns.

1.4 Bilder für die gesellschaftlichen Funktionen des Rechts im Märchen

1.4.1 Einführung

Weiterhin findet Wrenn in den Märchen einige Bilder, in denen er die Darstellung verschiedener Funktionen des Rechts in einer Gesellschaft sieht[4]. Der Gedanke, sich anhand der Märchen mit den Funktionen des Rechts in einer

---

[1] Wrenn, S. 432
[2] Wrenn, S. 432
[3] Neues Testament, Gal 3, 21; Wrenn, S. 434 ff
[4] Wrenn, S. 439 ff

Gesellschaft zu beschäftigen, ähnelt entfernt dem oben dargestellten Ansatz Schollers. Die Ansätze unterscheiden sich jedoch insofern, als Scholler die Funktionen der Märchen und des Rechts in einfachen Kulturen vergleicht und die von Propp ermittelten Funktionselemente des Märchens auf ihren rechtlichen Gehalt untersucht, während Wrenn in den KHM nach Bildern für die Funktionen des Rechts in einer Gesellschaft sucht.

1.4.2 Die Einhaltung des Rechts oder die Erfüllung eines Versprechens schaffen eine Atmosphäre, in der Liebe und Güte gedeihen können

Als erste Funktion des Rechts, die im Märchen zum Ausdruck kommt, findet Wrenn, daß die Einhaltung des Rechts oder die Erfüllung eines Vertrages oder eines Versprechens eine Atmosphäre schaffen, in der Liebe und Güte gedeihen können[1]. Er weist hierzu auf die Märchen „Das singende, springende Löweneckerchen" (KHM 88) und „Hans mein Igel" (KHM 108) hin, wo jeweils die Tochter von ihrem Vater einem in ein Tier Verzauberten versprochen wird und die Erfüllung dieses Versprechens letztendlich zur Erlösung des Tiergatten aus seiner Tiergestalt führt. In erster Linie aber führt er das Märchen vom Froschkönig (KHM 1) an. Dieses Märchen scheint mir aber insofern ein schlechteres Beispiel zu sein, als hier doch letztendlich die Prinzessin den Frosch an die Wand wirft, was doch wohl keine ordnungsgemäße Erfüllung des Versprechens, ihn in ihrem Bett schlafen zu lassen, darstellt.

1.4.3 Das Recht soll dazu beitragen, die Gesellschaft zu ihren Zielen zu führen

Die zweite Funktion des Rechts, auf die im Märchen angespielt werde, sieht Wrenn darin, daß das Recht dazu beitragen soll, die Gesellschaft zu ihren Zielen zu führen[2]. Er meint, daß in einigen Märchen die Wichtigkeit von Wegweisern oder Wegmarkierungen betont werde, um Menschen zu ihrem Ziel zu führen. In unserer Gesellschaft seien diese Wegweiser das Recht. Aus einem Vergleich der Märchen „Das Waldhaus" (KHM 169) und „Der Räuberbräutigam" (KHM 40) entnimmt Wrenn, daß die Wegmarkierungen, die seiner Ansicht nach für das Recht stehen, an die Umgebung, ihre Umwelt, angepaßt werden müssen und dauerhaft sein müssen. Im Märchen „Das Waldhaus" verwendet ein Holzhauer nacheinander Hirse, Linsen und Erbsen, um für seine drei Töchter, die ihm das Mittagessen in den Wald bringen sollen, den Weg zu markieren. Diese Wegmarkierungen werden aber jedesmal von den Vögeln gefressen, und die Töchter verirren sich. Im Gegensatz dazu hat im Märchen vom „Räuber-

---

[1] Wrenn, S. 439 ff

[2] Wrenn, S. 442 ff

bräutigam" der verbrecherische Bräutigam den Weg zu seinem Haus im Wald mit Asche markiert. Seine Braut, die ihn besuchen soll, markiert den Weg zusätzlich mit Erbsen und Linsen. Als sie nach schrecklichen Erlebnissen aus dem Räuberhaus entkommt und den Heimweg sucht, hat der Wind die Asche weggeweht, aber die Erbsen und Linsen haben gekeimt und zeigen ihr den Weg.

Wrenns Übertragung dieser Märchenmotive auf das Recht ist durch nichts im Märchen angedeutet und erscheint mir sehr weit hergeholt. Wenn man Wrenn vielleicht auch noch in dem Gedanken folgen will, daß die Wegmarkierungen an die Umwelt angepaßt sein müssen, so fragt sich doch, warum man diesen Gedanken gerade zum Recht in Beziehung setzen soll. Nicht nur das Recht, auch alle anderen Lebensformen, ja Dinge wie Kleidung und Hausbau müssen an die Umwelt angepaßt sein, wenn sie ihren Zweck erfüllen sollen.

1.4.4 Schutz der Einheit einer Gemeinschaft durch das Recht

Eine dritte Funktion des Rechts, die in den Märchen dargestellt wird, sieht Wrenn darin, daß das Recht dazu dienen kann, die Einheit, die eine Gemeinschaft schon besitzt, zu schützen[1]. Als Beispiele hierfür führt er die Märchen „Die sieben Raben" (KHM 25) und „Rotkäppchen" (KHM 26) an. Im Märchen von den „sieben Raben" schickt der Vater nur einen seiner Söhne, Wasser für die Taufe des neugeborenen Mädchens zu holen. Da alle anderen Söhne mitlaufen und jeder das Wasser schöpfen will, fällt der Krug in den Brunnen und die Kinder, die sich nicht nach Hause zu gehen trauen, werden von ihrem Vater im Ärger zu Raben verwünscht. Rotkäppchen läuft entgegen dem Gebot seiner Mutter vom Weg ab und der Wolf frißt die Großmutter und danach Rotkäppchen. Wrenn meint, in beiden Fällen wäre das Unglück vermieden worden, wenn sich die Kinder an die Gebote gehalten hätten. Die Einheit der Familie wäre bewahrt worden. Wrenns Interpretation läßt sich gut nachvollziehen, wenn auch in beiden Märchen nicht eigentliche Gesetze eine Rolle spielen sondern Gebote und Verbote, die Eltern ihren Kindern erteilen. Zu bedenken ist auch, daß in anderen Märchen durch die Übertretung eines Verbotes häufig erst eine Entwicklung in Gang gesetzt wird, wobei die Folgen der Übertretung des Verbotes zunächst negativ erscheinen, den Helden aber letztendlich weiter bringen, z.B. im Märchen „Der Eisenhans" (KHM 136).

1.4.5 Recht als eine Art minimaler Standard, um die Identität oder Würdigkeit einer Person zu überprüfen

Eine vierte Funktion des Rechts, die in den Märchen impliziert ist, sieht Wrenn darin, daß das Recht als eine Art minimaler Standard dienen könne, um die Identität oder Würdigkeit einer Person zu überprüfen[2], ähnlich wie die regel-

---

[1] Wrenn, S. 444 f

[2] Wrenn, S. 445

mäßige Teilnahme am Sonntagsgottesdienst eine Person als Katholiken erkennbar mache. Als Beispiel führt er das Märchen von „Aschenputtel" (KHM 21) an, wo das Passen des Schuhes die Identität Aschenputtels mit der Tanzpartnerin des Prinzen beweist. Aschenputtels Schwestern, die ihre Füße verstümmeln, damit sie in den Schuh passen, erfüllen nach Wrenns Deutung nur den Buchstaben des Gesetzes und werden bald ertappt.

Auch hier erscheint der Bezug zum Recht ziemlich weit hergeholt. Es handelt sich bei der Schuhprobe nur um den Identitätsnachweis in einem einzelnen Fall, die Eigentümerin eines bestimmten Schuhes wird gesucht. Eine generelle Regel, deren Befolgung für den Nachweis einer Identität dienen kann, läßt sich daraus nicht entnehmen.

1.5 Weitere Einzelheiten

Im Übrigen weist Wrenn nur noch kurz auf die Beweisführung durch Wahrzeichen, das Selbsturteil und den Gerechtigkeitssinn im Märchen hin, ohne aber auf diese Punkte näher einzugehen. Die theologische Deutung des Märchens „Die Gänsemagd" (KHM 89), die er zum Abschluß seiner Untersuchung andeutet, läßt keine Bezüge zum Recht erkennen.

1.6 Zusammenfassende Würdigung

Insgesamt ist festzuhalten, daß Wrenn zum Teil Deutungen bringt, die keine Stütze im Märchen haben. Bei diesen gewagten Deutungen enthält der Aufsatz fast mehr eine Veranschaulichung von Gedanken über das Recht mit Hilfe der Märchen als eine Interpretation des Märcheninhalts selbst. Da Wrenn nicht beabsichtigt, die Widerspiegelung von Anschauungen einer bestimmten historischen Epoche oder Bevölkerungsschicht im Märchen zu finden[1], halte ich eine derartige Benützung der Märchen nicht für völlig unzulässig, solange die Deutungen wenigstens nachvollziehbar bleiben. Man muß sich aber darüber im klaren sein, daß man bei dieser Vorgehensweise, die den kulturellen Hintergrund der Märchen nicht untersucht und berücksichtigt, nicht immer auf die Bedeutungen und Deutungen stoßen wird, die einem Märchen oder Motiv ursprünglich zugrundelagen.

---

[1] bei der Deutung von KHM 89 läßt Wrenn sogar ausdrücklich offen, ob diese Deutung vom Erzähler intendiert ist (S. 448)

2. Entsprechungen zu rechtsphilosophischen Grundideen und Problemen im Märchen: „Schleier des Nichtwissens"; Verteilungsprobleme

Als nächstes soll im Rahmen des rechtsphilosophischen Ansatzes an zwei Beispielen untersucht werden, inwieweit sich rechtsphilosophische Grundideen und Grundprobleme im Märchen wiederfinden

2.1 Die Idee vom „Schleier des Nichtwissens" bei Rawls und das Motiv des „Sich selbst das Urteil Sprechens" (Lothar Philipps)

2.1.1 Die Idee vom „Schleier des Nichtwissens" bei Rawls

Die „Theorie der Gerechtigkeit" von John Rawls zählt zur Gruppe der Gesellschaftsvertragstheorien[1]. Rawls stellt den Grundsatz auf, die Grundstruktur einer Gesellschaft, also die grundlegende Regelung der Rechte und Pflichten des Einzelnen und der Verteilung der wichtigsten Güter[2], sei dann gerecht, wenn sich die Menschen in einem fiktiven Urzustand vertraglich auf eine solche Grundstruktur einigen würden, um ihr Zusammenleben zu regeln[3].

Um tatsächlich zu einer gerechten Vereinbarung führen zu können, muß dieser Urzustand jedoch gewissen Bedingungen genügen, z.B. müssen die Vertragspartner frei und gleichberechtigt sein[4]. Problematisch ist jedoch, daß es nach der Theorie von Rawls dieselben Menschen sind, die zuerst im Urzustand über die Grundregeln des Zusammenlebens entscheiden und die danach in einer Gesellschaft leben, in der diese Grundregeln gelten. Dies könnte Einzelne dazu bringen, sich für solche Grundregeln einzusetzen, die sie nicht aufgrund von allgemeinen und objektiven Erwägungen für gerecht halten, sondern die allein ihrem persönlichen Vorteil dienen[5]. Dieser Gefahr begegnet Rawls, indem er voraussetzt, daß sich die Menschen im Urzustand hinter einem „Schleier des Nichtwissens" befinden. Sie wissen nicht, welche natürlichen Eigenschaften und Neigungen sie besitzen und welche soziale Position sie in der zu gründenden Gesellschaft haben werden, d.h. zu welcher Klasse oder Schicht sie gehören werden[6]. Dies zwingt sie dazu, sich im Urzustand für Grundregeln zu entscheiden, die sie akzeptieren können, egal in welcher gesellschaftlichen Position sie sich später befinden werden. Sie können sich also allein an objektiven Gerechtigkeitserwägungen orientieren[7]. Andere Regeln vorzuschlagen wäre völlig sinnlos, da

---

[1] vgl. Rawls, Eine Theorie der Gerechtigkeit, S. 12
[2] a.a.O., S. 20 f
[3] a.a.O., S. 28
[4] a.a.O., S. 28
[5] a.a.O., S. 36, 159
[6] a.a.O., S. 36, 159 ff
[7] a.a.O., S. 159

die Einzelnen ja nicht wissen, welche der Regeln zu ihrem persönlichen Vorteil ausschlagen würde[1].

2.1.2 Parallele zwischen der Idee vom „Schleier des Nichtwissens“ und dem Motiv des Selbsturteils im Märchen

Rawls selbst meint, der Schleier des Nichtwissens sei eine so natürliche Bedingung, daß schon viele auf den Gedanken gekommen sein müssen[2]. In seiner Vorlesung über „Grundzüge der Rechtsphilosophie“ hat Lothar Philipps die Idee vom „Schleier des Nichtwissens“ mit dem literarischen Motiv des „Sich selbst das Urteil Sprechens“ in Verbindung gebracht.

Bei diesem Motiv[3], das im Märchen sehr häufig ist[4], geht es im Grunde um ein ganz ähnliches Problem[5]. Jemand soll über sein eigenes Verhalten ein gerechtes Urteil, oft ein Strafurteil, fällen. Damit er seine eigene Beteiligung nicht erkennt und gerecht entscheidet, wird ihm sein Verhalten in Form eines Gleichnisses oder eines abstrakten Falles vor Augen geführt. Sein Blick auf das

---

[1] a.a.O., S. 163

[2] a.a.O., S. 159

[3] Die weite Verbreitung des Gedankens des Selbsturteils in verschiedenen Variationen in Literatur und Rechtsgeschichte ist ausführlich dargestellt bei Erler, Sich selbst das Urteil sprechen, Oberdeutsche Zeitschrift für Volkskunde, 1943, S. 143 ff, vgl. auch S. 148; vgl. auch Genzmer, Talion im klassischen und nachklassischen Recht?, ZRG Romanist. Abt, Bd. 62, 1942, S. 122 ff; das Motiv des Selbsturteils ist also keineswegs auf das Märchen beschränkt. E. Kaufmann, „Selbsturteil“, HRG IV, Sp. 1619 ff, ist allerdings der Auffassung, daß, anders als im Märchen, im Recht dem Selbsturteilenden die Ausübung einer peinlichen Strafgewalt nicht gestattet sei, mit Ausnahme der gelegentlich beobachteten Sitte, den zur peinlichen Strafe Verurteilten die Art des Vollzuges selbst wählen zu lassen; vgl. dazu aber Erler, a.a.O., S. 147, der ein den Märchen sehr nahe kommendes historisches Beispiel liefert (der nach dem gerechten Urteil befragte Hofbeamte spricht unwissentlich sein eigenes Todesurteil). Dem Ziel dieser Arbeit entsprechend sollen im folgenden aber schwerpunktmäßig nur die Märchen und (ergänzend) eine Stelle aus dem Alten Testament herangezogen werden

[4] z.B. KHM 13, 89, 135; vgl. die Zitate bei Jessen, S. 185 f; bei Anger S. 174 f; bei Töpfer S. 31 und S. 57; Ludwig S. 42; vgl. Eisler, S. 424; vgl. auch Erler, Sich selbst das Urteil sprechen, S. 144 f; z.B. Bünker, Nr. 64, S. 152; Zingerle, Kinder- und Hausmärchen aus Süddeutschland, Regensburg 1854, S. 124 ff, 131 (Die schöne Wirtstochter); Wisser, Plattdeutsche Volksmärchen Bd. 1, Jena 1919, S. 182 ff, 186 (De Köni un de Ent); ebda, S. 107 ff, 109 (De Kopmannssöhn); Kuhn, Märkische Sagen und Märchen, S. 282 ff, Nr. 10 (Vom Mädchen, das seine Brüder sucht); F. Peters, Aus Lothringen, S. 49 ff, Nr. III, (Das Tuch mit den drei Blutstropfen), S. 65 ff; Jahn, Volksmärchen aus Pommern und Rügen, Nr. 18, S. 107 ff, 119 (Das Wolfskind); Zaunert, Deutsche Märchen aus dem Donaulande, S. 118 ff, 129 (Die weiße Amsel); vgl. auch Polifke, Die Darstellung von Recht und Unrecht in Volksmärchen, S. 103 f

[5] besonders hingewiesen sei noch auf die Parallele zu einem Kinderspiel, nämlich dem Pfänderspiel, dessen Grundgedanke auch in den Bereich des Selbsturteils gehört; vgl. dazu Erler, Sich selbst das Urteil sprechen, S. 155

gerechte Urteil soll also nicht dadurch verstellt werden, daß er, im Wissen um die eigene Beteiligung, nach einer für sich selbst möglichst vorteilhaften Lösung sucht[1]. So fragt am Ende des Märchens „Die drei Männlein im Walde" (KHM 13) der König die Übeltäterin: „Was gehört einem Menschen, der den andern aus dem Bett trägt und ins Wasser wirft?" und weiter heißt es: "Nichts Besseres", antwortete die Alte, als daß man den Bösewicht in ein Faß steckt, das mit Nägeln ausgeschlagen ist, und den Berg hinab ins Wasser rollt." Da sagte der König: „Du hast dein Urteil gesprochen", ließ ein solches Faß holen und die Alte... hineinstecken, dann ward der Boden zugehämmert und das Faß bergab gekullert, bis es in den Fluß rollte."[2]

Die Grundidee ist bei Rawls und in dem Märchen gleich: Das Problem ist, daß jemand in einer bestimmten Situation eine gerechte Entscheidung treffen soll. Er ist jedoch selbst in diese Situation verwickelt und auch selbst den Folgen seiner Entscheidung ausgesetzt. Bei Rawls muß er gemäß den Grundregeln leben, für die er sich im Urzustand entschieden hat[3], im Märchen soll er ein gerechtes Urteil finden, das dann gegen ihn selbst vollstreckt wird. Die Lösung ist, daß er seine eigene Beteiligung nicht kennt. Im Märchen weiß der um sein Urteil Befragte überhaupt nicht, daß es sich um seinen eigenen Fall handelt[4], daß ihn also die Folgen seiner Entscheidung treffen werden. So heißt es im Märchen „Die weiße und die schwarze Braut" (KHM 135) von der Übeltäterin: „da war sie so verblendet, daß sie nichts merkte"[5]. Im Märchen „Der gelernte Jäger" (KHM 111) allerdings wird dieses Nichtwissen zweifelhaft. Dieses Märchen

---

[1] vgl. auch Erler, Sich selbst das Urteil sprechen, S. 154 f

[2] E. Kaufmann, „Urteil (rechtlich)", HRG V, Sp. 604 ff, 606 betont bei der Figur des Selbsturteils im Märchen die Abfolge zwischen abstrakt gefundenem Rechtssatz und darauf gegründetem Urteil im Einzelfall und sieht darin eine Ähnlichkeit zur Figur des „gemeinen" Urteils über eine abstrakt formulierte Rechtsfrage im Mittelalter und dem Vorgehen der Schöffen, zunächst festzustellen, was Recht ist, und dann den gefundenen Rechtssatz auf den konkreten Fall anzuwenden. Vgl. auch ders., „Königsgericht", HRG II, Sp. 1034 ff, 1039; sowie ders., Deutsches Recht, S. 109 f

[3] a.a.O., S. 28

[4] vgl. auch Ludwig, S. 42; vgl. Willoh (Hrsg.), Strackerjan, Aberglaube und Sagen aus dem Herzogtum Oldenburg, Nr. 623, S. 453 ff, 457, wo es heißt: „Der Minister dachte, das sei ein fremder Fall, denn seine Tat könne nicht bekannt geworden sein"; bei Colshorn Nr. 1, S. 1 ff, 12 (Der Goldschmiedsgesell) meinen die befragten Bösewichte, sie sollten über den Helden urteilen.

[5] ähnlich auch KHM 89; vgl. auch Pröhle, Kinder- und Volksmärchen, Nr. 78, S. 239 ff, 245 f, wo der Minister, der sich selbst das Urteil gesprochen hat, „heftig erschrocken" war, als er erfährt, daß es sich um seinen eigenen Fall handelt. Bei Wolf, Deutsche Hausmärchen, S. 168 ff (Die drei Königskinder), S. 177 (=Verschollene Märchen, S. 128 ff) findet sich eine abgewandelte Version des Selbsturteils, bei der der König die böse Schwiegermutter nach einer Strafe für die Geschwister fragt, denen sie nach dem Leben trachtet. Diese Strafe soll dann an ihr selbst vollstreckt werden, sie wird jedoch begnadigt.

stellt insoweit jedoch eine Ausnahme dar. Der befragte Hauptmann, der vorgegeben hatte, er habe die Königstochter vor drei Riesen gerettet, aber die Zungen der Riesen nicht als Wahrzeichen vorweisen kann, versucht zunächst anscheinend eine Ausflucht[1]. Auf die entsprechende, als Rätsel verkleidete Frage des Königs nach den Zungen antwortet er, die Riesen „werden keine gehabt haben". Als der König diese Antwort jedoch zurückweist, spricht auch er die Strafe für die Täuschung aus: „Der gehört in Stücken zerrissen zu werden".

Bei Rawls weiß der Mensch im Urzustand zwar grundsätzlich, daß er den Regeln, für die er sich entscheidet, später unterworfen sein wird[2], er weiß aber nicht, auf welcher Seite er stehen wird[3]. Dem entspräche in etwa, wenn der Urteilende in einem Zivilprozeß zwar wüßte, daß er an dem Fall beteiligt ist, nicht aber, ob er der Kläger oder der Beklagte ist. Ausmaß und Rolle des Nichtwissens sind in beiden Fällen also durchaus vergleichbar.

Dennoch besteht ein bedeutender Unterschied, den ich bisher beiseite gelassen habe. Bei Rawls geht es um die Entscheidung, welche Grundnormen in einer Gesellschaft gelten sollen, also um ein Problem der Normsetzung. Im Motiv des „Sich selbst das Urteil Sprechens" geht es jedoch um das Finden eines Urteils in einem konkreten Fall, also um ein Problem der Rechtsprechung. Die Normen, die die Grundlage für das Urteil bilden sollen, stehen schon vorher fest[4], nicht freilich in allen Fällen die konkrete Ausgestaltung der Strafvollstreckung[5]. Dazu kommt noch, daß Rawls der Auffassung ist, der „Schleier des Nichtwissens" sei zwar außer für die Aufstellung der Grundnormen auch für die Verfassungsgebung und die Gesetzgebung notwendig[6], nicht aber für Rechtsprechung und

---

[1] vgl. hierzu auch Jessen, S. 157

[2] vgl. a.a.O., S. 28

[3] vgl. a.a.O., S. 163

[4] Der Befragte kennt das Recht, meint Jessen S. 185, 186

[5] Für die Interpretation der Märchen in diesem Punkt könnten sich auch Unterschiede je nach der Art der vom Übeltäter genannten Strafe ergeben. Je genauer die genannte Strafe dem tatsächlich geltenden Recht entspricht, desto eher trifft die Interpretation zu, daß der Übeltäter nur eine bereits vorher feststehende Rechtsfolge, auch in Bezug auf die konkrete Ausgestaltung der Todesstrafe, benennt. Dies könnte der Fall sein, wenn z.B. im Märchen „Der gelernte Jäger" (KHM 111) der Hauptmann, der den König betrogen hat, als Strafe „in Stücke zerrissen zu werden", also die Vierteilung benennt. Wie oben dargelegt, gab es diese Strafe wirklich. Nach der Carolina war es die Strafe für Verräter. Ist die Strafe dagegen weiter von der Rechtswirklichkeit entfernt und besonders grausam und phantasievoll, wie z.B. die Bestrafung mit der Nageltonne (z.B. KHM 13), so liegt eher die Interpretation nahe, daß nur die Todeswürdigkeit des Verbrechens bereits vorher feststand, nicht aber die konkrete Ausgestaltung der Strafvollstreckung.

[6] in der Form, in der ich ihn oben in Kap. VI.2.1.1 beschrieben habe. Bei Betrachtung seiner anderen Aspekte gilt dies in abgeschwächter Form.

Verwaltung, da hier bereits das gesamte Regelsystem feststehe und nur noch auf die Menschen angewendet werden müsse[1].

Rawls unterschätzt hier aber wohl die Rolle der Rechtsprechung. So wie er davon ausgeht, daß die Verfassungsgebung und die Gesetzgebung Anwendungen der im Urzustand gewählten Grundsätze sind[2], ist doch auch die Rechtsprechung die Anwendung der in den abstrakten Normen ausgedrückten Grundsätze auf einen konkreten Fall. Sowohl der Verfassungsgeber als auch der Gesetzgeber darf bei Rawls seine eigenen Verhältnisse nicht kennen[3], da er über seine eigene Situation mitentscheidet. Dann aber darf auch jemand, der in einem Fall, an dem er selbst beteiligt ist, das Urteil sprechen soll, seine Beteiligung nicht kennen. Die Anwendung von Normen auf einen konkreten Fall ist ja auch durchaus kein rein mechanischer Vorgang, sondern oft auf ganz verschiedene Arten möglich. Dem Problem, daß ein Richter einen Fall, an dem er selbst beteiligt ist, möglicherweise nicht objektiv und gerecht entscheiden wird, wird in unserer Rechtsordnung auch durch die Regeln über die Befangenheit Rechnung getragen - es soll stets ein Unbeteiligter entscheiden. Diesem steht rechtsphilosophisch betrachtet freilich gleich, wer von seiner Beteiligung nichts weiß. Rawls ist hier wohl von einem funktionierenden Justizapparat ausgegangen und hat das Problem des Richters in eigener Sache übersehen, oder er hat die Gesetzesanwendung als rein mechanischen Vorgang aufgefaßt, wogegen aber eigentlich schon die Existenz der Rechtswissenschaft spricht. Ich bin daher der Meinung, daß man, eventuell über Rawls hinausgehend, eine Verbindung zwischen der Idee vom „Schleier des Nichtwissens" und dem Motiv des „Sich selbst das Urteil Sprechens" durchaus herstellen kann.

2.1.3 Funktionen des „Schleiers des Nichtwissens" und des Selbsturteils

Es bleibt aber die Frage, welchen Sinn, welche Funktion es hat, wenn in bestimmten Fällen Menschen objektive und gerechte Entscheidungen über Situationen treffen sollen oder müssen, in die sie selbst verwickelt sind. Statt einen unparteiischen Richter entscheiden zu lassen, wird mühsam die Objektivität des Betroffenen dadurch hergestellt, daß man seine Kenntnis über bestimmte Umstände vermeidet.

2.1.3.1 Entscheidung durch den Betroffenen, weil ein unparteiischer Dritter als Urteiler fehlt

Im Falle von Rawls ist die Sache klar. Es ergibt sich aus der Vertragstheorie, daß im Urzustand nur die Menschen über die Grundnormen einer Gesell-

[1] Rawls, a.a.O., S. 228
[2] a.a.O., S. 228, 489
[3] a.a.O., S. 226

schaft entscheiden können, die später in der betreffenden Gesellschaft leben wollen[1]. Eine übergeordnete Autorität gibt es nicht. Ein unparteiischer Dritter als Entscheidungsträger ist in diesem System nicht denkbar.

Ganz ähnlich liegt der Fall in einer Stelle aus dem Alten Testament[2], in der das Motiv des Sich-selbst-das-Urteil-Sprechens verwendet wird. König David hat Urija in den Tod geschickt um Batseba, Urijas Frau, heiraten zu können. Nun kommt Natan zu David und erzählt ihm das Gleichnis von einem reichen Mann, der viele Schafe hatte, für ein Gastmahl aber das einzige Lamm eines armen Mannes schlachten ließ, da es ihn reute, eines von seinen eigenen Schafen zu nehmen. David verurteilt den Reichen, und Natan erklärt ihm, daß er damit sein eigenes Urteil gesprochen habe.

Auch in diesem Falle ist ein unparteiischer Dritter als Richter nicht denkbar, das Urteil konnte nur König David selbst sprechen. Eine Verurteilung durch einen Untergebenen widerspräche seiner königlichen Autorität. Zwar steht hier über König David noch Gott. Dieser aber verkündet nicht persönlich das Urteil, und eine Verkündung des göttlichen Urteils durch einen Untergebenen wäre wohl ohne die vorausgehende Selbstverurteilung Davids ebenso unmöglich, wie eine Verurteilung durch einen Untergebenen. Auch hier muß also der in den Fall Verwickelte selbst das Urteil sprechen, da ein unbeteiligter Dritter, der das Urteil sprechen oder verkünden könnte, nicht vorhanden ist[3].

---

[1] Rawls, a.a.O., S. 28

[2] Altes Testament, 2 Sam 12, 1 ff

[3] vgl. für das Märchen den grundsätzlichen Gedanken von Jessen, S. 210: Der König kann nicht selbst vor den Richter gebracht werden, es gibt keine weltliche Instanz über ihm. In den von Jessen zitierten Fällen (KHM 29, 165) tritt deshalb die Strafe auf andere Weise ein. Vgl. auch Töpfer, S. 19: Da der König sein Versprechen nicht hält, läßt ihn das Märchen zur Strafe sterben. Bei E. Meier, Deutsche Volksmärchen aus Schwaben, Nr. 75, S. 259 ff, (Der Hahn mit den Goldfedern) S. 266 f bewirkt der Held die Bestrafung des Königs; vgl. zu diesem Märchen auch Töpfer, S. 28; vgl. auch Töpfer, S. 31; in KHM 54 bestraft der Held den König selbst; in Zaunert, Deutsche Märchen seit Grimm, S. 333 ff (Das Zauberroß) bewirkt das zauberische Pferd des Helden den Tod des Königs; vgl. auch Haltrich, Deutsche Volksmärchen aus dem Sachsenlande in Siebenbürgen (1856), Nr. 10, S. 45 ff (Das Zauberroß); a.a.O., Nr. 20, S. 100 ff (Der Knabe und die Schlange); vgl. auch Bünker, J.R., Schwänke, Sagen und Märchen in heanzischer Mundart, Nr. 72, S. 182 ff; vgl. auch Töpfer, S. 59; vgl. auch Grudde, Plattdeutsche Volksmärchen aus Ostpreußen, Nr. 38, S. 71 ff (Von deene seewe Breedä): In diesem Märchen vertreibt das ganze Volk seinen König, da dieser seine sieben Kinder ermordet hat; vgl. zu diesem Märchen auch Ludwig, S. 21; Ludwig (S. 27) meint, daß überirdische oder unterirdische Wesen über einen Verbrecher u.a. dann richten, wenn die Menschen ihn infolge seiner hohen Stellung nicht bestrafen konnten. Wenn die ungerechten Richter von Gott bestraft werden, so führt er dies darauf zurück, daß sie entweder keinem höheren weltlichen Richter unterstehen, oder daß einem weltlichen Oberrichter ihre Missetaten verborgen geblieben sind (S. 27). Vgl. auch Wehse, in siedendem Öl gegart, S. 163; Vgl. auch Winter, S. 205 f, der ausführt, daß zwar nach altgermanischer Vorstellung der König der oberen

2.1.3.2 Entlastung des Helden vom Makel der Grausamkeit

Anders aber liegt das Problem im vorher beschriebenen Märchen von den „drei Männlein im Walde" (KHM 13). Hier wäre ja der König als oberster Gerichtsherr durchaus in der Lage, die Missetäterin zu verurteilen. Er selbst ist auch nicht unmittelbar durch ihr Tun geschädigt worden. Ein unparteiischer Dritter, der das Urteil sprechen könnte, wäre hier also vorhanden. Es muß also andere Gründe haben, daß das Märchen die Missetäterin selbst ihr Urteil sprechen läßt.

In der Literatur[1] wird hier, neben rein epischen Gründen[2], zum einen die magische Wirkung des Wortes angeführt. Das gesprochene Urteil fällt auf den Verurteilenden selbst zurück[3]. Wichtiger aber ist der Gedanke Röhrichs, daß durch das Selbsturteil der Held und die in seinem Lager Stehenden vom Makel der Grausamkeit entlastet werden. Nicht sie, sondern der Missetäter selbst ist es ja, der das Urteil und die grausame Strafe ersonnen hat. Alle Grausamkeit wird damit dem Missetäter, dem Bösen zugerechnet[4]. Der Bösewicht, das Unrecht, geht an sich selber zugrunde[5]. Gleichzeitig wird damit die grausame Strafe auch gerechtfertigt[1].

Verfügungsgewalt der Volks- und Heeresgemeinde unterstehe, also legibus solutus nicht sei, man im Märchen aber nicht höre, daß der König dem Volke für sein Tun und Lassen verantwortlich wäre. Nicht ganz zwingend erscheint mir aber die Ansicht Winters, es scheine aber doch, als ob der Volkshoheit Genüge getan werden sollte, wenn ein Märchenheld, der unteren Volkskreisen entstamme, durch die Lösung der ihm gestellten Aufgaben den König der Lächerlichkeit und damit dem Urteile der Volksgenossen preisgebe. In eine ähnliche Richtung Genzmer, Talion im klassischen und nachklassischen Recht, zum Edikt Quod quisque (vgl. sogleich unten), S. 137; vgl. zum Problem, wer Richter über den König sein soll auch Sellert, „Judicium parium", HRG II, Sp. 465 ff

[1] Ohne speziellen Bezug auf das Märchen gegen eine Erklärung des Selbsturteils aus der Idee der Talion und der spiegelnden Strafe: Erler, Sich selbst das Urteil sprechen, S. 148

[2] vgl. Röhrich, S. 148

[3] Jessen, S. 186; Anger, S. 174; Erler, Sich selbst das Urteil Sprechen, S. 149 ff; Erler, S. 152 hält dies für den „vorrationale(n) Entstehungsgrund für die Vorstellung, daß sich jemand plötzlich überraschenderweise im Geflecht seines eigenen Gesetzes oder Urteils fange"; Gebilde wie den Digestentitel „quod quisque iuris" (D.2,2) und den Estoppelgrundsatz des englischen Rechts, die den Gedanken des Selbsturteils ebenfalls enthalten, rechnet er aber einer „hochentwickelten Rechtskultur" zu. Erler, Sich selbst das Urteil sprechen, S. 155; im Märchen „Der Goldschmiedsgesell" bei Colshorn, Nr. 1, S. 1 ff, 12 wollen die Bösewichte mit ihrem Urteilsvorschlag gerade den Helden treffen

[4] Röhrich, S. 148; vgl. auch Eisler, S. 424 f; Wehse, In siedendem Öl gegart, S. 161

[5] vgl. Jessen, S. 187; Erler, Sich selbst das Urteil sprechen, S. 153 f; vgl. auch Bottigheimer, S. 97; Wehse, „Gerechtigkeit und Ungerechtigkeit", EM Bd. 5, Sp. 1056; besonders tritt dieser Zug in den Vordergrund, wenn der befragte Missetäter eine besonders grausame Strafe nennt. So z.B. bei Martzloff, Drei Volksmärchen aus dem Gebirgsdorf Reipertsweiler, Nr. 3, S. 209 ff, 212 (Vom Mariannchen): Dort fordert der König jeden Hochzeitsgast auf, sein

2.1.3.3 Herstellung eines Konsenses der streitenden Parteien, bzw. Pflicht des Unterlegenen zur Anerkennung der selbst formulierten Rechtsregel

Eine weitere Funktion des Selbsturteils ergibt sich noch, wenn man eine andere Art von Märchen heranzieht, in denen das Motiv nicht im Zusammenhang mit einer Bestrafung des Bösewichts auftritt, sondern um die Konkurrenz zweier Heiratsversprechen, die ein Prinz zwei verschiedenen Mädchen gegeben hat, aufzulösen.

Betrachten wir dazu den Schluß des Märchens vom Siebenschön[2]. Der Prinz hat hier zunächst Siebenschön und später, als er sie für tot hielt, einer anderen Prinzessin die Ehe versprochen. Unmittelbar vor der Hochzeit mit der zweiten Braut taucht Siebenschön wieder auf. Der Prinz gibt daher dem Vater der zweiten Braut folgendes Rätsel auf: Er habe einen Schrank, zu dem er einmal den Schlüssel verloren habe. Er habe sofort einen neuen Schlüssel gekauft, bevor er diesen aber benützt habe, den alten wiedergefunden. Er fragt nun den Vater, mit welchem Schlüssel er den Schrank aufschließen solle, mit dem alten oder dem neuen. Der Vater antwortet, mit dem alten. Damit hat er das Urteil gesprochen, daß die älteren Rechte vorgehen, also geht auch das Heiratsversprechen an Siebenschön dem Versprechen an die zweite Braut vor, der Prinz muß das zweite Versprechen nicht erfüllen[3].

Hier könnte man die Verwendung des Motivs des Selbsturteils wie oben im Fall von David und Natan bereits damit begründen, daß ein unparteiischer Dritter als Richter nicht denkbar sei. Ein König, nämlich der Vater der zweiten

---

Urteil über ein Weib zu sprechen, das ihrer Tochter die beiden Hände abhauen läßt. Jeder Gast sagt sein Urteil. Als die Reihe an die Übeltäterin kommt, sagt sie: „Das ist alles nicht genug; so eine gehört alle Stunde mit feurigen Zangen gepfetzt und mit feurigen Ruten gepeitscht."

[1] vgl. Eisler, S. 424; nicht nachvollziehbar ist mir allerdings, wie Eisler (ebd.) zu dem Gedanken kommt, die Grausamkeit des Verbrechers erhalte durch das Selbsturteil eine letzte Nutzanwendung, die auch ein „*komisches Element*" (Hervorh. von mir) erkennen lasse. Worin liegt hierbei die Komik? Vgl. andererseits auch E. S. Page, S. 23: der Missetäter nennt die Strafe der Nageltonne „as a self-evidently suitable punishment"; vgl. auch Wesselski, Versuch einer Theorie des Märchens, S. 139

[2] Müllenhoff, S. 388 ff, 390 f; Woeller (Hrsg.), Deutsche Volksmärchen, S. 167 ff, 170; auch bei Zaunert, Deutsche Märchen seit Grimm, S. 146 ff

[3] vgl. zu diesem Motiv auch Anger, S. 161, 175, der auch weitere Märchen zitiert; Wisser, Plattdeutsche Volksmärchen, Bd. 1, S. 176, 229, 273; vgl. auch Töpfer, S. 45 mit weiteren Märchen; Jahn, Volksmärchen aus Pommern und Rügen, Nr. 56, S. 304 ff (Die Königin von Siebenbürgen); bisweilen findet sich das Motiv dieses Gleichnisses auch abgewandelt. Dann entscheidet z.B. nicht der betroffene zweite Ehepartner, sondern z.B. alle Hochzeitsgäste. Vgl. dazu z.B. Jahn, a.a.O., Nr. 1, S. 1 ff, 9 (Das Goldspinnen); Nr. 54, S. 281 ff, 297 f (Die Maränen). Nach BP II, S. 59, soll die Frage meist an die anwesenden Trauzeugen gerichtet sein; anhand der von mir nachgeprüften Märchen läßt sich dies aber nicht bestätigen

Braut, und ein Königssohn sind in den Streit verwickelt, die als Souverän und Thronfolger keine gemeinsame Autorität über sich haben. Allerdings könnten sich die beiden, zumal es hier nicht um ein Strafurteil geht, auf einen Schiedsrichter einigen.

Es wird hier aber noch eine andere Funktion des Selbsturteils deutlich. Dadurch, daß die unterliegende Partei selbst die Regel formuliert, aufgrund derer sie unterliegt, verliert sie die Möglichkeit, die Richtigkeit dieser Regel und damit des Urteils anzuzweifeln. Sie selbst hat die angewandte Regel ja als gerecht anerkannt und muß es deshalb auch gelten lassen, wenn diese gegen sie verwendet wird[1]. Nach Erler ist es ein uralter Rechtsgedanke, daß jeder Richter an sein eigenes Urteil gebunden ist, auch wenn es wider sein Erwarten gegen ihn selbst ausschlägt[2]. Der Urteiler muß sich beim Wort nehmen lassen[3]. Insoweit hat das Selbsturteil also auch die Funktion, einen Konsens der streitenden Parteien über die richtige Lösung des Falles herbeizuführen. Der Unterlegene erkennt seine Unterlegenheit an. Damit ist eine klare Rechtslage geschaffen, ohne daß es des Richterspruchs eines Dritten bedürfte. Bezeichnend heißt es in einem der von Anger untersuchten Märchen: „Denn heß du din Jawort sülb´n darto spraken“[4].

---

[1] Dieser Gedanke findet sich auch im römischen Recht. Nach einer Stelle in den Digesten unter dem Titel „Quod quisque iuris in alterum statuerit, ut ipse eodem iure utatur“ (D 2, 2) muß unter bestimmten Umständen ein Beamter ein Dekret, das er in einem Prozeß erlassen hat, in einem späteren Prozeß, in dem er selbst Partei ist, gegen sich gelten lassen, d.h. es kann zu seinen Ungunsten im Sinne des damals von ihm erlassenen Dekrets verfahren werden. Dazu heißt es (es ist strittig, ob die Stelle wirklich von Ulpian stammt), daß dieser Grundsatz „summam aequitatem“ habe, denn „quis enim aspernabitur idem ius sibi dici, quod ipse aliis dixit vel dici effecit?“ zit. nach Genzmer, Talion im klassischen und nachklassischen Recht?, S. 122, 132; Genzmer sieht hierin auch „etwas von einer elegant-boshaften Ironie“ a.a.O., S. 138; vgl. auch Erler, Sich selbst das Urteil sprechen, S. 143 f; vgl. auch Erlers Hinweis auf den deutschrechtlichen Grundsatz des sogenannten Estoppel, wonach es demjenigen, der sich für eine bestimmte Rechtsauffassung oder Rechtsgestaltung eingesetzt hat, verwehrt ist, sich später darauf zu berufen, daß seine Auffassung unrichtig gewesen sei (Erler, Sich selbst das Urteil sprechen, S. 154)

[2] Erler, Sich selbst das Urteil sprechen, S. 143

[3] vgl. Erler, Sich selbst das Urteil sprechen, S. 148; nach Erler ebd. wäre der Gedanke des Selbsturteils in dieser Form Ausdruck eines schon weit rationalisierten Rechtsdenkens

[4] Anger, S. 175; Wisser, Plattdeutsche Volksmärchen, Bd 1, S. 171 ff, 176 (Op´n Goll´nmarker Sloß); hier stellt eine Prinzessin die Frage, die gerade dabei ist, einen zweiten Mann zu heiraten, als ihr erster Mann wieder auftaucht. Beachtlich ist in dieser Version vor allem, daß sich der erste Mann, der Held, seines Vorranges zunächst gar nicht so sicher ist. Auf die Mitteilung der Prinzessin, sie habe einen neuen Bräutigam, meint er „...denn lött sik dar je niks bi maken“, worauf die Prinzessin jedoch meint: „...se will mal sehn, secht se, wat dar bi to maken is.“ Als der zweite Bräutigam in der Rätselfrage den Vorrang des ersten Mannes anerkennt, ist der Weg frei für die Wiedervereinigung des Paares; ähnlich ist die Formulierung bei Wisser, ebd. S. 266 ff, 273 (De witt Wulf), wo allerdings alle Hochzeits-

Einen ähnlichen Gedanken äußert auch Jessen, wenn er, von seinem rechtshistorischen Blickwinkel aus, darauf hinweist, daß das Selbsturteil unscheltbar war und ein Urteilserfüllungsgelöbnis enthielt[1].

2.1.4 Ergebnis

Es läßt sich also zeigen, daß man, über Rawls hinausgehend, eine Verbindung zwischen der Idee vom „Schleier des Nichtwissens" und dem Motiv des „Sich selbst das Urteil Sprechens" herstellen kann, daß die Gründe dafür, daß eine Person gerecht über eine Situation entscheiden soll, in die sie selbst verwickelt ist, aber ganz verschieden sein können.

2.2 Das Problem der Verteilung eines unteilbaren Gegenstandes

2.2.1 Einführung

Damit komme ich zum zweiten Beispiel, das ich im Rahmen des rechtsphilosophischen Ansatzes besprechen möchte, nämlich der Frage, wie das rechtsphilosophische Problem der Verteilung eines unteilbaren Gegenstandes im Märchen aufgegriffen und gelöst wird[2]. Dieses Problem besteht darin, daß mehreren Personen ein Gegenstand zusteht. Da man ihn nicht teilen kann[3], müssen sie sich darüber einigen, bzw. muß entschieden werden, wer ihn besitzen oder benützen soll.[4]

---

gäste das Urteil sprechen. Bei Jahn, Volksmärchen aus Pommern und Rügen, Nr. 56, S. 304 ff (Die Königin von Siebenbürgen) heißt es: „So hast du selbst dein Schicksal entschieden."

[1] Jessen, S. 186 f

[2] Zur Problematik der Verteilung unteilbarer Gegenstände vgl. auch Lothar Philipps, Die Gerechtigkeit der Likedeeler, in: Rechtstheorie 11 (1980), S. 240 ff; Ludwig meint, das deutsche Märchen zeige Liebe an besonderen Rechtsfällen und das Bestreben, eine gerechte Lösung zu finden, während die ausländischen Märchen Spitzfindigkeiten der Richter lieben (S. 11). Die klugen und scharfsinnigen Entscheidungen von Richtern im Märchen erwähnt auch F. v. d. Leyen, Das Märchen, 2. Aufl. 1917, S. 77 f; Die hier dargestellten Märchenmotive und -typen sind international verbreitet. Dies schließt jedoch nicht aus, daß die in ihnen jeweils aufgeworfenen Gerechtigkeitsprobleme immer wieder anders gelöst werden. Vgl. dazu auch v. d. Leyen, Das Märchen, 2. Aufl. 1917, S. 127

[3] Grundsätzlich teilt man im Märchen nicht gern auf, der Grundsatz der Unteilbarkeit überwiegt, beobachtet Jessen, S. 117; vgl. auch Jessen, S. 223; für den bäuerlichen Hof vgl. Anger, S. 164; Selten ist auch das Aufteilen eines Königreichs vgl. Töpfer, S. 55; Winter S. 208

[4] vgl. zum Vorkommen dieses Problems im Märchen auch Friedrichs, S. 26; Wehse, „Gerechtigkeit und Ungerechtigkeit", EM Bd. 5, Sp. 1061

2.2.2 Beispiel: Motiv der Riesen, die sich um Besitz oder Benützung eines ihnen gemeinsam zustehenden Gegenstandes streiten

Im Märchen begegnet uns häufig das Motiv, daß der Held unterwegs auf Riesen trifft, die sich um Besitz oder Benützung eines Gegenstandes streiten, der ihnen gemeinsam gehört, z.B. weil sie ihn zusammen geerbt haben[1]. Das kann z.B. ein Sattel sein, mit dem man sich wünschen kann, wohin man will[2]. Sie bitten den Helden, ihren Streit zu entscheiden. Dieser aber macht sich mit dem Gegenstand aus dem Staub und behält ihn für sich selbst.

Das klassische Problem wird hier aufgegriffen: Jeder der Riesen hat einen Anspruch auf den Gegenstand, nur einer kann ihn aber zugleich besitzen oder benützen. Eine gerechte Lösung bietet das Märchen jedoch nicht. Der Held nimmt den Riesen den Gegenstand weg. Daraus kann man nur die Lehre ableiten, daß der Gegenstand für die Riesen, wenn sie nur darum streiten, geradeso nützlich ist, als wenn sie ihn gar nicht besäßen. Durch den ständigen Streit wird der Gegenstand für die Riesen wertlos, da keiner ihn benützen kann. Oder: Wenn zwei sich streiten, freut sich der Dritte.[3] „Und war also ihr Erbe geteilt" heißt es lakonisch im Märchen „Der König vom goldenen Berge" (KHM 92).[4] In einem anderen Märchen heißt es: „Die drei Jungen aber hatten den gerechten Lohn erhalten; warum konnten sie über ihr Erbteil nicht einig werden."[5] Jessen erwägt den Gedanken, das Motiv könnte auch eine Ironie über die früher an die Richter zu zahlende Buße sein.[6] Leichter läßt sich vielleicht der allgemeine und zeitlose Gedanke aus dem Motiv herauslesen, daß die Kosten eines Rechtsstreites oftmals den Wert des Streitgegenstandes, ja das Hab und Gut der Parteien aufzehren.

2.2.3 Beispiel: Das Verteilungsproblem im Märchen „Die vier kunstreichen Brüder" (KHM 129)

Eine ganz andere Behandlung des Problems findet sich im Märchen „Die vier kunstreichen Brüder" (KHM 129). Kurz zum Inhalt: Die Helden der Geschichte sind vier Brüder, von denen jeder meisterhaft ein Handwerk gelernt hat. Der älteste ist ein Dieb, der zweite ein Sterngucker, der dritte ein Jäger, der eine Büchse hat, mit der er alles trifft, der vierte ein Schneider, der eine Nadel hat, mit der er alles nähen kann. Zusammen befreien sie eine Prinzessin aus der Gewalt eines Drachen. Der Sterngucker ermittelt, wo sich die Prinzessin befindet. Der Dieb stiehlt sie unter dem Drachen weg, der in ihrem Schoß liegt und

---

[1] KHM 193, 197; vgl. Jessen, S. 195
[2] KHM 193
[3] vgl. auch Aly, „Erbschaftsstreit", in: Lutz Mackensen (Hrsg.), Handwörterbuch des deutschen Märchens, Bd. 1, S. 575
[4] so bereits in der Erstauflage Bd. 2, Nr. 6
[5] Jahn, Volksmärchen aus Pommern und Rügen, Nr. 56, S. 304 ff, 310 f
[6] Jessen, S. 125, vgl. auch S. 195

schläft. Der Jäger erschießt den Drachen, als dieser die Brüder verfolgt, die zusammen mit der Prinzessin in einem Schiff über das Meer nach Hause fahren. Der Schneider endlich näht das Schiff wieder zusammen, das der Drache zerstört hat. Der König aber hatte die Prinzessin dem, der sie aus der Gewalt des Drachen befreien würde, zur Frau versprochen. Hier ergibt sich das Problem: Alle vier Brüder können die Prinzessin nicht heiraten, jeder aber hat einen Beitrag zu ihrer Befreiung geleistet[1]. Der König löst das Problem wie folgt: die Prinzessin bleibt unverheiratet und jeder der vier Brüder erhält, gleichsam als Ablöse, ein halbes (sic!) Königreich[2].

Hier ist das gesamte Märchen so konstruiert, daß es eigentlich ein Fallbeispiel für das Problem der Verteilung eines unteilbaren Gegenstandes darstellt. Jeder der Brüder leistet einen Beitrag zur Rettung der Königstochter und jeder dieser Beiträge ist conditio sine qua non für den Erfolg des Unternehmens. Bei dem Versprechen der Belohnung für die Befreiung der Königstochter hat der König freilich nur an einen Retter gedacht. Die Belohnung, die Heirat mit der Königstochter, läßt sich in einer monogamen Gesellschaft nicht auf mehrere aufteilen. Die Lösung, die Ansprüche durch eine andersartige Belohnung abzugelten, erscheint mir sehr gerecht. Jeder hat einen gleich wichtigen Beitrag geleistet und erhält dafür den gleichen Lohn, keiner wird bevorzugt.[3] So heißt es auch im Märchen, daß den Brüdern die Entscheidung des Königs gefiel „und sie sprachen: ‚Es ist besser so, als daß wir uneins werden.'"[4]

Im Pentamerone findet sich ein ähnliches Märchen[5], die Lösung ist jedoch völlig anders: dort darf nämlich der Vater der kunstreichen Brüder die Prinzessin heiraten, weil er die erste Ursache für die Rettung der Prinzessin gesetzt hat, indem er seine Söhne in die Welt geschickt hat, um etwas Ordentliches zu lernen.

---

[1] vgl. auch Töpfer, S. 27

[2] dazu vom historischen Standpunkt Winter, S. 207

[3] vgl. dazu auch Poser, Das Volksmärchen, S. 26; vgl. auch die Ablösung des von zwei falschen Helden geltend gemachten Anspruchs auf Heirat mit der Königstochter durch Geld bei Curtze, Volksüberlieferungen aus dem Fürstenthum Waldeck, Nr. 11, S. 53 ff, 54 (Die drei Brüder); Abgelehnt wird eine vergleichbare Lösung im Märchen „Die drei Brüder" (KHM 124). Dort muß ein Vater entscheiden, welcher seiner drei Söhne nach seinem Tod sein Haus, seinen einzigen Vermögensgegenstand, erben soll. Der Vater kennt zwar die Möglichkeit, das Haus zu verkaufen und das Geld zu verteilen, er will dies aber nicht tun, weil das Haus „von seinen Voreltern war". Hier soll derjenige das Haus bekommen, der in seinem jeweiligen Handwerk „das beste Meisterstück macht". Das Märchen findet sich, in diesen Punkten gleichlautend, bereits in der Erstauflage des zweiten Bandes unter Nr. 38. Vgl. auch Jessen, S. 121 f; vgl. auch Anger, S. 164, der für die von ihm untersuchten Märchen feststellt, daß meist der bäuerliche Hof als Ganzes auf den Erben übergeht, während teilbar nur das anderweitige Vermögen ist, in einem Fall ein Bauer jedoch auch seinen Hof aufteilt

[4] vgl. dazu auch Winter, S. 217

[5] Boehlich (Hrsg.), Basile, Pentamerone 5, 7

Wieder eine andere Lösung findet sich in der ersten Erzählung des mongolischen Buches Ssiddi-Kür[1]. Das Märchen dort hat einen etwas anderen Verlauf, mündet aber schließlich darin, daß der Chan dem Helden die Ehefrau wegnimmt und den Helden töten läßt. Die Gefährten des Helden bringen den Helden ins Leben zurück und helfen ihm bei der Wiedergewinnung seiner Frau, wobei sie ähnlich arbeitsteilig wie die vier kunstreichen Brüder handeln. Schließlich beanspruchen sowohl der Held, als der Ehemann, als auch jeder der Gefährten die Frau für sich, wobei die Gefährten ebenso argumentieren wie die kunstreichen Brüder. Jeder hat einen Beitrag geleistet, der für den Erfolg, die Wiederbelebung des Helden und Wiedergewinnung seiner Frau, unerläßlich war. Dieser Fall endet jedoch in einer Katastrophe. Der Held und seine Gefährten töten sich alle unter einander[2].

Überlegen wir zum Abschluß noch kurz, wie der Fall nach unserem BGB zu lösen wäre, vorausgesetzt, es gäbe dort einen durchsetzbaren Anspruch auf die Heirat. Wenn wir das Versprechen des Königs als Auslobung werten, so würde das Los über den Bräutigam entscheiden gemäß §660 i.V.m. §659 II 2 BGB. [3] Grundsätzlich kennt aber auch das BGB, wo dies möglich ist, die Teilung eines Gegenstandes durch Verkauf[4], also die Teilung des wirtschaftlichen Äquivalents.

---

[1] nach der Übersetzung von Benjamin Bergmann, Nomadische Streifereien unter den Kalmüken in den Jahren 1802 und 1803, 1. Theil, Riga 1804, S. 257 ff

[2] zu der KHM 129 entsprechenden indischen und außerindischen Tradition vgl. v. d. Leyen, Das Märchen, 2. Aufl. 1917, S. 126 f; zu einem indischen Märchen mit ähnlichem Verteilungsproblem vgl. a.a.O., S. 123 f; vgl. auch noch bei Haltrich, Deutsche Volksmärchen aus dem Sachsenlande in Siebenbürgen (1856), Nr. 41, S. 221 ff, 223 f (Verstand und Glück) das in Form einer Rätselfrage vorkommende Verteilungsproblem.

[3] Zur Verwendung des Loses zur Teilung von Sachen, die ihrem Wesen nach unteilbar waren, bei den Römern vgl. Erler, „Los, losen", HRG III, Sp. 41 ff; zur Teilung unteilbarer Gegenstände unter Miterben vgl. Ogris, „Erbengemeinschaft", HRG I, Sp. 953 ff, 954; zur Verteilung unteilbarer Beutestücke durch Los Wenskus, „Beute", in: Hoops, RGA Bd. 2, S. 323 ff, 329

[4] §753BGB

VII. Konfrontationen zwischen Märchen und Recht in verspottenden Nachahmungen und Anspielungen (Parodie, Travestie, Karikatur, Cartoon)

1. Einführung: Darstellungen des Kontrastes zwischen Märchen und modernem Gesetzesrecht; verspottende Nachahmungen und Anspielungen als Untersuchungsgegenstand

1.1 Ziel des Ansatzes

Märchen und Recht- nach allen bisher behandelten Ansätzen sind dies zwei Bereiche, die in engen Beziehungen und Wechselwirkungen zueinander stehen. Einige aktuelle Märchenparodien und Karikaturen aber stellen unsere heutige Rechtsordnung und die Märchen als völlig konträre Welten dar[1], die nichts miteinander zu tun haben. Dies ist kein Widerspruch. Denn bei den bisher dargestellten Ansätzen ist bei dem Stichwort „Recht“ nicht an unser modernes Gesetzesrecht zu denken, vielmehr werden u.a. das Recht, das zur Zeit der Erzählung und Aufzeichnung der Märchen galt, sowie rechtsphilosophische Gedanken und Erwägungen herangezogen. Zudem beklagen schon Jacob Grimm und Otto v. Gierke das Fehlen des Poetischen im modernen Gesetzesrecht ihrer Zeit. [2] Letzterer stellt fest, daß im Recht seiner Zeit „nicht nur fast alle Spuren einstiger Verbindung von Recht und Poesie getilgt“ seien, vielmehr stehe die „ganze Rechtsauffassung“ seiner Zeit „jedem Gedanken daran...fern“[3]. Freilich klagt die heutige Parodie und Karikatur nicht mehr, wie Jacob Grimm, um „das Verlorene“, also die verlorene Verbindung zwischen Poesie und Recht[4]. Welche Ziele sie mit der Darstellung des Kontrastes zwischen Märchen und modernem Gesetzesrecht verfolgt, soll im Rahmen dieses letzten Ansatzes anhand von ausgewählten Beispielen untersucht werden.

1.2 Verspottende Nachahmungen und Anspielungen als Untersuchungsgegenstand

Auch die Behandlung von Märchen in verspottenden Nachahmungen und Anspielungen, wie Parodie und Karikatur zählt zu den Gebieten der heutigen Märchenforschung[5]. So schreibt Lutz Röhrich über die Märchen: „Nicht nur ihre

---

[1] Zum Kontrast zwischen Märchen und moderner Gesellschaft, besonders in Bezug auf die Parodierung vgl. auch H. Ritz, Bilder vom Rotkäppchen, Nachwort, S. 108, 116

[2] Jacob Grimm, RA I, Vorrede, S. XVI f; O. v. Gierke, Der Humor im deutschen Recht, S. 62 ff

[3] O. v. Gierke, Der Humor im deutschen Recht, S. 1

[4] vgl. O. v. Gierke, Der Humor im deutschen Recht, S. 63

[5] grundlegend: Lutz Röhrich, Gebärde - Metapher - Parodie, Düsseldorf 1967, S. 115 ff, bes. S. 130 ff; vgl. auch Röhrich, Der Froschkönig und seine Wandlungen, Fabula 1979, S. 170 ff, bes. S. 176 ff; vgl. auch Felix Karlinger, Grundzüge einer Geschichte des Märchens im deut-

Geschichte nach rückwärts zu den ersten Belegen und frühesten Zeugnissen, sondern auch ihre Wandlungen in der Gegenwart zu studieren, gehört zu unseren Aufgaben."[1] Im vorliegenden Ansatz soll daher die Konfrontation von Märchen und Recht in den genannten Ausdrucksformen als Teilaspekt herausgegriffen werden.

Eine literaturwissenschaftliche Zuordnung der untersuchten Texte zu den Begriffen Parodie, Travestie, Satire etc.[2] ist für dieses Untersuchungsziel nicht notwendig[3]. Da alle Texte verspottende Nachahmungen von Märchen und Recht bzw. Rechtssprache und Rechtswissenschaft enthalten, wurde in der Überschrift der Ausdruck „verspottende Nachahmungen" gewählt[4]. Im folgenden sollen die

---

schen Sprachraum, S. 144 ff; Regina Böhm-Korff, Deutung und Bedeutung von Hänsel und Gretel, S. 122 ff; Mieder, Tradition and Innovation in Folk Literature, S. X ff, S. 1 ff; kurz zu Märchenparodien auch Freund, Die literarische Parodie, S. 123 f; zur volkskundlichen Beschäftigung mit der Parodie vgl. auch Wehse, Parodie - eine neue Einfache Form, Jahrbuch für Volksliedforschung, 27./28. Jahrgang, S. 316 ff

[1] Röhrich, Metamorphosen des Märchens heute, in: Doderer (Hrsg.), Über Märchen für Kinder von heute, S. 97 ff, 115

[2] zu verschiedenen Definitionen des Begriffs „Parodie" und den Abgrenzungen gegen die anderen Begriffe vgl. Freund, Die literarische Parodie, S. 1 ff; zum Stand der Forschung vgl. auch Beate Müller, Komische Intertextualität, Die literarische Parodie, S. 13 ff; anschaulich zur Problematik der Definition von Parodie und Travestie Jürgen von Stackelberg, Literarische Rezeptionsformen, S. 157 ff; vgl. auch Wehse, Parodie - eine neue Einfache Form?, S. 316 ff; zur Satire vgl. auch Brummack, Satire, in: Reallexikon der deutschen Literaturgeschichte, S. 601 ff

[3] gerade eine Trennung der Begriffe Parodie und Travestie wird auch in der Literaturwissenschaft insbes. von Liede und Freund abgelehnt. Vgl. zur traditionellen Differenzierung und der daran zu übenden Kritik Freund, Die literarische Parodie, S. 21 f; vgl. auch Liede, Artikel „Parodie", S. 13; sowie schon im Reallexikon der deutschen Literaturgeschichte 1926/28 Grellmann, Artikel „Parodie", S. 632; auch Röhrich trennt diese Begriffe nicht in seinem Werk: Gebärde - Metapher - Parodie, S. 115 ff; auch Felix Karlinger, Grundzüge einer Geschichte des Märchens im deutschen Sprachraum, S. 144 ff, grenzt nicht zwischen diesen Begriffen ab; Wehse, Parodie - eine neue Einfache Form?, S. 317, 318, trennt ebenfalls nicht die Begriffe Parodie und Travestie; vgl. auch Ritz, Die Geschichte vom Rotkäppchen, S. 61; kritisch zu Liede und Grellmann, für eine Unterscheidung zwischen Parodie und Travestie unter kritischer Auseinandersetzung mit herkömmlichen Abgrenzungskriterien Verweyen/ Witting, Die Parodie in der neueren deutschen Literatur, S. 72 f, 155 ff

[4] in Anlehnung an Lutz Röhrich, Gebärde - Metapher - Parodie, S. 115, der den Begriff der Parodie folgendermaßen einführt: „Wenn „Parodie" - wie die Wörterbücher definieren - „verspottende Nachahmung" ist, so setzt sie einen Gegenstand voraus, an dem sie sich überhaupt erst entzünden kann, einen Gegenstand, der als solcher zur Parodie herausfordert. Eine Parodie ist demnach nichts für sich selbst Stehendes, sondern sie beruht erst auf einem schon vor ihr Bestehenden, einer Vorlage. Sie ist wirksam und wird als eine Parodie überhaupt nur dort verstanden, wo sich der Leser oder Hörer auch des Parodierten bewußt werden kann. Die komische Wirkung besteht für den Zuhörer dann in der Freude am Wiedererkennen des Bekannten im veränderten Gewande." Auch Lutz Röhrich unterscheidet im folgenden nicht

Texte der Einfachheit halber mit dem m.E. allgemein geläufigeren Ausdruck als Parodien bezeichnet werden. In ähnlicher Weise wird bei den untersuchten Bildern, die verspottende Anspielungen auf Märchen und Recht enthalten, nicht zwischen dem Begriff der Karikatur und dem engeren Begriff des Cartoons unterschieden. [1]

2. Der Text „Rotkäppchen auf Amtsdeutsch" von Thaddäus Troll

2.1 Einführung

Eine in den letzten Jahren immer wieder abgedruckte[2] Märchenparodie mit juristischem Einschlag, die mit dem oben beschriebenen Gedanken arbeitet, ist der Text „Rotkäppchen auf Amtsdeutsch" von Thaddäus Troll[3]. Troll erzählt hier das Märchen der Brüder Grimm im Jargon der Ämter und Behörden nach, eben „auf Amtsdeutsch"[4].

Der Text wurde, wie Hans Ritz berichtet, „1953 geschrieben und seitdem in zahlreichen Versionen verbreitet, die vom Autor selbst und von anderen Personen diverse Male redigiert wurden"[5]. Es erfolgten auch zahlreiche anonyme Nachdrucke[6]. Auch die Überschrift des Textes variiert[7]. Ich folge der bei Hans Ritz in seinem Buch „Geschichte vom Rotkäppchen"[8] abgedruckten Fassung und Überschrift. [9]

---

zwischen den oben genannten Begriffen, insbesondere nicht zwischen Parodie und Travestie. Vgl. dazu auch ebd. S. 217; Vgl. auch F. Karlinger, Grundzüge einer Geschichte des Märchens im deutschen Sprachraum, S. 144: „Travestie und Parodie setzen die Absicht des Verspottens oder der Verkleidung voraus"; vgl. auch Grellmann, Artikel „Parodie" in: Reallexikon der deutschen Literaturgeschichte, 1926/1928, S. 632: „Es ist um so weniger wesentlich, beide Gattungen (d.h. Parodie und Travestie, Anm. d. Verf.) streng zu scheiden, da ihnen die beiden Hauptmerkmale, die Anlehnung an ein bekanntes ernstes Vorbild und die beabsichtigte komische Wirkung, gemeinsam sind." vgl. auch Arntzen, zit. bei Verweyen/ Witting, Die Parodie in der neueren deutschen Literatur, S. 109, vgl. dort auch das Zitat R. Neumanns

[1] vgl. zum Begriff des Cartoons Röhrich, Wandlungen des Märchens in den modernen Bildmedien Comics und Cartoons, in: Uther (Hrsg.), Märchen in unserer Zeit, S. 11

[2] VdK-Zeitung März 1994; Jura-Magazin (Organ der Fachschaft Jura an der LMU München) 1989, Ausgabe I; SZ v. 28./29. 5. 1994, S. 48

[3] bürgerlicher Name: Hans Bayer, vgl. Röhrich, Gebärde - Metapher - Parodie, S. 138 f

[4] vgl. auch H. Ritz, Die Geschichte vom Rotkäppchen, S. 81

[5] Hans Ritz, Die Geschichte vom Rotkäppchen, S. 149

[6] vgl. SZ vom 28./29. 5. 1994, S. 48

[7] z.B. in der VdK- Zeitung, März 1994, S. 9: „Das etwas andere Rotkäppchen"; SZ vom 28./29. 5. 1994, S. 48: „Rotkäppchen im Paragraphendschungel"

[8] S. 106 f

[9] diese Fassung stimmt mit der bei Jörg-Michael Günther, Der Fall Rotkäppchen, S. 77 ff abgedruckten Fassung bis auf Kleinigkeiten („Kindanfall" statt „Kinderanfall", „Haftpflichtmachung" statt „Haftpflichtigmachung", „derzeit" statt „derzeitig") überein

2.2 Der Text Trolls als Sprachkritik

In erster Linie kritisiert der Text die Sprache amtlicher Berichte und Verfügungen, also die Sprache der Verwaltungsbehörden[1]. Deren Aufgabe ist der Gesetzesvollzug, und so enthält der Text Thaddäus Trolls auch eine Kritik der Sprache, in der der Bürger von den Behörden mit juristischen, meist öffentlich-rechtlichen Sachverhalten konfrontiert wird.

Troll karikiert die Sprache der Verwaltung auf verschiedenen Ebenen. Zunächst fällt auf, daß er in seinem Text Ausdrücke verwendet, die fast ausschließlich von bzw. im Umgang mit Behörden gebraucht werden. So ist Rotkäppchen als eine „hierorts wohnhafte, noch unbeschulte Minderjährige aktenkundig", sie „machte sich...straffällig", weil sie das „Verbot betreffs Verlassens der Waldwege auf Kreisebene" nicht beachtete, und begegnete „einem polizeilich nicht gemeldeten Wolf ohne festen Wohnsitz". Letzterer handelt „in Tötungsabsicht". Weiter finden sich unnötig komplizierte und gestelzte Floskeln. Beispielsweise wird „ein Schreiben zustellig gemacht", statt einfach „zugestellt", der Wolf „traf in Tötungsabsicht die Feststellung, daß die R. zu ihrer... Großmutter eilend war." Schließlich werden für einfache Gegenstände komplizierte Umschreibungen verwendet, die an manche Definitionen in Gesetzen und Verordnungen erinnern mögen. Aus dem Korb, in dem Rotkäppchen Kuchen und Wein zur Großmutter trägt, wird so „das zu Transportzwecken von Konsumgütern dienende Korbbehältnis", aus dem Gewehr des Jägers eine „Pulverschießvorrichtung zu Jagdzwecken". Durch eine geschickte Mischung und Anhäufung der hier beschriebenen Stilmittel und den Kontrast zum gewohnten „Märchenton" der Brüder Grimm wird die Karikierung der Behördensprache besonders deutlich.

Röhrich sieht in dem Text sogar eine Umformung des Märchens „ins amtliche Sprachgut eines juristischen Strafprozesses"[2]. Diese Interpretation erscheint mir jedoch zu eng, da sich in Textaufbau und Wortwahl keine Anspielungen finden, die über das allgemeine Behördendeutsch hinaus ganz konkret auf Sprache und Situation des Strafprozesses zielen. Der Aufbau des Textes folgt in seiner wesentlichen Struktur dem Märchen der Brüder Grimm. Es wird also nicht der typische Aufbau etwa einer Anklageschrift oder eines Urteils nachgeahmt. Auch finden sich keine gerade für den Strafprozeß typischen Ausdrücke, etwa eine Bezeichnung der handelnden Personen als Beschuldigte, Angeschuldigte, Angeklagte oder Zeugen. Eine rechtliche Würdigung des Geschehens findet sich nur in einzelnen, in den Text eingestreuten Floskeln, z.B. wenn von „unberechtigter Amtsanmaßung", „Tötungsabsicht", „Täuschungsabsicht" sowie von einem „strafbaren Mundraub" durch Verschlingen der Großmutter die Rede ist. Paragraphen, etwa des StGB, werden an keiner Stelle zitiert. In dieser Form erinnert

---

[1] vgl. Ritz, Die Geschichte vom Rotkäppchen, S. 81: „eine umwerfende praktische Sprachkritik"; vgl. auch Röhrich, Gebärde - Metapher - Parodie, S. 152

[2] Röhrich, Gebärde - Metapher - Parodie, S. 139

der Text nur ganz allgemein an einen behördlichen Bericht über ein tatsächliches Geschehen, allenfalls an einen Polizeibericht.

2.3 Kritik an einer Welt voller Verordnungen und Verbote

Inhaltlich hält sich Thaddäus Troll weitgehend an die Märchenfassung der Brüder Grimm. Manche kleinere Abweichungen haben meines Erachtens keine tiefere Bedeutung und sind nur dichterische Freiheiten Trolls, so z.B., wenn der Jäger den Wolf, anders als bei Grimm, tatsächlich erschießt, bevor er Rotkäppchen und ihre Großmutter aus seinem Bauch befreit.

Andere Abweichungen und Formulierungen aber zeigen, daß Troll auch inhaltlich der Welt des Märchens eine von einem Verwaltungsapparat beherrschte Welt gegenüberstellt, in der es von Verboten nur so wimmelt. So macht sich Rotkäppchen „straffällig", weil sie „das Verbot betreffs Verlassens der Waldwege auf Kreisebene" nicht beachtet, und begegnet „beim Übertreten des amtlichen Blumenpflückverbotes" dem Wolf[1]. Der Wolf verlangt „in gesetzwidriger Amtsanmaßung Einsichtnahme in das...Korbbehältnis" und bringt, indem er die Großmutter verschlingt „einen strafbaren Mundraub zur Durchführung".

Auch der Schluß des Märchens kann in einer durch Polizeiverordnungen reglementierten Welt so nicht stehenbleiben. Nach der Rettung aus dem Wolfsbauch „waren alle drei vergnügt", erzählen die Brüder Grimm, während es bei Troll heißt: „Durch die unverhoffte Wiederbelebung bemächtigte sich beider Personen[2] ein gesteigertes, amtlich nicht zulässiges Lebensgefühl, dem sie durch groben Unfug, öffentliches Ärgernis erregenden Lärm und Nichtbeachtung anderer Polizeiverordnungen Ausdruck verliehen, was ihre Haftpflichtigmachung zur Folge hatte." Also auch die Freude über die Rettung vor dem Tod führt sogleich zum Verstoß gegen diverse Polizeiverordnungen.

Auch das Verhalten des Jägers, aus dem bei Troll der „Waldbeamte B." wird, ist streng reglementiert. Er ist der „im Forstwesen zuständige" Beamte und befindet sich „auf einem Dienstgang", durchstreift also nicht etwa einfach so den Wald. Bevor er den Wolf erlegt, muß er „bei seiner vorgesetzten Dienststelle ein Tötungsgesuch" einreichen. Hier wird die Bürokratie bis ins Absurde überspitzt. In einer Situation, in der sofortiges Handeln geboten wäre, schließlich könnte der Wolf z.B. aufwachen und wieder weglaufen[3], muß der „Waldbeamte" erst eine Genehmigung einholen. In diesem Zusammenhang erfolgt auch ein Seitenhieb auf das öffentliche Finanz- und Haushaltsrecht: die Tötung des Wolfes wird „pro Schuß bezuschußt".

---

[1] anders als bei Grimm wird Rotkäppchen also nicht erst durch den Wolf „verführt", vom Weg abzuweichen.

[2] Gemeint sind wohl Rotkäppchen und die Großmutter

[3] Der Gedanke, daß der Wolf die Großmutter gefressen haben könnte, kommt in Trolls Version dem Jäger erst, nachdem er den Wolf erschossen hat.

2.4 Ziel des Autors

Das Märchen vom Rotkäppchen wird also sowohl sprachlich als auch inhaltlich in die Welt der Bürokratie verpflanzt. Ziel des Autors ist in erster Linie die Anprangerung des sprachlichen Stils, dessen sich Verwaltungsbehörden bisweilen bedienen[1], und die Kritik an der Überreglementierung durch verwaltungsrechtliche Vorschriften und polizeiliche Verbote[2].

2.5 Kontrast zwischen der Welt des Märchens und der Welt der Bürokratie

Troll greift, wie ich meine, um seine Ziele zu erreichen nicht ganz zufällig auf das Märchen vom „Rotkäppchen" zurück. Zum einen handelt es sich hierbei um eine weithin bekannte Geschichte[3], und die Kenntnis des Originals ist immer Voraussetzung für das vollständige Verstehen einer Parodie oder Travestie[4]. Zum anderen aber spielt die Geschichte vom Rotkäppchen, wie überhaupt die meisten Märchen, nicht in einem Staat mit moderner Verwaltung und Gesetzgebung. Der Abstand zu der angeprangerten Bürokratie erscheint dadurch besonders groß, die Konfrontation der Märchenwelt mit der Welt der Bürokratie erscheint von vornherein als Kontrast. Besonders deutlich wird dies meines Erachtens, wenn, wie schon erwähnt, Rotkäppchen und seine Großmutter am Schluß nicht mehr einfach vergnügt sein dürfen, weil dieses gesteigerte Lebensgefühl „amtlich nicht zulässig" ist[5].

---

[1] In Bremen beschäftigten sich Beamtenanwärter an der Verwaltungsschule mit diesem Text als abschreckendem Beispiel, vgl. Das in Freßvorbereitung befindliche Untier, Mit dem Märchen vom Rotkäppchen gegen Sprachsünden in den Ämtern, Frankfurter Allgemeine, 6.2.1979, S. 8; hierauf auch Hinweis bei Hans Ritz, Die Geschichte vom Rotkäppchen, S. 81

[2] in diesem zweiten Ziel der Kritik scheint mir Trolls Text über ein bloßes „intellektuelles Spiel" (vgl. Röhrich, Gebärde- Metapher - Parodie, S. 217, zu Texten, die Rotkäppchen in die Ausdrucksweise verschiedener Berufssprachen übersetzen) hinauszugehen.

[3] vgl. die bei Regina Böhm-Korff, Deutung und Bedeutung von Hänsel und Gretel, S. 121 abgedruckte Tabelle aus der Zeitschrift „Bunte"

[4] vgl. Freund, Die literarische Parodie, S. 27; Liede, Parodie, in: Reallexikon der deutschen Literaturgeschichte, S. 13; vgl. auch Röhrich, Metamorphosen des Märchens heute, in: Doderer (Hrsg.), Über Märchen für Kinder von heute, S. 98: „Und es ist gewiß kein Zufall, daß gerade die bekanntesten Märchen in witziger Weise verfremdet und umfunktioniert werden, denn alles oft Gehörte neigt zur Parodie"; vgl. auch Röhrich, Gebärde - Metapher - Parodie, S. 115, 216

[5] m.E. paßt hierzu auch der Gedanke, den Röhrich für Märchen-Cartoons formuliert: „Gerade dem traditionellen und scheinbar starren und unbewegbaren Material sucht man Innovationen abzugewinnen. Sie wirken dann besonders witzig, wenn sie am wenigsten erwartet werden konnten." Röhrich, Der Froschkönig und seine Wandlungen, Fabula 1979, S. 192

3. Der Text „Rotkäppchen, für Juristenkinder bearbeitet"

3.1 Einführung

Ähnlich wie der soeben besprochene Text von Thaddäus Troll verfährt auch der Text „Rotkäppchen, für Juristenkinder bearbeitet", der bereits 1909 in der Zeitschrift „Simplicissimus" erschien und in den sechziger Jahren vom Bayerischen Rundfunk fast unverändert in einer Unterhaltungssendung gebracht wurde[1].

3.2 Rechtliche Würdigung des Märchengeschehens im Rahmen einer Nacherzählung des Märchens

Wie bei Troll wird auch hier das Märchen in der Sprache der Juristen nacherzählt. Anders als bei Troll liegt der Schwerpunkt dieses Textes aber auf der rechtlichen Würdigung des Märchengeschehens anhand der Normen des modernen Zivil- und Strafrechts. Diese rechtliche Würdigung wird in die juristisch-nüchterne Nacherzählung des Märchens eingebettet. Zumeist werden auch die einschlägigen Paragraphen des BGB und StGB zitiert. Die sprachliche Gestaltung ist durch diese Verfahrensweise über weite Strecken bestimmt und orientiert sich auch sonst an der gängigen juristischen Terminologie. So heißt es beispielsweise: „Die Minderjährige begab sich zwecks Erfüllung des ihr übertragenen Auftrages (§ 662 f BGB) zum Wohnsitze der Großmutter, der sich in einem Walde befand. Hierbei begegnete ihr ein herrenloses Tier, ein Wolf. Nachdem dieser durch Erkundigungen bei der Minderjährigen den Wohnsitz der Großmutter ermittelt hatte, begab er sich unverzüglich dorthin und verübte dortselbst an der Großmutter des Kindes das Delikt des Menschenraubes in Idealkonkurrenz mit dem des Mordes (§§ 234, 211 StGB), begangen durch Auffressen."

Bisweilen finden sich auch ausführlichere rechtliche Erörterungen und Subsumtionen, z. B. zum Tatbestand des Betruges. Diesen hat der Wolf begangen, da er „in der Absicht, sich an den im Korbe enthaltenen Lebensmitteln einen rechtswidrigen Vermögensvorteil zu verschaffen, das Vermögen der Mutter des Kindes dadurch beschädigt hatte, daß er durch die Vorspiegelung der nachweislich falschen Tatsache, er sei mit der Person der Großmutter identisch, in dem Kinde einen Irrtum erregt und unterhalten hatte, wodurch er sich des Betruges

[1] vgl. Woeller /Woeller, Es war einmal..., Illustrierte Geschichte des Märchens, S. 301 f; Simplicissimus, 14. Jahrgang 1909, Nr. 37 („Märchennummer"), S. 635; Text der Rundfunksendung bei Röhrich, Gebärde - Metapher - Parodie, S. 139; die einzige wesentliche Veränderung gegenüber dem Simplicissimus-Text stellt in der Rundfunkfassung der Einschub des folgenden Satzes dar: „Die Prüfung der Frage, ob es sich nicht etwa um Mundraub gem. §370 Ziffer 5 StGB gehandelt haben könnte, erübrigt sich, da Großmütter weder Nahrungs- noch Genußmittel oder andere Gegenstände des hauswirtschaftlichen Verbrauches sind und deshalb auch nicht zum alsbaldigen Verbrauch entwendet oder unterschlagen werden können."

schuldig machte (§263 StGB)." Dieses Vorgehen spinnt die vom Bayerischen Rundfunk gesendete Fassung weiter[1], wenn es zur rechtlichen Würdigung des Verschlingens der Großmutter heißt: „Die Prüfung der Frage, ob es sich nicht etwa um Mundraub gem. § 370 Ziffer 5 StGB gehandelt haben könnte, erübrigt sich, da Großmütter weder Nahrungs- noch Genußmittel oder andere Gegenstände des hauswirtschaftlichen Verbrauches sind und deshalb auch nicht zum alsbaldigen Verbrauch entwendet oder unterschlagen werden können."

In Aufbau und Inhalt folgt der Text weitgehend dem Märchen der Brüder Grimm. Daß sich der Wolf auch die der Großmutter mitgebrachten Lebensmittel aneignet, ist wohl nur eingefügt, um die oben zitierte Subsumtion des Tatbestandes des Betruges zu ermöglichen. Die Erklärung für den Namen Rotkäppchen ist aus mir nicht nachvollziehbaren Gründen an den Schluß gesetzt.

3.3 Kontrast zwischen der Welt des Märchens und der Welt des Rechts

Die Komik des Textes ergibt sich auch hier daraus, daß Märchen und gesetztes Recht als zwei Welten erscheinen, zwischen denen ein großer Abstand besteht. Dieser Abstand zeigt sich schon im Auseinanderklaffen des juristisch-nüchternen Sprachstils und des gewohnten Märchentons, insbesondere aber in der Würdigung des Märchengeschehens anhand des modernen Gesetzesrechts, wenn z.B. erwogen wird, ob das Verschlingen der Großmutter einen Mundraub darstellt oder das Aufschneiden des Bauches des Wolfes als Sachbeschädigung qualifiziert wird.

Durch diese nüchterne juristische Betrachtungsweise tritt auch eine Entzauberung des Märchens ein[2], wie bereits die genannten Beispiele zeigen, oder auch, wenn der böse Wolf des Märchens als „herrenloses Tier" bezeichnet wird.

---

[1] die einzige wesentliche Abweichung zum im Simplicissimus abgedruckten Text, vgl. oben

[2] vgl. zu diesem Ausdruck für die Bearbeitung des Märchens im Cartoon Röhrich, Wandlungen des Märchens in den modernen Bildmedien Comics und Cartoons, in: Uther (Hrsg.), Märchen in unserer Zeit, S. 26; dieser Begriff findet sich auch bei Regina Böhm-Korff, Deutung und Bedeutung von Hänsel und Gretel, S. 126; E.F./M.P., Politische Karikatur und Cartoons, Märchen auf den Kopf gestellt, in: Lutz Röhrich (Hrsg.) ...und so leben sie noch heute?, Märchen - ins Auge gefaßt, Katalog zur Ausstellung des Instituts für Volkskunde der Albert - Ludwigs - Universität Freiburg, 1990, S. 61 f; vgl. auch H. Ritz, Bilder vom Rotkäppchen, Nachwort, S. 116; vgl. zum gleichen Phänomen auch Horn, Märchenmotive und gezeichneter Witz, Österreichische Zeitschrift für Volkskunde 1983, S. 225 ff, die von „Profanierung" und „Entmythologisierung" spricht

3.4 Der Text als Bildungsspiel

Der Text stellt insgesamt ein amüsantes Spiel mit dem Märchen, der juristischen Sprache und dem modernen Gesetzesrecht dar[1]. Er läßt sich daher als Spiel mit dem juristischen „Handwerkszeug", in einem weiteren Sinne auch als Bildungsspiel qualifizieren. [2]

4. Das Buch „Der Fall Rotkäppchen" von Jörg-Michael Günther

4.1 Einführung - literarische Werke als Rechtsfälle

Ebenfalls eine Satire, die Märchen und unser heutiges Gesetzesrecht aufeinander prallen läßt[3], ist das Buch „Der Fall Rotkäppchen" von Jörg-Michael Günther, das 1990 erschienen ist. Jörg-Michael Günther konfrontiert hier auf humorvoll-unterhaltende Art einige der Grimmschen Märchen mit dem heute geltenden Strafrecht.

Anders als beispielsweise der soeben besprochene Text „Rotkäppchen auf Amtsdeutsch" von Thaddäus Troll, der das Märchen parodistisch umformt, faßt Günther in dem hier zu besprechenden Buch die literarische Vorlage, die Märchen, als Schilderung eines Rechtsfalles auf[4], der dann schulmäßig auf der Grundlage des heute geltenden Rechts, insbesondere des Strafrechts, bearbeitet wird. Mit dieser Methode der juristischen Literaturparodie steht das vorliegende Buch nicht allein. Zur gleichen Kategorie gehören auch die Bücher „Der Fall Max und Moritz"[5] und „Der Fall Struwwelpeter"[6], die ebenfalls von Jörg-Michael Günther stammen, das Büchlein „Richard Wagners „Ring des Nibelungen" im Lichte des deutschen Strafrechts" von Ernst von Pidde[7] und Rainer Seiders „neue juristische Aspekte in Richard Wagners „Ring des Nibelungen""[8], um

---

[1] vgl. zu diesem Text auch Woeller/Woeller, Es war einmal..., Illustrierte Geschichte des Märchens, S. 301: „Parodie auf Berufssprache und Berufsdenken"

[2] vgl. den Ausdruck bei Liede, Parodie, in: Reallexikon der deutschen Literaturgeschichte, S. 36; vgl. auch Röhrich, Gebärde- Metapher - Parodie, S. 217, der „die stilkundlichen Experimente, Rotkäppchen in die Ausdrucksweisen verschiedener Berufssprachen, wie die der Juristen...zu übersetzen", als „im Grunde nur ein intellektuelles Spiel" bezeichnet.

[3] Vgl. zu dieser Formulierung auch Günther, Der Fall Rotkäppchen, S. 74, der sich bezieht auf: Arthur Kaufmann, Beziehungen zwischen Recht und Novellistik, NJW 1982, S. 606 ff

[4] vgl. dazu auch Günther, Der Fall Max und Moritz, S. 7, bes. Fn. 6

[5] Jörg-Michael Günther, Der Fall Max und Moritz, Frankfurt am Main 1988

[6] Jörg-Michael Günther, Der Fall Struwwelpeter, Frankfurt am Main 1989

[7] Ernst von Pidde, Richard Wagners „Ring des Nibelungen" im Lichte des deutschen Strafrechts, 6. Auflage Hamburg 1992; Nach der auf S. 7 ausgeführten „Entstehungsgeschichte des Werkes" wurde der Text zwar bereits als Reaktion auf die Machtergreifung Hitlers verfaßt, jedoch erst aus dem Nachlaß des Autors veröffentlicht (Copyright von 1979), wobei er vorher „von einem entfernten Verwandten...überarbeitet und auf den gegenwärtigen Stand des Straf- und Zivilrechts gebracht" (S. 7) wurde.

[8] MDR 1993, S. 1171 ff

nur einige zu nennen[1]. Eine vergleichende Untersuchung aller dieser Texte, von denen die meisten ja auch keine Märchen zum Gegenstand haben, würde jedoch den Rahmen der vorliegenden Arbeit sprengen. Ich werde mich daher im folgenden auf den „Fall Rotkäppchen" und einige weiterführende Hinweise in den Fußnoten beschränken.

4.2 Besprechung des Buches

4.2.1 Inhalt des Buches

Jörg-Michael Günther tritt, wie er in der „Einführung in die Kriminalmärchen der Gebrüder Grimm", der Einleitung, klarstellt, mit dem Ziel an, den „Sumpf des Verbrechens" „trocken zu legen", den er in der „Grimmschen Gruselkammer" vorgefunden hat.[2] Insbesondere will er auf die verderbliche Wirkung der Märchen für Kinder aufmerksam machen.

Dazu behandelt er die Märchen „Rapunzel", „Schneewittchen", „Rotkäppchen", „Hänsel und Gretel", „Aschenputtel" und „Rumpelstilzchen" der Brüder Grimm. Dabei wird jedes Märchen zunächst im Originaltext der Ausgabe letzter Hand abgedruckt[3], dann schließt sich, mit Ausnahme von Rotkäppchen, ein juristisches Gutachten über die Strafbarkeit der handelnden Märchenfiguren an. An einigen Stellen wird auch ein Exkurs über Fragen aus anderen Rechtsgebieten, die sich aus dem Märchentext ergeben, eingefügt. So wird beim Märchen von „Hänsel und Gretel" erörtert, inwiefern die Hexe bei der Errichtung des Pfefferkuchenhauses „gegen geltendes Baurecht" verstoßen hat (S. 98 f). Bei dem Märchen vom „Rotkäppchen" fehlt ein solches Gutachten[4]. Hier wird stattdessen ein realer Fall des VGH München referiert, in dem es um eine Karikatur an einer Scheunenwand ging, die Franz-Josef Strauß als Wolf im Bett der Großmutter darstellte. Das Gericht hatte zu entscheiden, ob diese Karikatur als Störung der öffentlichen Sicherheit und Ordnung zu entfernen ist[5]. Günther spricht vom „Rotkäppchenfall" (S. 74 ff). Anschließend wird der Text „Rotkäppchen auf Amtsdeutsch" von Thaddäus Troll abgedruckt[6] (S. 77 ff). Im Anschluß an die Abhandlung der einzelnen Märchen prüft Günther, ob das Schreiben und Verbreiten der Märchensammlung eine Verherrlichung von Gewalt oder einen Verstoß gegen das „Schmutz- und Schundgesetz", d.i. das Gesetz über die Verbrei-

---

[1] außerdem noch: Jens Peter Gieschen/ Klaus Meier, Strafakte Faust, Frankfurt am Main 1993

[2] Günther, Der Fall Rotkäppchen, S. 9

[3] vgl. auch Günther, Der Fall Rotkäppchen, S. 15

[4] vgl. auch van den Hövel, NJW 1991, 1467: „Daß ausgerechnet die Titelgeschichte...nicht strafrechtlich begutachtet wird, verwundert etwas;"

[5] die Entscheidung in diesem realen Rechtsstreit ist abgedruckt in NJW 1984, S. 1136 ff; vgl. auch van den Hövel, NJW 1991, 1467; vgl. auch den Bericht über diesen Fall bei Ritz, Die Geschichte vom Rotkäppchen, S. 91 ff, mit Abbildung der umstrittenen Karikatur

[6] der oben bereits besprochen wurde

tung jugendgefährdender Schriften, darstellt, was aber beides verneint wird (S. 146 ff). Es folgen ein Schlußwort, das den Gedanken der Einleitung wieder aufgreift, sowie ein umfangreiches Literaturverzeichnis, ein Abkürzungsverzeichnis und ein Register[1].

4.2.2 Parodie einer juristischen wissenschaftlichen Arbeit

Schon nach dieser äußeren Beschreibung drängt sich die These auf, daß dieses Buch unter anderem eine Parodie einer juristischen wissenschaftlichen Arbeit darstellt[2]. Dies soll nun näher untersucht werden.

4.2.2.1 Die „Einführung in die Kriminalmärchen der Gebrüder Grimm" als Parodie der Einleitung in ein wissenschaftliches Werk

Schon die Einführung ahmt in Aufbau und Inhalt in einigen Aspekten die Art der Einleitung in ein wissenschaftliches Werk nach. So umreißt Günther zunächst das Ziel seiner Arbeit, den „Sumpf des Verbrechens" (S. 9) trockenzulegen. Er stellt die These auf, daß diese Märchen eine „wahrlich erschreckende Lektüre für Kinder" „bilden" (S. 9), und verweist sofort auf den entsprechenden Streit in der Literatur (S. 9 f). Die Einleitung enthält außerdem eine kurze Biographie der Brüder Grimm (S. 11 ff) und einen Abriß über die bisher vorliegende Literatur über den „kriminelle(n) Gehalt der Grimmschen Märchen", also sozusagen über die Forschungsgeschichte und den gegenwärtigen Forschungsstand, wobei freilich satirische und ernste Schriften, wie z.B. „Die Wahrheit über Hänsel und Gretel" von Hans Traxler und die Dissertation von Jens Christian Jessen über „Das Recht in den Kinder- und Hausmärchen der Gebrüder Grimm" in einem Atemzug genannt werden (S. 13).

---

[1] ähnlich aufgebaut sind auch Günthers Bücher „Der Fall Max und Moritz" und „Der Fall Struwwelpeter"; Ernst von Pidde verzichtet freilich auf eine Wiedergabe des gesamten Textes des „Ring des Nibelungen", stellt aber den juristischen Erörterungen kurze Zusammenfassungen des „Sachverhalts" voran. Auch dieses Buch enthält ein Personen- und Sachregister und ein Literaturverzeichnis; vgl. auch die Ausgestaltung der Wissenschaftsparodie von Hans Traxler, Die Wahrheit über Hänsel und Gretel, mit Literaturhinweisen, Zeittafel, Personen- und Sachregister; zu Traxler vgl. Röhrich, Gebärde - Metapher - Parodie, S. 131 f; Böhm-Korff, Deutung und Bedeutung von Hänsel und Gretel, S. 136

[2] zur Wissenschaftsparodie vgl. Liede, Parodie, in: Reallexikon der deutschen Literaturgeschichte, S. 36 f; vgl. zu einer „Wissenschaftssatire" auch Röhrich, Der Froschkönig und seine Wandlungen, Fabula 1979, S. 179 f (zu Iring Fetscher, Wer hat Dornröschen wachgeküßt?, Das Märchen-Verwirrbuch); vgl. auch die eingehende Analyse der Wissenschaftsparodie Hans Traxlers, Die Wahrheit über Hänsel und Gretel, bei Röhrich, Gebärde - Metapher - Parodie, S. 131 f; vgl. auch Regina Böhm-Korff, Deutung und Bedeutung von Hänsel und Gretel, S. 134 ff (zu Iring Fetscher und Hans Traxler)

Schließlich verteidigt Günther seine Vorgehensweise, die Märchen anhand des geltenden Rechts zu untersuchen, also seine Forschungsmethode. Da die Straftaten in den Grimmschen Märchen mit jeder Theater- oder Opernaufführung neu begangen werden[1], und „zumindest die Kunstfiguren" des Märchens „leben" und sich „ihrer strafrechtlichen Verantwortung stellen" „müssen" (S. 14 f)[2], verstößt eine Anwendung des StGB nicht gegen den Satz „nulla poena sine lege", und sind die Taten auch nicht durch den Tod der Täter getilgt.

4.2.2.2 Einhaltung des Stils eines juristischen Gutachtens

In seinen Gutachten zu den einzelnen Märchen hält sich Günther weitgehend geradezu mustergültig an den Stil eines juristischen Gutachtens[3], wie ihn jeder Jurastudent im ersten Staatsexamen vorexerzieren muß, von gelegentlichen Einschüben oder Auslassungen, die nicht zuletzt der Lesbarkeit dienen, einmal abgesehen.

Das Märchen wird dabei zunächst in einzelne Handlungsabschnitte zerlegt. So beginnt die Erörterung des Falles Rapunzel mit dem Abschnitt „Das Betreten des Zaubergartens und die Entwendung von Rapunzeln" (S. 23), der nächste Abschnitt ist „das Abtrotzen des Kindes" durch die Zauberin (S. 25). Dann wird für jeden Abschnitt die Strafbarkeit jeder Märchenfigur einzeln untersucht. Dabei werden alle in Betracht kommenden Strafrechtsnormen, in der Regel nacheinander, abgehandelt. So stellt z.B. das Abtrotzen des Kindes durch die Zauberin sowohl eine Nötigung als auch eine Kindesentziehung dar (S. 25 ff). Auch innerhalb der Prüfung der einzelnen Strafrechtsnormen wird die gängige Prüfungsreihenfolge: Erfüllung des Tatbestandes der Norm, Vorliegen von Rechtfertigungsgründen, von Entschuldigungsgründen und von Strafausschließungsgründen eingehalten[4]. Sind bei der Prüfung einer Strafrechtsnorm längere Ausführungen zu einem juristischen Problem nötig, so wird, wie es sich für ein juristisches Gutachten gehört, das Problem zunächst formuliert, dann erörtert und erst abschließend das Ergebnis festgestellt[5].

---

[1] diese Argumentation übernimmt Günther von E. v. Pidde, S. 12 f, vgl. Günther, Der Fall Max und Moritz, S. 7

[2] so argumentiert Günther schon in „Der Fall Max und Moritz", S. 8

[3] vgl. auch die Besprechung von van den Hövel, NJW 1991, S. 1467

[4] vgl. z.B. im „Fall Rapunzel" die Prüfung, ob der Königssohn bei den Besuchen bei Rapunzel im Turm Hausfriedensbruch begangen hat (S. 33 f), sowie die Prüfung, ob der Königssohn Rapunzel i.S. d. §182 StGB verführt hat (S. 34 f); vgl. auch die Prüfung der Strafbarkeit der Eltern wegen Kindesaussetzung im „Fall Hänsel und Gretel", S. 88 ff

[5] so geht Günther z.B. im „Fall Schneewittchen" vor bei der Prüfung, ob die Stiefmutter Schneewittchens wegen versuchter Anstiftung zum Mord strafbar ist, weil sie versucht hat, den Jäger zur Tötung Schneewittchens anzustiften (S. 51 f). Im Stil des Gutachtens geht er auch auf das Problem ein, ob der Vorsatz von Schneewittchens Stiefmutter, Schneewittchen mit Hilfe eines Schnürriemens zu töten, einen entsprechenden Körperverletzungsvorsatz

Günther hält sich freilich nicht immer sklavisch an das dargestellte Gutachtenschema. Beispielsweise werden gelegentlich zwei Straftatbestände unter einem Gliederungspunkt zusammengefaßt. So wird z.B. in einem Punkt erörtert, ob der Vater von Rapunzel sich durch „das Betreten des Zaubergartens und die Entwendung von Rapunzeln“ wegen eines Hausfriedensbruchs und eines Diebstahls strafbar gemacht hat (S. 23). Gelegentlich finden sich auch z.B. rechtsgeschichtliche Hinweise, z.B. beim „Fall Rapunzel“ auf das in der vorliegenden Arbeit im rechtsgeschichtlichen Ansatz besprochene Vorrecht der Schwangeren (S. 25)[1]. Bei rechtlich unproblematischen Tatbeständen wird nur kurz das Ergebnis festgestellt, was allerdings auch - zumindest für Studenten - bei der Anfertigung eines juristischen Gutachtens allgemein akzeptiert ist. Auch bei seinen Ausblicken in andere Rechtsgebiete, z.B. bei der Erörterung, ob der Bau des Lebkuchenhauses im Fall „Hänsel und Gretel“ baurechtlich zulässig war, bzw. ob das Haus als Schwarzbau abzureißen ist (S. 98 f), weicht Günther von dem strengen Schema ab[2]. Insgesamt aber bleibt dennoch der Eindruck eines den Aufbauschemata entsprechenden juristischen Gutachtens erhalten.

4.2.2.3 Vertretbarkeit der Ergebnisse aus juristisch-dogmatischer Sicht

Aus juristisch-dogmatischer Sicht sind die Ergebnisse, zu denen Günther im Rahmen seines Gutachtens kommt, von ganz wenigen Ausnahmen abgesehen

mitumfaßt (S. 60) - ein altbekanntes und beliebtes Klausurproblem!; vgl. auch im „Fall Aschenputtel“ die Prüfung, ob Aschenputtels Stiefmutter bei der Anprobe des Schuhes durch ihre eigenen Töchter durch die Aufforderung, sich die Zehe bzw. Ferse abzuhacken, damit der Schuh passe, eine Körperverletzung in mittelbarer Täterschaft begangen hat (S. 127 ff); siehe weiter auch die strafrechtliche Würdigung des Betretens des Zaubergartens und der Entwendung von Rapunzeln durch den Vater (S. 23 f)

[1] im „Fall Hänsel und Gretel“ wird bei der Prüfung der Strafbarkeit der „Holzhackerseheleute“ (S. 88) wegen Kindesaussetzung auf das germanische Aussetzungsrecht bezüglich Neugeborener hingewiesen (S. 89)

[2] so auch van den Hövel, NJW 1991, S. 1467

grundsätzlich[1] vertretbar[2]. Auf manche komplizierte dogmatische Probleme wird allerdings nur in den Fußnoten verwiesen[3].

4.2.2.4 Verwendung von Zitaten

Günther verwendet eine Fülle von Zitaten aus juristischer Fachliteratur[4], wissenschaftlicher Literatur über Märchen und aus Märchenparodien[5], die er teils in den Text direkt einarbeitet, teils in den zahlreichen Fußnoten aufführt[6]. Er behandelt dabei alle Texte, aus denen er zitiert, also auch die Märchenparodien, so, als handle es sich um ernsthafte wissenschaftliche Fachliteratur[7]. Wissenschaftliche Texte, wie z.B. die juristischen Kommentare zum StGB[8], Jessens Arbeit über das Recht in den Kinder-und Hausmärchen der Brüder Grimm[9], oder Bettelheims „Kinder brauchen Märchen"[10] werden damit auf eine Stufe gestellt

---

[1] Problematisch erscheint es mir z.B., wenn Günther im „Fall Hänsel und Gretel" die Strafbarkeit des untauglichen Versuches unter Hinweis auf Feuerbach ablehnt (S. 97). Er weist allerdings in der Fußnote (Fn. 243) auf die entgegenstehende „ganz überwiegend herrschende Meinung" hin; ganz richtig stellt Günther an dieser Stelle fest, daß die Hexe in den Verzehr des Pfefferkuchenhauses durch Hänsel und Gretel eingewilligt hat. Bei der hier von Günther neben dem *„Diebstahl von Zuckersachen"* auch geprüften „Sachbeschädigung des Hexenhauses" wirkt die Einwilligung jedoch zumindest nach der herrschenden Lehre entgegen seiner Ansicht nicht tatbestandsausschließend, sondern nur als Rechtfertigungsgrund. (vgl. Dreher/Tröndle, StGB, §303 Rz.11)

[2] vgl. auch die Rezension von van den Hövel, NJW 1991, S. 1467

[3] so z.B. S. 111 Fn. 299, wo auf „die Problematik der sog. großen und kleinen berichtigenden Auslegung des §246 StGB" hingewiesen wird; S. 51 Fn. 123 zum Problem des Vorliegens von Mordmerkmalen nur beim Anstifter; S. 59 Fn. 161 zum Bergiff der Heimtücke

[4] van den Hövel hebt hervor, Günther gelange „unter Beachtung von Literatur und Rechtsprechung zu wissenschaftlich fundierten Ergebnissen", NJW 1991, S. 1467

[5] Bisweilen drängt sich der Verdacht auf, Günther habe das eine oder andere Werk oder Zitat frei erfunden. Auf allzu aufwendige Nachforschungen nach parodistischen Schriften, die vielleicht nur in kleiner Auflage erschienen sind, mußte allerdings verzichtet werden.

[6] Vgl. zur ähnlichen Vorgehensweise Günthers in seinem Buch „Der Fall Max und Moritz" Jahn, NJW 1989, S. 378

[7] Vgl. z.B. S. 95, wo Günther schreibt: *„Die Literatur bejaht denn auch überwiegend ein strafbares Verhalten von Hänsel und Gretel"*, um dann aus zwei Märchenparodien zu zitieren

[8] Günther verwendet z.B. die Kommentare von Dreher und Schönke-Schröder, vgl. Literaturverzeichnis S. 156, 160, S. 32 Fn. 80, 81, 82

[9] vgl. z.B. S. 35: Zum Problem, ob der Königssohn Rapunzel geheiratet hat, führt Günther u.a. aus: „Der Sachverhalt spricht zwar nicht rechtstechnisch von „Heirat", kann aber entsprechend gedeutet werden. Jessen geht in seiner Dissertation „Das Recht in den Kinder- und Hausmärchen der Brüder Grimm" sogar ausdrücklich davon aus, daß „Rapunzels Kinder ehelich geboren wurden"" (vgl. auch Fn. 92); S. 91, Fn. 222: „Gänzlich anderer Ansicht ist allerdings Jessen"

[10] vgl. z.B. Zit. S. 125, wo es abschließend heißt: „Der Verfasser schließt sich dieser Meinung Bettelheims ausdrücklich an.", siehe auch Fn. 321

mit Texten wie Hans Traxlers „Die Wahrheit über Hänsel und Gretel“[1] oder Iring Fetschers „Märchen-Verwirrbuch“[2]. Wie man es von einer wissenschaftlichen Arbeit erwartet, zieht Günther diese Literatur heran, um seine Ergebnisse zu untermauern, und setzt sich mit dort vertretenen „abweichenden Ansichten“ auseinander[3]. So führt er im „Fall Rumpelstilzchen“ bezüglich des Versprechens der Müllerstochter, Rumpelstilzchen ihr erstes Kind zu geben, aus[4]: „Bei Iring Fetscher findet sich in diesem Zusammenhang folgende interessante zivilrechtliche Einordnung der „Zusage“ der Müllerstochter: „Das Mädchen hat gleichsam einen Wechsel auf das erstgeborene Kind ausgestellt, den das Männlein ordnungsgemäß am Verfallstag präsentiert.“ Gegen eine Beurteilung nach den Vorschriften des Wechselrechts bestehen aber schon wegen mangelnder Einhaltung der Schriftform Bedenken. Näher liegt es, einen Vertrag eigener Art oder eine Verpfändung anzunehmen, wie es z.B. Jessen in seinem Rechtsgutachten zu diesem Grimmschen Märchen tut.“

Ein weiteres Beispiel findet sich im „Fall Hänsel und Gretel“ zur Frage, ob die Aussetzung von Hänsel und Gretel durch ihre Eltern zugleich auch als Mordversuch zu qualifizieren ist.[5] Günther führt hier zunächst aus: „Teilweise wird in der kriminalistischen Märchenforschung die Meinung vertreten, die Eltern Hän-

---

[1] vgl. z.B. S. 100, wo es heißt: „...Hans Traxler, der vor Jahren mit seinem Buch „Die Wahrheit über Hänsel und Gretel“ in Fachkreisen für Aufsehen sorgte...“ Liede nennt Traxlers „Die Wahrheit über Hänsel und Gretel“ bei den Wissenschaftsparodien; Liede, Parodie, in: Reallexikon der deutschen Literaturgeschichte, Bd. 3, S. 36; zu Traxlers Buch als Wissenschaftsparodie vgl. auch Röhrich, Gebärde - Metapher - Parodie, S. 131 f; Regina Böhm-Korff, Deutung und Bedeutung von Hänsel und Gretel, S. 136 f; Karlinger Grundzüge einer Geschichte des Märchens im deutschen Sprachraum, S. 146

[2] vgl. z.B. S. 89, Fn. 208: Günther vertritt an dieser Stelle (S. 89) im „Fall Hänsel und Gretel“ die Meinung, die Eltern von Hänsel und Gretel hätten „gemeinschaftlich eine Kindesaussetzung nach §221 StGB begangen“; in der Fußnote (Fn. 208) heißt es dazu: „Anders aber Iring Fetscher, der die Frau rechtsirrig offenbar nur als Anstifterin ansieht...“; zu Iring Fetschers Märchen-Verwirrbuch als Wissenschaftssatire vgl. Röhrich, Der Froschkönig und seine Wandlungen, Fabula 1979, S. 180; vgl. auch Regina Böhm-Korff, Deutung und Bedeutung von Hänsel und Gretel, S. 134 ff; erwähnt auch bei Karlinger, Grundzüge einer Geschichte des Märchens im deutschen Sprachraum, S. 146

[3] Günther rechtfertigt dieses Vorgehen in der „Einführung“ folgendermaßen (S. 16): „Einige Leser werden Einwendungen erheben angesichts der Fülle von Anmerkungen, Verweisen und Querverweisen. Sie sollten aber daran denken, daß dieses juristische Märchenbuch zugleich Lehrbuch als auch Nachschlagewerk sein will...Auch liegt dem Verfasser daran, dem Leser, soweit dies überhaupt möglich ist, seine persönlichen Meinungen zu rechtlichen Problemen in Märchen nicht aufzuzwingen. Daher war eine weitgehende Auseinandersetzung mit abweichenden Stimmen in Literatur und Rechtsprechung erforderlich.“

[4] S. 142; Das Zitat erfolgt ohne Berücksichtigung der sich auf diese Stelle beziehenden Fußnoten und der Formatierung!

[5] vgl. S. 91; Das Zitat erfolgt ohne Berücksichtigung der sich auf diese Stelle beziehenden Fußnoten und der Formatierung!

sels und Gretels hätten sich sogar des mehrfachen Mordversuchs an ihren Kindern strafbar gemacht. So heißt es z.B. bei Fetscher: „Der erste Mordanschlag der Eltern mißlang dank der List des Knaben Hänsel...Beim zweiten Mordversuch...““ Zu dieser Ansicht nimmt Günther dann folgendermaßen Stellung: „Hiergegen bestehen aber rechtliche Bedenken...“ und legt dar, weshalb seiner Ansicht nach nur ein Versuch des Totschlags in Betracht kommt. In einer Fußnote zitiert er in diesem Rahmen auch Ausführungen Jessens, der wiederum „gänzlich anderer Ansicht“ ist[1].

4.2.2.5 Sprachstil

Bisweilen wird auch die sachlich-nüchterne Sprache des Juristen durch übertrieben sachlich-nüchterne Formulierungen parodiert, wenn z.B. geprüft wird, ob sich Schneewittchen beim „Verzehr von Zwergennahrung“ (S. 53) strafbar gemacht hat, oder wie „das an Schneewittchen gerichtete Verlangen der Zwerge nach Durchführung von Hausarbeit“ (S. 58) zu bewerten ist.

Im Übrigen ist die sprachliche Gestaltung grundsätzlich juristisch exakt und sachlich. So beginnt die Prüfung des strafbaren Verhaltens der Eltern von Hänsel und Gretel mit dem Satz: „Die Holzhackerseheleute führten Hänsel und Gretel mehrfach in den tiefen Wald, um sie dem Zufall oder Untergang preiszugeben“ (S. 88). Weiter unten kommt Günther zu dem Ergebnis: „Die Holzhackerseheleute haben damit gemeinschaftlich eine Kindesaussetzung nach §221 StGB begangen, da sie mit Hänsel und Gretel zwei „wegen jugendlichen Alters hiflose Personen in hilfloser Lage“ verließen“ (S. 89).[2]

Bisweilen wird der Text allerdings durch etwas reißerische Formulierungen aufgelockert, z.B. wenn der Plan zur Aussetzung von Hänsel und Gretel als „Tatplan von unbeschreiblicher krimineller Energie“ (S. 88) bezeichnet wird,

---

[1] S. 91, Fn. 222

[2] vgl. auch S. 91, wo Günther erörtert, ob das Aussetzen von Hänsel und Gretel im Wald zugleich einen Mord- oder nur einen Totschlagsversuch darstellt (auf die Wiedergabe der in dem Ausschnitt enthaltenen Fußnoten wurde verzichtet, da hier nur die sprachliche Gestaltung des Textes aufgezeigt werden soll): „Dem Holzhacker und seiner Frau war zwar bewußt, daß der Aufenthalt ihrer minderjährigen Kinder im tiefen Wald zwangsläufig mit Lebensgefahren verbunden war. Der Vater äußerte im Rahmen der Tatausführung: „Die wilden Tiere würden bald kommen und sie zerreißen.“ Wenn die beiden trotzdem Hänsel und Gretel in den tiefen Wald führten, wo selbst die erwachsenen Täter „ihr Lebtag noch nicht gewesen waren“, haben sie den Tod ihrer Kinder folglich zumindestens billigend in Kauf genommen. Dies stellt aber „nur“ einen Totschlagsversuch an Hänsel und Gretel dar. Ein Mordversuch könnte allenfalls wegen „Heimtücke“ zu erörtern sein. Die Eltern wollten aber die - vermeintliche - Arg- und Wehrlosigkeit ihrer Kinder nicht bewußt zu deren Tötung ausnutzen.“

oder von der Stiefmutter Schneewittchens als einer „skrupellosen Giftmischerin" (S. 64) gesprochen wird[1].

Abschließend kann daher festgehalten werden, daß das vorliegende Buch die wissenschaftliche juristische Arbeit parodiert. Insbesondere überträgt es die Form des juristischen Gutachtens auf einen fremden Stoff, nämlich die untersuchten Märchen und die als „Fachliteratur" herangezogenen Märchenparodien.

4.2.3 Konfrontation der Märchen mit dem heutigen Recht

Weiter soll untersucht werden, in welchem Licht die Märchen in ihrem Verhältnis zum Recht erscheinen. Der vorliegende Text stellt die Welt des Märchens und die Welt des Rechts als nicht miteinander vereinbare Systeme dar, zwischen denen eine tiefe Kluft besteht. Schon im Untertitel wird das Buch als „juristisches Gutachten über die Umtriebe der sittenlosen Helden der Brüder Grimm zur Warnung für Eltern und Pädagogen" bezeichnet[2]. Die Märchenhandlung wird - allerdings ironisch-überspitzt - als eine Aneinanderreihung von Straftaten und sonstigen Gesetzesverstößen dargestellt[3]. Das Märchen erscheint damit als eine Art „rechtsfreier Raum", in dem rechtliche Normen nicht eingehalten und Verstöße nicht oder nur auf ungewöhnliche Art sanktioniert werden[4].

Dieser Eindruck des Lesers soll insbesondere, in ironisch-überspitzter Art und Weise durch Einleitung und Schluß des Buches verstärkt werden. So beginnt das Buch mit einer „Einführung in die Kriminalmärchen der Brüder Grimm", in der die Märchen z.B. als „Sumpf des Verbrechens" (S. 9) bezeichnet werden. Es geht um „die gebotene Aufklärung und Aburteilung fortgesetzter Schwerstkriminalität" (S. 15). Nach der Untersuchung der einzelnen Märchen prüft Günther, ob „das Schreiben und Verbreiten der Märchensammlung" eine „Verherrlichung von Gewalt, §131 StGB" oder einen „Verstoß gegen §§6, 21 des Schmutz- und Schundgesetzes"[5] darstellt (S. 146 ff). Zusammenfassend führt er hier nochmals aus, in den untersuchten Märchen würden „fast durchgängig massive Gewalttaten

---

[1] vgl. auch S. 140: „Rumpelstilzchen nutzte die bedauernswerte Lage der Müllerstochter brutal zu seinem Vorteil aus"; Aschenputtels Stiefmutter und Stiefschwestern werden als „unselige Verwandtschaft" (S. 121) bezeichnet

[2] vgl. dazu auch die ganz ähnlichen Untertitel von Günthers anderen beiden Parodien: Der Fall Max und Moritz, Juristisches Gutachten über die Umtriebe zweier jugendlicher Straftäter zur Warnung für Eltern und Pädagogen; Der Fall Struwwelpeter, Juristisches Gutachten über die Umtriebe von Kindern zur Warnung für aufsichtspflichtige Eltern und Pädagogen

[3] vgl. auch die Formulierung bei Günther, Der Fall Max und Moritz, S. 6; vgl. auch Jahn, Buchbesprechung zu „Der Fall Max und Moritz", NJW 1989, S. 377 f

[4] vgl. auch die Rezension von van den Hövel, NJW 1991, S. 1467, wonach Günther „dem vom herkömmlichen Märchenbild geprägten Leser ein neues Verständnis dieses jeden Kriminalroman und -film an Verbrechen und Horror übertrumpfenden Literaturgenres" offeriert

[5] heute offizielle Bezeichnung: Gesetz über die Verbreitung jugendgefährdender Schriften, vgl. auch Günther, S. 146, Fn. 380

gegen Menschen geschildert. Zu nennen sind u.a. die kaltschnäuzigen Attentate auf Schneewittchen, die brutale Freiheitsberaubung zu Lasten des armen Rapunzels, und die schreckenerregenden Verstümmelungsakte im Fall Aschenputtel. Das Wort von der „Grimmschen Gruselkammer" erscheint auch im Rückblick mehr als berechtigt" (S. 146 f). Er kommt aber zu dem Ergebnis „die Verbreitung dieser Märchen" stelle „im Lichte der Kunstfreiheit in dubio pro reo wohl (noch) keine Straftat dar" (S. 149), wenn sich auch „schlimme Greueltaten" fänden, „die sich hart an der juristischen Grenze zur Gewaltverherrlichung" bewegten (S. 149). In der „Schlußbetrachtung" kommt Günther zu dem Ergebnis: „Die aktuellen Forschungsergebnisse sind durchweg erschütternd. Das Strafregister der überprüften Personen ist in einem Maße belastet, das die trübsten Befürchtungen bei weitem übersteigt"(S. 150). Etwas weiter unten heißt es dann: „Eine geheime Lust am Verbrechen und seiner Ausübung durchzieht wie ein roter Faden die von den beiden Juristen Grimm gesammelten Berichte" (S. 151). Im Text auf der Rückseite des Buches heißt es: „Abgehackte Köpfe und Füße, operative Eingriffe, Vergiftung, Blendung, Psychoterror und viele andere Schändlichkeiten spotten jeder zivilisierten Rechtsordnung." Die Märchen erscheinen also keineswegs als Geschichten, die auf der Basis von rechtlichen und moralischen Normen stehen, sondern weit davon entfernt als Schilderungen einer Anhäufung brutaler Verbrechen, die von der „Sensationslust am Kriminellen" (S. 151), oder, noch schlimmer, von einer „geheime(n) Lust am Verbrechen und seiner Ausübung" (S. 151) getragen werden. Nicht näher eingegangen wird allerdings auf den Umstand, daß den „guten" Helden der Märchen nur ganz wenige Straftaten angelastet werden können[1].

Zum anderen tritt durch die Konfrontation des Märchens mit der heutigen, rechtlich geprägten Welt in manchen Punkten ein Effekt der „Entzauberung" ein.[2] Dieser Effekt, der in gewissem Maße schon allein durch die rechtliche, nüchterne Analyse des Stoffes entsteht, wird noch verstärkt, wenn besonders zauberhafte Motive untersucht werden, z.B. bei der Feststellung, daß die Errichtung des Hexenhauses gegen geltendes Baurecht verstößt (S. 98 f), oder wenn dargelegt wird, daß das „Aufbewahren Schneewittchens im gläsernen Sarg" nicht mit der Verordnung über das Leichenwesen im Einklang steht (S. 64).

4.2.4 Parodie auf die Diskussion über die Grausamkeit in den Märchen und ihre Geeignetheit für Kinder

Schließlich wird in Einleitung und Schlußwort auch die Diskussion um die Grausamkeit in den KHM und ihre Geeignetheit für Kinder parodiert. Überspitzt

---

[1] diese Straftaten hebt van den Hövel in seiner Rezension (NJW 1991, S. 1467) sogar besonders hervor!

[2] Nachweise zum Begriff der „Entzauberung" vgl. oben unter 3.3

heißt es da z.B.: „Boshafte Hexen, gewissenlose Eltern, erpresserische Könige, mordsüchtige Schwiegermütter und brutale Zwerge - jeweils garniert durch abgehackte Köpfe, verbrannte Füße, vergiftete Äpfel usw. - bilden eine wahrlich erschreckende Lektüre für Kinder“ (S. 9). Wie schon erwähnt dient das Buch, laut Untertitel, „zur Warnung für Eltern und Pädagogen“. Eine Strafbarkeit des Schreibens und Verbreitens der Märchensammlung aufgrund des Verbots der Verbreitung gewaltverherrlichender Schriften und des Schmutz- und Schundgesetzes wird zwar, wie erwähnt, trotz großer Bedenken des Autors, im Ergebnis verneint. Die Schlußbetrachtung gipfelt dafür in der These, Märchen seien geeignet, Kinder zum Begehen von Straftaten anzuregen (S. 152). Selbst für Erwachsene ist die Märchenlektüre gefährlich. Gewissermaßen als Ausblick schlägt Günther vor, „einmal in einem aktuellen Forschungsprojekt dem kaum mehr zu leugnenden Zusammenhang zwischen steigender Märchenlektüre Erwachsener und deren steigendem Hang zur Ausübung von Kriminalität nachzugehen“ (S. 154).

4.2.5 Absicht des Autors und Adressaten des Buches

Die Absicht des Autors ist in erster Linie die Unterhaltung des Lesers[1]. Eine weitergehende kritische Aussage bezüglich der parodierten und ironisierten Gegenstände läßt sich aus dem Buch eigentlich nicht entnehmen. Insbesondere soll das Märchen ja nicht wirklich „verteufelt“ werden. Auf der Rückseite des Buches wird sogar ausdrücklich darauf hingewiesen, daß Günther seine „Fälle“ „augenzwinkernd untersucht“[2], und es sich im vorliegenden Buch um „märchenhaft vertrackte Rechtsgelehrsamkeit“ handle.

Günther spielt mit der juristischen Fachsprache, Gutachtentechnik und Dogmatik ebenso wie mit den Märchen und der dazu gehörigen ernsten und hei-

---

[1] vgl. auch Polifke, Die Darstellung von Recht und Unrecht in Volksmärchen, a.a.O., S. 12; van den Hövel, NJW 1991, S. 1467, spricht von „humorvoller Unterhaltung“; Wie der Autor in der Einführung angibt, „will“ sein „juristische(s) Märchenbuch zugleich Lehrbuch als auch Nachschlagewerk sein“. Ein Jurastudent, der sich in angenehmer Weise auf das Schreiben von Strafrechtsklausuren vorbereiten will, dürfte aus der Lektüre tatsächlich manchen Gewinn ziehen. Wie oben dargelegt, exerziert Günther über weite Strecken sehr schön die Abfassung eines juristischen Gutachtens vor. Auch können seine dogmatischen Ausführungen und Hinweise zu weiterem juristischen Nachdenken und dem Repetieren mancher komplizierter Probleme anregen.

[2] Auf der Rückseite des Buches heißt es: „Unser juristischer Gutachter Jörg-Michael Günther, der bereits die Fälle Max und Moritz und Struwwelpeter augenzwinkernd untersucht hat...“. Auf den Rückseiten der beiden genannten Bücher sind die Hinweise auf den satirischen Gehalt noch viel deutlicher. Der Fall Max und Moritz wird „durch die heiter-juristische Brille betrachtet“, „Was dabei herauskommt, ist ein Riesenspaß“, eine „Humor-Delikatesse“, bei dem „Fall Struwwelpeter“ handelt es sich um „heitere Juristerei“, das Buch ist „ein humoristischer Leckerbissen“. Auch bei Ernst v. Piddes „Ring des Nibelungen“ wird auf der Rückseite des Schutzumschlages von einem „heiteren Buch“ gesprochen.

teren Literatur. Seine Arbeit läßt sich daher als Bildungsspiel[1], als Spiel eines Gebildeten mit der Bildung charakterisieren.[2]

Adressat des Buches von Günther scheinen mir in erster Linie Juristen und interessierte Laien zu sein. Die juristische Erörterung setzt, wenn man sie bis ins Detail erfassen und nachvollziehen will, gewisse juristische Grundkenntnisse, insbesondere im Strafrecht, voraus. Manche Hinweise auf kompliziertere dogmatische Probleme, die sich meist in den Fußnoten finden, dürften ohne juristische Vorkenntnisse kaum verständlich sein, etwa der Hinweis auf „die Problematik der sog. großen und kleinen berichtigenden Auslegung des §246 StGB" (S. 111, Fn 299). Auch kann wohl nur der Jurist die dogmatische Richtigkeit der Rechtsausführungen und die Exaktheit des Gutachtens würdigen.

Das Buch ist aber doch so locker geschrieben, daß es gut lesbar und in weiten Teilen auch allgemein verständlich ist. Auch ein Nichtjurist kann daher auf seine Kosten kommen. In der NJW wurde Günthers Buch in einer Rezension von Markus van den Hövel sehr positiv besprochen als „humorvoll-verschmitzt aber juristisch seriös"[3]. Ein Urteil, dem ich mich nur anschließen kann.[4]

5. Märchen und Recht in der Karikatur

Auch manche Karikaturen lassen sich finden, die mit dem Abstand zwischen der Welt der Märchen und der Welt, in der das moderne Gesetzesrecht herrscht, spielen[5]. Dazu zwei Beispiele[6].

5.1 Beispiel: Der Märchenfilm als Horrorvideo

In einer Karikatur von Jan Tomaschoff erscheint die Kriminalpolizei in einem Videoladen, und der Beamte fragt den entsetzt dreinschauenden Inhaber: „Geben Sie zu, daß Sie ein Horrorvideo, in dem ein Junge zum Braten vorbereitet, Unzucht mit Fröschen getrieben und ein Mädchen von einem Wolf gefressen wird, unter dem verharmlosenden Titel „Grimms Märchen" anbieten?"[7]

---

[1] Zu diesem Ausdruck vgl. oben Nachweise unter 3.4

[2] vgl. Liede, a.a.O., S. 36 f

[3] NJW 1991, S. 1467; vgl. zu diesem Buch auch Titus Arnu, Schneewittchen und die zwölf Paragraphen, SZ vom 2./3. März 1996, S. VII

[4] Zu bemerken ist noch, daß Polifke das Buch des öfteren in ihrer wissenschaftlich ernsthaften Untersuchung über „Die Darstellung von Recht und Unrecht in Volksmärchen" heranzieht (a.a.O., S. 64 ff), wenn sie auch erkennt, daß das Buch „eher zur Unterhaltung" (a.a.O., S. 12) geschrieben ist. Aufgrund der oben dargestellten juristischen Seriosität erscheint diese Vorgehensweise m.E. zwar bemerkenswert, aber vertretbar.

[5] vgl. zur Konfrontation von Märchen und Alltagswelt auch Horn, Märchenmotive und gezeichneter Witz, Österreichische Zeitschrift für Volkskunde 1983, S. 217

[6] Aus: Hans Ritz, Bilder vom Rotkäppchen, München 1986

[7] a.a.O., S. 98; ursprünglich erschienen in der Süddeutschen Zeitung vom 5./6. 5. 1984, vgl. a.a.O., S. 124

In erster Linie wird hier die aktuelle Diskussion über Gewalt in den neuen Medien aufgegriffen, die Polizei sucht ein Horrorvideo. Sogar die altbekannten Märchen fallen schon dem Verfolgungseifer zum Opfer, könnte man auf den ersten Blick denken. Andererseits aber erinnert die Frage des Kriminalkommissars an die altbekannte und doch immer noch heftig geführte Diskussion über Gewalt im Märchen - stellt nicht auch ein Märchenfilm ein Horrorvideo dar, dessen Verbreitung man unterbinden und strafrechtlich verfolgen muß? Dieser Aspekt der Karikatur trifft sich mit dem Aspekt des oben besprochenen Buches von Günther, der ja ebenfalls die Märchen ironisch-überspitzt als eine Anhäufung von grausamen Verbrechen darstellt und prüft, ob das Schreiben und Verbreiten der Märchensammlung als Verherrlichung von Gewalt oder Verstoß gegen das „Schmutz- und Schundgesetz"[1] strafbar ist.

Die Karikatur lebt insbesondere auch von der sprachlichen Gestaltung der Frage des Kommissars. Die Gewaltszenen der Märchen werden, des gewohnten Märchentons entkleidet, aus dem Zusammenhang gerissen und in nüchterner Sprache wie Tatbestände formuliert. In dem gesuchten Videofilm kommt nicht das Märchen Hänsel und Gretel vor, sondern „ein Junge (wird) zum Braten vorbereitet". Es wird nicht der Froschkönig erlöst, sondern „Unzucht mit Fröschen getrieben". Verstärkt wird dieser Effekt noch durch den Vorwurf des Kommissars, das Video werde „unter dem verharmlosenden Titel „Grimms Märchen"" angeboten. Dies spielt wohl weniger darauf an, daß auch eine Verharmlosung von Gewalt strafbar sein kann[2], da ja der „Titel" verharmlosend genannt wird. Vielmehr kommt dadurch zum Ausdruck, daß die meisten Menschen bei der Erwähnung von „Grimms Märchen" eher an harmlose Geschichten für Kinder als an Gewaltdarstellungen denken, und damit auch an eine poetische Darstellungsweise und den auch im Hinblick auf Kinder geschaffenen Märchenton der Brüder Grimm.

Zusammenfassend könnte man die Karikatur vielleicht dahin interpretieren, daß das Auge des Gesetzes in den Märchen, wie vielleicht in der Kunst überhaupt, nur den möglichen Verstoß gegen Strafvorschriften, nicht aber den tieferen Gehalt und die Poesie sehen kann.

5.2 Beispiel: Rotkäppchen erklärt dem Wolf, daß es gesetzlich verboten ist, kleine Kinder aufzufressen[3]

Eine andere Karikatur von Carsten Hildebrandt[4], eine Folge von zwei Bildern, befaßt sich mit dem Märchen vom Rotkäppchen. Einen eindeutigen Bezug zum Recht stellen allerdings erst die Überschriften her, mit denen der Herausge-

---

[1] = Gesetz über die Verbreitung jugendgefährdender Schriften
[2] vgl. §131 StGB i.V. m. §13 III StGB
[3] nach der Überschrift von Hans Ritz, Bilder vom Rotkäppchen, S. 15
[4] abgedruckt bei Hans Ritz, Bilder vom Rotkäppchen, S. 14 f, Nachweis S. 122

ber des Buches „Bilder vom Rotkäppchen“, Hans Ritz, die Bilder versehen hat[1]. Ritz selbst spricht von einem „Wechselspiel von Bild und Sprache“[2].

Die beiden Bilder spielen auf die Szene an, in der Rotkäppchen im Wald dem Wolf begegnet. Rotkäppchen tritt dem Wolf aber ganz anders als im Grimmschen Märchen, nämlich sehr selbstbewußt, fast einschüchternd gegenüber.

Im ersten Bild, das überschrieben ist „Rotkäppchen bittet den Wolf, sich erst einmal hinzusetzen“, deutet Rotkäppchen, das schräg von hinten zu sehen ist, mit dem Zeigefinger der linken Hand auf den Boden und ruft - laut, wie durch die Größe der Sprechblase angedeutet ist - „Platz!“. In der rechten Hand trägt es ein Buch. Der Wolf steht Rotkäppchen in geduckter Haltung gegenüber. Schon hier beherrscht Rotkäppchen die Szene. Es behandelt den Wolf, wie man gewöhnlich einen Hund behandelt. Auf den Befehl „Platz!“ soll er sich setzen. Rotkäppchen verlangt also vom Wolf, daß er sich ihren Befehlen unterordnet.

Im zweiten Bild sitzt Rotkäppchen, das jetzt seitlich zu sehen ist, auf einem Stein. Ihm gegenüber sitzt der Wolf. Rotkäppchen hält das Buch, das es bereits im ersten Bild in der Hand trug, aufgeschlagen in der linken Hand. Den Zeigefinger der rechten Hand hat es ausgestreckt, wobei nicht ganz klar ist, ob es mit dem Zeigefinger in den Text des Buches deutet zur Erleichterung des Lesens, oder ob es den Zeigefinger dem Wolf gegenüber erhebt. Das Bild ist überschrieben: „Rotkäppchen erklärt dem Wolf, daß es gesetzlich verboten ist, kleine Kinder aufzufressen“. Der Wolf scheint von Rotkäppchens Ausführungen auch sehr beeindruckt zu sein. Er denkt: „Ach sooo...!“, wie sich aus der ihm in der Zeichnung zugeordneten Denkblase entnehmen läßt.

Die altbekannte Geschichte vom Rotkäppchen nimmt damit eine völlig andere Wendung. Rotkäppchen beruft sich gegenüber dem Wolf auf ein gesetzliches Verbot. Es konfrontiert den Wolf mit dem Gesetz. Dies ist nur sinnvoll, wenn es der Ansicht ist, daß das Gesetz auch für den Wolf gilt. Rotkäppchen bezieht also den Wolf in den Geltungsbereich des Gesetzes ein und verlangt von ihm normgerechtes Verhalten. Der Wolf scheint auch bereit, Rotkäppchens Ansinnen zu akzeptieren, ebenso wie er Rotkäppchens Befehl, sich hinzusetzen, befolgt hat. Er denkt „Ach sooo...!“, als ginge ihm gerade ein Licht auf. Wenn der Wolf aber bereit ist, sich dem Gesetz zu unterwerfen, ist die Geschichte an dieser Stelle zu Ende. Der wilde, gefährliche und böse Waldbewohner der Grimmschen Märchen, der sich um kein Verbot schert, wird gleichsam domestiziert, in den Bereich des menschlichen, geordneten Zusammenlebens einbezogen.

Durch die überraschende Wendung der Geschichte werden die Erwartungen bezüglich des Ganges der Handlung und des Charakters Rotkäppchens, die

---

[1] vgl. Hans Ritz, Bilder vom Rotkäppchen, S. 122

[2] H. Ritz, Bilder vom Rotkäppchen, S. 119; Ritz spricht hier auch, immer allgemein auf das ganze Buch bezogen, davon, daß die Bilder „durch Titel und Kommentar ironisiert“ werden.

auf der Kenntnis des Grimmschen Märchens beruhen, beim Betrachter des Bildes enttäuscht[1]. Dadurch, daß Rotkäppchen sich anders verhält und die Geschichte anders endet, als es dem Betrachter des Bildes vertraut ist, entsteht bereits ein Eindruck des Abstandes zwischen der Märchenwelt und der in die Karikatur eingebrachten modernen Gesetzeswelt und damit auch eine komische Wirkung.

Ein weiterer humoristischer, das Märchen entzaubernder Effekt ergibt sich neben dem herrischen Auftreten Rotkäppchens, das ganz im Gegensatz zu dem naiven Handeln des Rotkäppchens im Märchen steht[2], vor allem daraus, daß Rotkäppchen sich auf das Gesetz beruft. Rotkäppchen hält dem Wolf keine Moralpredigt. Es will ihn nicht zum Guten bekehren. Es belehrt den Wolf aus einem Buch, das unter Berücksichtigung der Überschrift als Gesetzbuch interpretiert werden kann, beruft sich also auf das geschriebene, positive Recht. Dieses Gesetzesrecht ist, wie wir bereits bei den anderen Satiren gesehen haben, im Bereich des traditionellen Märchens ein Fremdkörper. Märchenfiguren handeln zwar nach gewissen Normen, sie berufen sich aber normalerweise nicht auf ein geschriebenes Gesetz und tragen erst recht kein Gesetzbuch mit sich herum[3]. Auch diese Karikatur spielt also mit dem Abstand zwischen der Welt des Märchens und der Welt des modernen Gesetzes.

Im Zusammenhang damit ist hier besonders zu bemerken, mit welcher geballten Ladung von Autorität Rotkäppchen den Wolf konfrontiert. Bei dem Befehl „Platz!“ wirft es sich selbst zu einer Autoritätsperson gegenüber dem Wolf auf. Es behandelt ihn in einem Ton, in dem man mit Fremden und Gleichgestellten nicht spricht. Im zweiten Bild beruft sie sich auf die Autorität des Gesetzes. Der Wolf soll Rotkäppchen nicht fressen, weil dies gesetzlich verboten

---

[1] zum sog. „Zusammenbruch des Erwartungshorizonts“ in der Märchen-Karikatur vgl. insbes. Röhrich, Der Froschkönig, in: Wilhelm Solms (Hrsg.), Das selbstverständliche Wunder, S. 7 ff, 33; Röhrich, Der Froschkönig und seine Wandlungen, Fabula 1979, S. 188; Röhrich, Wandlungen des Märchens in den modernen Bildmedien Comics und Cartoons, in: Uther (Hrsg.), Märchen in unserer Zeit, S. 11, 18; vgl. dazu auch E.F./M.P., Politische Karikatur und Cartoons, Märchen auf den Kopf gestellt, in: Röhrich (Hrsg.), ...und so leben sie noch heute?, Märchen - ins Auge gefaßt, Katalog zur Ausstellung des Instituts für Volkskunde der Albrecht-Ludwigs-Universität Freiburg, S. 62

[2] vgl. zu einem ähnlichen Aspekt in Thurbers Parodie „The Little Girl and the Wolf“ auch Röhrich, Gebärde - Metapher - Parodie, S. 136; zur Tendenz zur Rollenverlagerung in verschiedenen Rotkäppchenparodien vgl. H. Ritz, Die Geschichte vom Rotkäppchen, S. 64 ff; vgl. auch zum Phänomen der „Entmythologisierung“ Horn, Märchenmotive und gezeichneter Witz, Österreichische Zeitschrift für Volkskunde 1983, S. 225 ff; vgl. auch Böhm-Korff, Deutung und Bedeutung von „Hänsel und Gretel“, S. 201

[3] in diesem Zusammenhang ist auch an die von Röhrich für den Märchencartoon festgestellte „Modernisierung der Requisiten“ zu erinnern, die Röhrich in Verbindung sieht mit der Anknüpfung an Gegenwartsprobleme im Cartoon; Röhrich, Wandlungen des Märchens in den modernen Bildmedien, Comics und Cartoons, in: Uther (Hrsg.), Märchen in unserer Zeit, S. 13; vgl. auch Böhm-Korff, Deutung und Bedeutung von „Hänsel und Gretel“, S. 197

ist. Die Argumentation ist ganz positivistisch. Allein die Existenz des gesetzlichen Verbotes soll den Wolf beeindrucken. Von einem tieferen Grund für das Gesetz ist nicht die Rede. Der Wolf scheint denn auch bereit, sich dieser Autorität zu beugen. Soll das heißen, daß dieser Autorität, oder der Durchsetzungskraft des modernen Gesetzes, sich auch der Wolf nicht mehr entziehen kann?

6. Weitere Beziehungen zwischen Märchen und Recht in Parodien; Spiel der Juristen mit Märchen

Die dargestellten Beispiele zeigen, wie in Parodie und Karikatur durch die Konfrontation der Welt der Märchen mit der Welt des heutigen Rechts immer wieder auf verschiedene Art und Weise komische Effekte erzeugt werden. Die Ziele der Autoren reichen dabei vom Bildungsspiel bis zur Übermittlung kritischer Aussagen über die heutige Gesellschaft.

Daneben gibt es auch Parodien, die Märchen und Recht unter anderen Aspekten in Verbindung bringen. Dies geschieht oft auch in einem größeren, nicht auf Märchen und Recht allein beschränkten Zusammenhang. So führt Hans Traxler in seine bereits erwähnte Wissenschaftsparodie „Die Wahrheit über Hänsel und Gretel“ als „Wernigeroder Handschrift“ einen erfundenen Bericht über einen Hexenprozeß ein[1]. Außerdem sei hingewiesen auf juristische Anklänge in den wissenschaftsparodierenden Auseinandersetzungen mit Märchen von Iring Fetscher[2]. Das Spiel der Juristen mit den Märchen reicht sogar bis zur Veranstaltung von „Moot Courts“, d.h. nachgespielten Gerichtsverfahren, in denen über Taten und Untaten einzelner Märchenfiguren gestritten wird[3]. Nicht nur für den Wissenschaftler ergeben sich also zwischen Märchen und Recht vielfältige Bezugsmöglichkeiten.

---

[1] a.a.O., S. 70 ff

[2] vgl. z.B. Iring Fetscher, Wer hat Dornröschen wachgeküßt?, Frankfurt a.M., 1990; weitere Beispiele von Märchenparodien mit juristischen Anklängen finden sich auch in allgemeinen Sammlungen und Zusammenstellungen von Märchenparodien, auch in Arbeiten über Märchenparodien allgemein, wobei meist der juristische Gehalt nicht speziell behandelt wird; vgl. z.B. Mieder, Tradition and Innovation in Folk Literature, S. 1 ff

[3] vgl. z.B. die Veranstaltungen der European Law Students' Association (el§a) in Münster und Regensburg: vgl. Forum, November 1994, S. 42; SZ vom 27. 2. 1995, S. 38; für die Übersendung von Unterlagen des Moot Court in Münster danke ich Corinna Henze, el§a-Münster; im Sommersemester 1998 fand eine ähnliche Veranstaltung in München statt; vgl. auch den Bericht „Gericht sprach den bösen Märchen-Wolf frei“ über einen solchen Märchen-Prozeß in Venedig, aus: Pforzheimer Kurier, 22. 10. 1984, zit. nach Ritz, Die Geschichte vom Rotkäppchen, S. 142 f; zu letzterem Prozeß auch Bausinger, Zur Bedeutung der Märchen, in: ders., Märchen, Phantasie und Wirklichkeit, S. 27 f

VIII. Ergebnisse und Ausblicke

Wie die vorliegenden Ausführungen gezeigt haben, sind Märchen und Recht zwei eigenständige Kulturphänomene, die unter verschiedenen Aspekten zueinander in Beziehung stehen bzw. in Beziehung gesetzt werden können. Mögliche Beziehungen, Abhängigkeiten und Wechselwirkungen dürfen dabei nicht einfach vorausgesetzt oder aufgrund theoretischer Überlegungen postuliert werden, sondern sind jeweils im Einzelfall anhand des vorhandenen Materials zu überprüfen.

Dabei hat die Untersuchung ergeben, daß die Frage nach Beziehungen zwischen Märchen und Recht durchaus nicht trivial ist. Bei den bisher in der Literatur postulierten Beziehungen auf rechtsgeschichtlicher Ebene zeigte sich, daß vielfältige Einschränkungen und Differenzierungen notwendig sind. Keinesfalls darf bei einer Entsprechung zwischen einer Gegebenheit in einem Märchen und einer rechtshistorischen Tatsache ohne weitere Untersuchungen auf einen engen inneren Zusammenhang geschlossen werden bzw. darauf, daß gerade diese rechtshistorische Tatsache im Märchen ihren Niederschlag gefunden habe. Andererseits lassen sich unter anderen, z.B. rechtsphilosophischen Aspekten, Beziehungen auf ganz anderen Ebenen entdecken, die bisher kaum beachtet worden sind.

Die vorliegende Arbeit geht dabei von folgenden Ansatzpunkten aus, um die Beziehungen zwischen Märchen und Recht aufzuhellen: Auf der Seite der Märchen stehen relativ heterogene Texte, die sich einer Reihe von Typen zuordnen lassen und Unterschiede in ihrem Alter, ihrer Herkunft und ihrer Entstehungsgeschichte aufweisen. Auf der Seite des Rechts sind Ausgangspunkt die Perspektiven, die unterschiedliche methodische Ansätze bieten.

Grundlage der Arbeit ist eine Sorte von Texten, die allgemein - u.a. aus historischen Gründen - der Gattung „Märchen" zugeordnet wird. Insgesamt gesehen handelt es sich dabei - wie erwähnt - um eine relativ heterogene Reihe von Typen, die im einzelnen von Antti Aarne und Stith Thompson beschrieben worden sind. In struktureller Hinsicht lassen sich die einzelnen Texte dabei sowohl in einzelne Handlungsabschnitte und Motive zerlegen,[1] als auch unter bestimmte Typen subsummieren (z.B. als Drachentötermärchen) und schließlich einer Märchenart zuordnen, z.B. als Zaubermärchen oder Schwankmärchen.

Die einzelnen Texte haben eine lange, jeweils individuelle Entstehungs- und Transformationsgeschichte hinter sich, bis sie die Gestalt erreicht haben, in der sie uns heute vorliegen. Dabei wurden Inhalte, Motive und Handlungselemente verändert, verbunden und getrennt. Zu Grunde liegt jeder Änderung ein bewußter oder unbewußter Akt eines individuellen menschlichen Erzählers.

Ein wichtiges methodisches Problem stellt zudem die Patina des 19. Jahrhunderts dar, die über diesen Texten liegt. Dabei ist nicht nur an Änderungen

---

[1] vgl. dazu z.B. Petzoldt, „Erzählmotiv", in: Hoops, RGA Bd. 7, S. 538 ff, 540 ff

und Zusätze im Text, bzw. den von Wilhelm Grimm geschaffenen „Märchenton“ zu denken. Vielmehr haben die Brüder Grimm nicht nur unseren heutigen Märchenbegriff so entscheidend geprägt, daß man von der „Gattung Grimm“ spricht, sie begründeten auch zugleich die wissenschaftliche Beschäftigung mit den Märchen und stellten erstmals Bezüge zwischen Märchen und rechtsgeschichtlichen Gegebenheiten her, beruhend auf der Vorstellung vom Volksgeist als gemeinsamer Quelle. Schließlich zieht Jacob Grimm in seinen „Rechtsalterthümern“ auch Märchen als Belege für Rechtsvorstellungen heran. Die hiervon ausgehenden Einflüsse, die sich sowohl auf das Gebiet der Märchen als auch das Gebiet der Rechtsgeschichte erstrecken, bergen - insbesondere für rechtshistorische Untersuchungen der Märchen - die Gefahr eines gewissen, vielleicht oft unbewußten, Vorverständnisses, das den Blick auf wesentliche Gegebenheiten verstellen kann.

Die Vorgehensweise der einzelnen Ansätze, Märchen auf ihren rechtlichen Gehalt zu untersuchen, steht jeweils in Verbindung mit den erwähnten strukturellen Gegebenheiten der Märchen.

„Im Kleinen“ kann man untersuchen, ob einzelne Handlungselemente oder Motive in ihrer jeweiligen Ausformung rechtlichen Charakter haben und rechtliche Tatsachen widerspiegeln. Beispielsweise kann untersucht werden, ob das im Märchen vorkommende Recht des Vaters zum Verkauf seiner Kinder oder die im Märchen vorkommenden Strafen auf realen rechtshistorischen Gegebenheiten beruhen. Die Arbeit zeigt anhand zahlreicher Beispiele, daß dieser - historische - Ansatz äußerster Vorsicht bedarf, wenn man nicht zu Fehlschlüssen gelangen will. Insbesondere sind folgende methodischen Anforderungen zu beachten:

1. Jedes Heraussuchen von rechtlich relevanten Gegebenheiten aus Märchen ist bereits ein Akt der Interpretation, da der Märchentext selbst meist keinen oder allenfalls einen untechnischen oder undeutlichen Bezug zur Rechtswirklichkeit herstellt.
2. Angesichts der kleinräumigen Herrschaftsbereiche in Deutschland und der Wanderung der Märchentexte können nur allgemeine Rechtsgrundsätze zum Vergleich herangezogen werden.
3. Aufgrund der Aktivitäten der Brüder Grimm sowohl auf dem Gebiet der Märchen als auch der Rechtsgeschichte und des auf beide Gebiete wirkenden Volksgeistgedankens ist stets kritisch zu prüfen, ob scheinbare Übereinstimmungen zwischen Märchen und rechtsgeschichtlichen Gegebenheiten auf Einflüssen romantischen Gedankengutes oder überholter Ansichten der Brüder Grimm beruhen.
4. Für jedes einzelne Märchen sind Alter und kulturelle Herkunft zu klären, bevor Bezüge zu rechtshistorischen Gegebenheiten eines bestimmten Volkes und einer bestimmten Zeit hergestellt werden.
5. Die Brüder Grimm sowie andere Herausgeber von Märchensammlungen im 19. Jahrhundert haben die Märchentexte zum Teil erheblich überarbeitet. Damit nicht vom jeweiligen Bearbeiter herrührende Ausschmückungen

fälschlich als alte Überlieferung angesehen werden, sind Textvergleiche notwendig, d.h. insbesondere Vergleiche der verschiedenen Fassungen der Kinder- und Hausmärchen sowie mehrerer Fassungen eines Märchens in Sammlungen verschiedener Herausgeber. Bei Deutungen, die auf Details der Formulierung eines Märchentextes beruhen, ist immer Vorsicht geboten.

6. Das Märchen unterliegt als unterhaltende Erzählung gewissen Einflüssen der Phantasie und epischen Gesetzmäßigkeiten. Es ist daher stets zu prüfen, ob sich scheinbar rechtlich zu wertende Züge hierauf zurückführen lassen oder hierdurch verfälscht, z.B. übersteigert wurden.
7. Aufgrund der Heterogenität der Gattung „Märchen" ist bei der rechtlichen Untersuchung der Märchen stets zwischen den verschiedenen Märchenarten zu unterscheiden, insbesondere zwischen Zauber- und Schwankmärchen. Gerade diese Märchenarten basieren auf völlig unterschiedlichen Weltsichten, ja auf unterschiedlichen Einstellungen zum Leben überhaupt. Während im Zaubermärchen oft der einfältige, naive Held mit wunderbarer Hilfe sein Glück findet, hat im Schwankmärchen gerade der gewitzte Held Erfolg, der sich auf sich selbst verläßt, den falschen Wunderglauben seiner Kontrahenden berechnend ausnutzt und seiner Umwelt nicht gläubig, sondern kritisch gegenübersteht.
8. Besondere Vorsicht ist geboten, wenn versucht wird, Märchenhandlungen oder -motive mit Hilfe rechtsgeschichtlicher Gegebenheiten zu interpretieren, ohne daß sich auf der Textebene eine deutliche Stütze findet.

Die dargestellten methodischen Anforderungen werden in der vorliegenden Arbeit an einzelnen Beispielen dargestellt. Hierbei wird gezeigt, daß das peinliche Strafrecht im Märchen durchaus seinen Niederschlag gefunden hat, während z.B. vermutete Bezüge zu einem Recht der Eltern zur Aussetzung oder zum Verkauf ihrer Kinder als äußerst zweifelhaft erscheinen.

Die unter der Bezeichnung als „rechtsethnologische Ansätze" zusammengefaßten Arbeiten verbindet, dass sie sich mit Märchen und Recht nichteuropäischer Völker beschäftigen oder zumindest Erkenntnisse aus der Ethnologie für die Arbeit über Märchen und Recht fruchtbar machen. Sie sind für die vorliegende Arbeit (nur) insoweit interessant, als sich Bezüge zur Untersuchung von europäischen Märchen der „Gattung Grimm" ergeben oder herstellen lassen.

Wie bei den rechtshistorischen Arbeiten finden hier die Untersuchungen „im Kleinen" statt, wenn Hellwig aus außereuropäischen Märchen einzelne rechtliche Motive heraussucht. Dieser Ansatz begegnet daher auch ähnlichen methodischen Problemen wie die rechtshistorischen Ansätze. Auch Scholler wählt einen Ansatz „im Kleinen", wenn er versucht, den rechtlichen Charakter von einzelnen Rollen oder Funktionen im Sinne V. Propps zu analysieren. Aufgrund ihrer Abstraktheit sperren sich jedoch diese strukturellen Bausteine, die sich mit ganz verschiedenen Inhalten füllen lassen, gegen die Herstellung von Bezügen zum Recht, die stärker auf die jeweiligen Inhalte bezogen sein müßte.

Über die bloße rechtliche Analyse einzelner Bausteine des Märchens hinaus gehen andere der rechtsethnologischen Ansätze, die der Frage möglicher Wechselwirkungen zwischen Märchen und Recht innerhalb einer Kultur nachgehen. Hierunter fallen Ansätze Schollers und Muellers, wonach die Märchen als „legal lore“ auf die Rechtsvorstellungen der Adressaten einwirken, ja diese sogar reformieren können. Leider beruhen diese Ansätze in erster Linie auf theoretischen Überlegungen. Der Beweis für die These anhand einer größeren Textmasse fehlt und dürfte gerade für schriftlose Kulturen schwierig zu führen sein, da insbesondere für den zweifelsfreien Nachweis eines Wandels von Überzeugungen auch Vorher-Nachher-Vergleiche erforderlich sind.

Im Zusammenhang mit der hier beschriebenen These sind letztlich auch die Überlegungen zu sehen, inwiefern die Rechtsvorstellungen in Märchen auf den heutigen Märchenhörer oder -leser, insbesondere die Kinder, einwirken, wenn sich diese Überlegungen auch nicht auf ferne Völker oder Zeiten, sondern auf die Wirkungen der beliebtesten europäischen Märchen auf Kinder von heute beziehen und mit Erkenntnissen aus Psychologie und Pädagogik arbeiten.

Problematisch erscheint Schollers Untersuchung des Verhältnisses zwischen Märchen und Rechtssprichwort, insbesondere in ihrer Übertragung auf den europäischen Bereich, da das europäische Märchen typischerweise keine ausgeprägte lehrhafte Tendenz hat.

Den rechtsethnologischen Ansätzen, die die Frage möglicher Wechselwirkungen zwischen Märchen und Recht unter dem Aspekt der Bildung und Beeinflussung von Rechtsvorstellungen durch Märchen betrachten, steht spiegelbildlich der hier erstmals ausgearbeitete Ansatz gegenüber, der der umgekehrten Fragestellung nachgeht, in wie weit gewandelte Rechtsvorstellungen eine Änderung der Märchentexte bewirken können. Dieser Ansatz, der aufgrund seiner Beschäftigung mit europäischem Märchengut der rechtlichen Volkskunde zugerechnet werden könnte, klingt in der bisher vorhandenen Literatur nur gelegentlich an. Da es bei diesem Ansatz primär um die Dokumentation des Phänomens der Wechselwirkung zwischen Märchen und Recht in Form der Änderung der Märchen auf Grund gewandelter rechtlicher Vorstellungen geht, das bei verschiedenen Völkern und zu verschiedenen Zeiten stattfinden kann, nicht jedoch um eine historische Dokumentation des Wandels eines bestimmten Rechtsinstituts, handelt es sich um einen strukturellen Ansatz. Bei diesem Ansatz ist besonders zu berücksichtigen, daß jede gewichtigere Änderung der Märchenhandlung zunächst ein meist bewußter schöpferischer Akt eines individuellen Erzählers oder Aufzeichners eines Märchens ist, der häufig mit Rücksicht auf die Rechtsvorstellungen des Adressatenkreises geschieht. Die dargelegte These wird an verschiedenen Beispielen durch Vergleiche von Märchentexten nachgewiesen.

Die Forschungsansätze, die sich mit Wechselwirkungen zwischen Märchen und Recht beschäftigen, sind sowohl „im Kleinen“, d.h. bezogen auf einzelne Märchenmotive, als auch „im Großen“, d.h. bezogen auf ganze Texte möglich, da sich ein reformatorisches Anliegen oder eine durch die Rechtsanschauung motivierte Korrektur sowohl in einem Einschub manifestieren oder auf ein einzelnes Motiv beziehen kann, als auch eine ganze Erzählung ergreifen kann.

Das Dunkel der Überlieferungsgeschichte, die Zersplitterung der Märchen in Einzelmotive, Probleme, mit denen die bisher dargestellten Ansätze in unterschiedlichem Maße zu kämpfen haben, lassen demgegenüber eine andere Vorgehensweise attraktiv erscheinen: Eine Betrachtung des einzelnen Märchentextes in seinem Zusammenhang als ein zunächst einmal für sich stehendes, literarisches kleines Kunstwerk. Der Text wird dabei zunächst aus sich heraus in seinem Zusammenhang und seiner eigenen, inneren Logik verstanden und interpretiert. Historische Bezüge werden hierbei nur insoweit hergestellt, als dies für ein sinnvolles Textverständnis unerläßlich ist.

Dieser Vorschlag mag zunächst als durch Bequemlichkeit motiviert oder gar als Bankrotterklärung erscheinen. Sowohl auf psychologischem als auch auf philosophischem Gebiet lassen sich auf diese Weise jedoch spannende Ergebnisse erzielen, wobei die vorliegende Arbeit entsprechend ihrem auf die Untersuchung von Methoden ausgerichteten Ansatz nur Schlaglichter auf Einzelbeispiele werfen kann.

Für das Gebiet der Kriminalpsychologie steht daher exemplarisch der viktimologische Ansatz von Lüderssen, der in einer eingehenden Analyse des Märchens vom „Hans im Glück" herausarbeitet, welche Eigenschaften Hans immer wieder zum Opfer von Betrügereien machen, und auf diesem Weg Ergebnisse zur Frage der Täter-Opfer-Beziehung gewinnt.

Im Hinblick auf die Behandlung der Texte in ihrem Zusammenhang und unabhängig von ihrem historischen Gehalt hat auch der Ansatz Polifkes, die die Auswirkungen der Darstellung von Recht und Unrecht im Märchen auf die Bildung des kindlichen Rechtsempfindens untersucht, Bezüge zu der hier dargestellten Vorgehensweise. Da es ihr aber nicht in erster Linie darum geht, Erkenntnisse anhand einer Textanalyse zu gewinnen, sondern die Wirkung der Texte zu untersuchen, wurde ihr Ansatz wie oben dargestellt in anderem Zusammenhang behandelt.

Die Arbeit Wulffens muß hingegen als Negativbeispiel gewertet werden, da sie bei der Interpretation der Märchen nicht nur historische Gegebenheiten, sondern auch epische Gesetzmäßigkeiten völlig außer Acht läßt und zum Teil auch im Hinblick auf die innere Logik der Texte bis an die Grenze einer noch nachvollziehbaren Auslegung geht.

Für das Gebiet der Rechtsphilosophie wird an zwei Beispielen ausgeführt, inwiefern sich Entsprechungen zu rechtsphilosophischen Grundideen und Problemen im Märchen finden lassen. Dem ersten Beispiel liegt dabei ein prozedurales Problem zu Grunde, nämlich die Frage, wie eine gerechte Entscheidung gefunden werden kann, wenn ein unabhängiger Urteiler fehlt. Hierzu wird die Figur des „Schleiers des Nichtwissens" bei Rawls in Bezug gesetzt zum Motiv des Selbsturteils im Märchen. Im zweiten Beispiel werden Lösungen aufgezeigt, die verschiedene Märchen für das Problem der Verteilung eines unteilbaren Gegenstandes an mehrere Berechtigte bieten, wobei es sich hier um materielle Ergebnisse handelt. Der Ansatz Wrenns neigt hingegen zu einer Überinterpretation der Texte.

Bewußt wurde darauf verzichtet, über die Ebene der einzelnen Märchentexte hinauszugehen und nach einer durch die Märchen in ihrer Gesamtheit dokumentierten „Rechtsordnung" oder einer „Märchenethik" zu fragen. Hierfür erscheinen die Texte zu heterogen bezüglich ihres Alters, ihrer Herkunft, ihrer Überarbeitung und - je nach Märchenart - ihrer Weltsicht. Allenfalls in Teilbereichen lassen sich auf dieser Ebene Feststellungen treffen, z.B. bezüglich einer Orientierung vieler Texte am System des peinlichen Strafrechts. In ethischer Hinsicht sind viele Märchen zudem sehr indifferent. Dornröschen z.B. bekommt seinen Prinzen, nachdem es hundert Jahre geschlafen - nicht etwa irgend etwas geleistet - hat. Der Prinz kann die Dornenhecke nicht aufgrund besonderer persönlicher Leistung überwinden, sondern weil er genau zum richtigen Zeitpunkt da ist.[1]

Kontrastiert werden die wissenschaftlichen Ansätze durch moderne künstlerische Ansätze, die sich mit dem Verhältnis zwischen Märchen und Recht befassen. Hier wird der Gegensatz zwischen der Welt der Märchen und dem modernen Gesetzesrecht scharf herausgearbeitet. Zu den Gebieten der Märchenforschung zählt heute auch die Auseinandersetzung mit Märchenparodien und -karikaturen. Die erstmalige Analyse speziell von Märchenparodien und -karikaturen mit juristischem Bezug zeigt, daß derartige Werke über ein bloßes Bildungsspiel hinaus durchaus auch kritische Aussagen über die heutige Gesellschaft und Rechtswirklichkeit übermitteln.

Über alle Ansätze hinweg zeigt sich immer wieder, mit welch großer methodischer Sorgfalt bei der Arbeit mit Märchen vorgegangen werden muß. Insbesondere sind aufgrund der Heterogenität der Märchen Pauschalurteile über „die" Märchen grundsätzlich nicht möglich.

Auch ist immer, wenn Märchen und Recht zueinander in Beziehung gesetzt werden, zu berücksichtigen, daß die Welthaltigkeit des Märchens einhergeht mit einer Sublimation der Märchenmotive, womit ich auf die in der Einleitung zitierten Untersuchungen Max Lüthis zurückkomme.[2] Das Märchen nimmt Motive aus allen Bereichen der Wirklichkeit auf. Dies ist aber nur dadurch möglich, daß die Motive entwirklicht werden, d.h. sie werden aus der Sphäre herausgehoben, aus der sie ursprünglich stammen. Damit werden sie zugleich leicht und spielerisch. Sie wandeln sich zu Märchenmotiven. Diese Sublimation ermöglicht

---

[1] vgl. zusammenfassend zum Problem „Märchenethik", auch mit Hinweisen auf weitere Literatur Polifke, Die Darstellung von Recht und Unrecht in Volksmärchen, S. 165 ff

[2] vgl. zum Folgenden Max Lüthi, Das europäische Volksmärchen, S. 63 ff

es, Märchenmotive auf den ersten Blick plausibel mit Bedeutungen zu belegen, die ihnen ursprünglich gar nicht zukamen.[1] Daher ist bei allen Untersuchungen und Deutungen von Märchen immer wieder kritisch zu prüfen, ob man tatsächlich auf die Spiegelung der Welt in den Glasperlen des Märchens blickt, oder ob der Verfasser die Märchen benutzt, um seine eigenen Ansichten von der Welt zu bespiegeln.[2]

Außerhalb eines wissenschaftlichen Kontextes halte ich allerdings auch die letztgenannte Vorgehensweise nicht schlechterdings für unzulässig, sofern die Prämissen klargelegt werden und nicht etwa versucht wird, eigene Ansichten mit der „uralten Weisheit der Volksmärchen“ zu untermauern.

---

[1] vgl. dazu Bottigheimer, S. 167; vgl. auch Lüthi, Das europäische Volksmärchen, bes. S. 87

[2] vgl. auch die Bemerkung bei Tatar, The Hard Facts of the Grimms´ Fairy Tales, S. 51: „...fairy-tale interpretations can easily leave the firm ground of textual realities to drift off into airy regions of ideological fancy“

Literaturverzeichnis

1. Märchensammlungen

1.1 Ausgaben der Kinder- und Hausmärchen der Brüder Grimm

FRIEDRICH VON DER LEYEN (HRSG.), Kinder- und Hausmärchen Gesammelt durch die Brüder Grimm, Bd. 1, Jena 1942

HEINZ RÖLLEKE (HRSG), Brüder Grimm, Kinder- und Hausmärchen, Ausgabe letzter Hand mit den Originalanmerkungen der Brüder Grimm,
Bd. 1 Stuttgart 1987
Bd. 2 Stuttgart 1982
Bd. 3 Stuttgart 1983
(wo nicht anders angegeben, beziehen sich die KHM-Zitate auf diese Ausgabe)

HEINZ RÖLLEKE in Verbindung mit Ulrike Marquardt, Kinder- und Hausmärchen gesammelt durch die Brüder Grimm, Vergrößerter Nachdruck der zweibändigen Erstausgabe von 1812 und 1815 nach dem Handexemplar des Brüder Grimm-Museums Kassel, Göttingen 1986 (die Zitate der KHM mit den Angaben (1812) und (1815) bzw. der entsprechenden Vorreden beziehen sich auf diese Ausgabe)

HEINZ RÖLLEKE (HRSG.), Die älteste Märchensammlung der Brüder Grimm, Synopse der handschriftlichen Urfassung von 1810 und der Erstdrucke von 1812, Cologny-Genève 1975 (zit. als Rölleke, Älteste Sammlung)

HEINZ RÖLLEKE (HRSG.), Brüder Grimm, Kinder- und Hausmärchen, Nach der zweiten vermehrten und verbesserten Auflage von 1819, textkritisch revidiert und mit einer Biographie der Grimmschen Märchen versehen, 2 Bde, 5. Aufl. München 1990

HEINZ RÖLLEKE (HRSG.), Die wahren Märchen der Brüder Grimm, Frankfurt a.M., 1989

HANS-JÖRG UTHER (HRSG.), Brüder Grimm, Kinder- und Hausmärchen, nach der großen Ausgabe von 1857, textkritisch revidiert, kommentiert und durch Register erschlossen, 4 Bde München 1996

1.2 Sonstige Märchensammlungen und Quellen

(soweit in der einschlägigen Literatur über Märchen und Recht verschiedene Auflagen einer Märchensammlung zitiert werden, wurden, soweit die Bücher schwer zugänglich und die Märchen identisch sind, nach Möglichkeit mehrere Auflagen zitiert; die Angabe „Hrsg." findet sich aus Gründen der Übersichtlichkeit nur, wenn der Herausgeber vom ursprünglichen Sammler abweicht)

ACHIM VON ARNIM/CLEMENS BRENTANO, Des Knaben Wunderhorn, Essen/Stuttgart 1986

HANNS BÄCHTOLD, Schweizer Märchen, Mit Bildern von Lore Rippmann, Basel 1916

KARL BARTSCH, Sagen, Märchen und Gebräuche aus Meklenburg, Bd. 1 Wien 1879, Bd. 2 Wien 1880

BENJAMIN BERGMANN, Nomadische Streifereien unter den Kalmüken in den Jahren 1802 und 1803, 1. Theil, Riga 1804

WALTER BOEHLICH (HRSG.), Giambattista Basile, Das Märchen aller Märchen, Der Pentamerone, Frankfurt a.M. 1982 (zit. nach Tagen und Nummern)

KATHERINE BRIGGS/RUTH MICHAELIS-JENA, Englische Volksmärchen, Düsseldorf/Köln 1970

KATHARINE M. BRIGGS, A Dictionary of British Folk-Tales in the English Language incorporating the F.J. Norton Collection, Part A, Folk Narratives, Volume I, London 1970

J.R. BÜNKER, Schwänke, Sagen und Märchen in heanzischer Mundart, Leipzig 1906 (zit. als: Bünker)

JOHANN GUSTAV BÜSCHING, Volkssagen, Märchen und Legenden, Hildesheim 1969, Nachdruck der Ausgabe Leipzig 1812

WILHELM BUSCH, Ut ôler Welt, Volksmärchen, Sagen, Volkslieder und Reime, München 1910

M. LE COMTE DE CAYLUS, Féeries Nouvelles, in: Le Cabinet des Fées, ou Collection Choisie Des Contes Des Fées Et Autres Contes Merveilleux, Ornés de Figures Tome Vingt-Quatrième, Amsterdam/Paris 1786, S. 103 ff

JEAN-PIERRE COLLINET (HRSG.), Perrault, Contes, o.O., 1981

CARL UND THEODOR COLSHORN, Märchen und Sagen aus Hannover, Hildesheim/Zürich/New York 1984, 4. Nachdruckauflage der Ausgabe 1854

L. CURTZE, Volksüberlieferungen aus dem Fürstenthum Waldeck. Märchen, Sagen, Volksreime, Räthsel, Sprichwörter, Aberglauben, Sitten und Gebräuche, nebst einem Idiotikon, Arolsen 1860

ADOLF DÖRLER, Märchen und Schwänke aus Nordtirol und Vorarlberg, Zeitschrift des Vereins für Volkskunde, Bd. 16, S. 278 ff

A. ENGELIEN UND W. LAHN, Der Volksmund in der Mark Brandenburg Sagen, Märchen, Spiele, Sprichwörter und Gebräuche, I. Theil Berlin 1868

AUGUST EY, Harzmärchenbuch oder Sagen und Märchen aus dem Oberharze, Stade 1862

HERTHA GRUDDE, Plattdeutsche Volksmärchen aus Ostpreußen, Hildesheim/Zürich/New York 1985, Nachdruck der Ausgabe Königsberg 1931

JOSEPH HALTRICH, Deutsche Volksmärchen aus dem Sachsenlande in Siebenbürgen, Berlin 1856

JOSEPH HALTRICH, Deutsche Volksmärchen aus dem Sachsenlande in Siebenbürgen, 4. Aufl. Wien/Hermannstadt 1885

ULRICH JAHN, Volksmärchen aus Pommern und Rügen, Erster Teil, Norden und Leipzig 1891

J. JEGERLEHNER, Sagen und Märchen aus dem Oberwallis, Basel 1913

J. JEGERLEHNER, Am Herdfeuer der Sennen, Neue Märchen und Sagen aus dem Wallis, Bern 1908

OTTO KNOOP, Volkssagen, Erzählungen, Aberglauben, Gebräuche und Märchen aus dem östlichen Hinterpommern, Posen 1885 (zit. als: Knoop, Volkssagen, Erzählungen...)

OTTO KNOOP, Posener Märchen. Ein Beitrag zur Heimat- und Volkskunde der Provinz Posen, Wissenschaftliche Beilage zum Programm des Kgl. Gymnasiums zu Rogasen, Lissa i.P. 1909

ADALBERT KUHN UND WILHELM SCHWARTZ, Norddeutsche Sagen, Märchen und Gebräuche, Hildesheim/Zürich/New York 1983, Nachdruck der Ausgabe Leipzig 1848

ADALBERT KUHN, Sagen, Gebräuche und Märchen aus Westfalen und einigen anderen besonders der angrenzenden Gegenden Norddeutschlands, 2 Bde in einem Band, Hildesheim/New York 1973, Nachdruck der Ausgabe Leipzig 1859

ADALBERT KUHN, Märkische Sagen und Märchen nebst einem Anhange von Gebräuchen und Aberglauben, Berlin 1843

FRANZ LEIBING, Sagen und Märchen des Bergischen Landes, Elberfeld 1868

GEORG MARTZLOFF, Drei Volksmärchen aus dem Gebirgsdorf Reipertsweiler bei Lichtenberg i.E., in: Jahrbuch für Geschichte, Sprache und Litteratur Elsass-Lothringens, 8. Jg (1902), S. 206 ff

ERICH MASCHKE, Sachsenmärchen aus Siebenbürgen, Potsdam 1925

ERNST MEIER, Deutsche Volksmärchen aus Schwaben, zweite Nachdruckauflage Hildesheim/New York 1977, Nachdruck der Ausgabe Stuttgart 1852

KARL MÜLLENHOFF, Sagen, Märchen und Lieder der Herzogthümer Schleswig, Holstein und Lauenburg, Kiel 1845; vgl. dazu auch die neue Ausgabe: Otto Mensing (Hrsg.), Karl Müllenhoff, Sagen, Märchen und Lieder der Herzogtümer Schleswig, Holstein und Lauenburg, Schleswig 1921

GUSTAV FRIEDRICH MEYER, Plattdeutsche Volksmärchen und Schwänke, Neumünster 1925

GUSTAV FRIEDRICH MEYER, Wunnern un Wünschen, Plattdeutsche Volksmärchen für Kinder erzählt von Gustav Friedrich Meyer, Unveränderter Nachdruck der 1929 erschienenen Ausgabe Neumünster 1977

IONA UND PETER OPIE, Die klassischen Märchen, München 1977

F. PETERS, Aus Lothringen. Sagen und Märchen, Leipzig 1887

FRIEDRICH PFAFF, Märchen aus Lobenfeld, in: Oskar Brenner u.a. (Hrsg.), Festschrift zur 50jährigen Doktorjubelfeier Karl Weinholds am 14. Januar 1896, Strassburg 1896

W. VON PLOENNIES, Märchen, Das Kind mit dem goldenen Apfel, in: Zeitschrift für deutsche Mythologie und Sittenkunde, Bd. 1 (1853), S. 38 ff

HEINRICH PRÖHLE, Kinder- und Volksmärchen, Hildesheim/New York 1975, Nachdruck der Ausgabe Leipzig 1853

HEINRICH PRÖHLE, Märchen für die Jugend, Halle 1854

HEINZ RÖLLEKE (HRSG.), FRIEDMUND VON ARNIM, Hundert neue Mährchen im Gebirge gesammelt, Köln 1986

GEORG SCHAMBACH UND WILHELM MÜLLER, Niedersächsische Sagen und Märchen, Göttingen 1855

CHRISTIAN SCHNELLER, Märchen und Sagen aus Wälschtirol, Ein Beitrag zur deutschen Sagenkunde, Hildesheim/New York 1976, Nachdruck der Ausgabe Innsbruck 1867

GUSTAV SCHWAB, Die schönsten Sagen des klassischen Altertums, 14.Aufl., Bayreuth 1977

KARL SIMROCK, Deutsche Märchen, Stuttgart 1864

K. SPIEGEL, Märchen aus Bayern, Beilage zum Jahresbericht des Vereins für bayerische Volkskunde und Mundartforschung, in: Blätter zur bayerischen Volkskunde, 3. Reihe, Jahrbuch des Vereins für bayerische Volkskunde und Mundartforschung e.V. Würzburg, Würzburg 1914

GEORG FRIEDRICH STERTZING, Ein Märchen aus Thüringen, in: Zeitschrift für deutsches Alterthum, 3. Bd (1843), S. 292 ff

OTTO SUTERMEISTER, Kinder- und Hausmärchen aus der Schweiz, Aarau 1869

HANS-JÖRG UTHER (HRSG.), LUDWIG BECHSTEIN, Märchenbuch, Nach der Ausgabe von 1857, textkritisch revidiert und durch Register erschlossen, München 1997

THEODOR VERNALEKEN, Alpenmärchen, München o.J.

THEODOR VERNALEKEN, Österreichische Kinder- und Hausmärchen treu nach mündlicher Überlieferung, Wien 1864

THEODOR VERNALEKEN, Kinder- und Hausmärchen in den Alpenländern, Hildesheim/New York 1980, Nachdruck der 3. Aufl. Wien und Leipzig 1896 (Kinder- und Hausmärchen, dem Volke treu nacherzählt von Theodor Vernaleken)

EDM. VECKENSTEDT, Wendische Sagen, Märchen und abergläubische Gebräuche, Graz 1880

ALFRED WALDAU, Böhmisches Märchenbuch, Prag 1860

KARL WILLOH (HRSG.), LUDWIG STRACKERJAN, Aberglaube und Sagen aus dem Herzogtum Oldenburg, Bd. 2, 2. Aufl. Oldenburg 1909 (Zweite erweiterte Auflage herausgegeben von Karl Willoh)

WILHELM WISSER, Plattdeutsche Märchen, Band 1, Jena 1919

WILHELM WISSER, Plattdeutsche Volksmärchen, Neue Folge, Jena 1927 (= Bd. 2)

WILHELM WISSER, Wat Grotmoder vertellt, Bd. 2, Jena 1921

WALTRAUD WOELLER (HRSG.), Deutsche Volksmärchen, Wiesbaden 1985

J.F.L. WOESTE, Volksüberlieferungen in der Grafschaft Mark, nebst einem Glossar, Iserlohn 1848

JOHANN WILHELM WOLF, Verschollene Märchen, Nördlingen 1988

JOHANN WILHELM WOLF, Deutsche Hausmärchen, Hildesheim/New York 1979, 2. Reprografischer Nachdruck der Ausgabe Göttingen und Leipzig 1851

PAUL ZAUNERT (HRSG.), Deutsche Märchen seit Grimm, Jena 1917

PAUL ZAUNERT (HRSG.), Deutsche Märchen seit Grimm, Bd. 2 Jena 1923

PAUL ZAUNERT (HRSG.) IN VERBINDUNG MIT VIKTOR V. GERAMB u.a., Deutsche Märchen aus dem Donaulande, Jena 1926

IGNAZ UND JOSEPH ZINGERLE, Kinder- und Hausmärchen aus Süddeutschland, München o.J.

IGNAZ UND JOSEPH ZINGERLE, Kinder- und Hausmärchen aus Süddeutschland, mit einer Einleitung von J.W. Wolf, Hildesheim/New York 1975, Nachdruck der Ausgabe Regensburg 1854

IGNAZ VINC. V. ZINGERLE (HRSG), Kinder- und Hausmärchen aus Tirol, gesammelt durch die Brüder Ignaz Vinc. und Joseph Zingerle, 4. Aufl. Innsbruck 1934

DIE BIBEL, Einheitsübersetzung der Heiligen Schrift, Altes und Neues Testament, Herausgegeben im Auftrag der Bischöfe Deutschlands, Österreichs, Der Schweiz, des Bischofs von Luxemburg, des Bischofs von Lüttich, des Bischofs von Bozen-Brixen, Aschaffenburg 1980

1.3 Parodien:

(soweit in wissenschaftlichen Arbeiten zusammengestellt, vgl. unten bei Sekundärliteratur)

IRING FETSCHER, Wer hat Dornröschen wachgeküßt? Das Märchen-Verwirrbuch, Frankfurt am Main, 1990

JENS PETER GIESCHEN/ KLAUS MEIER, Strafakte Faust, Goethes berühmte Triebtäter auf dem juristischen Prüfstand, Tathergang - Schuldfrage - Anklageschrift, Frankfurt am Main 1993

JÖRG-MICHAEL GÜNTHER, Der Fall Rotkäppchen, Juristisches Gutachten über die sittenlosen Helden der Brüder Grimm, zur Warnung für Eltern und Pädagogen, Frankfurt am Main 1990

JÖRG-MICHAEL GÜNTHER, Der Fall Max und Moritz, Juristisches Gutachten über die Umtriebe zweier jugendlicher Straftäter als Warnung für Eltern und Pädagogen, Frankfurt am Main 1988

JÖRG-MICHAEL GÜNTHER, Der Fall Struwwelpeter, Juristisches Gutachten über Umtriebe von Kindern zur Warnung für aufsichtspflichtige Eltern und Pädagogen, Frankfurt am Main 1989

ERNST VON PIDDE, Richard Wagners „Ring des Nibelungen" im Lichte des deutschen Strafrechts, 6. Auflage Hamburg 1992

RAINER SEIDER, Neue juristische Aspekte in Richard Wagners „Ring des Nibelungen", in: MDR 1993, S. 1171 ff

HANS TRAXLER, Die Wahrheit über Hänsel und Gretel, Die Dokumentation des Märchens der Brüder Grimm, mit Fotografien von Peter v. Tresckow, Reinbek bei Hamburg, 1987

Abdrucke der Parodie „Rotkäppchen auf Amtsdeutsch" von THADDÄUS TROLL: VdK- Zeitung, März 1994, S. 9: „Das etwas andere Rotkäppchen"; SZ vom 28./29. 5. 1994, S. 48: „Rotkäppchen im Paragraphendschungel"; Jura-Magazin (Organ der Fachschaft Jura an der LMU München) 1989, Ausgabe I

Rotkäppchen, für Juristenkinder bearbeitet, in: Simplicissimus, 14. Jahrgang 1909, Nr. 37 („Märchennummer"), S. 635

2. Briefwechsel:

HERMAN GRIMM UND GUSTAV HINRICHS (HRSG.), Briefwechsel zwischen Jacob und Wilhelm Grimm aus der Jugendzeit, Weimar 1881

WILHELM SCHOOF IN VERBINDUNG MIT INGEBORG SCHNACK(HRSG.), Briefe der Brüder Grimm an Savigny, Berlin/Bielefeld 1953

E. STENGEL, Private und amtliche Beziehungen der Brüder Grimm zu Hessen. Eine Sammlung von Briefen und Actenstücken als Festschrift zum hundertsten Geburtstag Wilhelm Grimms, den 24. Februar 1886, Bd. 1: Briefe der Brüder Grimm an hessische Freunde, Zweite Ausgabe Marburg 1895

ADOLF STOLL (HRSG.), F.K. von Savigny, Ein Bild seines Lebens mit einer Sammlung seiner Briefe, 3 Bde: Bd. 1 Der junge Savigny, Berlin 1927; Bd. 2 Professorenjahre in Berlin 1810-42, Berlin 1929; Bd. 3 Ministerzeit und letzte Lebensjahre 1842-61, Berlin 1939; (zit. als Stoll I/II/III)

3. Sekundärliteratur und juristische Quellenausgaben

(soweit Vorworte und Anmerkungen zu Märchensammlungen zitiert werden, vgl. unter 1.)

V. ACHTER, „Gottesfrieden", in: Adalbert Erler/Ekkehard Kaufmann, Handwörterbuch zur deutschen Rechtsgeschichte, Bd. 1, Sp. 1762 ff

ANTTI AARNE/STITH THOMPSON, The Types of the Folktale, 2nd Revision, Helsinki 1981 (FF Communications No. 184) (Zit. nach Typennummern)

ALY, „Erbschaftsstreit", in: Lutz Mackensen (Hrsg.), Handwörterbuch des deutschen Märchens, Bd. 1, Berlin/Leipzig 1930/33, S. 574 f

KARL V. AMIRA, Die germanischen Todesstrafen, München 1922

SIEGFRIED ANGER, Das Recht in den Sagen, Legenden und Märchen Schleswig-Holsteins, Kiel 1947 (zit. als: Anger)

TITUS ARNU, Schneewittchen und die zwölf Paragraphen, in: SZ vom 2./3. März 1996, S. VII

F. BATTENBERG, „Reichsacht", in: Adalbert Erler/Ekkehard Kaufmann, Handwörterbuch zur deutschen Rechtsgeschichte, Bd. 4, Sp. 523 ff

HERMANN BAUSINGER, „Historisierende" Tendenzen im deutschen Märchen seit der Romantik, Sonderdruck aus: Wirkendes Wort, S. 279 ff, Düsseldorf 1960

HERMANN BAUSINGER, Märchen, Phantasie und Wirklichkeit, Frankfurt a.M. 1987

HERMANN BAUSINGER, Zur Bedeutung der Märchen, in: ders., Märchen, Phantasie und Wirklichkeit, Frankfurt a.M. 1987, S. 27 ff

HERMANN BAUSINGER, „Märchen", in: Rolf Wilhelm Brednich (Hrsg.), Enzyklopädie des Märchens Bd. 9, Berlin/New York 1997, Sp. 250 ff

H. BECK, „I. Philologisches", in: „Blutrache", in: Hoops, RGA Bd. 3, S. 81 ff

H. BECK, „V. Germanische Altertumskunde/§ 56 Begriff", in: „Germanen, Germania, Germanische Altertumskunde", in: Hoops, RGA Bd. 11 , S. 181 ff, S. 422 ff

H. BECK, „Kämpe", in: Hoops, RGA Bd. 16, S. 153 ff

H.-J. BECKER, „Partikularrecht", in: Adalbert Erler/Ekkehard Kaufmann, Handwörterbuch zur deutschen Rechtsgeschichte, Bd. 3, Sp. 1523 ff

H.-J. BECKER, „Uneheliche", in: Adalbert Erler/Ekkehard Kaufmann/Dieter Werkmüller, Handwörterbuch zur deutschen Rechtsgeschichte, Bd. 5, Sp. 452 ff

WOLFGANG BEHRINGER, Hexenverfolgung in Bayern, München 1988

WOLFGANG BEHRINGER, Mit dem Feuer vom Leben zum Tod, Hexengesetzgebung in Bayern, München 1988

G.V.BELOW, Zünfte, in: Ludwig Elster (Hrsg.), Wörterbuch der Volkswirtschaft, 2. Bd, 3. Aufl. Jena 1911, S. 1484 ff

G.V.BELOW/E. BAASCH, Zünfte, in: Ludwig Elster (Hrsg.), Wörterbuch der Volkswirtschaft, 3. Bd., 4. Aufl. Jena 1933, S. 1173 ff

RICHARD BENZ, Märchendichtung der Romantiker. Mit einer Vorgeschichte, Gotha 1908

BRUNO BETTELHEIM, Kinder brauchen Märchen, 7.Aufl., München 1984

LOTHAR BLUHM, „Das Lebenslicht, die Lebenskerze ausblasen" Die KHM 26-52, in: Heinz Rölleke in Verbindung mit Lothar Bluhm (Hrsg.), „Redensarten des Volks, auf die ich immer horche", Das Sprichwort in den Kinder- und Hausmärchen der Brüder Grimm, Bern/Frankfurt am Main/ New York/Paris 1988, S. 61 ff

REGINA BÖHM-KORFF, Deutung und Bedeutung von „Hänsel und Gretel", Frankfurt a.M./Bern/New York/Paris 1991

H. BÖTTCHER, „II. Rechtshistorisches", in: „Blutrache", in: Hoops, RGA Bd. 3, S. 81 ff, 85 ff

JOHANNES BOLTE/GEORG POLIVKA, Anmerkungen zu den Kinder- und Hausmärchen der Brüder Grimm, 5 Bde, 2. unveränderte Auflage Hildesheim 1963 (zit. als BP mit röm. Bandnummer)

JOHANNES BOLTE, Der Schwank vom Esel als Bürgermeister, in: Zeitschrift des Vereins für Volkskunde, Bd. 7, S. 93 ff

HELMUT DE BOOR, Märchenforschung, in: Zeitschrift für den deutschen Unterricht, 42, 1928, S. 561-581, abgedr. in: Felix Karlinger (Hrsg.), Wege der Märchenforschung, Darmstadt 1973, (2. unverä. Aufl. Darmstadt 1985), S. 129 ff

RUTH B. BOTTIGHEIMER, Grimms' Bad Girls and Bold Boys. The Moral and Social Vision of the Tales, New Haven and London 1987 (zit. als: Bottigheimer)

W. BRAUNEDER, „Jüngstenrecht", in: Adalbert Erler/Ekkehard Kaufmann, Handwörterbuch zur Deutschen Rechtsgeschichte, Bd. 2, Sp. 467 f

GABRIELLE A. BRENNER, Why Did Inheritance Laws Change?, in: Reuven Brenner, Betting on Ideas, Chicago and London 1985, S. 117 ff

W. BRÜCKNER, „Ehrenstrafen", in: Adalbert Erler/Ekkehard Kaufmann, Handwörterbuch zur deutschen Rechtsgeschichte, Bd. 1, Sp. 851 ff

JÜRGEN BRUMMACK, „Satire", in: Werner Kohlschmidt/Wolfgang Mohr (Hrsg.), Reallexikon der deutschen Literaturgeschichte, 3. Bd., 2. Aufl. Berlin/New York 1977, S. 601 ff

HEINRICH BRUNNER, Deutsche Rechtsgeschichte Bd. I, 2. Aufl. Leipzig 1906

HEINRICH BRUNNER/CLAUDIUS FREIHERR VON SCHWERIN, Deutsche Rechtsgeschichte Bd. II, 2. Aufl., München u. Leipzig 1928

G. BUCHDA, „Aktenversendung", in: Adalbert Erler/Ekkehard Kaufmann, Handwörterbuch zur deutschen Rechtsgeschichte, Bd. 1, Sp. 84 ff

G. BUCHDA, „Anklage", in: Adalbert Erler/Ekkehard Kaufmann, Handwörterbuch zur deutschen Rechtsgeschichte, Bd. 1, Sp. 171 ff

G. BUCHDA, „Anwalt", in: Adalbert Erler/Ekkehard Kaufmann, Handwörterbuch zur deutschen Rechtsgeschichte, Bd. 1, Sp. 182 ff

G. BUCHDA, „Gelehrte Richter", in: Adalbert Erler/Ekkehard Kaufmann, Handwörterbuch zur deutschen Rechtsgeschichte, Bd. 1, Sp. 1477 ff

G. BUCHDA, „Gerichtsverfahren", in: Adalbert Erler/Ekkehard Kaufmann, Handwörterbuch zur deutschen Rechtsgeschichte, Bd. 1, Sp. 1551 ff

G. BUCHDA, „Gerichtsverfassung", in: Adalbert Erler/Ekkehard Kaufmann, Handwörterbuch zur deutschen Rechtsgeschichte, Bd. 1, Sp. 1563

G. BUCHDA, „Gerüfte", in: Adalbert Erler/Ekkehard Kaufmann, Handwörterbuch zur deutschen Rechtsgeschichte, Bd. 1, Sp. 1584

G. BUCHDA, „Klage", in: Adalbert Erler/Ekkehard Kaufmann, Handwörterbuch zur deutschen Rechtsgeschichte, Bd. 2, Sp. 837 ff

CHRISTA BÜRGER, Tradition und Subjektivität, Frankfurt am Main 1980

W. BUNGENSTOCK, „Anerbenrecht", in: Adalbert Erler/Ekkehard Kaufmann, Handwörterbuch zur deutschen Rechtsgeschichte, Bd. 1, Sp. 163 ff

W. BUNGENSTOCK, „Beschreien der Wände", in: Adalbert Erler/Ekkehard Kaufmann, Handwörterbuch zur deutschen Rechtsgeschichte, Bd. 1, Sp. 387 f

W. BUNGENSTOCK, „Gerade", in: Adalbert Erler/Ekkehard Kaufmann, Handwörterbuch zur deutschen Rechtsgeschichte, Bd. 1, Sp. 1527 f

L. CARLEN, „§ 51 Germanische Rechtsarchäologie", in: „Germanen, Germania, Germanische Altertumskunde", in:Hoops, RGA Bd. 11, S. 181 ff, S. 408 ff

L. CARLEN, „Gesinde", in: Adalbert Erler/Ekkehard Kaufmann, Handwörterbuch zur deutschen Rechtsgeschichte, Bd. 1, Sp. 1627 ff

L. CARLEN, „Rechtsarchäologie", in: Adalbert Erler/Ekkehard Kaufmann, Handwörterbuch zur deutschen Rechtsgeschichte, Bd. 4, Sp. 268 ff

HERMANN CONRAD, Deutsche Rechtsgeschichte, Bd I Frühzeit und Mittelalter 2. Aufl. Karlsruhe 1962; Bd. II Neuzeit bis 1806, Karlsruhe 1966 (zit. als Conrad I bzw. II)

HERMANN CONRAD, Aus der Entstehungszeit der historischen Rechtsschule: Savigny und Grimm, in: ZRG german. Abt. Bd. 65, S. 261 ff (zit. als: Conrad, Aus der Entstehungszeit)

K. DEMETER, „Duell", in: Adalbert Erler/Ekkehard Kaufmann, Handwörterbuch zur deutschen Rechtsgeschichte, Bd. 1, Sp. 789 f

LUDWIG DENECKE, Jacob Grimm und sein Bruder Wilhelm, Stuttgart 1971 (zit. als: Denecke)

EDUARD DREHER/HERBERT TRÖNDLE, Strafgesetzbuch und Nebengesetze, 47. Aufl. München 1995

JOH. CARL HENR. DREYER, Abhandlung von dem Nutzen des treflichen Gedichts Reinke de Voß in Erklärung der teutschen Rechtsalterthümer insonderheit des ehemaligen Gerichtswesens, in: ders., Zur Erläuterung der Teutschen Rechte, Rechtsalterthümer und Geschichten angewandte Nebenstunden, Bützow und Wismar 1768

RICHARD VAN DÜLMEN, Theater des Schreckens, Gerichtspraxis und Strafrituale in der frühen Neuzeit, München 1985

K. DÜWEL/S. KRAUSE, „Tierepos", in: Adalbert Erler/Ekkehard Kaufmann/Dieter Werkmüller, Handwörterbuch zur deutschen Rechtsgeschichte, Bd. 5, Sp. 229 ff

ANNELIESE DYMKE, Die wirkliche Welt im deutschen Zaubermärchen, Würzburg 1951

E. EBEL, „Grimm, Jacob und Wilhelm", in: Hoops, RGA Bd. 13, S. 40 ff

E. EBEL, „Friedelehe", in: Hoops, RGA Bd. 9, S. 598 ff

WILHELM EBEL, Jacob Grimm und die deutsche Rechtswissenschaft, Göttingen 1963

KARL EIMERMACHER (HRSG.), VLADIMIR PROPP, Morphologie des Märchens, München 1972

ALICE EISLER, Recht im Märchen, in: Neophilologus 66 (1982), S. 422 ff (zit. als: Eisler)

ENZYKLOPÄDIE DES MÄRCHENS, Handwörterbuch zur historischen und vergleichenden Erzählforschung
Bd. 1, Hrsg. von Kurt Ranke zusammen mit Hermann Bausinger, Wolfgang Brückner, Max Lüthi, Lutz Röhrich, Rudolf Schenda, Berlin/New York 1977
Bd. 2, Hrsg. von Kurt Ranke zusammen mit Hermann Bausinger, Wolfgang Brückner, Max Lüthi, Lutz Röhrich, Rudolf Schenda, Berlin/New York 1979
Bd. 3, Hrsg. von Kurt Ranke zusammen mit Hermann Bausinger, Wolfgang Brückner, Max Lüthi, Lutz Röhrich, Rudolf Schenda, Berlin/New York 1981
Bd. 4, Hrsg. von Kurt Ranke zusammen mit Hermann Bausinger, Rolf Wilhelm Brednich, Wolfgang Brückner, Max Lüthi, Lutz Röhrich, Rudolf Schenda, Berlin/New York 1984
Bd. 5, Hrsg. von Rolf Wilhelm Brednich zusammen mit Hermann Bausinger, Wolfgang Brückner, Lutz Röhrich, Rudolf Schenda, Berlin/New York 1987
Bd. 6, Hrsg. von Rolf Wilhelm Brednich zusammen mit Hermann Bausinger, Wolfgang Brückner, Lutz Röhrich, Rudolf Schenda, Berlin/New York 1990
Bd. 7, Hrsg. von Rolf Wilhelm Brednich zusammen mit Hermann Bausinger, Wolf-

gang Brückner, Lutz Röhrich, Klaus Roth, Rudolf Schenda, Berlin/New York 1993
Bd. 8, Hrsg. von Rolf Wilhelm Brednich zusammen mit Hermann Bausinger, Wolfgang Brückner, Helge Gerndt, Lutz Röhrich, Klaus Roth, Berlin/New York 1996
Bd. 9/Lfg. 1 und 2, Hrsg. von Rolf Wilhelm Brednich zusammen mit Hermann Bausinger, Wolfgang Brückner, Helge Gerndt, Lutz Röhrich, Klaus Roth, Berlin/New York 1997/98
(zit. als: EM mit Band und Spalte)

ADALBERT ERLER/ EKKEHARD KAUFMANN, unter philologischer Mitarbeit von Ruth Schmidt-Wiegand, Handwörterbuch zur deutschen Rechtsgeschichte (zit. als: HRG),
Bd 1, Hrsg. von Adalbert Erler/ Ekkehard Kaufmann, unter philologischer Mitarbeit von Ruth Schmidt-Wiegand, Berlin 1971
Bd 2, Hrsg. von Adalbert Erler/ Ekkehard Kaufmann, unter philologischer Mitarbeit von Ruth Schmidt-Wiegand, Berlin 1978
Bd 3, Hrsg. von Adalbert Erler/ Ekkehard Kaufmann, unter philologischer Mitarbeit von Ruth Schmidt-Wiegand, Berlin 1984
Bd 4, Hrsg. von Adalbert Erler/ Ekkehard Kaufmann, unter philologischer Mitarbeit von Ruth Schmidt-Wiegand, Berlin 1990
Bd. 5, Hrsg. von Adalbert Erler, Ekkehard Kaufmann und Dieter Werkmüller, unter philologischer Mitarbeit von Ruth Schmidt-Wiegand, Berlin 1998

A. ERLER, „Einkindschaft", in: Adalbert Erler/Ekkehard Kaufmann, Handwörterbuch zur deutschen Rechtsgeschichte, Bd. 1, Sp. 900 f

A. ERLER, „Geburt", in: Adalbert Erler/Ekkehard Kaufmann, Handwörterbuch zur deutschen Rechtsgeschichte, Bd. 1, Sp. 1426 f

A. ERLER, „Germanisten", in: Adalbert Erler/Ekkehard Kaufmann, Handwörterbuch zur deutschen Rechtsgeschichte, Bd. 1, Sp. 1582 ff

A. ERLER, „Gottesurteil", in: Adalbert Erler/Ekkehard Kaufmann, Handwörterbuch zur deutschen Rechtsgeschichte, Bd. 1, Sp. 1769 ff

A. ERLER, „Grimm, Jacob", in: Adalbert Erler/Ekkehard Kaufmann, Handwörterbuch zur deutschen Rechtsgeschichte, Bd. 1, Sp. 1806 ff

A. ERLER, „Hochheben", in: Adalbert Erler/Ekkehard Kaufmann, Handwörterbuch zur deutschen Rechtsgeschichte, Bd. 2, Sp. 175

A. ERLER, „Kesselfang", in: Adalbert Erler/Ekkehard Kaufmann, Handwörterbuch zur deutschen Rechtsgeschichte, Bd. 2, Sp. 707 ff

A. ERLER, „Los, losen", in: Adalbert Erler/Ekkehard Kaufmann, Handwörterbuch zur deutschen Rechtsgeschichte, Bd. 3, Sp. 41 ff

A. ERLER, „Loskauf Gefangener", in: Adalbert Erler/Ekkehard Kaufmann, Handwörterbuch zur deutschen Rechtsgeschichte, Bd. 3, Sp. 48 ff

A. ERLER, „Rechtlosigkeit-Rechtsminderung", in: Adalbert Erler/Ekkehard Kaufmann, Handwörterbuch zur deutschen Rechtsgeschichte, Bd. 4, Sp. 258 ff

A. ERLER, „Richterstuhl", in: Adalbert Erler/Ekkehard Kaufmann, Handwörterbuch zur deutschen Rechtsgeschichte, Bd. 4, Sp. 1057 f

A. ERLER, „Schuldhaft“, in: Adalbert Erler/Ekkehard Kaufmann, Handwörterbuch zur deutschen Rechtsgeschichte, Bd. 4, Sp. 1512 ff

A. ERLER/M. NEIDERT, „Schultheiß, Schulze“, in: Adalbert Erler/Ekkehard Kaufmann, Handwörterbuch zur deutschen Rechtsgeschichte, Bd. 4, Sp. 1519 ff

A. ERLER/U. K. JACOBS, „Steinigung“, in: Adalbert Erler/Ekkehard Kaufmann, Handwörterbuch zur deutschen Rechtsgeschichte, Bd. 4, Sp. 1945 ff

A. ERLER, „Wald“, in: Adalbert Erler/Ekkehard Kaufmann/Dieter Werkmüller, Handwörterbuch zur deutschen Rechtsgeschichte, Bd. 5, Sp. 1105 ff

ADALBERT ERLER, Sich selbst das Urteil sprechen, in: Oberdeutsche Zeitschrift für Volkskunde, 17. Jg. 1943, 1.-3. Heft, S. 143 ff

E.F./M.P., Politische Karikatur und Cartoons, Märchen auf den Kopf gestellt, in: Lutz Röhrich (Hrsg.), ...und so leben sie noch heute?, Märchen - ins Auge gefaßt, Katalog zur Ausstellung des Instituts für Volkskunde der Albert - Ludwigs - Universität Freiburg, 1990, S. 61 ff

HANS FEHR, Das Recht in der Dichtung, Bern 1937 (zit.als: Fehr)

HANS FEHR, Die Rechtsstellung der Frau und der Kinder in den Weistümern, Jena 1912

HANS FEHR, Das Recht im Bündner Märchen, in: Zeitschrift für Schweizerisches Recht, N.F. Bd. 54 (1935), S. 219 ff

MATTIAS GERHARD FISCHER, „Weinkauf“, in: Adalbert Erler/Ekkehard Kaufmann/Dieter Werkmüller, Handwörterbuch zur deutschen Rechtsgeschichte, Bd. 5, Sp. 1234 f

MATTIAS GERHARD FISCHER, „Zeugen“, in: Adalbert Erler/Ekkehard Kaufmann/Dieter Werkmüller, Handwörterbuch zur deutschen Rechtsgeschichte, Bd. 5, Sp. 1684 ff

WINFRIED FREUND, Die literarische Parodie, Stuttgart 1981

KARL FRIEDRICHS, Das Recht in den Kinder- und Hausmärchen, in: Mitteilungen der schlesischen Gesellschaft für Volkskunde, Bd. 22, Breslau 1920, S. 16 ff (zit. als: Friedrichs)

MONIKA FROMMEL, Internationale Reformbewegung zwischen 1880 und 1920, in: Jörg Schönert (Hrsg.), Erzählte Kriminalität, Zur Typologie und Funktion von narrativen Darstellungen in Strafrechtspflege, Publizistik und Literatur zwischen 1770 und 1920, Tübingen 1991, S. 467 ff

F. GEIßLER, „Bruder“, in: Hoops, RGA Bd. 3, S. 552 ff

ERICH GENZMER, Talion im klassischen und nachklassischen Recht? Erwägungen über Ursprung und Grundgedanken des Edikts Quod quisque juris in alterum statuerit, ut ipse eodem jure utatur, Zeitschrift der Savigny-Stiftung für Rechtsgeschichte, Romanist. Abt, Bd. 62 (1942), S. 122 ff

O. GIERKE, Der Humor im deutschen Recht, Berlin 1871

GUNHILD GINSCHEL, Der junge Jacob Grimm 1805 - 1819, zweite, um den Aufsatz „Der Märchenstil Jacob Grimms“ und ein Register erweiterte Auflage, Stuttgart 1989

ALGIRDAS JULIEN GREIMAS, Strukturale Semantik, Methodologische Untersuchungen, Autorisierte Übersetzung aus dem Französischen von Jens Ihwe, Braunschweig 1971

ALGIRDAS JULIEN GREIMAS, Zur Interpretationstheorie der mythischen Erzählung, in: Helga Gallas (Hrsg.), Strukturalismus als interpretatives Verfahren, Darmstadt u. Neuwied 1972, S. 105 ff

H. GRELLMANN, „Parodie", in: Paul Merker/Wolfgang Stammler, Reallexikon der deutschen Literaturgeschichte, Bd. 2, Berlin 1926/28, S. 630 ff

JACOB GRIMM, Deutsche Rechtsalterthümer, 2 Bde, 4. Aufl., (Hrsg. v. Andreas Heusler und Rudolf Hübner) Leipzig 1899 (zit. als: Grimm, RA)

JACOB GRIMM, Von der Poesie im Recht, Wissenschaftliche Buchgesellschaft Darmstadt 1972

JACOB GRIMM, Weisthümer, 4. Teil, Göttingen 1863

JACOB GRIMM, Kleinere Schriften,
Bd. 1, Berlin 1864
Bd. 2, Berlin 1865
Bd. 3, Berlin 1866
Bd. 4, Berlin 1869
Bd. 5, Berlin 1871
Bd. 6, Berlin 1882
Bd. 7, Berlin 1884
Bd. 8, Gütersloh 1890

WILHELM GRIMM, Kleinere Schriften, hrsg. v. Gustav Hinrichs,
Bd. 1, Berlin 1881
Bd. 2, Berlin 1882
Bd. 3, Berlin 1883
Bd. 4, Gütersloh 1887

BERNHARD GROßFELD/ANDREAS MÖHLENKAMP, Die Mühle in Märchen und Recht, in: NJW 1996, S. 1103 ff

G. HABERER, „Schafott", in: Adalbert Erler/Ekkehard Kaufmann, Handwörterbuch zur deutschen Rechtsgeschichte, Bd. 4, Sp. 1348 f

G. HABERER, „Schandstrafen", in: Adalbert Erler/Ekkehard Kaufmann, Handwörterbuch zur deutschen Rechtsgeschichte, Bd. 4, Sp. 1353 ff

H.-R. HAGEMANN, „Brautlauf", in: Adalbert Erler/Ekkehard Kaufmann, Handwörterbuch zur deutschen Rechtsgeschichte, Bd. 1, Sp. 517 ff

JOSEF HALTRICH, Zur Volkskunde der Siebenbürger Sachsen. Kleinere Schriften von Josef Haltrich. In neuer Bearbeitung herausgegeben von J. Wolff, Wien 1885

H. HATTENHAUER, „Märchen", in: Adalbert Erler/Ekkehard Kaufmann, Handwörterbuch zur deutschen Rechtsgeschichte, Bd. 3, Sp. 267 ff

HANS HATTENHAUER (HRSG.), Thibaut und Savigny, Ihre programmatischen Schriften, München 1973

ED. HEILFRON, Das Bürgerliche Recht des Deutschen Reichs, I. Teil: Geschichte des Bürgerlichen Rechts, II. Abteilung: Deutsche Rechtsgeschichte. Staatsrecht. Kirchenrecht, 7. Aufl. Berlin 1908

ALBERT HELLWIG, Die poetische Literatur als Quelle der Rechtserkenntniss, Zeitschrift für vergleichende Rechtswissenschaft, Bd. 17, 1905, S. 166 ff, Bd. 18, 1905, S. 429 ff (zit. als Hellwig, ZfvglRW und Band)

ALBERT HELLWIG, Miszellen aus der ethnologischen Jurisprudenz, Zeitschrift für vergleichende Rechtswissenschaft, Bd. 18, 1905, S. 461 ff, Bd. 19, 1906, S. 169 ff (zit. als Hellwig, ZfvglRW und Band)

F.-W. HENNING, „Pflugschar, Pflugscharengang", in: Adalbert Erler/Ekkehard Kaufmann, Handwörterbuch zur deutschen Rechtsgeschichte, Bd. 3, Sp. 1742 ff

HANS V. HENTIG, Die Strafe I, Berlin/Göttingen/Heidelberg 1954

O. HENßLER, „Asylrecht", in: Adalbert Erler/Ekkehard Kaufmann, Handwörterbuch zur deutschen Rechtsgeschichte, Bd. 1, Sp. 243

M. HERBERGER, „Juristen böse Christen", in: Adalbert Erler/Ekkehard Kaufmann, Handwörterbuch zur deutschen Rechtsgeschichte, Bd. 2, Sp. 481 ff

D. HERZOG, „§ 2 Germanische Zeit", „§ 3 Frühes Mittelalter", in: „Gefangenschaft", in: Hoops, RGA Bd. 10, S. 521 ff, S. 522 ff

RUDOLF HIRZEL, Der Eid, Ein Beitrag zu seiner Geschichte, Leipzig 1902

RUDOLF HIS, Das Strafrecht des deutschen Mittelalters: Bd.1, Aalen 1964 (Neudruck der Ausg. von 1920); Bd.2, Aalen 1964 (Neudruck der Ausg. von 1935) (zit. als: His, StdMA I bzw. II)

HANS HÖFINGHOFF U.A. (HRSG.), Alles was Recht war, Rechtsliteratur und literarisches Recht, Festschrift für Ruth Schmidt-Wiegand zum 70. Geburtstag, Essen 1996

MARKUS VAN DEN HÖVEL, (Buchbesprechung von Jörg-Michael Günther, Der Fall Rotkäppchen), NJW 1991, S. 1467

LUDWIG HOLLWECK, vom Leben zum Tod hingerichtet, München 1980

H. HOLZHAUER, „Geldstrafe", in: Adalbert Erler/Ekkehard Kaufmann, Handwörterbuch zur deutschen Rechtsgeschichte, Bd. 1, Sp. 1466 ff

H. HOLZHAUER, „Geständnis", in: Adalbert Erler/Ekkehard Kaufmann, Handwörterbuch zur deutschen Rechtsgeschichte Bd. 1, Sp. 1629 ff

H. HOLZHAUER, „Landfrieden II", in: Adalbert Erler/Ekkehard Kaufmann, Handwörterbuch zur deutschen Rechtsgeschichte, Bd. 2, Sp. 1465 ff

H. HOLZHAUER, „Rechtstag, endlicher", in: Adalbert Erler/Ekkehard Kaufmann, Handwörterbuch zur deutschen Rechtsgeschichte, Bd. 4, Sp. 395 ff

LAURI HONKO, „Gattungsprobleme", in: Rolf Wilhelm Brednich (Hrsg.), Enzyklopädie des Märchens, Bd. 5, Berlin/New York 1987, Sp. 744 ff

JOHANNES HOOPS, Reallexikon der Germanischen Altertumskunde, 2. Aufl. (zit. als: Hoops, RGA)
Bd 1, Hrsg. von Heinrich Beck, Herbert Jankuhn, Hans Kuhn, Kurt Ranke, Reinhard Wenskus, Berlin/New York 1973
Bd. 2, Hrsg. von Heinrich Beck, Herbert Jankuhn, Kurt Ranke, Reinhard Wenskus, Berlin/New York 1976
Bd. 3, Hrsg. von Heinrich Beck, Herbert Jankuhn, Kurt Ranke, Reinhard Wenskus, Berlin/New York 1978
Bd. 4, Hrsg. von Heinrich Beck, Herbert Jankuhn, Kurt Ranke, Reinhard Wenskus, Berlin/New York 1981
Bd. 5, Hrsg. von Heinrich Beck, Herbert Jankuhn, Kurt Ranke, Reinhard Wenskus, Berlin/New York 1984
Bd. 6, Hrsg. von Heinrich Beck, Herbert Jankuhn, Kurt Ranke, Reinhard Wenskus, Berlin/New York 1986
Bd. 7, Hrsg. von Heinrich Beck, Herbert Jankuhn, Kurt Ranke, Reinhard Wenskus, Berlin/New York 1989
Bd. 8, Hrsg. von Heinrich Beck, Herbert Jankuhn, Heiko Steuer, Dieter Timpe, Reinhard Wenskus, Berlin/New York 1994
Bd. 9, Hrsg. von Heinrich Beck, Herbert Jankuhn, Heiko Steuer, Dieter Timpe, Reinhard Wenskus, Berlin/New York 1995
Bd. 10, Hrsg. von Heinrich Beck, Heiko Steuer, Dieter Timpe, Berlin/New York 1998
Bd. 11, Hrsg. von Heinrich Beck, Heiko Steuer, Dieter Timpe, Berlin/New York 1998
Bd. 12, Hrsg. von Heinrich Beck, Heiko Steuer, Dieter Timpe, Berlin/New York 1998
Bd. 13, Hrsg. von Heinrich Beck, Dieter Geuenich, Heiko Steuer, Dieter Timpe, Berlin/New York 1999
Bd. 14, Hrsg. von Heinrich Beck, Dieter Geuenich, Heiko Steuer, Berlin/New York 1999
Bd. 15, Hrsg. von Heinrich Beck, Dieter Geuenich, Heiko Steuer, Berlin/New York 2000
Bd. 16, Hrsg. von Heinrich Beck, Dieter Geuenich, Heiko Steuer, Berlin/New York 2000

KATALIN HORN, Märchenmotive und gezeichneter Witz: Einige Möglichkeiten der Adaption, in: Österreichische Zeitschrift für Volkskunde, Bd. 86 (1983), S. 209 ff

KATALIN HORN, „List“, in: Rolf Wilhelm Brednich (Hrsg.) Enzyklopädie des Märchens, Bd. 8, Berlin/New York 1996, Sp. 1097 ff

RUDOLF HÜBNER, Jacob Grimm und das deutsche Recht, Göttingen 1895

W. HÜLLE, „Kriegsartikel“, in: Adalbert Erler/Ekkehard Kaufmann, Handwörterbuch zur deutschen Rechtsgeschichte, Bd. 2, Sp. 1196 ff

RALF JAHN, (Buchbesprechung von Jörg-Michael Günther, Der Fall Max und Moritz), in: NJW 1989, S. 377 f

HEDA JASON, A Model for Narrative Structure in Oral Literature, in: Heda Jason/Dimitri Segal (Hrsg.), Patterns in Oral Literature, The Hague/Paris 1977

JENS CHRISTIAN JESSEN, Das Recht in den Kinder- und Hausmärchen der Brüder Grimm, Kiel 1979 (zit. als: Jessen)

ANDRÉ JOLLES, Einfache Formen, Legende/ Sage/ Mythe/ Rätsel/ Spruch/ Kasus/ Memorabile/ Märchen/ Witz, 2. unveränderte Aufl. Darmstadt 1958

HERMANN U. KANTOROWICZ, Volksgeist und Historische Rechtsschule, in: Historische Zeitschrift Bd. 108, 1912, S. 295 ff

FELIX KARLINGER (HRSG.), Wege der Märchenforschung, Darmstadt 1973, 2. unverä. Aufl. Darmstadt 1985

FELIX KARLINGER, Grundzüge einer Geschichte des Märchens im deutschen Sprachraum, Darmstadt 1983

ARTHUR KAUFMANN, Beziehungen zwischen Recht und Novellistik, in: NJW 1982, S. 606 ff

E. KAUFMANN/D. LANDES, „Acht", in: Adalbert Erler/Ekkehard Kaufmann, Handwörterbuch zur deutschen Rechtsgeschichte, Bd. 1, Sp. 25 ff

E. KAUFMANN, „Aussetzen (als Strafe)", in: Adalbert Erler/Ekkehard Kaufmann, Handwörterbuch zur deutschen Rechtsgeschichte, Bd. 1, Sp. 266 f

E. KAUFMANN, „Bann, weltlich", in: Adalbert Erler/Ekkehard Kaufmann, Handwörterbuch zur deutschen Rechtsgeschichte, Bd.1, Sp. 308 ff

E. KAUFMANN, „Brandstiftung", in: Adalbert Erler/Ekkehard Kaufmann, Handwörterbuch zur deutschen Rechtsgeschichte, Bd. 1, Sp. 504 f

E. KAUFMANN, „Buße", in: Adalbert Erler/Ekkehard Kaufmann, Handwörterbuch zur deutschen Rechtsgeschichte, Bd. 1, Sp. 575 ff

E. KAUFMANN, „Ding", in: Adalbert Erler/Ekkehard Kaufmann, Handwörterbuch zur deutschen Rechtsgeschichte, Bd. 1, Sp. 742 ff

E. KAUFMANN, „Fehde", in: Adalbert Erler/Ekkehard Kaufmann, Handwörterbuch zur deutschen Rechtsgeschichte, Bd. 1, Sp. 1083 ff

E. KAUFMANN, „§2 Rechtshistorisches", in: „Fehde", in: Hoops, RGA Bd. 8, S. 279 ff, 282 ff

E. KAUFMANN, „Feuerstrafe", in: Adalbert Erler/Ekkehard Kaufmann, Handwörterbuch zur deutschen Rechtsgeschichte, Bd. 1, Sp. 1125 ff

E. KAUFMANN, „§2 Rechtshistorisches", in: „Folter", in: Hoops, RGA Bd. 9, S. 316 ff, 319 ff

E. KAUFMANN, „Friedensgeld", in: Adalbert Erler/Ekkehard Kaufmann, Handwörterbuch zur deutschen Rechtsgeschichte, Bd. 1, Sp. 1296 ff

E. KAUFMANN, „Königsbann", in: Adalbert Erler/Ekkehard Kaufmann, Handwörterbuch zur deutschen Rechtsgeschichte, Bd. 2, Sp. 1023 ff

E. KAUFMANN, „Königsgericht", in: Adalbert Erler/Ekkehard Kaufmann, Handwörterbuch zur deutschen Rechtsgeschichte, Bd. 2, Sp. 1034 ff

E. KAUFMANN, „Landfrieden I", in: Adalbert Erler/Ekkehard Kaufmann, Handwörterbuch zur deutschen Rechtsgeschichte, Bd. 2, Sp. 1451 ff

E. KAUFMANN, „Lebendig Begraben", in: Adalbert Erler/Ekkehard Kaufmann (Hrsg.), Handwörterbuch zur deutschen Rechtsgeschichte, Bd. 2, Sp. 1652 ff

E. KAUFMANN, „Leibesstrafe“, in: Adalbert Erler/Ekkehard Kaufmann, Handwörterbuch zur deutschen Rechtsgeschichte, Bd. 2, Sp. 1777 ff

E. KAUFMANN, „Notwehr“, in: Adalbert Erler/Ekkehard Kaufmann, Handwörterbuch zur deutschen Rechtsgeschichte, Bd. 3, Sp. 1096 ff

E. KAUFMANN, „opera publica“, in: Adalbert Erler/Ekkehard Kaufmann, Handwörterbuch zur deutschen Rechtsgeschichte, Bd.3, Sp. 1248 ff

E. KAUFMANN, „Peinliche Strafe“, in: Adalbert Erler/Ekkehard Kaufmann, Handwörterbuch zur deutschen Rechtsgeschichte, Bd. 3, Sp. 1574

E. KAUFMANN, „Pfählen“, in: Adalbert Erler/Ekkehard Kaufmann, Handwörterbuch zur deutschen Rechtsgeschichte, Bd. 3, Sp. 1657 ff

E. KAUFMANN, „Rache“, in: Adalbert Erler/Ekkehard Kaufmann, Handwörterbuch zur deutschen Rechtsgeschichte, Bd. 4, Sp. 126 f

E. KAUFMANN, „Rädern“, in: Adalbert Erler/Ekkehard Kaufmann, Handwörterbuch zur deutschen Rechtsgeschichte, Bd. 4, Sp. 135 ff

E. KAUFMANN, „Rechtssprichwort“, in: Adalbert Erler/Ekkehard Kaufmann, Handwörterbuch zur deutschen Rechtsgeschichte, Bd. 4, Sp. 364 ff

E. KAUFMANN, „Schuldknechtschaft“, in: Adalbert Erler/Ekkehard Kaufmann, Handwörterbuch zur deutschen Rechtsgeschichte, Bd. 4, Sp. 1514

E. KAUFMANN, „Selbsturteil“, in: Adalbert Erler/Ekkehard Kaufmann, Handwörterbuch zur deutschen Rechtsgeschichte, Bd. 4, Sp. 1619 ff

E. KAUFMANN, „Spiegelnde Strafe“, in: Adalbert Erler/Ekkehard Kaufmann, Handwörterbuch zur deutschen Rechtsgeschichte, Bd.4, Sp. 1761 ff

E. KAUFMANN, „Strafe, Strafrecht“, in: Adalbert Erler/Ekkehard Kaufmann, Handwörterbuch zur deutschen Rechtsgeschichte, Bd. 4, Sp. 2011 ff

E. KAUFMANN, „Strafprozeß I“, in: Adalbert Erler/Ekkehard Kaufmann, Handwörterbuch zur deutschen Rechtsgeschichte, Bd. 4, Sp. 2030 ff

E. KAUFMANN, „Sühne, Sühneverträge“, in: Adalbert Erler/Ekkehard Kaufmann/Dieter Werkmüller, Handwörterbuch zur deutschen Rechtsgeschichte, Bd. 5, Sp. 72 ff

E. KAUFMANN, „Talion“, in: Adalbert Erler/Ekkehard Kaufmann/Dieter Werkmüller, Handwörterbuch zur deutschen Rechtsgeschichte, Bd. 5, Sp. 114 ff

E. KAUFMANN, „Urteil (rechtlich)“, in: Adalbert Erler/Ekkehard Kaufmann/Dieter Werkmüller, Handwörterbuch zur deutschen Rechtsgeschichte, Bd. 5, Sp. 604 ff

E. KAUFMANN, „Volksrecht, Volksrechte“, in: Adalbert Erler/Ekkehard Kaufmann/Dieter Werkmüller, Handwörterbuch zur deutschen Rechtsgeschichte, Bd. 5, Sp. 1004 ff

E. KAUFMANN, „Zauberei (und Vergiftung)“, in: Adalbert Erler/Ekkehard Kaufmann/Dieter Werkmüller, Handwörterbuch zur deutschen Rechtsgeschichte, Bd. 5, Sp. 1614 ff

EKKEHARD KAUFMANN, Deutsches Recht. Die Grundlagen, Berlin 1984

H. KIEFNER, „Savigny, Friedrich Carl von“, in: Adalbert Erler/Ekkehard Kaufmann, Handwörterbuch zur deutschen Rechtsgeschichte, Bd. 4, Sp. 1313 ff

G. KÖBLER, „§ 3 Rechtshistorisches“, in: „Ehre (Ehrlichkeit, Ehrlosigkeit)“, in: Hoops, RGA Bd. 6, S. 500 ff, 502 ff

U. KORNBLUM, „Beweis“, in: Adalbert Erler/Ekkehard Kaufmann, Handwörterbuch zur deutschen Rechtsgeschichte, Bd. 1, Sp. 401 ff

K.-S. KRAMER, „Dorflinde“, in: Adalbert Erler/Ekkehard Kaufmann, Handwörterbuch zur deutschen Rechtsgeschichte, Bd. 1, Sp. 774 f

K.-S. KRAMER, „Ehrliche, Unehrliche Gewerbe“, in: Adalbert Erler/Ekkehard Kaufmann, Handwörterbuch zur deutschen Rechtsgeschichte, Bd. 1, Sp. 855 ff

K.-S. KRAMER, „Einmauern“, in: Adalbert Erler/Ekkehard Kaufmann, Handwörterbuch zur deutschen Rechtsgeschichte, Bd. 1, Sp. 906

K.-S. KRAMER, „Gerichtsstätte“, in: Adalbert Erler/Ekkehard Kaufmann, Handwörterbuch zur deutschen Rechtsgeschichte, Bd. 1, Sp. 1550 f

THOMAS KRAUSE, „Zuchthaus“, in: Adalbert Erler/Ekkehard Kaufmann/Dieter Werkmüller, Handwörterbuch zur deutschen Rechtsgeschichte, Bd. 5, Sp. 1777 ff

G. KREUTZER, „§4 Die rechtliche Stellung der Kinder, § 5 Die erste Phase der Kindheit (bis 7 Jahre)“, in: „Kinder“, in: Hoops, RGA Bd. 16, S. 526 ff, 529 ff

K. KROESCHELL, „Amtmann“, in: Adalbert Erler/Ekkehard Kaufmann, Handwörterbuch zur deutschen Rechtsgeschichte, Bd. 1, Sp. 155 f

K. KROESCHELL, „Asylrecht“, in: Hoops, RGA Bd. 1, S. 460 ff

K. KROESCHELL, „Dorf“, in: Adalbert Erler/Ekkehard Kaufmann, Handwörterbuch zur deutschen Rechtsgeschichte, Bd. 1, Sp. 764 ff

K. KROESCHELL, „§ 47 Grundlagen, § 48 Quellenprobleme, § 49 Kritik der Denkmodelle“, in „Germanen, Germania, Germanische Altertumskunde“, in: Hoops, RGA Bd. 11, S. 181 ff, S. 395 ff

EBERHARD FRHR. VON KÜNßBERG, Rechtsbrauch und Kinderspiel, 2. Aufl. Heidelberg 1952

EBERHARD FRHR. VON KÜNßBERG, Rechtsgeschichte und Volkskunde, bearb. von Pavlos Tzermias, Köln 1965 (zit. als: v. Künßberg, Rechtsgeschichte und Volkskunde (1965))

EBERHARD FRHR. VON KÜNßBERG, Rechtsgeschichte und Volkskunde, in: Zeitschrift für Deutschkunde, 1922, S. 321 ff

EBERHARD FRHR. VON KÜNßBERG, Rechtliche Volkskunde, Halle/Saale, 1936

VOLKER LADENTHIN, Recht und Gerechtigkeit im Märchen, in: Neue Juristische Wochenschrift (NJW) 1994, S. 1928 f

S. LAMMEL, „Hausgerichtsbarkeit“, in: Hoops, RGA Bd. 14, S. 69 f

P. LEISCHING, „Pfarrer“, in: Adalbert Erler/Ekkehard Kaufmann, Handwörterbuch zur deutschen Rechtsgeschichte, Bd. 3, Sp. 1707 ff

FRIEDRICH VON DER LEYEN, Das Märchen. Ein Versuch, 2. Aufl. Leipzig 1917

FRIEDRICH VON DER LEYEN, Das deutsche Märchen, Leipzig 1917

FRIEDRICH VON DER LEYEN, Das deutsche Märchen und die Brüder Grimm, Düsseldorf/Köln 1964

R. LIEBERWIRTH, „Ausstäupen", in: Adalbert Erler/Ekkehard Kaufmann, Handwörterbuch zur deutschen Rechtsgeschichte, Bd. 1, Sp. 270 f

R. LIEBERWIRTH, „Diebstahl", in Adalbert Erler/Ekkehard Kaufmann (Hrsg.), Handwörterbuch zur deutschen Rechtsgeschichte, Bd. 1, Sp. 730 ff

R. LIEBERWIRTH, „Folter", in: Adalbert Erler/Ekkehard Kaufmann, Handwörterbuch zur deutschen Rechtsgeschichte, Bd. 1, Sp. 1149 ff

R. LIEBERWIRTH, „Freiheitsstrafe", in: Adalbert Erler/Ekkehard Kaufmann, Handwörterbuch zur deutschen Rechtsgeschichte, Bd. 1, Sp. 1238 ff

R. LIEBERWIRTH, „Gefangene, Gefängnis", in: Adalbert Erler/Ekkehard Kaufmann, Handwörterbuch zur deutschen Rechtsgeschichte, Bd. 1, Sp. 1431 ff

R. LIEBERWIRTH, „Haftstrafe", in: Adalbert Erler/Ekkehard Kaufmann, Handwörterbuch zur deutschen Rechtsgeschichte, Bd. 1, Sp. 1899 ff

R. LIEBERWIRTH, „Halslösung", in: Adalbert Erler/Ekkehard Kaufmann, Handwörterbuch zur deutschen Rechtsgeschichte, Bd. 1, Sp. 1915

ALFRED LIEDE, „Parodie", in: Werner Kohlschmidt/Wolfgang Mohr (Hrsg.), Reallexikon der deutschen Literaturgeschichte, Bd. 3, 2. Aufl., Berlin/New York 1977, S. 12 ff

KARL N. LLEWELLYN AND E. ADAMSON HOEBEL, The Cheyenne Way, Conflict and Case Law in Primitive Jurisprudence, Norman: University of Oklahoma Press, 1941

AUGUST VON LÖWIS OF MENAR, Der Held im deutschen und russischen Märchen, Leipzig 1912

U. LOCKEMANN, „Namensrecht", in: Adalbert Erler/Ekkehard Kaufmann, Handwörterbuch zur deutschen Rechtsgeschichte, Bd. 3, Sp. 836 ff

OTTO LUDWIG, Richter und Gericht im deutschen Märchen, Bühl-Baden 1935 (zit. als: Ludwig)

KLAUS LÜDERSSEN, Hans im Glück, Kriminalpsychologische Betrachtungen - mit einem Seitenblick auf die Genese sozialer Normen, in: ders., Produktive Spiegelungen, Recht und Kriminalität in der Literatur, Frankfurt a. Main 1991

KLAUS LÜDERSSEN, Produktive Spiegelungen, Recht und Kriminalität in der Literatur, Frankfurt a. Main 1991

MAX LÜTHI, Das europäische Volksmärchen, 8.Aufl., Tübingen, 1985

MAX LÜTHI, Volksmärchen und Volkssage, 3.Aufl., Bern und München 1975

MAX LÜTHI, Die Herkunft des Grimmschen Rapunzelmärchens, in: Fabula 3, 1960, S. 95 ff

MAX LÜTHI, Märchen, 8. Aufl. (bearbeitet von Heinz Rölleke), Stuttgart 1990

M. LUNDGREEN, „Friedlosigkeit (Acht)“, in: Hoops, RGA Bd. 9, S. 613 ff

LUTZ MACKENSEN (HRSG), Handwörterbuch des deutschen Märchens, Berlin und Leipzig 1930/1933 (zit. als: HdM)

CARL-HEINZ MALLET, Kopf ab! Gewalt im Märchen, Hamburg 1985

D. MARSCHALL, „Hängen“, in: Adalbert Erler/Ekkehard Kaufmann, Handwörterbuch zur deutschen Rechtsgeschichte, Bd. 1, Sp. 1988 ff

K. MARXEN, „Strafprozeßordnung“, in: Adalbert Erler/Ekkehard Kaufmann, Handwörterbuch zur deutschen Rechtsgeschichte, Bd. 4, Sp. 2039 ff

TH. MAYER-MALY, „Notverkauf von Frau und Kind“, in Adalbert Erler/Ekkehard Kaufmann (Hrsg.), Handwörterbuch zur deutschen Rechtsgeschichte, Bd. 3, Sp. 1089 f

ELEASAR MELETINSKIJ, Zur strukturell-typologischen Erforschung des Volksmärchens, in: Karl Eimermacher (Hrsg.), Vladimir Propp, Morphologie des Märchens, München 1972, S. 179 ff

F. MERZBACHER, „Bann, kirchlich“, in: Adalbert Erler/Ekkehard Kaufmann, Handwörterbuch zur deutschen Rechtsgeschichte, Bd. 1, Sp. 306 ff

F. MERZBACHER, „Ehe, kirchenrechtlich“, in: Adalbert Erler/Ekkehard Kaufmann, Handwörterbuch zur deutschen Rechtsgeschichte, Bd. 1, Sp. 833 ff

F. MERZBACHER, „Exkommunikation“, in: Adalbert Erler/Ekkehard Kaufmann, Handwörterbuch zur deutschen Rechtsgeschichte, Bd. 1, Sp. 1032 f

F. MERZBACHER, „Festungsbau (strafrechtlich)“, in: Adalbert Erler/Ekkehard Kaufmann, Handwörterbuch zur deutschen Rechtsgeschichte, Bd. 1, Sp. 1116 f

F. MERZBACHER, „Hexenprozesse“, in: Adalbert Erler/Ekkehard Kaufmann, Handwörterbuch zur deutschen Rechtsgeschichte, Bd. 2, Sp. 145 ff

D. MEURER, „Todesstrafe“, in: Adalbert Erler/Ekkehard Kaufmann/Dieter Werkmüller, Handwörterbuch zur deutschen Rechtsgeschichte, Bd. 5, Sp. 264 ff

WOLFGANG MIEDER, „Findet, so werdet ihr suchen!“ Die Brüder Grimm und das Sprichwort, Bern/Frankfurt a.M./New York 1986

WOLFGANG MIEDER, Tradition and Innovation in Folk Literature, Hanover and London 1987

P. MIKAT, „Ehe“, in: Adalbert Erler/Ekkehard Kaufmann, Handwörterbuch zur deutschen Rechtsgeschichte, Bd. 1, Sp. 809 ff

HEINRICH MITTEIS/HEINZ LIEBERICH, Deutsche Rechtsgeschichte, 19. Aufl., München, 1992 (zit.als: Mitteis/Lieberich, dt. RG)

ERNST V. MOELLER, Die Entstehung des Dogmas von dem Ursprung des Rechts aus dem Volksgeist, Mitteilungen des Instituts für österreichische Geschichtsforschung Bd. 30, (1909), S. 1 ff (zit. als: v. Moeller, Die Entstehung des Dogmas)

DIETZ-RÜDIGER MOSER, Märchenforschung, Würzburg-München 1981

DIETZ-RÜDIGER MOSER, „Altersbestimmung des Märchens", in: Kurt Ranke (Hrsg.), Enzyklopädie des Märchens, Bd. 1, Berlin/New York 1977, Sp. 407 ff

GERHARD O. W. MUELLER, The Criminological Significance of the Grimms' Fairy Tales, in: Ruth B. Bottigheimer (Hrsg.), Fairy Tales and Society, Philadelphia 1986 (zit. als Mueller, The Criminological Significance)

GERHARD O.W. MUELLER, Leserbrief in The New York Times, Sunday October 9, 1983, S. 18 E

BEATE MÜLLER, Komische Intertextualität, Die literarische Parodie, Trier 1994

H. MÜLLER, „Strafvollzug", in: Adalbert Erler/Ekkehard Kaufmann/Dieter Werkmüller, Handwörterbuch zur deutschen Rechtsgeschichte, Bd. 5, Sp. 10 ff

HEINZ MÜLLER-DIETZ, Grenzüberschreitungen, Beiträge zur Beziehung zwischen Literatur und Recht, Baden-Baden 1990

J. MÜLLER-VOLBEHR, „Bann", in: Hoops, RGA Bd. 2, S. 34 ff

J. MÜLLER-VOLBEHR, „Beweis", in: Hoops, RGA Bd. 2, S. 483 ff

H. NEHLSEN, „Aussetzung", in: Hoops, RGA Bd. 1, S. 508

H. NEHLSEN, „II. Deutsches Recht", in: „Buße (Weltliches Recht)", in: Robert-Henri Bautier u.a. (Hrsg. und Berater), Lexikon des Mittelalters, Bd. 2, München/Zürich 1983, Sp. 1144 ff

HERMANN NEHLSEN, Der Grabfrevel in den germanischen Rechtsaufzeichnungen, zugleich ein Beitrag zur Diskussion um Todesstrafe und Friedlosigkeit bei den Germanen, Sonderdruck aus: Herbert Jankuhn, Hermann Nehlsen, Helmut Roth (Hrsg.), Zum Grabfrevel in vor- und frühgeschichtlicher Zeit, Untersuchungen zu Grabraub und „haugbrot" in Mittel- und Nordeuropa, Bericht über ein Kolloquium der Kommission für Altertumskunde Mittel- und Nordeuropas vom 14. bis 16. Februar 1977, Göttingen 1978

HERMANN NEHLSEN, Entstehung des öffentlichen Strafrechts bei den germanischen Stämmen, Sonderdruck aus: Karl Kroeschell (Hrsg.), Gerichtslauben-Vorträge, Freiburger Festkolloquium zum fünfundsiebzigsten Geburtstag von Hans Thieme, Sigmaringen 1983

DER NEUE HERDER, Bd.1, „Ainu", Freiburg im Breisgau 1965

G. NEUSSER, „Enteignung", in: Adalbert Erler/Ekkehard Kaufmann, Handwörterbuch zur deutschen Rechtsgeschichte, Bd. 1, Sp. 941 ff

O.G. OEXLE, „§ 3 Zur Geschichte der Gilde im Mittelalter", in: „Gilde", in: Hoops, RGA Bd. 12, S. 102 ff, 103 ff

WERNER OGRIS, Jacob Grimm und die Rechtsgeschichte, in: Jacob und Wilhelm Grimm, Vorträge und Ansprachen in den Veranstaltungen der Akademie der Wissenschaften und der Georg-August-Universität in Göttingen anläßlich der 200. Wiederkehr ihrer Geburtstage, am 24., 26. und 28. Juni 1985 in der Aula der Georg-August-Universität Göttingen, Göttingen 1986, S. 67 ff

W. OGRIS, „Aufnehmen des Kindes“, in: Adalbert Erler/Ekkehard Kaufmann, Handwörterbuch zur deutschen Rechtsgeschichte, Bd. 1, 253 f

W.OGRIS, „Aussetzen eines Kindes“, in: Adalbert Erler/Ekkehard Kaufmann (Hrsg.), Handwörterbuch zur deutschen Rechtsgeschichte, Bd. 1, Sp. 267 f

W. OGRIS, „Bahrprobe, Bahrrecht“, in: Adalbert Erler/Ekkehard Kaufmann, Handwörterbuch zur deutschen Rechtsgeschichte, Bd. 1, Sp. 283 ff

W. OGRIS, „Erbengemeinschaft“, in: Adalbert Erler/Ekkehard Kaufmann, Handwörterbuch zur deutschen Rechtsgeschichte, Bd. 1, Sp. 953 ff

W. OGRIS, „§ 1 Allgemeines“, in: „Frauengerade“, in: Hoops, RGA Bd. 9, S. 514 ff

W. OGRIS, „Friedelehe“, in: Adalbert Erler/Ekkehard Kaufmann, Handwörterbuch zur deutschen Rechtsgeschichte, Bd. 1, Sp. 1293 ff

W. OGRIS, „Hausgemeinschaft“, in: Adalbert Erler/Ekkehard Kaufmann, Handwörterbuch zur deutschen Rechtsgeschichte, Bd. 1, Sp. 2024 ff

W. OGRIS, „Lösung“, in: Adalbert Erler/Ekkehard Kaufmann, Handwörterbuch zur deutschen Rechtsgeschichte, Bd. 3, Sp. 55 f

W. OGRIS, „Munt, Muntwalt“, in: Adalbert Erler/Ekkehard Kaufmann (Hrsg.), Handwörterbuch zur deutschen Rechtsgeschichte, Bd. 3, Sp. 750 ff

W. OGRIS, „Niftelgerade“ in: Adalbert Erler/Ekkehard Kaufmann, Handwörterbuch zur deutschen Rechtsgeschichte, Bd. 3, Sp. 1007 f

W. OGRIS, „Vater“, in: Adalbert Erler/Ekkehard Kaufmann/Dieter Werkmüller, Handwörterbuch zur deutschen Rechtsgeschichte, Bd.5, Sp. 648 ff

G. VON OLBERG, „Gerichtsverfassung“, in: Hoops, RGA Bd. 11, S. 171 ff

G. VON OLBERG, „Gerüfte“, in: Hoops, RGA Bd. 11, S. 455 ff

G. VON OLBERG, „Kebse“, in: Hoops, RGA Bd. 16, S. 347 ff

AXEL OLRIK, Epische Gesetze der Volksdichtung, in: Zeitschrift für deutsches Altertum und deutsche Litteratur, Bd. 51 (1909), S. 1 ff

EDUARD OTTO, Das deutsche Handwerk in seiner kulturgeschichtlichen Entwicklung, 4. Aufl., Leipzig und Berlin 1913

ELEANOR SUSAN PAGE, The „Nageltonne“; Its Uses in History and Folktale, in: Journal of American Folklore, Bd. 59 (1946), S. 20 ff (zit. als: E.S. Page)

GASTON PARIS, Die undankbare Gattin, in: Zeitschrift des Vereins für Volkskunde, Bd. 13, S. 1 ff, S. 129 ff

L. PETZOLDT, „Einfache Formen“, in: Hoops, RGA Bd. 7, S. 1 ff

L. PETZOLDT, „Epische Gesetze“, in: Hoops, RGA Bd. 7, S. 405 ff

L. PETZOLDT, „Erzählmotiv“, in: Hoops, RGA Bd. 7, S. 538 ff

G. PHILIPP, „Leute, fahrende", in: Adalbert Erler/Ekkehard Kaufmann, Handwörterbuch zur deutschen Rechtsgeschichte, Bd. 2, Sp. 1858 ff

LOTHAR PHILIPPS, Die Gerechtigkeit der Likedeeler, in: Rechtstheorie 11 (1980), S. 240 ff

D. PIRSON, „Tridentinum", in: Adalbert Erler/Ekkehard Kaufmann/Dieter Werkmüller, Handwörterbuch zur deutschen Rechtsgeschichte, Bd. 5, Sp. 343 ff

HANS PLANITZ/KARL AUGUST ECKHARDT, Deutsche Rechtsgeschichte, 3.Aufl., Graz-Köln 1971 (zit. als: Planitz, dt. RG)

HEIKE POLIFKE, Die Darstellung von Recht und Unrecht in Volksmärchen. Bestandsaufnahme und Analyse unter Berücksichtigung der Rezeptionsfähigkeit kindlicher Adressaten, Bonn/Bochum 1997

MIHAI POP, Nationaler Charakter und historische Schichtungen im Stil der Volksmärchen, in: Felix Karlinger (Hrsg.), Wege der Märchenforschung, S. 394 ff

THERESE POSER, Das Volksmärchen, Theorie - Analyse - Didaktik, München 1980

W. PREISNER, „Blutrache", in: Adalbert Erler/Ekkehard Kaufmann, Handwörterbuch zur deutschen Rechtsgeschichte, Bd. 1, Sp. 459 ff

VLADIMIR PROPP, Morphologie des Märchens, herausgegeben von Karl Eimermacher, München 1972

RUDOLF QUANTER, Die Leibes- und Lebensstrafen bei allen Völkern und zu aller Zeit, 2. Aufl. Leipzig 1901

GUSTAV RADBRUCH (HRSG.), Die Peinliche Gerichtsordnung Kaiser Karls V. von 1532, Stuttgart 1960

KURT RANKE, Betrachtungen zum Wesen und zur Funktion des Märchens, in: Felix Karlinger (Hrsg.), Wege der Märchenforschung, Darmstadt 1985, S. 320 ff

JOHN RAWLS, Eine Theorie der Gerechtigkeit, 5. Aufl., Frankfurt a.M. 1990

H. REICHERT, „Frau", in: Hoops, RGA Bd. 9, S. 477 ff

WILHELM RENGER, Hinrichtungen als Volksfeste, in: Süddeutsche Monatshefte, Jg. 10, Bd. 2 (1913), S. 8 ff

HANS RITZ, Die Geschichte vom Rotkäppchen, Ursprünge, Analysen, Parodien eines Märchens, 2. Aufl. München 1986

HANS RITZ, Bilder vom Rotkäppchen, Das Märchen in 100 Illustrationen, Karikaturen und Cartoons, München 1986

V. RÖDEL, „Lehnschulze", in: Adalbert Erler/Ekkehard Kaufmann, Handwörterbuch zur deutschen Rechtsgeschichte, Bd. 2, Sp. 1702 f

LUTZ RÖHRICH, Märchen und Wirklichkeit, 4.Aufl., Wiesbaden 1979 (zit. als: Röhrich)

LUTZ RÖHRICH, Gebärde - Metapher - Parodie, Düsseldorf 1967

LUTZ RÖHRICH, Der Froschkönig und seine Wandlungen, Fabula 1979, S. 170 ff

LUTZ RÖHRICH, Metamorphosen des Märchens heute, in: Klaus Doderer (Hrsg.), Über Märchen für Kinder von heute, Essays zu ihrem Wandel und ihrer Funktion, Weinheim und Basel 1983, S. 97 ff

LUTZ RÖHRICH, Wandlungen des Märchens in den modernen Bildmedien Comics und Cartoons, in: Hans-Jörg Uther (Hrsg.), Märchen in unserer Zeit, Zu Erscheinungsformen eines populären Erzählgenres, München 1990, S. 11 ff

LUTZ RÖHRICH, Der Froschkönig, in: Wilhelm Solms in Verbindung mit Charlotte Oberfeld (Hrsg.), Das selbstverständliche Wunder, Beiträge germanistischer Märchenforschung, Marburg 1986, S. 7 ff

LUTZ RÖHRICH, „Grausamkeit", in: Rolf Wilhelm Brednich (Hrsg.), Enzyklopädie des Märchens, Bd. 6, Berlin/New York 1990, Sp. 97 ff

LUTZ RÖHRICH (HRSG.), ...und so leben sie noch heute?, Märchen - ins Auge gefaßt, Katalog zur Ausstellung des Instituts für Volkskunde der Albert - Ludwigs - Universität Freiburg, 1990

HEINZ RÖLLEKE, Die „Kinder- und Hausmärchen" der Brüder Grimm, Einige neuere Forschungen und Erkenntnisse, in: Hans-Jörg Uther (Hrsg.), Märchen in unserer Zeit, Zu Erscheinungsformen eines populären Erzählgenres, München 1990

HEINZ RÖLLEKE, Die Märchen der Brüder Grimm, Eine Einführung, 3. Aufl. Bonn/Berlin 1992 (zit. als: Rölleke, Einführung)

HEINZ RÖLLEKE (HRSG.), Hrsg. in Verbindung mit Lothar Bluhm, „Redensarten des Volks, auf die ich immer horche", Das Sprichwort in den Kinder- und Hausmärchen der Brüder Grimm, Bern/Frankfurt a.M/New York/Paris 1988

ANDREAS ROTH, „Züchtigungsrecht", in: Adalbert Erler/Ekkehard Kaufmann, Handwörterbuch zur deutschen Rechtsgeschichte, Bd. 5, Sp. 1781 f

E. ROTHACKER, Savigny, Grimm, Ranke. Ein Beitrag zur Frage nach dem Zusammenhang der Historischen Schule, in: Historische Zeitschrift Bd. 128 (1923), S. 415 ff

CHARLOTTE ROUGEMONT, ...dann leben sie noch heute, Erlebnisse und Erfahrungen beim Märchenerzählen, 6. Aufl. 1977

E. RUHWEDEL, „Fähre, Fährenrecht", in: Adalbert Erler/Ekkehard Kaufmann, Handwörterbuch zur deutschen Rechtsgeschichte, Bd. 1, Sp. 1042 ff

LAZARE SAINÉAN, L'état actuel des études de folk-lore, in: Revue de Synthèse historique, 1902, S. 147 ff; hierzu Rezension (von H.H.) in: L'Année Sociologique, VI, 1903, S. 271 ff

FRIEDRICH CARL VON SAVIGNY, Über den Zweck der Zeitschrift für geschichtliche Rechtswissenschaft, in: Friedrich Carl von Savigny, Vermischte Schriften, Bd. 1, Neudruck der Ausgabe Berlin 1850, Aalen 1968

FRIEDRICH CARL VON SAVIGNY, Vom Beruf unserer Zeit für Gesetzgebung und Rechtswissenschaft, in: Jacques Stern (Hrsg.), Thibaut und Savigny, S. 69 ff (zit. als Savigny, Beruf)

FRIEDRICH CARL VON SAVIGNY, Geschichte des Römischen Rechts im Mittelalter, Bd. 1, Heidelberg 1815

WILHELM SCHERER, Jacob Grimm, 2. Aufl. Berlin 1885

WALTER SCHERF, Das Märchenlexikon, 2 Bde München 1995

K. O. SCHERNER, „Kompositionensystem", in: Adalbert Erler/Ekkehard Kaufmann, Handwörterbuch zur deutschen Rechtsgeschichte, Bd. 2, Sp. 995 ff

R. SCHEYHING, „Ehre", in: Adalbert Erler/Ekkehard Kaufmann, Handwörterbuch zur deutschen Rechtsgeschichte, Bd. 1, Sp. 846 ff

WOLFGANG SCHILD, Alte Gerichtsbarkeit, München 1980

WOLFGANG SCHILD, Gott als Richter, in: Wolfgang Pleister/Wolfgang Schild (Hrsg.), Recht und Gerechtigkeit im Spiegel der europäischen Kunst, Köln 1988, S. 44 ff

WOLFGANG SCHILD, Der „entliche Rechtstag" als das Theater des Rechts, in: Peter Landau/Friedrich-Christian Schroeder (Hrsg.), Strafrecht, Strafprozeß und Rezeption, Grundlagen, Entwicklung und Wirkung der Constitutio Criminalis Carolina, Frankfurt a. Main 1984

WOLFGANG SCHILD, Das Gottesurteil der Isolde, in: Hans Höfinghoff, Werner Peters, Wolfgang Schild, Timothy Sodmann (Hrsg.), Alles was Recht war, Rechtsliteratur und literarisches Recht, Festschrift für Ruth Schmidt-Wiegand zum 70. Geburtstag, Essen 1996, S. 55 ff

WOLFGANG SCHILD, Die Geschichte der Gerichtsbarkeit, Hamburg 1980/1997

W. SCHILD, „Verbrennen", in: Adalbert Erler/Ekkehard Kaufmann/Dieter Werkmüller, Handwörterbuch zur deutschen Rechtsgeschichte, Bd. 5, Sp. 673 ff

W. SCHILD, „Verrat", in: Adalbert Erler/Ekkehard Kaufmann/Dieter Werkmüller, Handwörterbuch zur deutschen Rechtsgeschichte, Bd. 5, Sp. 793 ff

W. SCHILD, „Verstümmelungsstrafe", in: Adalbert Erler/Ekkehard Kaufmann/Dieter Werkmüller, Handwörterbuch zur deutschen Rechtsgeschichte, Bd. 5, Sp. 833 ff

W. SCHILD, „Wergeld", in: Adalbert Erler/Ekkehard Kaufmann/Dieter Werkmüller, Handwörterbuch zur deutschen Rechtsgeschichte, Bd. 5, Sp. 1268 ff

W. SCHILD, „Wolf", in: Adalbert Erler/Ekkehard Kaufmann/Dieter Werkmüller, Handwörterbuch zur deutschen Rechtsgeschichte, Bd. 5, Sp. 1497 ff

W. SCHILD, „Zerreißen", in: Adalbert Erler/Ekkehard Kaufmann/Dieter Werkmüller, Handwörterbuch zur deutschen Rechtsgeschichte, Bd. 5, Sp. 1680 ff

W. SCHILD, „Zweikampf", in: Adalbert Erler/Ekkehard Kaufmann/Dieter Werkmüller, Handwörterbuch zur deutschen Rechtsgeschichte, Bd. 5, Sp. 1835 ff

H. SCHLOSSER, „Inquisitionsprozeß", in: Adalbert Erler/Ekkehard Kaufmann, Handwörterbuch zur deutschen Rechtsgeschichte, Bd. 2, Sp. 378 ff

WERNER SCHMID (HRSG.), Codex Juris Bavarici Criminalis De Anno MDCCLI, Anmerkungen über den Codicem Juris Bavarici Criminalis, Frankfurt a.M., 1988

EBERHARD SCHMIDHÄUSER, Vom Sinn der Strafe, 2.Aufl. Göttingen 1971

RUTH SCHMIDT-WIEGAND, Goldmine oder Steinbruch? Die „Rechtsalterthümer" Jacob Grimms im Urteil unserer Zeit, Marburg 1991

RUTH SCHMIDT-WIEGAND, Jacob Grimm und das genetische Prinzip in Rechtswissenschaft und Philologie, Marburg 1987

R. SCHMIDT-WIEGAND, „Hochzeit", in: Hoops, RGA Bd. 15, S. 18 ff

R. SCHMIDT-WIEGAND, „Hochzeitsbräuche", in: Adalbert Erler/Ekkehard Kaufmann, Handwörterbuch zur deutschen Rechtsgeschichte, Bd. 2, Sp. 186 ff

RUTH SCHMIDT-WIEGAND, „Loch", in: Adalbert Erler/Ekkehard Kaufmann, Handwörterbuch zur deutschen Rechtsgeschichte, Bd. 3, Sp. 24 f

RUTH SCHMIDT-WIEGAND, „Namensgebung", in: Adalbert Erler/Ekkehard Kaufmann, Handwörterbuch zur deutschen Rechtsgeschichte, Bd. 3, Sp. 832 ff

RUTH SCHMIDT-WIEGAND, „Prozeßdrama", in: Adalbert Erler/Ekkehard Kaufmann, Handwörterbuch zur deutschen Rechtsgeschichte, Bd. 4, Sp. 42 ff

RUTH SCHMIDT-WIEGAND, „Recht und Dichtung", in: Adalbert Erler/Ekkehard Kaufmann, Handwörterbuch zur deutschen Rechtsgeschichte, Bd. 4, Sp. 232 ff

R. SCHMIDT-WIEGAND, „Rechtsverse", in: Adalbert Erler/Ekkehard Kaufmann, Handwörterbuch zur deutschen Rechtsgeschichte, Bd. 4, Sp. 410 ff

RUTH SCHMIDT-WIEGAND, „Tristan", in: Adalbert Erler/Ekkehard Kaufmann/Dieter Werkmüller, Handwörterbuch zur deutschen Rechtsgeschichte, Bd. 5, Sp. 364 ff

RUTH SCHMIDT-WIEGAND, „Unheilig", in: Adalbert Erler/Ekkehard Kaufmann/Dieter Werkmüller, Handwörterbuch zur deutschen Rechtsgeschichte, Bd. 5, Sp. 488 f

RUTH SCHMIDT-WIEGAND, „Vogelfrei", in: Adalbert Erler/Ekkehard Kaufmann/Dieter Werkmüller, Handwörterbuch zur deutschen Rechtsgeschichte, Bd. 5, Sp. 930 f

C. U. SCHMINCK, „Hochverrat", in: Adalbert Erler/Ekkehard Kaufmann, Handwörterbuch zur deutschen Rechtsgeschichte, Bd. 2, Sp. 179 ff

E.SCHMITZ/A.WACKE, „Schwangerschaft", in: Adalbert Erler/Ekkehard Kaufmann, Handwörterbuch zur deutschen Rechtsgeschichte, Bd. 4, Sp. 1557 ff

MATHIAS SCHMOECKEL, „Ein sonderbares Wunderwerck Gottes", Bemerkungen zum langsamen Rückgang der Ordale nach 1215, in: Ius Commune, Zeitschrift für Europäische Rechtsgeschichte, Bd. 26, 1999, S. 123 ff

JÖRG SCHÖNERT (HRSG.), Erzählte Kriminalität, Zur Typologie und Funktion von narrativen Darstellungen in Strafrechtspflege, Publizistik und Literatur zwischen 1770 und 1920, Tübingen 1991

JÖRG SCHÖNERT, Bilder vom „Verbrechermenschen" in den rechtskulturellen Diskursen um 1900. Zum Erzählen über Kriminalität und zum Status kriminologischen Wissens, in: Jörg Schönert (Hrsg.), Erzählte Kriminalität, Zur Typologie und Funktion von narrativen Darstellungen in Strafrechtspflege, Publizistik und Literatur zwischen 1770 und 1920, Tübingen 1991, S. 497 ff

HEINRICH SCHOLLER, Märchen, Recht und Rechtsentwicklung, in: Peter Lerche, Hans Zacher, Peter Badura (Hrsg.), Festschrift für Theodor Maunz zum 80. Geburtstag, München, 1981

HEINRICH SCHOLLER, Das afrikanische Rechtssprichwort als hermeneutisches Problem, in: Winfried Hassemer (Hrsg.), Dimensionen der Hermeneutik, Arthur Kaufmann zum 60. Geburtstag, Heidelberg 1984

HEINRICH SCHOLLER, Rules, Principles and Judicial Policy, in: Essays on Third World Perspectives in Jurisprudence, Singapur 1984, S. 327 ff

WILHELM SCHOOF, Zur Entstehungsgeschichte der Grimmschen Märchen, Hamburg 1959

WILHELM SCHOOF, Zur Geschichte des Grimmschen Märchenstils, in: Der Deutschunterricht, Jg. 15, 1963, Heft 2, S. 90 ff

C. SCHOTT, „Juristenfakultäten“, in: Adalbert Erler/Ekkehard Kaufmann, Handwörterbuch zur deutschen Rechtsgeschichte, Bd.2, Sp. 488 ff

K.-P. SCHROEDER, „Rat, Ratgerichtsbarkeit“, in: Adalbert Erler/Ekkehard Kaufmann, Handwörterbuch zur deutschen Rechtsgeschichte, Bd. 4, S. 156 ff

K.-P. SCHROEDER, „Ratsverfassung“, in: Adalbert Erler/Ekkehard Kaufmann, Handwörterbuch zur deutschen Rechtsgeschichte, Bd. 4, Sp. 171 ff

JAN SCHRÖDER, „Rechtsfähigkeit“, in: Adalbert Erler/Ekkehard Kaufmann, Handwörterbuch zur deutschen Rechtsgeschichte, Bd. 4, Sp. 288 ff

THEO SCHULER, Jacob Grimm und Savigny, Studien über Gemeinsamkeit und Abstand, in: Zeitschrift der Savigny-Stiftung für Rechtsgeschichte, Germanistische Abteilung, Bd. 80 (1963), S. 197 ff

H. K. SCHULZE, „Hausherrschaft“, in: Adalbert Erler/Ekkehard Kaufmann, Handwörterbuch zur deutschen Rechtsgeschichte, Bd. 1, Sp. 2030 ff

HANS K. SCHULZE, „Setzschulze“, in: Adalbert Erler/Ekkehard Kaufmann, Handwörterbuch zur deutschen Rechtsgeschichte, Bd. 4, Sp. 1650

R. SCHULZE, „Eherecht“, in: Hoops, RGA Bd. 6, S. 480 ff

R. SCHULZE, „Spielleute“, in: Adalbert Erler/Ekkehard Kaufmann, Handwörterbuch zur deutschen Rechtsgeschichte, Bd. 4, Sp. 1765 ff

REINER SCHULZE, „Trauung, Trauungsformel“, in: Adalbert Erler/Ekkehard Kaufmann/D. Werkmüller, Handwörterbuch zur deutschen Rechtsgeschichte, Bd. 5, Sp. 301 ff

D. SCHWAB, „Familie“, in: Adalbert Erler/Ekkehard Kaufmann, Handwörterbuch zur deutschen Rechtsgeschichte, Bd. 1, Sp. 1067 ff

D. SCHWAB, „Kind“, in: Adalbert Erler/Ekkehard Kaufmann, Handwörterbuch zur deutschen Rechtsgeschichte, Bd. 2, Sp. 717 ff

W. SELLERT, „Judicium parium“, in: Adalbert Erler/Ekkehard Kaufmann, Handwörterbuch zur deutschen Rechtsgeschichte, Bd. 2, Sp. 465 ff

W. SELLERT, „Laienrichter“, in: Adalbert Erler/Ekkehard Kaufmann, Handwörterbuch zur deutschen Rechtsgeschichte, Bd. 2, Sp. 1355 ff

W. SELLERT, „Not, echte“, in: Adalbert Erler/Ekkehard Kaufmann, Handwörterbuch zur deutschen Rechtsgeschichte, Bd. 3, Sp. 1040 ff

W. SELLERT, „Strafprozeß II“, in: Adalbert Erler/Ekkehard Kaufmann, Handwörterbuch zur deutschen Rechtsgeschichte, Bd. 4, Sp. 2035 ff

W. SELLERT, „Urgicht, Urgichtbücher“, in: Adalbert Erler/Ekkehard Kaufmann/Dieter Werkmüller, Handwörterbuch zur deutschen Rechtsgeschichte, Bd.5, Sp. 571

WOLFGANG SELLERT/HINRICH RÜPING, Studien- und Quellenbuch zur Geschichte der deutschen Strafrechtspflege: Bd. 1 von Wolfgang Sellert, Aalen 1989; Bd. 2 von Hinrich Rüping, Aalen 1994

K. D. SIEVERS, „Nahrung (erste eines Kindes)“, in: Adalbert Erler/Ekkehard Kaufmann, Handwörterbuch zur deutschen Rechtsgeschichte, Bd. 3, Sp. 831 f

RUDOLPH SOHM/LUDWIG MITTEIS/LEOPOLD WENGER, Institutionen, Geschichte und System des Römischen Privatrechts, 17. Aufl. Berlin 1949

MARGARETHE WILMA SPARING, The Perception of Reality in the Volksmärchen of Schleswig-Holstein: A Study in Interpersonal Relationships and World View, Lanham, New York, London 1984

JÜRGEN VON STACKELBERG, Literarische Rezeptionsformen, Übersetzung, Supplement, Parodie, Frankfurt a.M. 1972

W. STAMMLER/A. ERLER, „drei“ in: Adalbert Erler/Ekkehard Kaufmann, Handwörterbuch zur deutschen Rechtsgeschichte, Bd. 1, Sp. 783 f

JACQUES STERN (HRSG.), Thibaut und Savigny, Berlin 1914

D. STRAUCH, „§ 23 Recht und Verfassung“, in: „Franken“, in: Hoops, RGA Bd. 9, S. 373 ff, 435 ff

D. STRAUCH, „Waldgänger“, in: Adalbert Erler/Ekkehard Kaufmann/Dieter Werkmüller, Handwörterbuch zur deutschen Rechtsgeschichte, Bd. 5, Sp. 1111 ff

D. STRAUCH, „Wargus, Vargr, Verbrecher, Wolf“, in: Adalbert Erler/Ekkehard Kaufmann/Dieter Werkmüller, Handwörterbuch zur deutschen Rechtsgeschichte, Bd. 5, Sp. 1149 ff

U. STRERATH-BOLZ, „Geburt und Geburtshilfe“, in: Hoops, RGA Bd. 10, S. 514 ff

R. SUNTRUP, „Zahlensymbolik“, in: Adalbert Erler/Ekkehard Kaufmann/Dieter Werkmüller, Handwörterbuch zur deutschen Rechtsgeschichte, Bd. 5, Sp. 1599 ff

MARIA TATAR, The Hard Facts of the Grimms' Fairy Tales, Princeton/ New Jersey 1987

W.-R. TEEGEN, „§ 8 Archäologisches und Paläopathologisches“, in: „Kinder“, in: Hoops, RGA Bd. 16, S. 526 ff, 534 ff

THIBAUT, Über die Nothwendigkeit eines allgemeinen bürgerlichen Rechts für Deutschland, in: Jacques Stern (Hrsg.), Thibaut und Savigny, Berlin 1914, S. 35 ff

H. THIEME, „Historische Rechtsschule", in: Adalbert Erler/Ekkehard Kaufmann, Handwörterbuch zur deutschen Rechtsgeschichte, Bd. 2, Sp. 170 ff

ADOLF THIMME, Das Märchen, Leipzig 1909

H.-W. THÜMMEL, „Spruchkollegium", in: Adalbert Erler/Ekkehard Kaufmann, Handwörterbuch zur deutschen Rechtsgeschichte, Bd. 4, Sp. 1781 ff

ANTONIE TÖPFER, Der König im deutschen Volksmärchen, Jena 1930 (zit. als: Töpfer)

ULRICH TOLKSDORF, Schwangerschaftsgelüste, Kieler Blätter zur Volkskunde, 1975, S. 81 ff

HANS-JÖRG UTHER, Die letzte Bitte Verurteilter, Zur Umsetzung von Rechtsvorstellungen in Volkserzählungen, in: Anales de la Universidad de Chile, Estudios en honor de Yolando Pino Saavedra, Quinta Serie, N° 17, agosto, 1988, S. 441 ff

THEODOR VERWEYEN/ GUNTHER WITTING, Die Parodie in der neueren deutschen Literatur, Eine systematische Einführung, Darmstadt 1979

HEDWIG VONESSEN, Friedrich Karl von Savigny und Jacob Grimm, München 1958

ADOLF WAAS, Der Mensch im deutschen Mittelalter, Graz-Köln 1964

ANDREAS WACKE, Circumscribere, gerechter Preis und die Arten der List, Zeitschrift der Savigny-Stiftung für Rechtsgeschichte, Romanist. Abteilung, Bd.94, 1977, S. 184 ff (zit. als: Wacke, circumscribere)

A. WACKE, „patria potestas", in: Adalbert Erler/Ekkehard Kaufmann, Handwörterbuch zur deutschen Rechtsgeschichte, Bd. 3, Sp. 1540 ff

W. WÄCHTERSHÄUSER, „Kindestötung", in: Adalbert Erler/Ekkehard Kaufmann, Handwörterbuch zur deutschen Rechtsgeschichte, Bd. 2, Sp. 736 ff

INGEBORG WEBER-KELLERMANN, Die deutsche Familie. Versuch einer Sozialgeschichte, 8. Aufl. Frankfurt am Main 1984

RAINER WEHSE, „Gerechtigkeit und Ungerechtigkeit", in: Rolf Wilhelm Brednich (Hrsg.), Enzyklopädie des Märchens, Bd. 5, Berlin/New York 1987, Sp. 1050 ff

RAINER WEHSE, Parodie - eine neue Einfache Form?, Jahrbuch für Volksliedforschung, 27./28. Jahrgang (1982/83), S. 316 ff

RAINER WEHSE, In siedendem Öl gegart - Die Todesstrafe im Märchen, in: Ursula Heindrichs/Heinz-Albert Heindrichs/Ulrike Kammerhofer (Hrsg.), Tod und Wandel im Märchen, Regensburg 1991

J. WEITZEL, „Gerichtsverfahren", in: Hoops, RGA Bd. 11, S. 153 ff

J. WEITZEL, „Hinrichtung", in: Hoops, RGA Bd. 14, S. 584 ff

J. WEITZEL, „Primogenitur", in: Adalbert Erler/Ekkehard Kaufmann, Handwörterbuch zur deutschen Rechtsgeschichte, Bd. 3, Sp. 1950 ff

J. WEITZEL, „Prozeßfähigkeit", in: Adalbert Erler/Ekkehard Kaufmann, Handwörterbuch zur deutschen Rechtsgeschichte, Bd. 4, Sp. 48 f

K. H. L. WELKER, „Volksgeist", in: Adalbert Erler/Ekkehard Kaufmann/Dieter Werkmüller, Handwörterbuch zur deutschen Rechtsgeschichte, Bd. 5, Sp. 986 ff

R. WENSKUS, „§ 10 Verteilung der Beute", in: „Beute", in: Hoops, RGA Bd. 2, S. 323 ff, 328 f

R. WENSKUS, „§12 Termine der Volksversammlung", in: „Ding", in: Hoops, RGA Bd. 5, S. 443 ff, 452 ff

D. WERKMÜLLER, „Handhafte Tat", in: Hoops, RGA Bd. 13, S. 614 ff

D. WERKMÜLLER, „Handhafte Tat", in: Adalbert Erler/Ekkehard Kaufmann, Handwörterbuch zur deutschen Rechtsgeschichte, Bd. 1, Sp. 1965 ff

D. WERKMÜLLER, „Rechtsaltertümer", in: Adalbert Erler/Ekkehard Kaufmann, Handwörterbuch zur deutschen Rechtsgeschichte, Bd. 4, Sp. 265 ff

G. WESENER, „Prozeßmaximen", in: Adalbert Erler/Ekkehard Kaufmann, Handwörterbuch zur deutschen Rechtsgeschichte, Bd. 4, Sp. 55 ff

G. WESENER, „Prozeßparteien", in: Adalbert Erler/Ekkehard Kaufmann, Handwörterbuch zur deutschen Rechtsgeschichte, Bd. 4, Sp. 62 ff

ALBERT WESSELSKI, Versuch einer Theorie des Märchens, Reichenberg i.B. 1931

FRANZ WIEACKER, Savigny und die Gebrüder Grimm, Zeitschrift der Savigny-Stiftung für Rechtsgeschichte Bd. 72 Germ.Abt.(1955), S. 232 ff

RICHARD WINTER, Die geschichtliche Wirklichkeit im deutschen Volksmärchen, in: Euphorion Bd.25 (1924), S. 194 ff (zit. als: Winter)

WALTRAUD WOELLER, Der soziale Gehalt und die soziale Funktion der deutschen Volksmärchen, in: Wissenschaftliche Zeitschrift der Humboldt-Universität zu Berlin, Gesellschafts- und Sprachwissenschaftliche Reihe, Jg. X (1961), Heft 4/5, S. 395 ff, sowie (Teil II) ebda, Jg. XI (1962), Heft 2, S. 281 ff

WALTRAUD WOELLER /MATTHIAS WOELLER, Es war einmal..., Illustrierte Geschichte des Märchens, Freiburg i. Breisgau/Basel/Wien 1994

J. WOLFF (HRSG.), Zur Volkskunde der Siebenbürger Sachsen. Kleinere Schriften von Josef Haltrich, Wien 1885

LAWRENCE G. WRENN, Law and the Brothers Grimm, in: Studia Canonica, Bd. 13 (1979), Ottawa, Canada 1979

ERICH WULFFEN, Das Kriminelle im deutschen Volksmärchen, in: Archiv für Kriminalanthropologie und Kriminalistik, Bd. 38 (1910), S. 340 ff

YIGAL ZAN, The Scientific Motivation for the Structural Analysis of Folktales, in: Fabula 30, S. 205 ff

RENATE ZELGER, Teufelsverträge, Märchen, Sage, Schwank, Legende im Spiegel der Rechtsgeschichte, Frankfurt a. Main/Berlin/Bern/ New York/Paris/Wien 1996 (zit. als: Zelger)

ST. ZIMMER, „§1 Sprachliches", in: „Kinder", in: Hoops, RGA Bd. 16, S. 526 ff

BARBARA ZINKE, Sozialisationsprozesse in Märchen und Epos. Am Beispiel des Zwei-Brüder-Märchens, in: Helge Gerndt u.a. (Hrsg.) Dona Ethnologica Monacensia, Festschrift für Leopold Kretzenbacher zum 70. Geburtstag, München 1983

Das in Freßvorbereitung befindliche Untier, Mit dem Märchen vom Rotkäppchen gegen Sprachsünden in den Ämtern, Frankfurter Allgemeine, 6.2.1979, S. 8

Berichte über die Veranstaltungen der European Law Students´ Association (el§a) in Münster und Regensburg: Forum, November 1994, S. 42; SZ vom 27. 2. 1995, S. 38

RECHTSHISTORISCHE REIHE

Band 1 Studien zu den germanischen Volksrechten. Gedächtnisschrift für Wilhelm Ebel. Vorträge gehalten auf dem Fest-Symposion anläßlich des 70. Geburtstages von Wilhelm Ebel am 16. Juni 1978 in Göttingen. Götz Landwehr (Hrsg.) 1982.

Band 2 Hans Poeschel: Die Statuten der Banken, Sparkassen und Kreditgenossenschaften in Hamburg und Altona von 1710 bis 1889. 1978.

Band 3 Thomas Kolbeck: Juristenschwemmen, Untersuchungen über den juristischen Arbeitsmarkt im 19. und 20. Jahrhundert. 1978.

Band 4 Norbert Hempel: Richterleitbilder in der Weimarer Republik. 1978.

Band 5 Rolf Stratmann: Die Scheinbußen im mittelalterlichen Recht. 1978.

Band 6 Martin C. Lockert: Die niedersächsischen Stadtrechte zwischen Aller und Weser. Vorkommen und Verflechtungen. Eine Bestandsaufnahme. 1979.

Band 7 Joachim Rückert/Wolfgang Friedrich: Betriebliche Arbeiterausschüsse in Deutschland, Großbritannien und Frankreich im späten 19. und frühen 20. Jahrhundert. Eine vergleichende Studie zur Entwicklung des kollektiven Arbeitsrechts. 1979.

Band 8 Peter Bender: Die Rezeption des römischen Rechts im Urteil der deutschen Rechtswissenschaft. 1979.

Band 9 Friedrich Karl Alsdorf: Untersuchungen zur Rechtsgestalt und Teilung deutscher Ganerbenburgen. 1980.

Band 10 Dietmar Willoweit/Winfried Schich (Hrsg.): Studien zur Geschichte des sächsisch-magdeburgischen Rechts in Deutschland und Polen (Sammelband). 1980.

Band 11 Brigitte Hempel: Der Entwurf einer Polizeiordnung für das Herzogtum Sachsen-Lauenburg aus dem Jahre 1591. 1980.

Band 12 Klaus-Detlev Godau-Schüttke: Rechtsverwalter des Reiches. Staatssekretär Dr. Curt Joël. 1981.

Band 13 Rainer Polley: Anton Friedrich Justus Thibaut (AD 1772-1840) in seinen Selbstzeugnissen und Briefen. Teil 1: Abhandlung. Teil 2: Briefwechsel. Teil 3: Register zum Briefwechsel. 1982.

Band 14 Michael Wettengel: Der Streit um die Vogtei Kelkheim 1275-1276. Ein kanonischer Prozeß.1981.

Band 15 Otto Wilhelm Krause: Naturrechtler des sechzehnten Jahrhunderts. Ihre Bedeutung für die Entwicklung eines natürlichen Privatrechts. 1982.

Band 16 Helga Spindler: Von der Genossenschaft zur Betriebsgemeinschaft. Kritische Darstellung der Sozialrechtslehre Otto von Gierkes. 1982.

Band 17 Holger Otte: Gustav Radbruchs Kieler Jahre 1919 - 1926. 1982.

Band 18 Rüdiger Teuner: Die fuldische Ritterschaft 1510 - 1656. 1982.

Band 19 Gerhard Dilcher/Rudolf Hoke/Gian Savino Pene Vidari/Hans Winterberg (Hrsg.): Grundrechte im 19. Jahrhundert. 1982.

Band 20 Karl-Hans Schloßstein: Die westfälischen Fabrikengerichtsdeputationen - Vorbilder, Werdegang und Scheitern. 1982.

Band 21 Birger Schulz: Der Republikanische Richterbund (1921-1933). 1982.

Band 22 Engelbert Krause: Die gegenseitigen Unterhaltsansprüche zwischen Eltern und Kindern in der deutschen Privatrechtsgeschichte. 1982.

Band 23 Meent W. Francksen: Staatsrat und Gesetzgebung im Großherzogtum Berg (1806-1813). 1982.

Band 24 Gerd von Sonnleithner: Bearbeitung des Handelsrechts durch Ignaz von Sonnleithner in seinem "Leitfaden über das österreichische Handels- und Wechselrecht". 1982.

Band 25 Rudolf Palme: Rechts-, Wirtschafts- und Sozialgeschichte der inneralpinen Salzwerke bis zu deren Monopolisierung. 1983.

Band 26 Helen Bosshard: Pestalozzis Staats- und Rechtsverständnis und seine Stellung in der Aufklärung. 1983.

Band 27 Jens Jessen: Die Selbstzeugnisse der deutschen Juristen. Erinnerungen, Tagebücher und Briefe. Eine Bibliographie. 1983.

Band 28 Günter Martin Jensen: Das Domanium Waldeck. Die rechtliche Zuordnung eines Fürstenvermögens. 1984.

Band 29 Johann Heinrich Kumpf: Petitionsrecht und öffentliche Meinung im Entstehungsprozeß der Paulskirchenverfassung 1848/49. 1983.

Band 30 Sabine Frey: Rechtsschutz der Juden gegen Ausweisungen im 16. Jahrhundert. 1983.

Band 31 Dietrich Joswig: Die germanische Grundstücksübertragung. 1984.

Band 32 Andreas Baryli: Konzessionssystem contra Gewerbefreiheit. Zur Diskussion der österreichischen Gewerberechtsreform 1835 bis 1860. 1984.

Band 33 Gerhard Oberkofler: Studien zur Geschichte der österreichischen Rechtswissenschaft. 1984.

Band 34 Rudolf Lauda: Kaufmännische Gewohnheit und Burgrecht bei Notker dem Deutschen. Zum Verhältnis von literarischer Tradition und zeitgenössischer Realität in der frühmittelalterlichen Rhetorik. 1984.

Band 35 Jens Jensen: Die Ehescheidung des Bischofs Hans von Lübeck von Prinzessin Julia Felicitas von Württemberg-Weiltingen AD 1648-1653. Ein Beitrag zum protestantischen Ehescheidungsrecht im Zeitalter des beginnenden Absolutismus. 1984.

Band 36 Horst Schröder: Friedrich Karl von Savigny. Geschichte und Rechtsdenken beim Übergang vom Feudalismus zum Kapitalismus in Deutschland. 1984.

Band 37 Andreas Hatzung: Dogmengeschichtliche Grundlagen und Entstehung des zivilrechtlichen Notstands. 1984.

Band 38 Matthias Klasen: Das Billwerder Landrecht. Landrecht und Landgericht in den Hamburger Elbmarschen. 1985.

Band 39 Rainer Jamin: Aufbau, Tätigkeit und Verfahren der Auseinandersetzungsbehörden bei der Durchführung der preußischen Agrarreformen. 1985.

Band 40 Henry Winter: Teilschuld, Gesamtschuld und unechte Gesamtschuld. Zur Konzeption der §§ 420 ff. BGB - Ein Beitrag zur Entstehungsgeschichte des BGB. 1985.

Band 41 Hermann Eichler: Verfassungsbewegung in Amerika und Europa. 1985.

Band 42 Dagmar Bandemer: Heinrich Albert Zachariae. Rechtsdenken zwischen Restauration und Reformation. 1985.

Band 43 Eva-Christine Frentz: Das Hamburgische Admiralitätsgericht (1623-1811). Prozeß und Rechtsprechung. 1985.

Band 44 Karl Lillig: Rechtsetzung im Herzogtum Pfalz-Zweibrücken während des 18. Jahrhunderts. Ein Beitrag zur Geschichte der territorialen Rechtsbildung. 1985.

Band 45 Walter Weber: Die Entwicklung der Sparkassen zu selbständigen Anstalten des öffentlichen Rechts. Ein Beitrag zur Entwicklung des Anstaltsbegriffs im 19. Jahrhundert. 1985.

Band 46 Bärbel Baum: Der Stabreim im Recht. Vorkommen und Bedeutung des Stabreims in Antike und Mittelalter. 1986.

Band 47 Hans Popp: Die nationalsozialistische Sicht einiger Institute des Zivilprozeß- und Gerichtsverfassungsrechts. 1986.

Band 48 John Karl-Heinz Montag: Die Lehrdarstellung des Handelsrechts von Georg Friedrich von Martens bis Meno Pöhls. Die Wissenschaft des Handelsrechts im ersten Drittel des 19. Jahrhunderts. 1986.

Band 49 Volker D. Anhäusser: Das internationale Obligationenrecht in der höchstrichterlichen Rechtsprechung des 19. Jahrhunderts. 1986.

Band 50 Udo Beer: Die Juden, das Recht und die Republik. Verbandswesen und Rechtsschutz 1919-1933. 1986.

Band 51 Herbert Grziwotz: Der moderne Verfassungsbegriff und die "Römische Verfassung" in der deutschen Forschung des 19. und 20. Jahrhunderts. 1986.

Band 52 Ralf Conradi: Karl Friedrich Eichhorn als Staatsrechtslehrer. Seine Göttinger Vorlesung über "Das Staatsrecht der deutschen Bundesstaaten" nach einer Kollegmitschrift aus dem Wintersemester 1821/22. 1987.

Band 53 Dieter Dannreuther: Der Zivilprozeß als Gegenstand der Rechtspolitik im Deutschen Reich 1871 - 1945. Ein Beitrag zur Geschichte des Zivilprozeßrechts in Deutschland. 1987.

Band 54 Stephan Felix Pauly: Organisation, Geschichte und Praxis der Gesetzesauslegung des (Königlich) Preußischen Oberverwaltungsgerichtes 1875 - 1933. 1987.

Band 55 Rüdiger Schulz: Die Entstehung des Seerechts des Allgemeinen Deutschen Handelsgesetzbuches unter besonderer Berücksichtigung der Bestimmungen über die Reederei, den Schiffer und die Schiffsmannschaft. 1987.

Band 56 Reinhold Reis: Deutsches Privatrecht in den Weistümern der Zenten Schriesheim und Kirchheim. 1987.

Band 57 Jürgen Christoph: Die politischen Reichsamnestien 1918 - 1933. 1987.

Band 58 Gerhard Oberkofler/Eduard Rabofsky: Hans Kelsen im Kriegseinsatz der k.u.k.-Wehrmacht. Eine kritische Würdigung seiner militärtheoretischen Angebote. 1988.

Band 59 Arne Wulff: Staatssekretär Prof. Dr. Dr. h.c. Franz Schlegelberger. 1876-1970. 1991.

Band 60 Gerhard Köbler (Hrsg.): Wege europäischer Rechtsgeschichte. Karl Kroeschell zum 60. Geburtstag. 1987.

Band 61 Rüdiger Hütte: Der Gemeinschaftsgedanke in den Erbrechtsreformen des Dritten Reichs. 1988.

Band 62 Markus Göldner: Politische Symbole der europäischen Integration. Fahne, Hymne, Hauptstadt, Paß, Briefmarke, Auszeichnungen. 1988.

Band 63 Wolfgang Kröner: Freiheitsstrafe und Strafvollzug in den Herzogtümern Schleswig, Holstein und Lauenburg von 1700 bis 1864. 1988.

Band 64 Werner Gaile: Die Norder Theelacht. 1988.

Band 65 Karl v. Kempis: Andreas Gaill (1526 - 1587). Zum Leben und Werk eines Juristen der frühen Neuzeit. 1988.

Band 66 Wolf-Rüdiger Osburg: Die Verwaltung Hamburgs in der Franzosenzeit. 1811-1814. 1988.

Band 67 Christian Schudnagies: Hans Frank. Aufstieg und Fall des NS-Juristen und Generalgouverneurs. 1988.

Band 68 Otmar Jung: Senatspräsident Freymuth. Richter, Sozialdemokrat und Pazifist in der Weimarer Republik. Eine politische Biographie. 1989.

Band 69 Joachim Lohner: Das landeshauptmannschaftliche Gericht in Oberösterreich zu Beginn der Neuzeit. Eine Darstellung des oberösterreichischen Prozeßrechts am obersten Territorialgericht des Landes anhand der oberösterreichischen Landtafel.1989.

Band 70 Bernd Klemann: Rudolf von Jhering und die Historische Rechtsschule. 1989.

Band 71 Adalbert Langer: Männer um die österreichische Zivilprozeßordnung 1895. Zusammenspiel / Soziales Ziel. 1990.

Band 72 Robert-Dieter Klee: Die Landessuperintendentur Lauenburg. Ursprung und Entwicklung sowie Ende der Sonderstellung des Kirchenkreises Herzogtum Lauenburg durch die nordelbische Kirchenvereinigung. 1989.

Band 73 Heinrich Herrmann: Die Gehöferschaften im Bezirk Trier. 1989.

Band 74 Wilhelm Brauneder, Franz Baltzarek (Hrsg.): Modell einer neuen Wirtschaftsordnung. Wirtschaftsverwaltung in Österreich 1914 - 1918. 1991.

Band 75 Thomas Dreyer: Die "Assecuranz- und Haverey-Ordnung" der Freien und Hansestadt Hamburg von 1731. 1990.

Band 76 Bernhard Sendler: Die Rechtssprache in den süddeutschen Stadtrechtsreformationen. 1990.

Band 77 Brigitte Lehmann: Ehevereinbarungen im 19. und 20. Jahrhundert. 1990.

Band 78 Michael Sunnus: Der NS-Rechtswahrerbund (1928-1945). Zur Geschichte der nationalsozialistischen Juristenorganisation. 1990.

Band 79 Stefan Schulz: Die historische Entwicklung des Rechts an Bienen. (§§ 961 - 964 BGB). 1990.

Band 80 Gerhard Lingelbach, Heiner Lück (Hrsg.): Deutsches Recht zwischen Sachsenspiegel und Aufklärung. Rolf Lieberwirth zum 70. Geburtstag dargebracht von Schülern, Freunden und Kollegen, herausgegeben von Gerhard Lingelbach und Heiner Lück. 1991.

Band 81 Manfred Krohn: Die deutsche Justiz im Urteil der Nationalsozialisten 1920 - 1933. 1991.

Band 82 Angelika Kühn: Privilegierung nationaler Minderheiten im Wahlrecht der Bundesrepublik Deutschland und Schleswig-Holsteins. 1991.

Band 83 Georg Brun: Leben und Werk des Rechtshistorikers Heinrich Mitteis unter besonderer Berücksichtigung seines Verhältnisses zum Nationalsozialismus. 1991.

Band 84 Wolfgang Simon: Claudius Freiherr von Schwerin. Rechtshistoriker während dreier Epochen deutscher Geschichte. 1991.

Band 85 Friedrich-Carl Wachs: Das Verordnungswerk des Reichsdemobilmachungsamtes. Stabilisierender Faktor zu Beginn der Weimarer Republik. 1991.

Band 86 Jens-Uwe Petersen: Die Vorgeschichte und die Entstehung des Mieterschutzgesetzes von 1923 nebst der Anordnung für das Verfahren vor dem Mieteinigungsamt und der Beschwerdestelle. 1991.

Band 87 Ulrike Haibach: Familienrecht in der Rechtssprache. Die historische Entwicklung zentraler Ausdrücke des geltenden Familienrechts. 1991.

Band 88 Joern Christian Nissen: Die Beratungen des Seeversicherungsausschusses der Akademie für Deutsches Recht zu einem neuen Seeversicherungsgesetz (1934-1939). Ein Beitrag zur Entwicklung der allgemeinen Lehren des Seeversicherungsrechts unter besonderer Berücksichtigung des Handelsgesetzbuchs und der Allgemeinen Deutschen Seeversicherungs-Bedingungen 1919. 1991.

Band 89 Diethard Bühler: Die Entstehung der allgemeinen Vertragsschluß-Vorschriften im Allgemeinen Deutschen Handelsgesetzbuch (ADHGB) von 1861. Ein Beitrag zur Kodifikationsgeschichte des Privatrechts im 19. Jahrhundert. 1991.

Band 90 Gerhard Oberkofler: Die Vertreter des Römischen Rechts mit deutscher Unterrichtssprache an der Karls-Universität in Prag. Vom Vormärz bis 1945. 1991.

Band 91 Ulrich Andermann: Ritterliche Gewalt und bürgerliche Selbstbehauptung. Untersuchungen zur Kriminalisierung und Bekämpfung des spätmittelalterlichen Raubrittertums am Beispiel norddeutscher Hansestädte. 1991.

Band 92 Heinz Marcus Hanke: Luftkrieg und Zivilbevölkerung. Der kriegsvölkerrechtliche Schutz der Zivilbevölkerung gegen Luftbombardements von den Anfängen bis zum Ausbruch des Zweiten Weltkrieges. 1991.

Band 93 Kirsten Kraglund: Familien- und Erbrecht. Materielles Recht und Methoden der Rechtsanwendung in der Rechtsprechung des Oberappellationsgerichts der vier Freien Städte Deutschlands zu Lübeck. 1991.

Band 94 Reinhard Lorenz: Die politische und rechtliche Stellung des Proletariats in Preußen in der Zeit zwischen den Reformen und der Revolution 1848/49. 1991.

Band 95 Eric Hilgendorf: Die Entwicklungsgeschichte der parlamentarischen Redefreiheit in Deutschland. 1991.

Band 96 Hans J. Reiter: Die Handelsgesellschaft Villeroy & Boch von der Gründung 1836 bis zum Jahr 1878. 1992.

Band 97 Martin Johannes Heller: Reform der deutschen Rechtssprache im 18. Jahrhundert. 1992.

Band 98 Michael Kotulla: Die Tragweite der Grundrechte der revidierten preußischen Verfassung vom 31.01.1850. 1992.

Band 99 Michael Siefener: Hexerei im Spiegel der Rechtstheorie. Das crimen magiae in der Literatur von 1574 bis 1608. 1992.

Band 100 Andreas Ebert-Weidenfeller: Hamburgisches Kaufmannsrecht im 17. und 18. Jahrhundert. Die Rechtsprechung des Rates und des Reichskammergerichtes. 1992.

Band 101 Enno Bommel: Die Entstehung der Verwirkungslehre in der Krise des Positivismus. 1992.

Band 102 Ralph Steppacher: Die Berücksichtigung der bäuerlichen Postulate bei der Entstehung des ZGB und der Revision des OR. Ein Beitrag zur schweizerischen Kodifikationsgeschichte (1893 - 1912). 1992.

Band 103 Martin Fleckenstein: Die Todesstrafe im Werk Carl Joseph Anton Mittermaiers (1787 - 1867). Zur Entwicklungsgeschichte eines Werkbereichs und seiner Bedeutung für Theorie- und Methodenbildung. 1992.

Band 104 Jörn Eckert: Der Kampf um die Familienfideikommisse in Deutschland. Studien zum Absterben eines Rechtsinstitutes. 1992.

Band 105 Jörg Grotkopp: Beamtentum und Staatsformwechsel. Die Auswirkungen der Staatsformwechsel von 1918, 1933 und 1945 auf das Beamtenrecht und die personelle Zusammensetzung der deutschen Beamtenschaft. 1992.

Band 106 Andreas Rohde: Die Garantiehaftung des Vermieters und ihr Verhältnis zum Unmöglichkeitsrecht in dogmengeschichtlicher und modernrechtlicher Sicht. 1992.

Band 107 Tjark Siefke Kunstreich: Gesamtvertretung. Eine historisch-systematische Darstellung. 1992.

Band 108 Jürgen Krüger: Blindheit und Königtum. Die Blindheit des Königs Georg V. von Hannover als verfassungsrechtliches Problem. 1992.

Band 109 Wolfgang Putschek: Ständische Verfassung und autoritäre Verfassungspraxis in Österreich 1933-1938 mit Dokumentenanhang. Verfassung und Verfassungswirklichkeit. Mit einem Anhang: Denkschriften von Rechtsanwalt Dr. Erich Führer 1936/37. 1993.

Band 110 Klaus Hofmann: Die Verdrängung der Juden aus öffentlichem Dienst und selbständigen Berufen in Regensburg 1933-1939. 1993.

Band 111 Franz Kilger: Die Entwicklung des Telegraphenrechts im 19. Jahrhundert mit besonderer Berücksichtigung der technischen Entwicklung. Telegraphenrecht im 19. Jahrhundert. 1993.

Band 112 Wilhelm Brauneder (Hrsg.): Heiliges Römisches Reich und moderne Staatlichkeit. 1993.

Band 113 Thomas Heinrich: Das preußische Nichtehelichenrecht: Von der Aufklärung zur Reaktion. 1993.

Band 114 Gerald Kohl: Jagd und Revolution. Das Jagdrecht in den Jahren 1848 und 1849. 1993.

Band 115 Christian Schudnagies: Der Kriegs- oder Belagerungszustand im Deutschen Reich während des Ersten Weltkrieges. Eine Studie zur Entwicklung und Handhabung des deutschen Ausnahmezustandsrechts bis 1918. 1994.

Band 116 Elisabeth Bellmann: Die Internationale Kriminalistische Vereinigung (1889-1933). 1994.

Band 117 Julia Pfannkuch: Volksrichterausbildung in Sachsen 1945-1950. 1993.

Band 118 Jörg Offen: Von der Verwaltungsgemeinschaft des BGB von 1896 zur Zugewinngemeinschaft des Gleichberechtigungsgesetzes von 1957. 1994.

Band 119 Dorothee Kohlhas-Müller: Untersuchungen zur Rechtsstellung Theoderichs des Großen. 1995.

Band 120 Monika Rose: Das Gerichtswesen des Herzogtums Pfalz-Zweibrücken im 18. Jahrhundert. Ein Beitrag zur territorialen Gerichtsbarkeit im Alten Reich. 1994.

Band 121 Jörn Eckert / Hans Hattenhauer (Hrsg.): Bibel und Recht. Rechtshistorisches Kolloquium 9. - 13. Juni 1992 an der Christian-Albrechts-Universität zu Kiel. 1994.

Band 122 Robert Martin Mizia: Der Rechtsbegriff der Autonomie und die Begründung des Privatfürstenrechts in der deutschen Rechtswissenschaft des 19. Jahrhunderts. 1995.

Band 123 Walther Graf von Plettenberg: Das Fortleben des Liber Iudiciorum in Asturien/León (8. - 13. Jh.). 1994.

Band 124 Wolfgang Schulz: Das deutsche Börsengesetz. Die Entstehungsgeschichte und wirtschaftlichen Auswirkungen des Börsengesetzes von 1896. 1994.

Band 125 Frank Hagemann: Der Untersuchungsausschuß Freiheitlicher Juristen. 1949 – 1969. 1994.

Band 126 Andreas Rethmeier: "Nürnberger Rassegesetze" und Entrechtung der Juden im Zivilrecht. 1995.

Band 127 Edith Grether: Die Poesie der Throne. Die Juristen in der Fruchtbringenden Gesellschaft. 1995.

Band 128 Anna Bartels-Ishikawa: Der Lippische Thronfolgestreit. Eine Studie zu verfassungsrechtlichen Problemen des Deutschen Kaiserreiches im Spiegel der zeitgenössischen Staats. 1995.

Band 129 Jörg Schmidt: Otto Koellreutter 1883-1972. Sein Leben, sein Werk, seine Zeit. 1995.

Band 130 Christian Hattenhauer: Wahl und Krönung Franz II. AD 1792. Das Heilige Reich krönt seinen letzten Kaiser - Das Tagebuch des Reichsquartiermeisters Hieronymus Gottfried von Müller und Anlagen. 1995.

Band 131 Jutta v. der Decken: Das Seearbeitsrecht im Hamburger Stadtrecht von 1301 bis 1603. 1995.

Band 132 Detlev Schmidt: Die Reform des Rechts der Handelsvertreter von 1953. 1995.

Band 133 Gabi Roßdeutscher: Privatautonomie im Scheidungsrecht. Scheidungsbezogene Vereinbarungen in den letzten 200 Jahren. 1995.

Band 134 Harald Kahlenberg: Leben und Werk des Rechtshistorikers Walther Merk. Ein Beispiel für das Verhältnis von Rechtsgeschichte und Nationalsozialismus. 1995.

Band 135 Michael Steitz: Adelbert Düringer am Reichsgericht (1902-1915). Seine aktienrechtlichen Entscheidungen und sein Einfluß auf das Aktienrecht in Deutschland. 1995.

Band 136 Christian Becker: Beata Justorum Translatio. Juristen in schleswig-holsteinischen Leichenpredigten. 1996.

Band 137 Christoph Seiler: Vom Allgemeinen Landrecht zum Bürgerlichen Gesetzbuch. Dargestellt am Beispiel der höchstrichterlichen Judikatur zum kaufrechtlichen Sachmängelgewährleistungsrecht. 1996.

Band 138 Bernd Mayer: Die Vertrauensmännerausschüsse auf den preußischen Steinkohlegruben an der Saar. Entstehung und Wirken. Eine rechtshistorische Untersuchung. 1996.

Band 139 Rochus Scholl: Juden und Judenrecht im Herzogtum Pfalz-Zweibrücken. Ein Beitrag zur Rechtsgeschichte eines deutschen Kleinstaates am Ende des alten Reiches. 1996.

Band 140 Meike Bursch: Judentaufe und frühneuzeitliches Strafrecht. Die Verfahren gegen Christian Treu aus Weener/Ostfriesland 1720-1728. 1996.

Band 141 Markus Hillenbrand: Fürstliche Eheverträge. Gottorfer Hausrecht 1544 - 1773. 1996.

Band 142 Ulf Häder: Das gemeinschaftliche Oberappellationsgericht thüringischer Staaten in Jena. Ein Beitrag zur Geschichte des Gerichtswesens im 19. Jahrhundert. 1996.

Band 143 Andreas Bauer: Das Gnadenbitten in der Strafrechtspflege des 15. und 16. Jahrhunderts. Dargestellt unter besonderer Berücksichtigung von Quellen der Vorarlberger Gerichtsbezirke Feldkirch und des Hinteren Bregenzerwaldes. 1996.

Band 144 Christian Wirth: Der Jurist Johann Andreas Georg Friedrich Rebmann zwischen Revolution und Restauration. 1996.

Band 145 Stefanie Müller: Die Rechtsprechung des Hanseatischen Oberlandesgerichts zum persönlichen Eherecht in Hamburgischen Gerichtsfällen von 1879 -1900. 1996.

Band 146 Jean-Nicolas Morisset: Der Frachtvertrag in der *Ordonnance de la marine* von 1681. 1996.

Band 147 Dirk Lentfer: Die Glogauer Landesprivilegien des Andreas Gryphius von 1653. 1996.

Band 148 Wencke Mull: Die Haftung für Einsturzschäden nach den §§ 836-838 BGB in der Rechtsprechung des Reichsgerichts. 1996.

Band 149 Renate Zelger: Teufelsverträge. Märchen, Sage, Schwank, Legende im Spiegel der Rechtsgeschichte. 1996.

Band 150 Guido Kraß: Das Arrestverfahren in Frankfurt am Main im Spätmittelalter. 1996.

Band 151 F. Benedict Heyn: Die Entwicklung des Eisenbahnfrachtrechts von den Anfängen bis zur Einführung des Allgemeinen Deutschen Handelsgesetzbuches (ADHGB). 1996.

Band 152 Thomas Lang: Die Staats- und Verfassungslehre Carl Salomo Zachariaes. 1996.

Band 153 Michael Hebeis: Karl Anton von Martini (1726-1800). Leben und Werk. 1996.

Band 154 Gerald Hubert: Die Diskussion um die rechtliche Natur der Bizone in den Jahren 1947-1949. 1996.

Band 155 Christof Horn: Die Rechtsprechung des Reichsgerichts in Ehescheidungssachen der Jahre 1900 bis 1905. 1996.

Band 156 Hermann Nehlsen / Georg Brun (Hrsg.): *Münchener rechtshistorische Studien zum Nationalsozialismus.* 1996.

Band 157 Jan Otto Clemens Kehrberg: Die Entwicklung des Elektrizitätsrechts in Deutschland. Der Weg zum Energiewirtschaftsgesetz von 1935. 1997.

Band 158 Johannes Tradt: Der Religionsprozeß gegen den Zopfschulzen (1791-1799). Ein Beitrag zur protestantischen Lehrpflicht und Lehrzucht in Brandenburg-Preußen gegen Ende des 18. Jahrhunderts. 1997.

Band 159 Dietmar Olsen: Das kaufrechtliche Sachmängelgewährleistungsrecht des Code civil in der Rechtsprechung deutscher Gerichte im 19. Jahrhundert. Ein Beitrag zur Ablösung der Partikularrechte durch das BGB. 1997.

Band 160 Ulrich Bernhardt: Die Deutsche Akademie für Staats- und Rechtswissenschaft „Walter Ulbricht" 1948-1971. 1997.

Band 161 Claudia Susan Hoppe: Die Bürgschaft im Rechtsleben Hamburgs von 1600 bis 1900. 1997.

Band 162 Franz-Rudolf Ecker: Die Entwicklung des Bergrechts im Saarbrücker Steinkohlenrevier bis zum Ende des 18. Jahrhunderts. Ein Vergleich mit dem älteren deutschen Bergrecht. 1997.

Band 163 Anne Katrin Rückert: Politik und Privatrecht in der „konservativen Revolution". 1997.

Band 164 Gisbert Laube: Der Reichskunstwart. Geschichte einer Kulturbehörde 1919-1933. 1997.

Band 165 Nicolas Lührig: Die Diskussion über die Reform der Juristenausbildung von 1945 bis 1995. 1997.

Band 166 Regula Gerber Jenni: Die Emanzipation der mehrjährigen Frauenzimmer. Frauen im bernischen Privatrecht des 19. Jahrhunderts. 1997.

Band 167 Mischa A. Färber: Das gemeinschaftliche Testament in der höchstrichterlichen Rechtsprechung zum Allgemeinen Preußischen Landrecht und zum BGB. Ein Beitrag zur Ablösung der Partikularrechte durch das BGB. 1997.

Band 168 Catherine Antoinette Gasser: Philipp Lotmar 1850-1922. Professor der Universität Bern. Sein Engagement für das Schweizerische Arbeitsrecht. 1997.

Band 169 Lars Immisch: Der sozialistische Richter in der DDR und seine Unabhängigkeit. Der Versuch eines Rechtsvergleiches zum Unabhängigkeitsbegriff in der bundesdeutschen Rechtsordnung. 1997.

Band 170 Jessica Jacobi: Besitzschutz vor dem Reichskammergericht. Die friedenssichernde Funktion der Besitzschutzklagen am Reichskammergericht im 16. Jahrhundert, dargestellt anhand von Kameralisten. 1998.

Band 171 Ewald Hügemann: Die Geschichte des öffentlichen und privaten Mietpreisrechts vom Ersten Weltkrieg bis zum Gesetz zur Regelung der Miethöhe von 1974. 1998.

Band 172 Lutz Rentzow: Die Entstehungs- und Wirkungsgeschichte der Vernewerten Landesordnung für das Königreich Böhmen von 1627. 1998.

Band 173 Sabine Stürmer: Mühlenrecht im Herzogtum Pfalz-Zweibrücken während des 18. Jahrhunderts. Ein Beitrag zum Wirtschaftsrecht eines deutschen Kleinstaates im Alten Reich. 1998.

Band 174 Mario Bogisch: *Nemo testis in re sua.* Das Problem der Zeugnisfähigkeit bei der Anwendung der deutschen Zivilprozeßordnung von 1877. 1998.

Band 175 Rainer Oßwald: Pactane sunt servanda? Freiwilligkeit, Zwang und Unverbindlichkeitserklärungen im islamischen Vertragsrecht malikitischer Schule. 1998.

Band 176 Bettina Kern: Der preußische BGB-Entwurf von 1842. 1998.

Band 177 Inken Fuhrmann: Die Diskussion über die Einführung der fakultativen Zivilehe in Deutschland und Österreich seit Mitte des 19. Jahrhunderts. 1998.

Band 178 Annette Rieck: Der Heilige Ivo von Hélory (1247-1303). Advocatus pauperum und Patron der Juristen. 1998.

Band 179 Frank Bottenberg: Die Hamburgische Strafprozeßordnung von 1869. 1998.

Band 180 Matthias Krauß: Das kursächsische Postrecht von seinen Anfängen bis zum Ende des Alten Reichs. 1998.

Band 181 Torsten Schmidt: Die Entmündigung von den Anfängen des BGB bis zu ihrer Ablösung durch das Institut der Betreuung. 1998.

Band 182 Christian Nunn: Rudolf Müller-Erzbach. 1874-1959. Von der realen Methode über die Interessenjurisprudenz zum kausalen Rechtsdenken (Leben und Werk). 1998.

Band 183 Christian Ortloff: Das staatskirchenrechtliche System Wilhelm Traugott Krugs. Glaubens- und Gewissensfreiheit – eine Forderung der Vernunft. 1998.

Band 184 Christian Hattenhauer: Schuldenregulierung nach dem Westfälischen Frieden. Der sog. § *de indaganda* und seine Umsetzung im Jüngsten Reichsabschied (AD 1648 und 1654). 1998.

Band 185 Werner Schubert: Preußen im Vormärz. Die Verhandlungen der Provinziallandtage von Brandenburg, Pommern, Posen, Sachsen und Schlesien sowie – im Anhang – von Ostpreußen, Westfalen und der Rheinprovinz (1841-1845). 1998.

Band 186 Silvia Schumacher: Das Rechtsverhältnis zwischen Eltern und Kindern in der Privatrechtsgeschichte. 1999.

Band 187 Kai Sommer: Die Strafbarkeit der Homosexualität von der Kaiserzeit bis zum Nationalsozialismus. Eine Analyse der Straftatbestände im Strafgesetzbuch und in den Reformentwürfen (1871-1945). 1998.

Band 188 Jan Erik Backhaus: Volksrichterkarrieren in der DDR. 1999.

Band 189 Ralf Ruhnau: Die Fürstlich Thurn und Taxissche Privatgerichtsbarkeit in Regensburg. Ein Kuriosum der deutschen Rechtsgeschichte. 1999.

Band 190 Antonio Grilli: Die französische Justizorganisation am linken Rheinufer 1797-1803. 1999.

Band 191 Stephanie Kammerloher-Lis: Die Entstehung des Gesetzes über die religiöse Kindererziehung vom 15. Juli 1921. 1999.

Band 192 Jan Telp: Ausmerzung und Verrat. Zur Diskussion um Strafzwecke und Verbrechensbegriffe im Dritten Reich. 1999.

Band 193 Kurt von Pannwitz: Die Entstehung der Allgemeinen Deutschen Wechselordnung. Ein Beitrag zur Geschichte der Vereinheitlichung des deutschen Zivilrechts im 19. Jahrhundert. 1999.

Band 194 Sylvia Busch: Die Entstehung der Allgemeinen Gerichtsordnung für die Preussischen Staaten von 1793/95. Ein Beitrag zur Geschichte der Kodifikationsbewegung und der Reform des Zivilprozesses in Preußen im 18. Jahrhundert. 1999.

Band 195 Dirk Bieresborn: Klage und Klageerwiderung im deutschen und englischen Zivilprozeß. Eine rechtshistorische und rechtsvergleichende Untersuchung unter besonderer Berücksichtigung der Beeinflussung durch das römisch-kanonische Verfahren. 1999.

Band 196 Andreas Thier / Guido Pfeifer / Philipp Grzimek (Hrsg.): Kontinuitäten und Zäsuren in der Europäischen Rechtsgeschichte. Europäisches Forum Junger Rechtshistorikerinnen und Rechtshistoriker München 22.-24. Juli 1998. 1999.

Band 197 Franz Smola: Die Fürstlich Liechtenstein'sche Kunstsammlung. Rechtsfragen zur Verbringung der Sammlung von Wien nach Vaduz in den Jahren 1944/45. 1999.

Band 198 Frank Martin Krauss: Das geteilte Eigentum im 19. und 20. Jahrhundert. Eine Untersuchung zum Fortbestand des Teilungsgedankens. 1999.

Band 199 Matthias Frey: Die spanische Aktiengesellschaft im 18. Jahrhundert und unter dem Código de Comercio von 1829. 1999.

Band 200 Alexandra Gilde: Die Stellung der Frau im Reichsstrafgesetzbuch von 1870/71 und in den Reformentwürfen bis 1919 im Urteil der bürgerlichen Frauenbewegung. Eine Analyse ausgewählter Straftatbestände. 1999.

Band 201 Malte Dießelhorst / Arne Duncker: Hans Kohlhase. Die Geschichte einer Fehde in Sachsen und Brandenburg zur Zeit der Reformation. 1999.

Band 202 Jörg Hillmann: Territorialrechtliche Auseinandersetzungen der Herzöge von Sachsen-Lauenburg vor dem Reichskammergericht im 16. Jahrhundert. 1999.

Band 203 Carsten Engler: Die Kommanditgesellschaft (KG) und die stille Gesellschaft im Allgemeinen Deutschen Handelsgesetzbuch (ADHGB) von 1861. 1999.

Band 204 Vesta Hoffmann-Steudner: Die Rechtsprechung des Reichsgerichts zu dem Scheidungsgrund des § 49 EheG (EheG 1938) in den Jahren 1938-1945. 1999.

Band 205 Michaela Thiele: Die Auflösung von Arbeitsverhältnissen aufgrund Anfechtung und außerordentlicher Kündigung nach der Rechtsprechung des Reichsarbeitsgerichts (1927-1945). 2000.

Band 206 Peter Landau / Hermann Nehlsen / Mathias Schmoeckel (Hrsg.): Karl von Amira zum Gedächtnis. 1999.

Band 207 Marcus Flinder: Die Entstehungsgeschichte des Zivilgesetzbuches der DDR. 1999.

Band 208 Boris Franz Leo Bromm: Die Entstehungsgeschichte des Berufs des Handelsvertreters. Unter besonderer Berücksichtigung der Sozialgesetzgebung in den Jahren von 1871-1933. 2000.

Band 209 Winfried C. J. Eberstein: Das Tierschutzrecht in Deutschland bis zum Erlaß des Reichs-Tierschutzgesetzes vom 24. November 1933. Unter Berücksichtigung der Entwicklung in England. 1999.

Band 210 Patrick Deller: Der „nach dem Vertrage" vorausgesetzte Gebrauch (§ 459 Absatz 1 Satz 1 BGB). Eine kaufrechtliche Untersuchung unter Berücksichtigung rechtshistorischer wie rechtsvergleichender Grundlagen. 2000.

Band 211 Eckard Freiherr von Bodenhausen: Haftung des Geschäftsherrn für Verrichtungsgehilfen im Straßen- und Schienenverkehr. Eine Analyse der Entscheidungen des Reichsgerichts zu § 831 BGB (1900-1945). 2000.

Band 212 Birte Gast: Der Allgemeine Teil und das Schuldrecht des Bürgerlichen Gesetzbuchs im Urteil von Raymond Saleilles (1855-1912). 2000.

Band 213 Hansjörg Michael Huber: Koloniale Selbstverwaltung in Deutsch-Südwestafrika. Entstehung, Kodifizierung und Umsetzung. 2000.

Band 214 Ulf Björner: Die Verfassungsgerichtsbarkeit im Norddeutschen Bund und Deutschen Reich (1867-1918). Eine rechtshistorische Untersuchung über Gerichtsbarkeit im Spannungsfeld von Politik und Recht innerhalb der von Bismarck geschaffenen deutschen Bundesstaaten. 2000.

Band 215 Mathias Freiherr von Rosenberg: Friedrich Carl von Savigny (1779-1861) im Urteil seiner Zeit. 2000.

Band 216 Reinhard Binder-Krieglstein: Österreichisches Adelsrecht 1868-1918/19. Von der Ausgestaltung des Adelsrechts der cisleithanischen Reichshälfte bis zum Adelsaufhebungsgesetz der Republik unter besonderer Berücksichtigung des adeligen Namensrechts. 2000.

Band 217 Claudia-Regine Nerius: Johannes Lehmann-Hohenberg (1851-1925). Eine Studie zur völkischen Rechts- und Justizkritik im Deutschen Kaiserreich. 2000.

Band 218 Ludger Meuten: Die Erbfolgeordnung des Sachsenspiegels und des Magdeburger Rechts. Ein Beitrag zur Geschichte des sächsisch-magdeburgischen Rechts. 2000.

Band 219 Christoph Alexander von Wilcken: Die Reformbestrebungen zum Genossenschaftsgesetz in der Frühzeit der Bundesrepublik. Die Beratungen der Sachverständigenkommission zur Überprüfung des Genossenschaftsrechts 1954 bis 1958 und der Referentenentwurf von 1962. 2000.

Band 220 Verein Junger RechtshistorikerInnen Zürich (Hrsg.): ¿Rechtsgeschichte(n)? ¿Histoire(s) du droit? ¿Storia/storie del diritto? ¿Legal Histori(es)? Europäisches Forum Junger Rechtshistorikerinnen und Rechtshistoriker Zürich 28.-30. Mai 1999. 2000.

Band 221 Hans Christian Schüler: Die Entstehungsgeschichte der Bundesnotarordnung vom 24. Februar 1961. 2000.

Band 222 Nils-Eberhard Schramm: Die Vereinigung demokratischer Juristen (1949-1999). 2000.

Band 223 Silke Anke Torp: Das Rechtsverhältnis zwischen den Eltern und ihren Kindern. Dienstleistungspflicht, Aussteuer und Ausstattung. Eine Analyse der Rechtsprechung des Reichsgerichts und des Reichsarbeitsgerichts zu den Vorschriften der §§ 1616 bis 1625 des Bürgerlichen Gesetzbuches in der Zeit von 1900 bis 1945. 2000.

Band 224 Martin Jürgen Maaß: Die Geschichte des Eigentumsvorbehalts, insbesondere im 18. und 19. Jahrhundert. 2000.

Band 225 Stefanie Langer: Rechtswissenschaftliche Itinerarien. Lebenswege namhafter europäischer Juristen vom 11. bis zum 18. Jahrhundert. 2000.

Band 226 Ulrich Schmitz: Der Unterhaltsanspruch des nichtehelichen Kindes gegen seinen Erzeuger. Die rechtsgeschichtliche und dogmatische Entwicklung im deutschen Recht. 2000.

Band 227 Sebastian Günther: Friedrich Carl von Savigny als Grundherr. 2000.

Band 228 Henning Ibs: Hermann J. Held (1890-1963). Ein Kieler Gelehrtenleben in den Fängen der Zeitläufe. 2000.

Band 229 Matthias Rücker: Wirtschaftswerbung unter dem Nationalsozialismus. Rechtliche Ausgestaltung der Werbung und Tätigkeit des Werberats der deutschen Wirtschaft. 2000.

Band 230 Hendrik Sandmann: Die Entwicklung von Begriff und Inhalt des Wirtschaftsrechts durch die Rechtswissenschaft in der Weimarer Republik. 2000.

Band 231 Sibylle Müller: Gibt es Menschenrechte bei Samuel Pufendorf? 2000.

Band 232 Karin Olechowski-Hrdlicka: Die gemeinsamen Angelegenheiten der Österreichisch-Ungarischen Monarchie. Vorgeschichte – Ausgleich 1867 – Staatsrechtliche Kontroversen. 2001.

Band 233 Johannes Mierau: Die juristischen Abschluß- und Diplomprüfungen in der SBZ/DDR. Ein Einblick in die Juristenausbildung im Sozialismus. 2001.

Band 234 Jörg Wolff (Hrsg.): Stillstand, Erneuerung und Kontinuität. Einsprüche zur Preußenforschung. 2001.

Band 235 Friedo Schröder: Die anwaltliche Tätigkeit während der nationalsozialistischen Herrschaft. Eine Analyse der anwaltlichen Argumentation in Zivilprozessen anhand der vorhandenen Prozeßakten der Landgerichte Frankenthal, Wiesbaden, Limburg und Frankfurt und der Handakten der *jüdischen Konsulenten* des OLG-Bezirks Frankfurt. 2001.

Band 236 Der Code pénal des Königreichs Westphalen von 1813 mit dem Code pénal von 1810 im Original und in deutscher Übersetzung. Herausgegeben und mit einer Einleitung versehen von Werner Schubert. 2001.

Band 237 Klaus Richter: Deutsches Kolonialrecht in Ostafrika 1885-1891. 2001.

Band 238 Kai von Lewinski: Deutschrechtliche Systembildung im 19. Jahrhundert. 2001.

Band 239 Alexander Herzog: Sittenwidrige Rechtsgeschäfte in der höchstrichterlichen Rechtsprechung aus den Jahren 1948-1965. 2001.

Band 240 Claudia Rönnau: Die Beratungen des Wasserrechtsausschusses der Akademie für Deutsches Recht zu einem Reichswassergesetz (1934-1941). Ein Beitrag zur Dogmatik der Begriffe *Gemeingebrauch* und *Sondergebrauch* in der Zeit des Nationalsozialismus. 2001.

Band 241 Momme Rohlack: Kriegsgesellschaften (1914-1918). Arten, Rechtsformen und Funktionen in der Kriegswirtschaft des Ersten Weltkrieges. 2001.

Band 242 Rolf Geyer: Der Gedanke des Verbraucherschutzes im Reichsrecht des Kaiserreichs und der Weimarer Republik (1871-1933). Eine Studie zur Geschichte des Verbraucherrechts in Deutschland. 2001.

Band 243 Felix Lorenz Benjamin Lehmann: Der Rote Adlerorden. Entstehung und rechtliche Grundlagen (1705-1918). 2001.

Band 244 Marc Ludwig: Der Pfändungsschutz für Lohneinkommen. Die Entstehungs- und Entwicklungsgeschichte der Vorschriften zum Schutz vor Lohnpfändung in Deutschland. 2001.

Band 245 Alexander Wachter: Dorfschule zwischen Pastor und Schulmeister. Zur Säkularisierung des niederhessischen Schulwesens im 19. Jahrhundert. 2001.

Band 247 Judith Laeverenz: Märchen und Recht. Eine Darstellung verschiedener Ansätze zur Erfassung des rechtlichen Gehalts der Märchen. 2001.

www.ingramcontent.com/pod-product-compliance
Ingram Content Group UK Ltd.
Pitfield, Milton Keynes, MK11 3LW, UK
UKHW021934290926
8980IPUK00016B/1613

9 783631 383292